加賀藩の明治維新

新しい藩研究の視座
政治意思決定と「藩公議」

宮下和幸
Kazuyuki Miyashita

有志舎

加賀藩の明治維新——新しい藩研究の視座　政治意思決定と「藩公議」——

《目次》

第二部　政策分析からみる組織と軍事

序章　幕末維新期の藩をどう論じるか

この二枚の錦絵［図1］［図2］を見比べてほしい。どちらも「毛理嶋山官軍大勝利之図」と題した錦絵で、鳥羽・伏見戦争において新政府による官軍が賊軍である旧幕府方を撃退するさまを描いたものである。[*1] 一見するとまったく同じ絵のようにみえるが、それぞれ同じ箇所を拡大してみると、［図1拡大］では加賀前田家の家紋である剣梅鉢が描かれているのに対して、［図2拡大］では別の大名家の家紋が入っている。[*2] つまり、この錦絵は特定場所の絵柄をすり替えることができる錦絵であり、これが明治期に大量に製作され、そして消費されていったのであるが、このことは何を意味するだろうか。

この鳥羽・伏見戦争は、研究史上でもその評価をめぐって論争がおこなわれるなど、戊辰戦争を考える上で重要な政治事件であるが、この戦争を描いた錦絵が世間で大量に消費されたのであり、そこには官軍の勝利をさかんに喧伝して官・賊のコントラストを際立たせたり、特定の藩を薩長とともに戦った「勤王」藩であると強調するように演出するなどの意図があったと考えられる。いずれにしても、このような錦絵が消費されるほどに、ここで描かれたことが歴史的事実であったかのように理解され、それが浸透していくことになる。

次に、戊辰戦争に関する錦絵の事例をもう一つ取り上げてみたい。戊辰戦争期には多くの風刺錦絵が作成されており、江戸庶民のあいだで爆発的に広まったといわれるが、その錦絵を精力的に分析した奈倉哲三の重要な研究成果がある。[*3] 風刺錦絵は当時の情勢をできるかぎり把握した上で一定の主張をもって作成されたと奈倉は指摘しているが、

[図 1]「毛理嶋山官軍大勝利之図」石川県立歴史博物館所蔵

[図 1 拡大]

[図2]「毛理嶋山官軍大勝利之図」（神戸市立博物館所蔵）

[図2拡大]

[図 3]「稽古所の賑ひ」部分
(国立国会図書館デジタルコレクション)

加賀藩

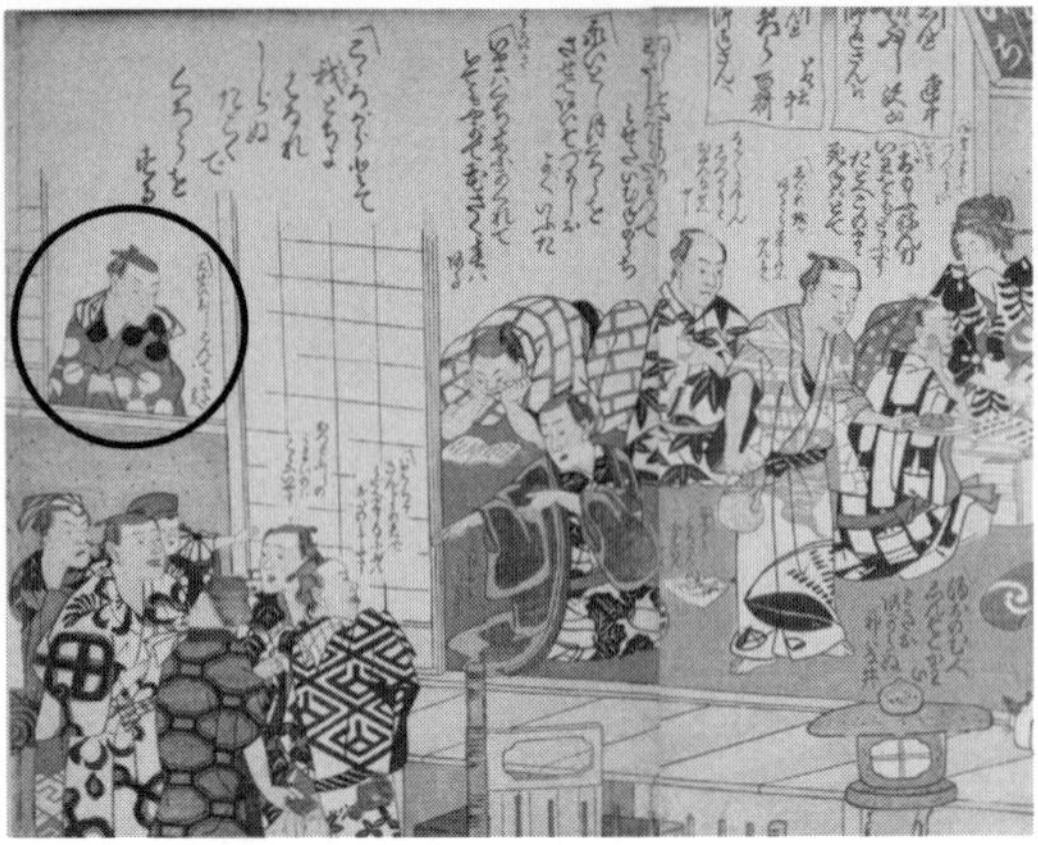

新政府側　旧幕府方

[図 4]「当り鬮講母子の寄合」部分（国立国会図書館デジタルコレクション）

新政府側　加賀藩　旧幕府方

加賀藩　天皇

新政府側

[図 5]「子供遊力くらべ」部分
(国立国会図書館デジタルコレクション)

大名家の家紋などが書き込まれた構図からメッセージを読み取ることが可能であり、この風刺錦絵には加賀藩がたびたび登場している。[*4]［図3］の「稽古所の賑ひ」[*5]は、多くの人で賑わっている稽古所に、さらに外から大勢が押しかけてくる構図となっている。作成時期は慶応四年（一八六八）の四月上旬と推定され、稽古所にいるのが旧幕府方、押しかけてきているのが新政府側であることから、旧幕府方に対して新政府側が攻勢を強めている内容であることがわかる。ここで、梅鉢模様の浴衣をまとった加賀藩を示す人物が稽古所の中にいながらも隅のほうに配置され、「大ぜひおしこんてきたわへ」と、押し寄せてくるさまを冷ややかに様子見しており、旧幕府方でありながら積極的には政局に関与しない加賀藩の姿が描かれている。また、［図4］の「当り𩰉講母子の寄合」[*6]は、頼母子講で多くの人が集まり、大きく二つのグループに分かれて争っている構図であり、作成時期は五月上旬と推定される。この二代勢力は片方が新政府側、もう片方は旧幕府方であり、加賀藩を示す町人「梅干や」がちょうど真ん中に配置され、「をれハどうでもいゝから、はやくしてくんな〳〵」とこぼして畳に頬杖をつき、あからさまに関心のない表情をしている。つまり、戦争が本格化するなかで、加賀藩は政局に関わることを忌避し、どちら側にも付くことができるような立場として描かれている。そして［図5］の「子供遊力くらべ」[*7]は、戊辰戦争を子ども相撲に見立てたものであり、作成時期は［図4］と同じ五月上旬とされる。ここでは新政府側とされる子どもたちの最後尾に梅模様の着物をまとった人物が描かれ、さらにその人物に菊模様の着物を着た子どもを背負わせて「サア〳〵ドチヤでもかつたほうへハ御ほうびがでますぞへ」と語らせている。つまり、加賀藩は旧幕府方から新政府側に鞍替えし、天皇権威を背景としながら、ろくに戦争と向きあっていない存在として描かれているのである。

以上、この三枚の風刺錦絵からは、加賀藩の描かれ方が旧幕府方―中立―新政府側と変遷していったことがわかる。江戸庶民が加賀藩をまず旧幕府方と見做したのは、近世を通じての徳川家と前田家との関係性や他大名と異なる格別の待遇、慶応期の動静などからくるイメージによると考えられる。[*8]その加賀藩が旧幕府方としての期待に応えることなく、戦争の過程で新政府側に鞍替えしたと批判的に捉えられていたことが読みとれるが、これがまさに「日和見」であるという認識であり、一連の風刺錦絵によって加賀藩は明治維新史全体の評価に関わる戊辰戦争において、戦局によって鞍替えした「日和見」の典型として描かれたのである。

しかし、この加賀藩の描かれ方は事実とは異なる。慶応四年正月一八日に「勤王」に尽力する旨を藩主前田慶寧が藩内に宣言すると、翌二月六日に重臣の奥村栄通が藩主名代として「勤王」の誓約書を鎮撫総督に提出する。そして、四月一五日には薩摩・長州とともに北國筋鎮圧の命令が下ると越後筋に派兵し、閏四月末の越後鯨波での戦闘を皮切りに一貫して新政府側で戊辰戦争に参加しており、加賀藩が旧幕府方であったことはない。つまり、「日和見」＝加賀藩とは、あくまでも人々の認識によって構築されたものにすぎないが、この風刺錦絵が爆発的に広まったことで、「日和見」＝加賀藩の理解が歴史的事実であったかのように定着していったことは容易に推察される。また、全国の主だった藩を「復古勤王」「佐幕勤王」「待変蚕食」「佐幕」「依勢進退」の五つに分類し評価した史料では、加賀藩は「依勢進退」に位置付けられ、厳しく批判されている。[*9] 語の分類はともかくも、この「依勢進退」という認識が「日和見」や「曖昧」[*10]といった語に繋がっていくと考えられ、慶応末期にはこのような認識が徐々に広まっていたものとおもわれる。

以上からわかることは、加賀藩＝「日和見」との理解は、藩自体の分析から導かれたのではなく、外部の認識によって構築されたということであり、その構築された「日和見」なるものが藩にラベリングされたとみるべきであろう。[*11] そして近代において、地域は「日和見」のラベリングを否定するよりも、むしろそれを受容し、そのネガティブなイメージを覆い隠すように、当時求められた「勤王」観による「勤王」の喧伝に注力する。[*12] また、旧藩にとっての明治維新観である「旧藩史観」もあらわれるが、[*13] この「旧藩史観」も「勤王」観に接近していくこととなり、戦前には「日和見」に「勤王」を重ねるというラベリングの上塗りがみられたと考える。[*14] 戦後に入ると皇国史観から解放されて「勤王」喧伝の意義が喪失し、顕彰としての「勤王」のラベリングがなくなったことで、その下にあった「日和見」のラベリングが再び表出してくるが、その評価に対してこれまでの藩研究が十分に向き合ってきたとはいえない。換言すれば、当時生きていた人々の認識によって社会的に構築された評価が、現在に至るまで生き続けているということである。宮地正人は、「当該時期の多くの地域史は旧態依然、戦前レヴェルの儘に停滞しているのを、通史との関連で組み直さねばならら」ないと指摘しており、地域史の評価には厳しいものがあるが、[*15]「日和見」のラベリングの問題を鑑みれば首肯せざるを得ない。

そして、現在の明治維新史研究が抱える課題として、「一九八〇年代以降の明治維新史研究は、新たな理論的枠組みの創出を模索しつつも、政治史など分野ごとの議論の細分化、個別実証の精緻化という流れにある。これまでの特定分野の細分化・精緻化という研究の潮流は、明治維新史論の再構築までには至っておらず、むしろ多くの課題を露呈するに至った」との明治維新史学会による提起があるが、[*16]この課題にあって藩研究に求められるものも少なくない。以上にみたような、認識の所産といえるラベリングをいまだに払拭できていない現状を捉まえた上で、藩研究におけるラベリングからの解放と、あらたな分析軸の構築を追究することが本書の意義である。

1　当該期政治史研究と藩研究の現在地

戦後の当該期研究は、戦前の日本資本主義論争の影響のもと、とりわけ講座派の理論による研究がすすめられた。戦後の研究史については優れた整理があり、多くの示唆を与えてくれるため、ここでは藩研究にかかる整理を試みたい。[*17]

マルクス主義歴史学では革命戦略の視点から明治維新を捉え、世界史の発展段階説に沿った分析により、絶対主義政権を成立させた変革と評価し、遠山茂樹による実証分析と理論の融合や、[18]井上清による民衆の力量を評価する民族的視点からの分析によって、[19]国家権力の性格については絶対主義とし、その絶対主義的な変革を牽引した変革主体は、豪農・豪商層もしくは村落支配者層と結びついた下級武士層とする理解が浸透していった。その後、この理論は石井孝や芝原拓自、田中彰へと受け継がれていき、実証分析の深化や、外圧による民族意識高揚の視点からの成果が生み出されていくことになる。[20]また、この段階では絶対主義は理論的に定置され、変革主体の分析がすすみ、藩政改革派―尊攘派―討幕派―維新官僚という形成・転回過程が田中彰によって主張されるに至った。[21]よって、注目すべきは変革を導いた藩であり、薩長とりわけ長州が分析対象となったことは必然であった。戦前の皇国史観と講座派の理論は当然ながらイデオロギーにおいて全く異なるが、長州中心の分析傾向に大きな変更がなされることはなく、王政復古を所与の条件とし、そこに普遍的価値を見出した王政復古史観も温存されていくことになる。[22]

そして、七〇年代以降の現実社会の状況が当該期研究にも大きな影響を与えることになる。当時の日本社会を近代化を達成した先進国と捉え、遡及的に明治維新を評価するような近代化論が世間感覚にも馴染んだとの指摘があるが、[23]日本が経済大国化するなかで講座派の理論が社会の実態と乖離を深めていったことは、藩研究において長州以外にも目が向けられる契機となった。さらに、全国における自治体史編纂ブームは、あらたな史料の発掘や閲覧体制の整備といった研究環境の進展に繋がり、藩研究の裾野を広げることになったといえる。[24]

また、構造論から国家論へと研究の潮流が変容していくと、当該期の国家を構成する幕府や朝廷、および藩の分析が進展し、国家的な枠組みによる成果が生み出されていく。政治的事象を経済にひきつけて理解する基底還元論や、個々人や集団の思想にひきつける思想還元論への批判を意図した「幕末過渡期国家論」を宮地正人が提唱して国家形態を模索する過程を精緻に分析し、[25]さらに「最高国家意志＝国是」として国是樹立の過程を詳細に分析した原口清の研究は、[26]大政委任の獲得と天皇親政の問題に向き合い、近世と近代を架橋する成果となってその後の政治史研究に大きな影響を与えている。[*27] これらの成果は、尊王攘夷と公武合体の二項対立で論じられる傾向にあった当該期の政治史に一石を投じており、尊攘激派の主張を天皇・朝廷に大きく比重をかけた公武合体論の一種とする佐々木克の見解も出されている。[*28] 以上の傾向は藩研究にあらたな途を拓くこととなり、公武合体派と位置付けられた藩の分析がすすめられていったが、ほか多くの藩は個別領内支配を強めて幕府の政策には批判的で、幕藩権力からの離脱には消極的といった概括的な評価にとどまるような研究状況でもあった。[*29]

そして九〇年代に入ると、冷戦構造の終焉やバブル崩壊といった現実社会の変化による講座派理論の瓦解、素朴な近代化論の衰萎がみられるなかで、実証分析の精緻化が顕著となる。[*30] 家近良樹の「一会桑」分析は、幕府勢力から自立した政治勢力として「一会桑」を設定したことで、複雑な政治過程のさらなる分析に繋がり、[*31] 青山忠正は徹底した史料中心主義により薩摩・長州を対象とした緻密な史料考証から通説批判をおこなっている。[*32]

以上にみる原口・宮地以降の精緻な実証分析の先に明治維新の全体像を捉えようとするアプローチは、結果として個別実証研究を活性化させ、多くの研究成果に結実していったといえる。[*33] 当該期の藩研究においても、政局に直接関与しなかったとされる多くの藩が、過去の枠組みから解放されたことで分析がすすみ、西国の国持に加え、親藩・譜代そして東北諸藩の成果が出されている。[*34] なかでも、笹部昌利は鳥取を分析対象として、国事周旋を推進する藩の自己正当化に着目しながら「私」の論理が看取し得ることを明らかにし、[*35] さらに国事と藩治の分職から周旋方に着目して国事対応のシステムを分析したものや、国許と京都との関係性による空間分析など多様な論点を提示している。[*36] そのほか、長州における藩主御前での「会議」を例に、藩の意思決定過程の検討から藩内中下級層が組織的に台頭することを明らかにしたもの、[*37] 文久期の秋田に注目し、国事周旋をめぐる下級藩士からの政策提言である「言路」をキィワードとして、藩内平田派を周旋方に採用する過程についての分析など、[*38] これらの成果は藩の政治意思および政策の決定過程を解明することに繋がっていくものである。そのほか、王政復古史観（薩長中心史観）の克服に繋がる薩摩・長州の再検討も精緻な実証のもとですすめられている。[*39]

また、このような研究状況の背景には、郷土史―地方史―地域史という展開の影響もあったと考えられる。地元の由緒として藩主家や勤王志士の顕彰事業が盛んであった戦前の郷土史の反省から、戦後に地方史が強く主張され、史料の発掘・整理も含めた成果が出されたが、一方で地方の後進性・停滞性が想起されるなど、中央史に対する地方史の従属という図式を顕在化させた。[*40] つまり、中央学界の問題関心に対して地方から事例が提供されるという一方向のネガティブな面が強調されたが、このような地方史の問題点を克服すべく地域史が提唱され、地域主体の分析が主流となることによって、近年では幕藩体制における藩を一つの社会領域として捉え、個別藩を主体的に分析する総合的藩研究が活況を呈している。[*41] そしてこの大きな流れのなかで、当該期の藩研究も多くの成果が生み出されている。[*42]

しかしながら、このように活況を呈し、かたや総花的ともいえる個別実証研究のあり方については厳しい指摘もある。明治維新史学会による問題提起については前述したが、「ミクロな部分に至る政局解明が最大の関心事であり（中略）これでは、政局に関する史実を究明する一方で、一次史料にのみ込まれてしまっているといわれてもしかたがない」との鵜飼政志の指摘は重く、[*43] 奈良勝司も実証研究から「論」の側面が大きく失われて、実証が方法ではなく目的化してしまったことを指摘し、「議論や学術論争の慣行を徐々に遠ざけつつ、先行研究よりも詳しく調べたことや閲覧史料数を増やしたこと自体を、維新史理解の新提言にかえて事実上の研究意義に据える論文が増えた」と述べているが、これは正鵠を射た指摘というよりほかない。[*44] 当該期の藩研究においても個別実証を重んじるあまり、維新史全体にかかる「論」を構築するどころか、他藩と共有し得る分析視角や成果にまで至らない研究がみられることも確かである。

2　課題克服のアプローチ

明治維新史研究がこのような重い課題を有している現在、いかなるアプローチが有効であるのか。総花的と憂慮される現状は、いわば実証の精緻化にともなう痛みであるが、実証研究の豊かさの証左でもある。当該期の藩研究においても、この総花的状況から次の段階に移行する素地はあるのではないか。[*45]「勤王」と「佐幕」の二項対立で論じるような藩研究は既に過去のものになりつつあるが、[*46]そのような古典的枠組みからの脱却は勿論のこと、多様な分析視角とその成果の共有を求めながら、当該期の政治史研究に対して藩研究がいかなる形で接続し得るかを考えていく必要がある。

(1)　言説への留意

その場合に留意すべき点として、まずは言説の問題がある。この問題に向きあった青山忠正は、一定の前提を踏まえた評価に立って行われる言及＝言説と設定し、言説の自覚とそれにとらわれない研究が現在は求められるとして、言説に覆われた理解を乗り越える必要性を論じている。[*47]以下、本書でも取り上げることになる言説に覆われてきた語について、加賀藩の事例に即しながら整理したい。[*48]

・「勤王」

近世後期からの皇国意識の浸透とともに「勤王」理念は高揚し、一方で「佐幕」理念は近世社会に通底していたことから大政委任下にあって両理念は共存していたが、それが戊辰の内乱によって対置され、「佐幕」から「勤王」への正当性原理の塗り替えがおこなわれていったことを宮間純一が指摘している。[*49] また、笹部昌利は近代における維新観と地域の関係に言及し、〈長州基準〉ともいえる枠組みによる藩閥的勤王理解が機能したことで、地域の「誇り」が藩閥的な「勤王」史によって説明され、いわば「勤王」の名のもとに「郷土」が包摂されていったことを論じている。[*50] たしかに、加賀藩でも明治二年（一八六九）に加賀前田家の歴史編纂を目的として城内に家録方を設けて史料収集に着手し、同一六年には前田家が東京の本郷邸に編纂方を設置して編纂事業を開始している。さらに、同二〇年代以降には旧藩の顕彰事業が金沢において立て続けに実施され、加賀藩の「勤王」を喧伝する編纂物も複数刊行されているが、この過程で最後の藩主前田慶寧や藩内攘夷派が当時の「勤王」理解によって顕彰されており、慶寧については昭和五年（一九三〇）に「加越能維新勤王紀年標」として銅像が建造されるに至っている。[*51] つまり、戊辰内乱後の近代における「勤王」には政治的な言説が大きくまとわりついていたのであり、この点を意識しないままに幕末期の「勤王」を遡及して論じると、当時の捉え方と異なってしまうことになる。

・**「割拠」**

また、当該期の藩を評価する際に使用される語として「割拠」がある。長州分析における「割拠」は、高杉晋作の「大割拠」論に代表されるような草莽崛起から倒幕へ至る政治過程のなかで藩否定の論理となり、幕藩体制の明確な否定、倒幕論の基底論理として評価されるなど、まずは史料用語として用いられている。[*52] その後、国家論的な枠組みに規定された諸藩の論理として理解されるようになると、自立・自強の姿勢を強めて幕命に従わず、幕藩体制からの離脱を志向した諸藩（主にサイレント・マジョリティ）の論理として、「割拠」が論じられるようになっていった。[*53] つまり、この段階における「割拠」は、研究者らによる言説をまとった学術用語としても認識されていたといえよう。ただし、多くの藩を「割拠」により画一的に論じたことは、藩の独自性や特徴分析などでむしろ妨げになったと考えられ、個別実証研究が活況を呈する状況になると、「割拠」による評価は有効性を喪失し、当該期の藩研究においては、ほとんど用いられなくなっていった。

つまり、「割拠」は史料用語としてだけではなく、研究者によって学術用語としても用いられるようになっていったが、そこでは幕藩体制において政権を担う幕府との距離感が要点になっているようにおもわれる。当該期の加賀藩研究では、あらたに「割拠」を定義づけた研究も出されているが[*54]、「割拠」については言説に覆われた語であることを踏まえ、史料用語と学術用語の混用を避けることがまずは有用と考える[*55]。よって、本書では当該期における加賀藩の政治過程を検討する上で、「割拠」をあくまでも史料用語として捉えることとし、どのような意味で使用されたのか、藩の政治意思を決定する過程にいかなる影響を与えたのかについて、言説にとらわれない分析を試みる。

・「攘夷」

青山忠正は「この「攘夷」ほど、のちの言説にまとわりつかれた言葉はないだろう」と述べ、欧米の侵略から日本の独立を守った気概ある先人の行動と称揚する戦前と、時代錯誤的で無謀な行動と強調する戦後の評価を取り上げ、政治過程のなかで多様な解釈がなされた「攘夷」について、言説にとらわれずに理解しなければならないと指摘している[*56]。また、町田明広は「攘夷」の捉え方について、通商条約を容認して無理な攘夷を否定する「大攘夷」と、通商条約の破棄と対外戦争を視野に入れる「小攘夷」との理解に切り込み、「大攘夷」と「小攘夷」という攘夷をめぐる対立など「幕末は攘夷によって回転させられていた」と評している[*57]。以上の指摘は、「攘夷」が後年に言説で覆われたのみならず、当時からさまざまな解釈がなされていたことを示していよう。さらに、慶応元年（一八六五）の条約勅許後であっても「自尊意識」と夷狄蔑視が維持され、理念としての「攘夷」が継続したことで西洋への鬱屈が東アジアに対する膨張志向になっていったとする奈良勝司の指摘は[*58]、東アジアにおける日本型華夷秩序と夷狄観の問題に連なっていくものといえる。[*59]

これらの指摘は藩研究にも示唆を与えるものであり、近世後期からの主要な課題であった海防や軍事力強化を検討する場合、藩における「攘夷」と夷狄観を意識した分析が有効と考えるが、そうであれば藩内で「攘夷派」と括られる集団についても考えなければならない。加賀藩の研究では尊王論と結びついて「尊攘派」と称されることが多いが、彼らは通商条約を容認するような勢力ではなく、条約を厳しく批判して破棄を求める「小攘夷」論者で概ね構成されていた。それ故に文久末期には長州を強く支持し、藩内で同志が集まり幕府に追従する藩上層部と対立したが、元治元年（一八六四）禁門の変後に一斉処分が敢行されたことで藩内「尊攘派」は壊滅し、加賀藩が明治維新に乗り遅れてしまったとのストーリーが展開していく。[*60] また、国を憂う「勤王」の士として、近代に顕彰されて名誉を回復していくのも特徴である。しかしこの叙述は、前述の内容から問題を抱えていることは明らかである。まずは、彼らが「攘夷」を標榜して活動したことと、近代に「勤王」の士として顕彰されたことが単線的に結ばれない点である。「勤王」顕彰が近代に要請された政治的な言説によるものであることは既に述べたが、それを踏まえると、彼らがどのような「勤王」姿勢であったかということよりも、志半ばに処分されたその悲劇性と、近代における顕彰事業の政治的意図が結ばれて一連の顕彰がなされていったことがわかる。[*61] 近世後期に皇国意識が浸透するにつれて、この国を統治するのは天皇であるとの認識が広まり、藩の存在は「将軍家にとっての藩翰」から「天子の藩屏」へと転換したとされるが、[*62] ここに至れば藩主以下はみな「勤王」であり、「攘夷」を掲げていたと見做すこともできる以上、当該期の政治過程を藩上層部と藩内「尊攘派」との二項対立の図式で論じることはもはや妥当ではないといえる。

そしてもう一つ、彼らはそもそも「派」と表現されるような存在であったのだろうか。先に示した「攘夷」の多義性を鑑みれば、彼らが「攘夷」を標榜する集団であったとしても、それ以上に「派」と括られるほどの党派性を持ち得ていたかについては慎重に検討しなければならない。[*63] これについては、幕末期の一斉処分と近代における「勤王」

顕彰の影響が、彼らを「派」として括らせることに繋がった可能性があり、さらに「派」と括ることで理解のし易さ、論じ易さがあったことも否めない。いずれにせよ、言説に覆われていることを意識し、論じ易さや顕彰の側面を捉えた分析が何より必要である。

(2) 政治意思決定分析と「公議」

また、当該期の藩研究において近年一つの潮流となっているのが、藩の政治意思決定の分析である。前述した上田純子は、藩の職制を詳細に整理して江戸・国許での差異を踏まえ、藩主御前における「会議」によって藩の政治意思が決定していくことを明らかにし、そこには藩主権力の強制性と政策立案者の恣意性排除の論理が共存していたことを指摘する。[*64]また、笹部昌利は近世からの藩の政治秩序・制度を把握した上で、当該期の職制改革から国事と藩治の別を意識し、周旋方の分析から国事における藩の政治意思決定について言及している。[*65]天野真志は、藩職制における言路洞開の側面に着目して、意見上申の経路確保が重要であるとともに、人材登用がその象徴であったことを明らかにし、下級藩士による藩に対する政治的発言が制度的に許容されていたことを明らかにしているが、[*66]三者はともに藩を組織として捉え、職制を把握しながら藩における政治意思決定のあり方を論じている点で共通しており、藩が政局にどれだけ関与したかといった叙述に偏りがちであった藩研究に一石を投じるとともに、特定個人の行動が即時的に藩の行動にまで昇華されてしまう英雄史観に批判を加えるものといえる。

そのなかで奈良勝司は、幕閣の合議制を分析対象として政治意思決定のプロセスに焦点を当て、政事参加枠の拡大と、それらを単一にまとめる作業（集約）に着目し、拡大と集約による統一的把握を志向するなかで、完全な合意や調整を断念してまでも決定を断行する「システムとしての〈決断〉」の様相に迫っている。[*67]これまでの研究が職制からみた構造分析に比重を置くなか、政治意思の拡大・集約とそこにある決断について理論的に分析・評価したことに意義がある。さらに奈良は、近年明治維新を総体的に論じる上で重要な概念となっている「公議」「公論」を軸に据えた分析をおこない、[*68]多数意見の衆議と「正しさ」を示す至当性が一致することで「公議」が導かれるとする。[*69]これについては、政治意思の拡大の先に多数意見である衆議が構築され、集約としての一致を導くために至当性が求められるという流れで著者は理解したが、奈良は政治意思決定に至るプロセスを具体的な政治事件に即しながら理論的に分析して「公議」概念を論じている。[*70]さらには、この視角を用いて唐津統治期の小笠原長行の動静を分析し、言路洞開によって藩家臣団が一致するとの「公議」論を小笠原が有していたこと、それが挫折するなかで一致のために反対勢力の排除という選択がなされたことを明らかにしたが、[*71]これは「公議」に至るまでの理論的な分析が、個別の藩研究にも適用し得るものであることを示していよう。

以上、これらの成果から、藩の政治意思決定についての構造分析と決定に至るまでのプロセスの解明が有効であることは明らかである。また、このアプローチは組織とそこにいる個の関係性を問うものでもあり、当該期研究が克服しなければならない英雄史観を乗り越えていくアプローチともいえる。[*72]本書ではこれらの点を強く意識し、加賀藩の政治意思決定にかかる構造と決定に至るプロセスについて、具体的な政治事件に即して分析することで加賀藩の政治過程を明らかにしていくが、これによって加賀藩の特殊性や他藩との共通項もみえてくるはずである。そしてこの作業は、「共通言語」をもたないと宮間純一が指摘するような、全体像の構築を模索する現在の当該期研究にあって、[*73]さまざまな言説に覆われてきた藩研究の共通性を追求することにもなろう。

3　分析対象としての加賀藩

以上みてきた課題とその克服に向けて、ここでは加賀藩を分析対象とする意図として、(1)「「日和見」の典型」イメージ、(2)藩の規模とその影響、(3)地政学的視点、(4)史料状況、の四点を提示した上で、当該期加賀藩の研究史について概観したい。[*74]

(1)「「日和見」の典型」イメージ

前述のように現在は多くの藩が分析対象となって藩研究は確実に広がりをみせているが、それでも長州そして薩摩に代表される王政復古に直接関与した藩や、国家論の視点から公武合体および公議政体路線に位置付けられた藩などに比べると、「日和見」と評された藩は、サイレント・マジョリティと見做されて積極的に扱われているとはいい難い。この点については冒頭で指摘したとおり、期待された動きを示していない、もしくは動いていたとしても情報が伝わっていないという状況でのラベリングの問題がある。加賀藩は「日和見」と評されるなかでは最大の藩であり、いわば典型であるが故に、このイメージは強固なものであったとおもわれ、冒頭の風刺錦絵からもそれはうかがえる。

さらに、この「日和見」には「政治的無関心」と「政治的中立」のイメージが内包されており、故に分析対象とする意義に乏しいとの認識があるのではないか。この「政治的無関心」については、藩が政局に対してどのようなビジョンをもち、いかなる政治判断をしたかを踏まえず、動いていない＝無関心との理解が先行しているようにおもわれる。加賀藩では、文久三年(一八六三)以降、藩主以下藩上層部の多くが京都に向かっているが、とりわけ慶応二年(一八六六)秋の藩主前田慶寧の上洛は、全国の有力諸藩を上洛させる目的が諸侯衆議から徳川慶喜の将軍職推戴へとすり替わったことで、ほとんどの藩が上洛を見合わせるなかでの上洛であり、[*75]「政治的無関心」で括られるものではない(第二章)。また、京都詰の体制を整えたことは藩が京都の政局を注視していたことにほかならず、京都詰の動静は国許の判断に影響を与えることになる(第五章)。「政治的中立」についても、近世を通じての徳川家との姻戚関係や江戸城殿席、前田家の官位、陪臣叙爵などによって、加賀藩は「外様の徳川大名化」を果たしていたといえ、[*76]

存在自体が徳川方と認識されており、実際に幾度も上洛を要請され、動けば徳川家を助けるはずとの評価を受けている（第二章）。このことは、加賀藩が「政治的中立」といえるような状況になかったことを示しており、あくまでも「日和見」からくるイメージに過ぎない。

(2) 藩の規模とその影響

国持といわれるような藩は当然ながら近世を通じて周辺諸藩に対し、政治的・経済的・軍事的に大きな影響を与えていたが、国持のなかでは最大規模となる加賀藩も同様であり、数年のうちに軍艦を複数所有し、元治元年（一八六四）には隣藩福井の松平慶永から依頼を受けて軍艦を貸与している。[*77] 加えて、慶応末期には大規模な軍制改革を実施し、数ヶ月で西洋軍制に基づいた部隊を整備している（第八章）。これらの内容は、諸藩同様に財政難と指摘される加賀藩であっても、資本を集中させた場合の規模が極めて大きかったことを示していよう。また、慶応四年二月に新政府が諸藩触頭制を創設すると、加賀藩は北越一三藩の触頭に命じられている。[*78] 北陸地域を安定的に編制する上で、国持の加賀藩がもっとも相応しい藩とされたためであるが、[*79] それは加賀藩の規模が加賀前田家の家格と相俟って、地域において影響力を有していたことの証左であろう。

(3) 地政学的視点

この地政学的視点については、京都との距離がまずは挙げられる。当該期には金沢—京都間は早飛脚が二日半、急使で三〜四日、藩主などの移動では一〇日前後かかっている。つまり、二日半あれば京都の情報が国許に到着することになるが、このことは少なからず藩の京都詰体制に影響を与えている。遠方であれば、ある程度の権限を京都の留守居に委譲せざるを得ず、いわゆる京都支局のような体制が構築されるが、加賀藩では多くの場合は国許が決定することになり、京都詰の責任者である詰家老も基本的には「京都御守衛之総裁」としての位置付けであった。それでもタイムラグは確実に発生し、緊急の判断は京都詰が担わざるを得なかったことで、国許と京都において乖離が生じることになる（第一章・第二章）[*80]。

もう一つ、金沢が江戸と京都の間に位置することも看過できない。加賀藩における情報収集や交接については聞番が主に担当し、もともとは江戸にしか派遣されていなかったが、幕末期になると京都にも派遣されるようになる（第五章）。つまり、加賀藩では江戸と京都の情報が大きなタイムラグもなく金沢に入ってくることで、双方の動静を鑑みながら藩の政治意思を確定させていくことが可能であった[*81]。これは、遠い江戸よりも京都を注視する西国諸藩や、京都と国許のあいだに江戸がある東国諸藩とも異なる条件である。また、文久三年に江戸幕閣が松平慶永以降の政事総裁職を譜代・家門・外様の別によらない東国の大藩から任命しようと画策した際、加賀藩にも白羽の矢を立てており（第一章）、慶応四年には新政府に対抗すべく奥羽越列藩同盟が動きを強めるなかで、加賀藩を同盟側に組み込もうとする動きがみられる[*82]。以上により、加賀藩は東国に位置付けられた最大規模の藩であるとともに、その最前線に位置する大藩として周囲に認識されていたといえる。そして、周囲からこのような認識と期待があったことを加賀藩も理解していたはずであり、このような地政学的な視点も政治過程を分析するにおいて重視すべきと考える。

⑷ 史料状況

史料状況については、本書で中心史料となる加越能文庫の概要をここで示したい。加賀藩では新政府の命令をうけて、明治二年（一八六九）の段階で加賀前田家の歴史編纂を目的とした家録方を金沢城内に設けて史料収集に着手し、同一六年には当主前田利嗣が東京本郷邸に編纂方を設置して編纂事業を本格的に開始している[*83]。そして、昭和二三年（一九四八）に前田育徳会尊経閣文庫から金沢市に寄贈された旧加賀藩関係の史料群が加越能文庫であり、現在は金沢市立玉川図書館近世史料館（以下、近世史料館）が所蔵しているが、この三万四〇〇〇点をこえる史料群は編纂方によって筆写された史料が多いことが特徴の一つとして指摘できる。おそらくは旧藩士が所有する史料を編纂方が預かり、筆写後に元史料を所有者に返却したと推測されるが、筆写史料であることで加越能文庫の史料価値が損われることはないと考える。というのも、近世史料館には加越能文庫を含め約一二万点の史料が保管されているが、他の文庫には加越能文庫の史料と同名の史料がある。これは、編纂方から返却された後に、所有者が史料を寄贈もしくは売却したなどのケースが想定されるが、[*84]これにより元史料と編纂方が筆写した史料を比較することが可能となり、比較すると若干の違いはみられるものの、意図的な改編などはほとんどみられず、照合の度合は極めて高い。当時の編纂方が精緻な筆写をおこなっていたことがわかるが、加越能文庫はその来歴を含めたアーカイブズの観点からも興味深い史料群であり、その内容と豊富な史料点数からも当該期の加賀藩を分析することには意味があろう。

以上、分析対象とする加賀藩について四点を提示してきたが、先に挙げたような藩研究の課題を克服し、当該期研究の全体像に対してその成果を接続させていくには、加賀藩はむしろ積極的に分析されなければならない対象である。よって、当該期の加賀藩に関する研究史について、ここで整理しておきたい。

加賀藩が幕末政局に目立った動きをみせず明治維新を主導できなかったと見做されてきたことは、研究に少なからず影響を与えており、まずは藩の通史において論じられていったが、[*85]「日和見主義的態度から、新政府の嫌疑をぬぐい去ることが出来ず、（中略）多くの難題を負わされた。百万石の大藩加賀の、このような終結は、領内商品経済を掌握し、藩財力を蓄積し得なかった経済政策の失敗に求められよう。」といった指摘のように、マルクス主義歴史学の影響が顕著にみられる。[*86]また、藩政改革の評価にともなう名君論や、中間層分析を主体とする地域社会論といった研究学界の傾向と必ずしも連携し得なかったことも、研究の停滞を招いた一因であろう。このような風潮にあって加賀藩の分析をすすめたのが、徳田寿秋とロバート・G・フラーシャムである。徳田は藩財政解体過程や公議政体路線による分析から、藩独自の方針によって加賀藩が政治運動を展開したと論じ、[*87] フラーシャムは藩内「尊攘派」の年齢や出自などを丹念にみることで、薩長とは異なる加賀藩の特徴を示したが、[*88] 両者は薩長分析が主流のなか、薩長と比較することで加賀藩に分析対象としての意義を見出している。さらに徳田は、藩主前田慶寧の「勤王」に注目した分析をおこない、そこに「領内自立割拠」の姿勢をみたことは薩長中心史観とは異なる成果として位置付けられるが、[*89] 前述した「勤王」や「割拠」はまさしく言説に覆われた語であり、この点を踏まえた分析と成果が求められる。そのほか、海防や農村といった個別の研究蓄積があり、人物に焦点を当てた成果も出されているが、これらが藩の政治過程にどう有機的に関わってくるのかなどの議論はなされていない。[*90] また、風説留分析による情報主体や受容のあり方、[*91] 加賀藩内における国学受容といった近年の成果を、[*92] 政治過程の分析に組み込むこともできていないのが現状である。

以上を鑑みれば、当該期の加賀藩研究は蓄積があるものの、その評価・叙述において、近代の顕彰や言説の問題を踏まえた分析がなされておらず、先の宮地正人の指摘に真正面から向き合えるような現状にはない。やはり、明治維新史の全体像に加賀藩がどう位置付けられるかを意識した分析が求められることになろう。

4　分析の手法

本書では、組織と個の関係性を問うアプローチを意識し、加賀藩の政治意思決定にかかる構造とプロセスについて、具体的な政治事件に即しながら検討することを分析視角としているが、そのための手法について二点提示したい。

(1)　藩是―「藩論」―具体的行動の段階分析

藩研究においては、藩にとっての政治意思や政治指標、それに基づいた具体的な計画や主張といえる政策や理論を一括して藩論と捉え、それが長らく用いられてきたが、この捉え方だとあまりに幅広く曖昧であるため、政局の推移や言説の影響を受けやすく、頻繁に藩論が転換したとの理解に陥りやすい。また、藩論が転換したとされる場合、それが政治意思そのものを指すのか、具体的な政策や理論を指しているのかが判然としないことで不明瞭な政治過程を歩んだと評価される藩が創出されてしまった面もあるのではないか。それに対して、近年では藩論ではなく藩是を用いて論じた研究がみられる。先に述べた笹部昌利は、藩是を「大名家の方針」とする認識により分析しているが[*93]、これについては、原口清が述べた国家意志としての国是に対応する藩としての藩是と理解することもできる[*94]。

よって、前述の視角に基づいた分析をすすめるため、次のような手法をとる。まず、藩が政治運動を展開する上で根本となる政治指標、いわば藩にとっての最高政治意思を藩是とし[*95]、藩是に基づいて策定された具体的な計画や主張といった政策や理論を「藩論」と定義するが、これについては従来の藩論とは用法が異なることから、括弧を用いて表記することとする。そして、この「藩論」から具体的行動が導かれるとの理解で一連の過程を段階的に分析していくが、この藩是の確定から具体的行動までの過程および循環のモデルとして［図６］を提示する[*96]。

国内の政治事件や対外問題などによる中央政局の推移や、藩主交替や軍制改革といった藩内の変容によって、さまざまな政治意思が藩内で表出することになるが(a)、その政治意思が集約されることで藩にとっての最高政治意思である藩是が確定することになる(b)。その上で、この藩是に基づいた政策の立案などが目指されるが、複数立案されるケースも想定され(c)、その場合は選択がなされて具体的な政策・理論である「藩論」が策定される(d)。そして、この「藩論」に基づいて具体的に行動することになるが(e)、その行動が実を結んだか否かの検証がなされることで(f)、藩是や「藩論」の修正が図られることになり、達成されるまでこれらの過程は循環する。

さらに、この［図６］の循環モデルを念頭に置きながら、先の奈良勝司の見解を踏まえるならば、一連の過程であらわれてくる衆議と至当性（正しさ）、そして「公議」の問題についても考えなければならない。藩内において多数

［図6］藩の政治意思決定および循環モデル

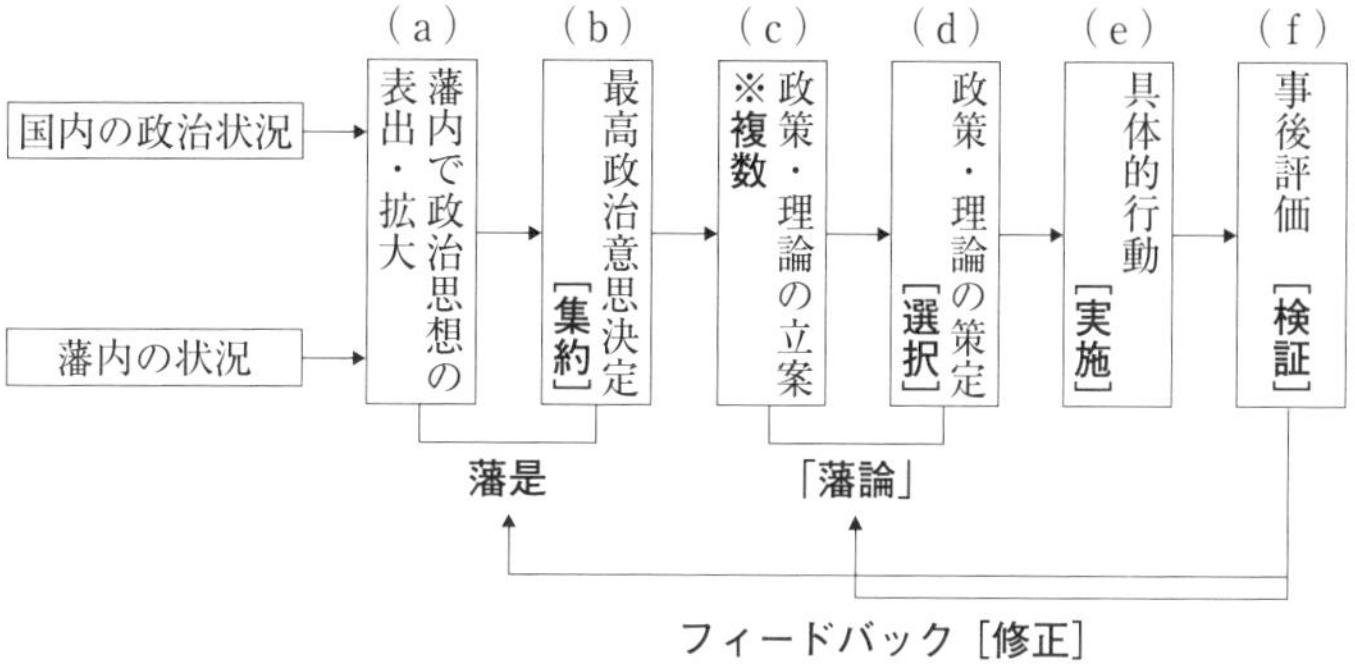

意見である衆議が表出したとしても、それがそのまま藩是や「藩論」とはならず、衆議と至当性とが一致することによってはじめて成立するとの理解に立つならば、そこに藩レベルでの「公議」性（「藩公議」[*97]）を見出すことも可能ではないか。藩内で基本的に衆議を担うことになる家臣団と、至当性を体現する存在である藩主が、いかなる関係性にあって一致が導かれていくのか、具体的な政治過程のなかで分析することが求められよう。[*98] また、奈良は「公議」には同調圧力がかかることを指摘しているが、[*99] そうであれば「藩公議」も同調圧力をともなうものであったと考えられ、この点についても留意する必要がある。

(2) 決断の藩主にみる御意・親翰・「御前評議」

また、藩内の政治意思を集約すべく至当性を体現するのが藩主であるならば、政治意思決定における最も重要な存在が藩主であることは疑いない。加賀藩の場合、藩主が自身の政治意思を藩内に表明する方法としては、①御意、②親翰、③「御前評議」が挙げられる。①の御意はまさしく藩主の発言であり、対象者を呼び出して与えることになるが、その御意を受けた者はその内容に納得すれば「御請」として承諾する。また、御意書という形で書面に認めて渡されることもあった。②の親翰は藩主が出した書状であり、その対象は特定される場合もあれば藩全体を対象としたものもあったが、出された側は請書を提出し、親翰は筆写した後に返却される、もしくはそのまま拝受となったケースがみられる。文政期以降の親翰をまとめた「御親翰留」[*100]では、親翰の文面に加え、いつ誰に渡したか、請書の有無、親翰の返却などが朱書きで記されているが、内容は国事に関するものや、重臣の任免、藩士の綱紀粛正など多岐に渡り、嘉永六年（一八五三）から明治四年（一八七一）までの一八年間で二一五通が確認できる。そのなかでは四五通が国事に該当し、禁門の変や王政復古、戊辰戦争といった政治事件に際しての藩主の決断が読みとれる。③の「御前評議」については、管見の限り文久三年七月の事例が国事にかかる「御前評議」の嚆矢となるが（第一章）、このときは藩主前田斉泰、世嗣前田慶寧以下、藩上層部で加判を構成する年寄・家老（「年寄中席御用加判」に任じられた家老）、そのほか侍読・近習らが出席している。①②との最大の差異は、藩の政治意思決定に関与する者たちが一堂に会している点であり、鳥羽・伏見戦争直後には「御両殿様御出候処へ被伺候へハ御治定も早ク、宜御願候義被願候」[*101]と、家臣からの求めにより「御前評議」が開催されている（第二章）。また、この「御前評議」でも、①②と同様に最終的には藩主の決断を出席者が承諾する形式をとっていた。

以上のような方法を駆使することによって、藩主は藩内で拡大した政治意思の集約、衆議と至当性の一致を担うことになるが、ここに当時求められていた「決断の君主」像がみえてくる。濱野靖一郎は、近世後期の儒学者である頼山陽を政治学者として捉え、頼山陽の政治理論のなかに自らが責任を負って主体的に判断していく君主像があったことを論じており[*102]、久住真也は徳川将軍が溢れるような権威を身にまとっていた「権威の将軍」から決断して国事に奔走する「国事の将軍」へと変化したことを明らかにしているが[*103]、両者の成果に依拠するならば、当該期の藩ではまさに至当性を体現する決断の藩主が求められたはずである。この点を含め、ここで挙げた分析手法に基づいて検討することは、当該期の実証研究が抱える問題を指摘した奈良勝司や、地域史研究の現状に言及した宮地正人の見解と向き合い、現在の明治維新史研究における藩研究の位置を問うことに繋がると考える。

5　本書の構成

最後に、本書の構成について述べておきたい。本書は内容により二部構成で分析することとする。

(1)　藩の政治過程における政治意思決定の様相

第一部では、加賀藩の政治意思決定に注目し、国事にかかる藩の政治過程を考察する。具体的には、加賀藩が国事を本格的に意識しはじめた文久期から廃藩までを範囲とし、政治意思決定の構造とプロセスについて検討していく。まず、加賀藩にとっての藩是の確定および「藩論」の策定がなされた文久・元治期の藩主は前田斉泰であり、そこでは「御前評議」を重視する斉泰のスタンスがあらわれている。そしてこの時期は「言路」を保障しながら挙藩体制の創出が模索されたが、それ故に藩内での政治意思の拡大が顕著であり、その集約の問題がまさに顕在化したのが禁門の変であった。また、藩内「尊攘派」が活発に活動したのもこの時期であるが、言説に覆われてきた彼らには「尊攘派」と括るほどの党派性はみられず、挙藩体制創出のための一斉処分とその後の顕彰によって党派的なイメージが強調されたと考えられる（第一章）。慶応末期になると、文久期には世嗣でありながら禁門の変後に処分をうけた前田慶寧が藩主となり、斉泰は隠居している。相続後の慶寧は上洛して徳川慶喜と面会するなど、国事への関与を示すが、大政奉還や王政復古、そして鳥羽・伏見戦争といった目まぐるしい政局の推移のなかで藩是・「藩論」が揺らぎ、藩主として決断を繰り返すことになる。そしてこの慶寧の決断では、政治的な正当性を示す「正義」が重んじられるなかで、「佐幕」「勤王」の捉え方が変容していったことが藩の政治意思に大きく影響することになる（第二章）。その後、明治初年に慶寧は藩主から知藩事となったことでその権限にも変化がみられ、新政府の命令をうけながら藩体制を大きく改編させていく。版籍奉還から廃藩置県に至る過程では、重臣が暗殺されて弾正台から大巡察らが派遣されるなど藩内に不穏な状況がみられるなか、「列藩之標的」という理想的藩モデルの追求がなされるが、近代における「旧藩」の叙述から、地域が重臣層に抱くアンビバレントな感情がみえてくる（第三章）。また、明治初年の藩内人事では旧来の重臣と人材登用のバランスが図られているが、登用については幕末期からの経歴に加え、新政府への出仕経験などが考慮されており、さらに藩では議事制度が模索されていたことが明らかとなる（第四章）。

また、ここでは藩の政治過程において前田斉泰・慶寧の両藩主が自身の決断のあり方である御意・親翰・「御前評議」をいかに駆使して藩の政治意思を集約していったのかを検討するが、両者の決断にみるパーソナルな差異や恣意性も考慮することで、彼らを決断する藩主と見做せるのかを考える。さらにもう一点、多数意見である衆議と正しさである至当性が一致する過程において、「大政委任」「正義」「列藩之標的」といったキィワードが見出せる。これは組織全体として納得し共有できるような核なる要素として位置付けられるが、これが藩の政治意思決定にどのように関わるかも検討していく。

(2) 政策分析における藩の組織と軍事

第二部では、史料に基づいた分析の徹底を掲げ、当該期に藩内で実施された京都詰体制の整備、「西洋流」の受容、銃卒制度、軍制改革について、藩内外のいかなる要請がこれらに結びついていったのかを明らかにするとともに、藩内の政策が国事にかかる藩の政治過程にどう関連しているのかを検討する。さらに、政策の実施に至る経緯や内容の実証的な分析は勿論のこと、身分制や夷狄観といった近世社会の特質がどのように影響したのかについても考える。

近世加賀藩の家臣団編制では、年寄—家老の体制が整備されており、彼らによって加判が構成されていたが、そこには陪臣叙爵をはじめとした複数の基準によって厳格な序列がみられた。その後、藩主上洛や京都警衛といった国事への対応から家老が京都に常駐する体制ができあがり、さらに情報収集や交接を専門とする聞番も京都に派遣されたことで京都詰体制が成立していったが、大政奉還以降の藩の政治過程において京都詰は情報収集のみならず、独自の動きを示すことになる（第五章）。そして、「西洋流」の受容、銃卒制度と軍制改革の実施については、外圧にともなう日本型華夷秩序意識による夷狄観の影響と、近世身分制の問題が如実にあらわれてくる。「西洋流」をどこまで受容し得るかは、どこまで夷狄のモノを許容し得るかということであり、藩主をはじめ各々の立場で考え方が異なることは当然である。それを「守旧派」「進取派」といった二項対立で理解しようとしてきたことに問題があり、これまで十分な検討がなされてこなかったが、「西洋流」について兵器の採用は認めるが軍制の導入は認めないという藩主前田斉泰の考えは、身分制や夷狄観に基づくものであり、「守旧派」のラベルによって研究が放置されてきたことが明らかとなる（第六章）。また、その「西洋流」の訓練を足軽を含めた士身分には認めずに、「卑賤之者」とする百姓・町人には認めるとの藩主の判断には、やはり近世身分制の影響が認められるが、これにより図らずも西洋軍制に基づいた部隊が藩直属の部隊に先駆けて地域で創出されることになる。また、この銃卒制度の実施には地域の同意が不可欠であり、地域の側はあくまでも地域社会が維持される範囲内で協力する姿勢を示すなど、藩による強制でもなければ地域の暴力装置でもない実態が浮き彫りとなる（第七章）。さらに、慶応期に条約勅許がなされて外圧の脅威が薄れるなか、禁門の変以降に内乱の様相が深まったことから、内乱への対処を目的として「西洋流」を積極的に導入するという明快なシェーマが描かれたことで、藩直属の軍事力を対象とした西洋式の軍制改革が実施される。そのときの主たる担い手は地域から動員されているが、なかには既に銃卒として訓練を受けていた百姓・町人もおり、彼らは新足軽並として藩に採用されていく。その後、彼らは戊辰戦争に大規模投入され、編制された部隊は新政府の命令に対応すべく幾度も改編しており、軍事という藩の個別領主権の根幹に対する新政府の介入といった面が看て取れる戦争であった（第八章）。

以上、二部八章が本書の構成であるが、先に掲げたように関連する史料をできるだけ取り上げながら、その史料に基づいた分析を徹底することが本書に通底するスタンスとなる。それは、取り扱う多くの史料について慎重に史料批判をおこなった上で、自身の理解や表現に含まざるを得ない恣意性も意識して叙述をすすめることが言説と向きあう有効なアプローチであると考えるためである。[*104]

註

＊1　［図1］は石川県立歴史博物館所蔵、［図2］は神戸市立博物館所蔵。本絵図については、石川県立歴史博物館の石田健氏による教示を賜った。

＊2　加賀藩は当時京都警衛のために一定程度の兵を滞京させているが、この戦闘には加わっていないことから、この錦絵は事実を描いているわけではない。

＊3　奈倉哲三編著『絵解き幕末風刺画と天皇』（柏書房、二〇〇七年）。錦絵の作成時期や全体的な記載内容については奈倉の分析に依拠しながら、本書では加賀藩の描かれ方に注目する。また、当該期の錦絵は実際に戦争を目にしていない人々にも視覚的体験を提供することになり、事実そのものではないイメージを広範な人々が持ち得たことを久住真也も指摘している（同「幕末畿内の政治動向―維新変革の道筋」後藤敦史・高久智広・中西裕樹編『幕末の大阪湾と台場』戎光祥出版、二〇一八年）。

＊4　奈倉によれば、曖昧な態度を翻して奥羽越列藩同盟の盟主となった仙台藩とともに、時期によって立場が変わった藩として加賀藩を挙げており、これらの藩の描かれ方が時期確定の判断材料になるとしている（『同右』）。

＊5　国立国会図書館デジタルコレクション。奈倉は、「旧幕府側だとは思いつつも、はっきりとは見えていない、（中略）加賀藩の姿を巧みに描き込んだもの」とする（『同右』）。

＊6　国立国会図書館デジタルコレクション。加賀藩を旧幕府方から中央に出して、畳に頬杖をつかせ厭戦気分のように描いていると奈倉は指摘している（『同右』）。

＊7　国立国会図書館デジタルコレクション。奈倉はこの風刺画のポイントに加賀藩と天皇の描き込み方を挙げ、無責任な加賀藩は中立面しながら徳川家への礼儀を忘れ、ついに新政府側、天皇を担ぎ上げる側にまわったとの批判がここに込められていると分析す

る（『同右』）。

＊8　江戸城殿席における前田家の特別な待遇については、篠崎佑太「近世後期における家格と法令伝達―大廊下下之部屋詰大名を中心に―」（『東京大学史料編纂所研究紀要』二六号、二〇一六年）、同「安政四年における大廊下席大名の政治的動向―「同席会議」の上申書提出をめぐって―」（『日本歴史』八一九号、二〇一六年）。また、前田家と徳川家との姻戚関係については、本書第五章を参照。

＊9　金沢市立玉川図書館近世史料館所蔵「雑記」巻一〇。この史料は記述内容から大政奉還前後と推定されるが、長州藩関係者が諸藩を評価したものといわれる。当然薩長寄りの記述であり、「復古勤王」以外に該当する藩はおしなべて批判されている。

＊10　「日和見」「曖昧」との語に着目した鈴木寿子は、幕末維新史を通じて「勤王」「佐幕」の分類に属さない者を「曖昧（または日和見）」と呼称することに疑義を呈し、「曖昧」を徳川追討令以後に使用された語と定義づけて分析をすすめている。そして「曖昧」は新政府側からみての言葉であり、「対立する勢力からそのように呼ばれることになったこの立場を、譜代藩の政治的選択の結果として認めたい」と述べている。重要な指摘であるが、外部による認識を首肯した上で、そこに分析の意義を見出す手法は、本書とは異なるものである（鈴木寿子『幕末譜代藩の政治行動』同成社、二〇一〇年）。

＊11　本書では「日和見」を取り上げているが、「雄藩」も外部の認識により構築されたラベリングといえるのではないか。曖昧であり実態を指す表現とは見做し難い。さらに言うならば、倒幕に規定される「薩長」というラベリングも存在するのではないか。

＊12　笹部昌利は、〈長州基準〉ともいえる枠組みによる藩閥的勤王理解があったこと、地域の「誇り」が藩閥的な「勤王」史によって説明され、「勤王」の名のもとに「郷土」が包摂されたことを主張する（同「近世の政治秩序と幕末政治―鳥取藩池田家を素材として―」（『ヒストリア』二〇八号、二〇〇八年）。また、前田結城は「勤王派」を軸とした旧藩の維新観は今日もなお社会的定着度の高いものであるとして、この史観を〈旧藩勤王派中心史観〉と述べる（同「〈旧藩勤王派中心史観〉の成立と展開―姫路を事例に―」『神戸大学史学年報』二六号、二〇一一年）。

＊13　大久保利謙は、藩閥に圧倒された「旧藩」の幕末維新観として「旧藩史観」を挙げ、「藩閥史観」に対抗的な史観として位置付けた（同「王政復古史観と旧藩史観・藩閥史観」『法政史学』一二号、一九五九年。のち『日本近代史学の成立　大久保利謙歴史著作集七』吉川弘文館、一九八八年所収）。日比野利信は、この大久保の指摘を踏まえ、「旧藩史観」とは明治維新における「旧藩」の藩主と志士の功績を顕彰して「我が藩」が明治維新でいかに功績が大きかったかを強調し、薩長の後塵を拝したという「藩閥」へのコンプレックスを解消させようとする「物語」であったとし（同「維新の記憶」明治維新史学会編『明治維新史研究七　明治維

新と歴史意識』吉川弘文館、二〇〇五年)、さらに明治維新の「主役」と言うべき長州との関わりで我が藩の「貢献」を強調する物語の論理構成である以上、必然的に「旧藩史観」は「王政復古史観」「藩閥史観」に「接近」すると述べている(同「「旧藩史観」再考」『九州歴史科学』四五号、二〇一七年)。よって、「旧藩史観」と「勤王」はある段階からは不可分の関係にあったとみてよいだろう。一方で、平良聡弘は紀州徳川家の藩史を編纂した『南紀徳川史』の分析から、旧紀州では必ずしも「勤王」を第一義的にアピールせず、維新政府の正当性に疑義を呈しながら日本の近代化に貢献したことを主張した点を明らかにしている(同「旧紀州藩の明治維新観―『南紀徳川史』を中心に―」『和歌山県立文書館紀要』一七号、二〇〇五年)。

＊14 戦前における藩主や志士の顕彰と「勤王」叙述については、高木博志「「郷土愛」と「愛国心」をつなぐもの―近代における「旧藩」の顕彰―」(『歴史評論』六五九号、二〇〇五年)、畑中康博「明治時代における秋田藩維新史像の形成」(『日本歴史』七七四号、二〇一二年)などの成果があり、石川県については、本康宏史「「加賀百万石」の記憶―前田家の表象と地域の近代―」(『日本史研究』五二五号、二〇〇六年)があるが、地域が名教的な歴史観に包摂され、「臣民」にとっての「国史」になっていくことは、地域における国民統合の問題とも関連する重要な視角である。

＊15 宮地正人は、地域史研究の課題の一つとして、地域史と通史を連関させることで相互に進展していく必要を説いている(同『地域の視座から通史を撃て!』校倉書房、二〇一六年)。

＊16 二〇一八年度第四八回明治維新史学会大会「シンポジウム「慶応三・四年を問い直す」開催にあたって」(『会報 明治維新史学会だより』二五号、二〇一八年)。

＊17 青山忠正「明治維新の史学史―「絶対主義」と「変革主体」―」(『歴史評論』五八九号、一九九九年。のち『明治維新と国家形成』吉川弘文館、二〇〇〇年所収)、家近良樹「明治維新史研究の過去と現在―対幕府研究を軸にして―」(『二〇世紀の経済と文化』大阪経済大学日本経済史研究所研究叢書第一〇冊、二〇〇〇年)、奈良勝司「明治維新論の現状と課題」(『歴史評論』八一二号、二〇一七年)。

＊18 遠山茂樹『明治維新』(岩波書店、一九五一年)。

＊19 井上清『日本現代史一 明治維新』(東京大学出版会、一九五一年)。

＊20 石井孝『明治維新の国際的環境』(吉川弘文館、一九五七年)、芝原拓自『明治維新の権力基盤』(御茶の水書房、一九六五年)。

＊21 田中彰『明治維新政治史研究―維新変革の政治的主体の形成過程―』(青木書店、一九六三年)。また、変革主体に関する近年の研究成果としては、三村昌司「「主体」をめぐる日本近世近代移行期研究」(『東京未来大学研究紀要』八号、二〇一五年)。

＊22　王政復古史観について、鵜飼政志は「今日においても王政復古史観は国民の間に意識的・無意識的に浸透している。明治維新は、つねに一つの歴史的理想像であり続けている」と指摘する（鵜飼政志・川口暁弘編『きのうの日本―近代社会と忘却された未来―』有志舎、二〇一二年）。
＊23　この近代化論は薩長のラベリングも肯定したのであり、このことは王政復古史観の温存に繋がっていくことになる。
＊24　この点については家近良樹が指摘している（同前掲「明治維新史研究の過去と現在―対幕府研究を軸にして―」）。
＊25　宮地正人「幕末過渡期国家論」（佐藤誠朗・河内八郎編『講座日本近世史八　幕藩制国家の崩壊』有斐閣、一九八一年。のち『天皇制の政治史的研究』校倉書房、一九八一年所収）。宮地は、「維新変革を政治史として考察しようとした場合、その理論的な核となるのは国家論」と説いている。
＊26　原口清「近代天皇制成立の政治的背景―幕末中央政局の基本的動向に関する一考察―」（遠山茂樹編『近代天皇制の成立』岩波書店、一九八七年。のち『原口清著作集一　幕末中央政局の動向』岩田書院、二〇〇七年所収）。原口は「対外的・国内的に分裂した諸意志を統一し得る最高国家意志＝国是」と定義している。
＊27　奈良前掲「明治維新論の現状と課題」、吉岡拓「明治維新史と天皇制研究」（『歴史評論』八一二号、二〇一七年）。
＊28　佐々木克「『公武合体』をめぐる朝幕藩関係」（田中彰編『日本の近世一八　近代国家への志向』中央公論社、一九九四年）。
＊29　小野正雄「幕藩権力解体期の藩の動向　一八六二―一八六七」（『歴史学研究』五七五号、一九八七年。のち三宅紹宣編『幕末維新論集四　幕末の変動と諸藩』吉川弘文館、二〇〇一年所収）。
＊30　奈良前掲「明治維新論の現状と課題」が示唆的である。
＊31　家近良樹『幕末政治と倒幕運動』（吉川弘文館、一九九五年）、同『孝明天皇と「一会桑」―幕末・維新の新視点―』（文春新書、二〇〇二年）。
＊32　青山前掲著書『明治維新と国家形成』。
＊33　さらに、幕末維新期なる過渡期を動態として捉え直すには、社会的な広がりと深みから政治過程を逆照射しなければならないとして、宮地正人は「社会的政治史」の視点を主張している（同『幕末維新期の社会的政治史研究』岩波書店、一九九九年）。
＊34　ごく一例として、西村晃「幕末岡山藩における国事周旋方針と藩論」（『史学研究』一八四号、一九八九年。のち三宅編前掲『幕末維新論集四　幕末の変動と諸藩』所収）、母利美和「井伊直弼の政治行動と彦根藩―意思決定と側近形成過程を中心に―」（佐々木克編『幕末維新の彦根藩』サンライズ出版、二〇〇一年）、友田昌宏「文久三年京都政局と米沢藩の動向」（家近良樹編『もう

ひとつの明治維新―幕末史の再検討―』有志舎、二〇〇六年）を挙げるが、本書第一章・第二章も参照されたい。

＊35 笹部昌利「攘夷と自己正当化―文久期鳥取藩の政治運動を素材に―」（『歴史評論』五八九号、一九九九年）、同「幕末期鳥取藩池田家における「家」存続の意識―長州藩毛利家処分への対応をめぐる大名家の「私」―」（『鳥取地域史研究』四号、二〇〇二年）。重要である一方で、あまり個別領主による自己正当化にひきつけて論じてしまうと、藩の行動が「私」に収斂されてしまう恐れもあるのではなかろうか。政治過程と「私」の論理の関係については、慎重に検討していく必要があろう。

＊36 笹部昌利「京よりの政治情報と藩是決定―幕末期鳥取藩池田家の情報収集システム―」（家近前掲編著『もうひとつの明治維新―幕末史の再検討―』）、同「幕末期の国事システムと大名「御側」―池田慶徳とその周囲―」（鳥取藩政資料研究会編『鳥取藩研究の最前線』今井出版、二〇一七年）ほか。

＊37 上田純子「安政五年萩藩における「会議」と政治機構―幕末維新期政治史再考のための一試論―」（『史学雑誌』一〇七巻六号、一九九八年）、同「萩藩文久改革期の政治組織―政事堂の創設と両職制の改編―」（『史学雑誌』一〇九巻一一号、二〇〇〇年）。

＊38 天野真志「国事周旋と言路―幕末期秋田藩の政治方針をめぐる対立から―」（『歴史』一一六号、二〇一一年）。また、天野は「内乱回避」をキィワードとした「禁門の変と秋田藩―内乱回避をめぐる諸藩周旋活動の一側面―」（『文化』七二巻一・二号、二〇〇八年）がある。

＊39 青山前掲著書『明治維新と国家形成』、町田明広『幕末文久期の国家戦略と薩摩藩―島津久光と皇政回復―』（岩田書院、二〇一〇年）ほか。ただし、宮間純一は近年の薩長研究について、「充実しているとはいい難い。「薩長中心史観」に対するアレルギーともとれるが、実証レベルでも停滞が懸念される」と述べる（同「明治維新政治史研究の現在」『歴史評論』八一二号、二〇一七年）。

＊40 地方史そして地域史については、塚本学「地域史研究の課題」（『岩波講座　日本歴史』二五、岩波書店、一九七六年）、黒田俊雄「あたらしい地域史のために―地域史の現状と課題―」（『日本史研究』一八三号、一九七七年）。

＊41 岸野俊彦編『尾張藩社会の総合研究』一―六編（清文堂出版、二〇〇一―二〇一五年）、岡山藩研究会編『藩世界の意識と関係』（岩田書院、二〇〇〇年）、同『藩世界と近世社会』（岩田書院、二〇一〇年）、渡辺尚志編『信濃国松代藩地域の研究』一―五編（岩田書院、二〇〇五―二〇一七年）、稲葉継陽・今村直樹編『日本近世の領国地域社会―熊本藩政の成立・改革・展開―』（吉川弘文館、二〇一五年）、平川新編『江戸時代の政治と地域社会』一―二編（清文堂出版、二〇一五年）、加賀藩研究ネットワーク編『加賀藩武家社会と学問・情報』（岩田書院、二〇一五年）など。これらは一例だが、二〇〇〇年代以降に多くの成果が出されている。

＊42 地域とは直接的には空間的な範囲を指すが、地理的な空間にとどまらず、思想的な空間、心理的な空間、時間的な空間を指す

ケースも想定される（濱下武志・辛島昇編『地域史とは何か』山川出版社、一九九七年）。本書では加賀藩を一つの地域として捉えているが、少なくとも当該期にみられる隣接諸藩との連携といった地域圏の視座も射程に入れることも必要と考える。

＊43 鵜飼政志『明治維新の国際舞台』（有志舎、二〇一四年）。

＊44 奈良前掲「明治維新論の現状と課題」。

＊45 家近良樹は、西南雄藩を個別藩の動向として分析し、幕府・朝敵諸藩、そして日和見諸藩の動向を更に検討していくことが、幕末維新史を総合的に把握するためには重要と述べて、個別実証の可能性を見出している（同前掲「明治維新史研究の過去と現在―対幕府研究を軸にして―」）。

＊46 青山忠正は、「分かりやすくいってしまえば、「佐幕」と「倒幕」や、「佐幕」と「勤王」といった言葉は、明治になってから、かつての歴史を振り返った時、事態の推移を単純化して説明するために生み出されたものと思ったほうがいい」と述べる（同『明治維新を読みなおす―同時代の視点から―』清文堂出版、二〇一七年）。

＊47 青山忠正「幕末政治と社会変動―その捉え方と言説の自覚について―」（明治維新史学会編『講座明治維新二　幕末政治と社会変動』有志舎、二〇一一年）、同『明治維新の言語と史料』（清文堂出版、二〇〇六年）。

＊48 青山忠正は、「一八五〇～六〇年代の朝廷・幕府・藩とは、全国の政治を運営する必要上、それぞれの対象を天子との関係性を基準として呼び分けるため、生まれてきた言葉であり、厳密に言えば一般化した時点でそれ自体が言説であった」とし、その言説に明治期以降の価値評価による言説が重なっていったことを指摘する（青山前掲「幕末政治と社会変動―その捉え方と言説の自覚について―」）。本書では、この点を踏まえた上でこれらの語を使用する。

＊49 宮間純一『戊辰内乱期の社会―佐幕と勤王のあいだ―』（思文閣出版、二〇一五年）。また、宮間は「新政府は、勤王理念をもって佐幕理念を完全否定するが、他方で旧幕府抗戦派は、勤王理念をまったく排除した佐幕理念を敗戦するまでついに確立できなかった。旧幕府抗戦派にとって両者の共存は矛盾しない」と、旧幕府方の論理構造の限界性に言及している。

＊50 笹部前掲「近世の政治秩序と幕末政治―鳥取藩池田家を素材として―」。

＊51 本康前掲「「加賀百万石」の記憶―前田家の表象と地域の近代―」。

＊52 田中前掲著書『明治維新政治史研究―維新変革の政治的主体の形成過程―』、木原溥幸『佐賀藩と明治維新』（九州大学出版会、二〇〇九年）。

＊53 毛利敏彦は、富国強兵と幕藩秩序の関係から薩摩の「割拠」体制を論じている（同『明治維新政治史研究序説』未来社、一九

六七年）。また、木原溥幸は当時の佐賀藩の姿勢について、自立・軍事力強化を目指す「藩割拠」であったと論じている（木原前掲著書『佐賀藩と明治維新』）。

＊54　徳田寿秋『前田慶寧と幕末維新―最後の加賀藩主の「正義」―』（北國新聞社、二〇〇七年）。徳田は、加賀藩における「三州自立割拠」は加越能三州の領有を如何に継続できるかとの自藩領有制の維持を本質とした考え方であったと定義づけ、明治初年まで「割拠」体制が推進されたとする。のち、同「加賀藩の「三州自立割拠」論の再考―「岡山茂口述筆記原稿」は信憑性が皆無か？―」（『石川郷土史学会々誌』四六号、二〇一三年）、同「「王政復古の大号令」前後の加賀藩の動向―「三州割拠」志向補遺―」（『石川郷土史学会々誌』四九号、二〇一六年）。

＊55　拙稿「幕末期加賀藩における藩是と「藩論」―個別藩における分析視角―」（『明治維新史研究』七号、二〇一一年）、長山直治「前田慶寧の二度の退京をめぐって―徳田寿秋著『前田慶寧と幕末維新―最後の加賀藩主の「正義」―』への疑問―」（『北陸史学』五九号、二〇一二年。のち『加賀藩を考える―藩主・海運・金沢町―』桂書房、二〇一三年所収）。両者はあくまでも「割拠」を史料用語と捉え、どのような意味で使用されているかを評価している。これについては、本書第二章において詳細に分析する。

＊56　青山前掲「幕末政治と社会変動―その捉え方と言説の自覚について―」。

＊57　町田明広『攘夷の幕末史』（講談社現代新書、二〇一〇年）。また、同『グローバル幕末史―幕末日本人は世界をどう見ていたか―』（草思社、二〇一五年）において、「大攘夷」を「未来攘夷」と呼称し直し、概念の連想しやすさを追求している。

＊58　奈良勝司『明治維新と世界認識体系―幕末の徳川政権 信義と征夷のあいだ―』（有志舎、二〇一〇年）。

＊59　東アジアの華夷秩序に関して、三谷博『維新史再考―公議・王政から集権・脱身分化へ―』（NHKブックス、二〇一七年）。

＊60　代表的なものとして、『石川県史』二編（石川県図書館協会、一九二七年初版、一九七四年覆刻）。現在でも有用な自治体史であることは疑いないが、戦前の刊行物であり、本書で指摘するストーリーの影響を見過ごすことはできない。

＊61　加賀藩家臣団最上位であった本多政均は、明治四二年（一九〇九）に従四位を追贈され、昭和初年に加越能維新勤王家表彰会によって藩内「尊攘派」の面々とともに勤王家に選定されている（中田敬義『加越能維新勤王史略』加越能維新勤王家表彰会、一九三〇年）。それは、「勤王」の意思で藩政改革に取り組みながらも志半ばで明治二年に暗殺されてしまったことによるが、一方で政均は藩内保守門閥の象徴で、「佐幕」の推進者とも評される。このように、地域が政均に対するアンビバレントな感情を抱くところに、実態とは異なる評価と叙述を看て取るべきであろう。

＊62　青山前掲著書『明治維新の言語と史料』。また、吉村雅美は対外危機の影響を受けて「幕府を守る」から「日本を守る」という認

識の変化が藩に生じたことを指摘する（同『近世日本の対外関係と地域意識』清文堂出版、二〇一一年）。

＊63　上田泰編『組織行動研究の展開』（白桃書房、二〇〇三年）。ここでは、「共通の目的を達成すべく互いに相互作用関係を持って行動」する「集団」と、さらに「仲間意識が強く、また緊密な相互作用関係を持つような相互信頼感の高い少数の構成員からなる集団」との違いが指摘される。彼らが単なる「集団」であったのか、緊密な相互作用関係を有した信頼感ある関係を構築していたのかは考慮すべきと考える。

＊64　上田前掲「安政五年萩藩における「会議」と政治機構―幕末維新期政治史再考のための一試論―」。

＊65　笹部前掲「近世の政治秩序と幕末政治―鳥取藩池田家を素材として―」、同「幕末期の国事システムと大名「御側」―池田慶徳とその周囲―」。

＊66　天野前掲「国事周旋と言路―幕末期秋田藩の政治方針をめぐる対立から―」。

＊67　奈良勝司「幕末政治と〈決断〉の制度化―江戸幕閣の動向からみる―」（『ヒストリア』二二三号、二〇一〇年）。ここで奈良は、江戸の幕閣が東国の大藩から政事総裁職に据えようとしたことに触れ、譜代・家門・外様といった区分によらない、地政学的な東西対立に言及している点は、本書においても重要な指摘となる。

＊68　「公議」「公論」に関する研究としては、宮地正人「風説留から見た幕末社会の特質―「公論」世界の端緒的成立―」（『思想』八三一号、一九九三年）、「天皇原理」と「公議原理」を軸に論じた高橋秀直『幕末維新の政治と天皇』（吉川弘文館、二〇〇七年）、近年では三谷博「明治維新とナショナリズム―幕末の外交と政治変動―」（山川出版社、二〇〇九年）、同前掲著書『維新史再考―公議・王政から集権・脱身分化へ―』など。また、東アジアを視点とした、塩出浩之編『公論と交際の東アジア近代』（東京大学出版会、二〇一六年）など、「公議」「公論」はあらたな明治維新史を叙述していく上で重要な分析視角であることは疑いない。

＊69　奈良勝司「近代日本形成期における意思決定の位相と「公議」―衆論・至当性・対外膨張―」（『日本史研究』六一八号、二〇一四年）。

＊70　「同右」。明治六年政変については、衆議と至当性の先鋭化が「公議」の構造を破壊し、隘路に嵌まりこんでしまったことから発生したと論じる。

＊71　奈良勝司「小笠原長行と「公議」―唐津統治期を中心に―」（『立命館大学人文科学研究所紀要』一〇五号、二〇一五年）。

＊72　これは当然ながら、人物視点による分析の有効性そのものを否定するものではない。現在、英雄史観にとらわれない人物研究がすすめられるなかで多くの成果が出されているが、明治維新史学会編『明治維新史論集一　幕末維新の政治と人物』（有志舎、

二〇一六年）では、取り上げる人物の「政治指導」に着目し、政治過程に人物を実証的に組み込んだ分析がなされている。

＊73　宮間前掲「明治維新政治史研究の現在」。宮間は、それぞれの研究を架橋する「共通言語」こそが史料であると主張し、アーカイブズを追求する必要性を説くが、全面的に首肯するものである。本書では、分析視角も架橋する共通性と捉え、検討を試みる。

＊74　明治二年（一八六九）の版籍奉還から同四年の廃藩置県までは金沢藩が正式に設置されている。本書は近世からの連続性もテーマとしているため、藩が言説に覆われた語であることも意識した上で加賀藩で表記を統一している。

＊75　慶応二年の将軍空位期における諸藩の状況を検討したものとして、白石烈「将軍空位期における「政令一途」体制構築問題と諸侯会議」（前掲『もうひとつの明治維新』）。

＊76　松尾美恵子「大名の殿席と家格」（徳川林政史研究所『研究紀要』昭和五五年度、一九八一年）、同「近世大名の類別に関する一考察」（徳川林政史研究所『研究紀要』昭和五九年度、一九八五年）。この序列について、福田千鶴は「外様の徳川大名化」と「徳川譜代の大名化」の二つのコースがあったと表現している（同『江戸時代の武家社会―公儀・鷹場・史料論―』校倉書房、二〇〇五年）。

＊77　『加賀藩史料』藩末編下巻（前田育徳会編、一九五八年）一二一一頁。

＊78　金沢市立玉川図書館近世史料館所蔵「恭敏公御家乗草稿」巻四。

＊79　箱石大「維新政府による旧幕藩領主の再編と戊辰戦争」（奈倉哲三・保谷徹・箱石大編『戊辰戦争の新視点』上巻世界・政治、吉川弘文館、二〇一八年）。

＊80　また、加賀藩は近江今津などに飛び地を有しており、そこからだと一日足らずで京都に到着することが可能になる。これは鳥羽・伏見戦争前後の動静を分析する際の要点の一つでもあり、事実加賀藩は戦争の直前、京都警衛で入京させていた軍事力に加え、有事に軍事展開させる目的であらたな軍事力を藩領の今津に駐屯させようとしていた。

＊81　東国の大藩である仙台も京都留守居が情報の収集・伝達を担ったが、急変する情勢に遠隔の地であるが故に追いつけない状況となり、京都と国許で情報が共有されずに国許で重大な政治路線の選択がなされたとの指摘がある（難波信雄「仙台藩の京都留守居と遊歴生―維新期の情報収集システムと関連して―」『日本歴史』七二三号、二〇〇八年）。

＊82　栗原伸一郎『戊辰戦争と「奥羽越」列藩同盟』（清文堂出版、二〇一七年）。もちろん同盟側は加賀藩のみに期待していたわけではなく、肥後をはじめ遠方の藩にも期待をかけて行動していたことが明らかにされている。

＊83　本康前掲「「加賀百万石」の記憶―前田家の表彰と地域の近代―」。

＊84　金沢市立玉川図書館近世史料館所蔵奥村文庫「御用方手留」「袖裏雑記」などは、同館加越能文庫にも同名で現存する。この奥村

文庫は昭和八年（一九三三）に寄贈されていることから、編纂方での筆写後に寄贈されたことがわかる。
*85　若林喜三郎『加賀藩農政史の研究』下巻（吉川弘文館、一九七二年）、水島茂『加賀藩・富山藩の社会経済史研究』（文献出版、一九八二年）など。
*86　水島前掲著書『加賀藩・富山藩の社会経済史研究』。
*87　徳田寿秋「藩体制解体の過程―財政統一策に対する加賀藩の対処から考察して―」（『北陸史学』一六号、一九六八年）、同「維新における加賀藩の政治動向―王政復古クーデター前後を中心に―」（『北陸史学』一八号、一九七〇年。ともに『加賀藩における幕末維新期の動向』私家版、二〇〇二年所収）。
*88　ロバート・G・フラーシャム「幕末の加賀藩勤王家―西南雄藩との対比から―」（『地方史研究』二〇七号、一九八七年）。
*89　徳田前掲著書『前田慶寧と明治維新―最後の加賀藩主の「正義」―』。
*90　木越隆三・宮下和幸・中野節子「序章　加賀藩研究の軌跡と課題」（前掲『加賀藩武家社会と学問・情報』）。
*91　堀井美里「政治情報にみる飛脚の意義―幕末期加賀藩を事例として―」（『加賀藩研究』三号、二〇一三年）、同「幕末維新期の地域社会における民衆の政治情報活動―能登国正院村舘家を事例として―」（前掲『加賀藩武家社会と学問・情報』）。
*92　鷲澤淑子「加賀藩明倫堂における「国学」の導入について」（『加賀藩研究』二号、二〇一二年）、同「加賀藩武士層における国学の受容―安政～文久期を中心に―」（前掲『加賀藩武家社会と学問・情報』）。
*93　笹部前掲「京よりの政治情報と藩是決定―幕末期鳥取藩池田家の情報収集システム―」。
*94　原口前掲「近代天皇制成立の政治的背景―幕末中央政局の基本的動向に関する一考察―」。また、各史料では藩を指す文脈において「国是」ないし「国論」と記されており、当時から種々の理解のなかで使用されてきたとおもわれる。それは加賀藩の史料からもうかがえるが、このような曖昧さがある以上、研究者各々がまずは定義を鍛えて分析していくべきであろう。
*95　この藩是については、笹部が定義する藩是とほぼ同義だと捉えており、その他の研究成果とも大きな相違はないとおもわれるため、ここでは括弧を使用せずに用いる。
*96　本図は、山本吉宣「政策過程とその分析」（堀江湛・花井等編『政治学の方法とアプローチ』学陽書房、一九八四年）に示唆を受けて作成している。
*97　藩の「公議」性について、本書では著者の理解により「藩公議」と表記するため、括弧を用いる。
*98　奈良前掲「小笠原長行と「公議」―唐津統治期を中心に―」において、藩レベルでの「公議」の問題に言及している。

＊99　奈良前掲「近代日本形成期における意思決定の位相と「公議」―衆論・至当性・対外膨張―」。

＊100　金沢市立玉川図書館近世史料館所蔵。この親翰留では回収を要しない儀礼・贈答における藩主礼状は記されておらず、当時の藩主親翰の捉え方もうかがえる。

＊101　金沢大学附属図書館所蔵「成瀬日記」巻二四。

＊102　濱野靖一郎『頼山陽の思想―日本における政治学の誕生―』（東京大学出版会、二〇一四年）。

＊103　久住真也『幕末の将軍』（講談社メチエ、二〇〇九年）。また、後藤敦史は幕府海防掛には「衆議」と「英断」の相克がみられたとし、「英断」を下すことができる将軍像を彼らが抱いていたことを指摘する（同『開国期徳川幕府の政治と外交』有志舎、二〇一五年）。

＊104　寺崎修は、史料批判の方法を⑴真偽性⑵来歴⑶伝来⑷信頼性の四つに分類し、その史料がどのような経緯を有しているか、内容は妥当か、原本か写本かといった史料批判の必要性を述べる。その上で、研究者が見解を表明する際には、多くの人々を納得させる合理的推定が求められるとし、①独善的な推測ではなく、説得力があるかどうか、②同一の資料を利用するならば、誰もが同一の結論に達するかどうか、③反証が出現する可能性がないかの三点を提示している（同「政治史と資料批判」堀江湛・花井等編『政治学の方法とアプローチ』学陽書房、一九八四年）。本書では、この指摘を重視しながら史料分析とその評価をおこなう。

第一部　藩の政治過程における政治意思決定の様相

第一章　文久・元治期における加賀藩の藩是と「藩論」

はじめに

ここでは、文久・元治期の加賀藩の政治過程について検討する。研究史については序章で整理を試みているが、近年の傾向としては国家論の立場をとる宮地正人の「幕末過渡期国家論」[*1]や原口清による国是樹立過程の分析などの影響を受け[*2]、京都に政局が移行する情勢のなかでの幕府・朝廷・諸藩の研究成果が出されている。幕府については幕閣を中心とした行動論理を精緻に検討した成果があり[*3]、さらに京都で展開した「一会桑」の分析は、朝廷や諸藩の研究にも影響を与えている。[*4]その朝廷についても、政治史的な視点による分析がなされ[*5]、幕末政治史における重要なアクターであったことが明らかにされている。

そして諸藩については、国事周旋を目指す文久末期から禁門の変にかけての国持を対象とした政治過程分析が中心であり、仙台・米沢・秋田などの東北諸藩[*6]、尾張・越前・会津といった徳川御三家や一門[*7]、そして姫路・鳥取・岡山・福岡・佐賀など西国を中心とした諸藩の研究がある。[*8]これらの成果では、藩独自の政治過程の解明とともに、内乱回避運動など京都の政局との関連で論じられており、また薩長についても、禁門の変にいたる政治過程についての精緻な分析がなされている。[*9]そのほかには、諸藩が命じられた御親兵や京都警衛に関する研究も挙げられるが[*10]、多くの史料に基づいた実証分析による研究成果が出されているのが当時期藩研究の特徴といえる。

よって、本章では以上の成果を踏まえながら、本書で掲げた藩における政治意思決定の構造とプロセスを分析する視角により、藩是―「藩論」―具体的行動の段階的理解を手法としながら加賀藩の政治過程を明らかにする。また、政治意思決定における藩主の決断が示される御意・親翰・「御前評議」に着目し、加賀藩の特質を明らかにしながら藩研究史上に位置付けていく。

1　文久期の政治情勢と加賀藩上層部

(1)　藩上層部の構成

まずは、国事周旋に深く関与することになる藩主以下、藩上層部の状況を整理しておきたい（[表1]）。藩主は前田斉泰で、前藩主前田斉広の嫡男として文化八年（一八一一）に生まれ、文政五年（一八二二）に一一代将軍徳川家斉の偏諱を賜い斉泰と名を改めるとともに、正四位下左近衛権少将となり若狭守を称し、同年の斉広致仕によって家督を相続すると、左近衛権中将となって加賀守を称した。天保二年（一八三一）に参議（中将兼任）、安政二年（一八五五）に権中納言、元治元年（一八六四）には正三位に昇叙し、治世は四〇年をこえて年齢も五〇代をむかえていた。正室の溶は徳川家斉の二一女で、文政一〇年（一八二七）に斉泰と婚姻している。世嗣前田慶寧は、斉泰の嫡男として天保元年に生まれ、同一三年に一二代将軍徳川家慶の偏諱を賜い慶寧と名を改めるとともに、正四位下左近衛権少将となり筑前守を称し、嘉永五年（一八五二）には左近衛権中将、安政五年に正四位上となる。弘化二年（一八四五）の初入国後は藩主の斉泰と入れ替わる形で参勤しており、ペリー来航後に老中阿部正弘が諸大名に対して意見を求めた際は、斉泰とともに書面を提出するなど、斉泰の傍らで政務に関わる立場にあった。

そして、加賀藩家臣団最上位の執政役である年寄衆については、文久三年（一八六三）末では前田直信を筆頭に、年寄衆を構成する八家の全員が相応の年齢で藩に出仕している。[*11] ただし、奥村栄通は五〇代で職務経験が二〇年を超えているが、他は一〇代後半から三〇代前半と若く、職務経験も一〇年程度である。つまり、文久末期から元治期にかけての年寄衆は職務経験の少ない者が多かったといえるが、当該期は村井長在が安政五年に月番・加判を免除され

［表1］文久末期加賀藩上層部の体制

文久3年（1863）7月の藩主・世嗣と御用加判

	名	受領名等	備考
藩主	前田斉泰	加賀守　中納言	文政5年（1822）家督相続
世嗣	前田慶寧	筑前守　中将	弘化2年（1845）初入国
年寄	前田直信	土佐守	安政3年（1856）加判
	奥村栄通	伊予守	弘化2年（1845）加判
	本多政均	播磨守	安政4年（1857）加判
	長　連恭	大隅守	安政5年（1858）加判
	奥村直温	内膳	嘉永2年（1849）加判
	横山隆平	三左衛門	文久2年（1862）加判
家老	横山政和	蔵人	安政元年（1854）加判
	青山悳次	将監	安政5年（1858）加判
	山崎範正	庄兵衛	安政4年（1857）加判
	不破為儀	彦三	安政2年（1855）加判
	大音厚義	帯刀	安政4年（1857）加判
	松平康正	大弐	文久3年（1863）6月加判
	横山隆淑	外記	安政5年（1858）加判

元治元年（1864）7月の藩主・世嗣と御用加判

	名	受領名等	備考
藩主	前田斉泰	加賀守　中納言	
世嗣	前田慶寧	筑前守　中将	
年寄	前田直信	土佐守	
	奥村栄通	伊予守	
	長　連恭	大隅守	
	横山隆平	三左衛門	
	前田孝敬	弾番	文久3年（1863）10月加判
家老	横山政和	蔵人	
	本多政醇	図書	元治元年（1864）5月加判
	青山悳次	将監	
	山崎範正	庄兵衛	
	不破為儀	彦三	
	大音厚義	帯刀	
	松平康正	大弐	
	横山隆淑	外記	

金沢市立玉川図書館近世史料館所蔵「先祖由緒并一類附帳」「御礼次第」にて作成.

ており、本多政均も元治元年正月に月番・加判を免除されていた。[*12] さらに、三〇代で比較的経験のある奥村直温も同五月に死去したことから、元治元年の禁門の変直前では御用加判が五名（月番は四名）、番方として最上位の人持組頭も就任者が五名という状況であった。つまり、文久期の年寄は前田直信を筆頭に揃ってはいたものの、奥村栄通以外は経験が浅い者たちで構成されており、月番・加判免除も相俟って人員不足となっていたことが指摘できる。

家老については、八家に次ぐ家格である人持組から任命されることになる。人数については時期による違いはあるが、文久期には長年にわたり筆頭であった今枝易貞が隠居するなど若干の改編があり、加賀藩の藩是が確定した同三年七月の段階では、筆頭の横山政和を含め七名であった。その後、京都詰家老の任命などで、元治元年禁門の変直前では八名となっていた。[*13] 筆頭の横山政和は一〇年以上の経験があるが、そのほかは安政後期から文久期にかけて任命されており、経験豊富な家老が少なかったといえる。以上から、文久末期の藩上層部は、治世が四〇年をこえる経験豊富な藩主、参勤も担う壮年の世嗣と、経験が豊富とは必ずしもいえない年寄・家老による加判によって構成されていたことがわかる。

(2) 文久期の政治情勢と藩の動静

文久二年四月、薩摩藩国父島津久光が上洛すると、六月には勅使大原重徳を伴い江戸に下向して幕政改革を求めている。[*14] 幕府はこの要求に応じ、将軍後見職や政事総裁職の設置、参勤交代緩和などの改革を実施したが、この一件は「無位無官の島津久光が、江戸屋敷取締りを名目として、上下一千の精鋭を従え上京、文久二年四月、朝廷から在京国事周旋の沙汰を得て滞京、幕府になんらの断りなく、独自に朝廷との間に幕政改革の交渉をしはじめたこと、このことは幕政史上、前代未聞の画期的大事件であった。[*15]」と評価されるなど、幕末政治史を検討する上で一つの画期となっている。既に万延元年（一八六〇）の桜田門外の変以降、幕府の公武一和路線もあり政局の中心は京都に移りつつあったが、当時の加賀藩はまだ京都における体制が整っておらず、同年五月頃の秋田藩士の書状には、加賀藩では在京の者が種々の情報を風聞と聞き流したことで国許で大いに不都合が生じたため、国許から重役を派遣し、在京の者を叱責したとの話がある。[*16]

この幕政改革の影響は諸藩にもおよび、参勤交代の緩和については、参勤の負担を減らすことで諸藩に海防体制の強化を促す意味合いがあったとの指摘があるが、[*17]加賀藩においても加越能三州沿岸で実施する銃卒制度の議論が進展し、[*18]軍艦発機丸を購入するなど海防強化に努めている。また、四月には藩主斉泰の正室で世嗣慶寧の実母である溶が金沢城二ノ丸御殿に入っている。[*19]

そして六月朔日、江戸城において「近来不容易時勢ニ付、今度政事向格外ニ令変革候間、何茂為国家厚相心得候義ハ可申聞」[*20]との上意を示されたことで、本格的に国事を意識することになる。当時の加賀藩が、幕府からの諮問以外は国事に関して意見を述べてこなかったことからも、国事はあくまでも幕府の専権事項と捉えていたとおもわれるが、この上意により国事に対して主体的な発言が求められるようになったといえる。

・年寄前田直信の上申

そして国許では、年寄の前田直信が六月二六日付で自身の意見を上申している。

［史料二］

（前略）此度上意振与ハ御模様も違申候得共、是迄従公辺時々御触渡等之義、御趣意一貫不仕義無御座共難申様奉存候間、此後之処ハ御趣意貫通公武御一和ニ而御国威を被為立候様之御場合江被為至候へハ、此上も無御座義、尤左様可被為在義与ハ奉存候へ共、万ニ一少ニ而も公武之御間御解兼之義被為在候時ハ、只今一向キニ公辺江御忠節而已ニ思召を被為尽候而、却而御危難も生し、神州億兆之人心離れ、衆口に被為懸候様之義被為在候而ハ、甚奉恐入候御義歟共奉存候、其故ハ、皇国ハ上将軍より下卑餞（賤）民ニ至迄、王臣に非さるハ無御座故か、古来王道衰へ武家盛んにしてすら朝家ニ背けハ世之悪名を請候体ニ御座候、（中略）然処、此度上意振等御沙汰之通り復古之御政道ニ御改りニ候へハ、御一段ニ奉存候得共、万一此上ニ御違勅等之廉相顕れ候而ハ、群雄蜂之如く起り、是を御助之御方も、上禁庭ゟ、中諸藩怨敵と成、下浪士雑卒迄も怒気ニ堪兼、御不慮之変事浪籍等御足元ゟ出来、仮令強国勇武たり共、御持保如何可被為在哉、其上万人之嘲哢、後世之批判、実ニ御危難至極之御場所無御座共難申哉、就而ハ公辺御続柄等之重キ所与天朝御本主之重キ所与競へ見申候時ハ、何れ天朝之重キ所外れ申間敷哉、左候迚無謂公辺江御粗意被為立候訳ハ可被為在様も無御座、（中略）猶以て御誠実ニ禁庭御尊崇之道相立、叡慮を重んセられ、天意を押弘められ、公武之御間水魚之如く御一和永久無御違変処達而被仰上、御上洛御供奉被為在候而も始終右之御趣意顕れ候へハ、公武之御間を御引直シ之御趣意ニ被為成候故、御身ハ関東ニ被為在候而も、却而叡慮を被為休め、上ハ皇天ゟ、下万民ニ至迄奉感服、於公辺も無此上御為筋ニ候得ハ、是両全之道ニも相叶可申哉、右様思召立被為在候而も、公辺向思召通り被為成兼、万一御違勅等之場合ニ被為至候ハヽ、将軍之御名ハ有之候而も上下人心離れ背き、国家傾覆之害甚キ時ハ、所謂独夫之類ニも被為成候間、時節至来与被思召、何れ朝庭御守護一向キ之義ニ御一決被為在候義、御専一歟ニ奉存候、（後略）[*21]

できる限り部分引用にとどめたが、加賀藩が国事と向き合った段階の意見として極めて示唆に富む内容である。この書状において前田直信は、今回の上意の内容はともかくも、これまでの幕府の姿勢を「御趣意一貫不仕」などと評価し、藩としては何より朝廷「御尊崇之道」を立てるべきと主張している。そして、幕府が態度を改めて公武一和になることが必要で、藩が叡慮を重んじて水魚の如く間に入り一和となれば、将軍上洛への供奉や藩主・世嗣が関東にその身を置くことも問題ないとする。

これは明らかな幕政批判であり、朝幕の関係が困難な状況で幕府にのみ忠節を尽くしては「却而御危難も生」じると述べている。また、万が一「違勅」となった幕府を支持した藩は、上は朝廷から下は浪士雑卒に至るまで、さらには諸藩からも怨敵と見做され、「万人之嘲哢、後世之批判」をうけて「危難至極」の状況にも陥るとして、「公辺御続柄等之重キ所」と「天朝御本主之重キ所」を天秤にかけるような状況となれば、後者を選択すべきと述べている。

このような意見を年寄の前田直信がもった背景には、「皇国ハ上将軍より下卑餞(賤)民ニ至迄、王臣に非さるハ無御座」とあるように、この国が「皇国」であり、将軍を含めた自分たちが「皇国」に属する者であるとの認識が関係しているようにおもわれる。故に、ここから逸脱するような行動は激しい批判に晒され、藩の存亡に関わるとの危惧に繋がっているのではないか。加えて、幕府が「違勅」の状態にあって国家に大きな害が見受けられる場合は、「時節至来」と捉え、朝廷守護に専念することを決断すべきと主張しているが、これは幕府が「皇国」の害となるような「時節」に至ったならば、幕府との関係を断つ、つまり徳川家と袂を分かつべきと主張していると理解できるものである。以上から、前田直信は朝廷尊崇を第一に考え、幕府との関係性を維持するなかで「時節」を見極めることが重要であるとの認識を文久二年の段階で有していたと評価できる。この書状は、あくまでも前田直信の見解にすぎないものの、ここに至って藩としての国事に対するビジョン、すなわち藩是（藩の最高政治意思）の創出が求められる状況になっていたといえよう。鳥取・秋田・長州など、他藩ではこの時期に藩機構の大幅改編や国事を担当する新職を設置するなどの具体的な対応がなされていく。

・勤学者小川幸三の建白と文久三年の情勢

このような情勢のなか、八月には町医者の子で京都に勤学した小川幸三が藩主斉泰に対して国事に関する建白書を提出している。建白書では、現在の公武の矛盾は鎖国・開国の二論から表出しており、いずれの策であっても天下の公議に就かせる必要があること、また朝廷では誰が御所方か幕府方かなどと議論して天下の公論を暗昧なものにしており、幕府も朝廷の動向をうかがっているために公武合体が困難になり天下の禍を招いていると、国事に関する小川の見解が述べられている。[*22] この小川の建白書が藩に与えた影響は大きく、斉泰は年寄の前田直信・奥村栄通の両名を呼び、建白書を提示して意見を求める一方、翌月には小川自身を召し出して直接小川から意見を聞いている。また、馬廻頭といった組頭層も斉泰の命により直接小川から話を聞いており、小川の意見が当時の加賀藩にとって貴重なものであったことがうかがえる。[*23] その一方で、小川は建白と同時に地域で十村預となって監視下に置かれ、一旦は解除されたが、九月の終わりには手鎖縮の処分を受けている。[*24]

その後、翌三年三月には一四代将軍徳川家茂が上洛を果たし、ここに文久国是が確立したが、[*25] この上洛ではこれまでの幕府の対応を謝し、公武一和実現のために攘夷を天皇に誓うという形式をとっていた。この点については、幕府が「公儀」ではなく攘夷の実施機関である「征夷御職掌」であるとの認識が朝幕双方において確認され、それを契機に成立した奉勅攘夷体制が実質的に幕府を朝廷の下部組織に位置付けたとの指摘がある。[*26] 藩主斉泰は供奉を願い出て上洛したものの、前年に発生した生麦事件に対する英国の強硬な要求があったことで、「依而ハ速ニ争端相開候事ニ付、御暇被仰出候間、藩屏之任不失様可尽粉骨候」[*27] との朝命が出され、わずか一〇日程で退京している。

2　文久末期の加賀藩における藩是

(1)　幕府の出府要請と加賀藩の情報収集

文久三年六月には、藩主斉泰と世嗣慶寧に対して江戸出府を命じる老中奉書が続けざまに届いている。[*28] とりわけ慶寧の場合は、将軍家茂・将軍後見職一橋慶喜・水戸藩主徳川慶篤による評議、さらに老中への用談の上で決定したものであった。当時の幕府は、奉勅攘夷体制を遵奉することで生存を図り、破約攘夷ではなく横浜鎖港によって攘夷の形を示そうとした時期とされるが、[*29] そのような状況での出府命令であったことから藩内は動揺することになる。

・出府命令に対する加賀藩の対応

世嗣慶寧の附頭一統が、「只今御出府ニ而ハ、畢竟関東方与歟申訳ニ而、若御違勅朝敵与申様之所江至リ申間敷共難申」と、「御用召」の内容が図り難い状況での出府は違勅朝敵になる可能性があるとして反対しているが、[*30] それは慶寧の政事総裁職就任という風聞があったことにもよる。藩内では、慶寧は賢明であるものの部屋住で政治経験がないため、この任命は慶寧の能力を見込んだものではなく、幕府失政の罪を着せるためではないか、もしくは大藩である前田家が随従する姿を世間に示して幕府権威を保持したいためではないかとの不信感があり、老中からは今回同じく「御用召」として呼ばれた姫路藩主酒井忠績は老中就任で間違いないが、慶寧についてはわからないとも内々に聞かされている。[*31] この慶寧への政事総裁職任命に対する警戒は、国内が東西に二分するかの情勢で幕府寄りと加賀藩が認識されることへの危惧でもあった。一方、藩主斉泰から意見を求められた年寄衆は、「対公辺御出府被遊候ハ御筋合ニ御座候へハ、(斉泰・慶寧)御両殿様共御病気被仰立抔者御宜かる間敷、只今御用召ニ而御出府御座候迚、御違勅申儀抔ニハ決而被為成間敷」と、この段階での出府は支持している。[*32]

このように、藩内では出府について意見が分かれていたが、京都でも加賀藩の動きは注視され、三条実美が在京聞番を呼び出して藩主斉泰の出府について尋ねており、[*33] この件は国許まで伝えられている。[*34] また当時、朔平門外の変後の天機奉伺で在京していた年寄本多政均は、関白鷹司輔熙から「東西両軍ニ相分り候様之儀も有間敷共難申様ニも被為仰聞、何分此時節江向、関東江御出府ハ迚も御宜かる間敷」と、縁家である二条斉敬からは「最早両端ニ相別れ候与申ものニ候間、先御両殿様共暫御引籠ニ而様子被遊御覧」との発言をうけた旨を、国許の年寄奥村直温まで伝えており、この内容も回覧されている。[*35]

・聞番津田権五郎の帰国と年寄衆の見解

そして七月八日には、在京聞番の津田権五郎が二条斉敬の内意などを直接国許に持ち帰っている。この津田がもたらした情報を踏まえて年寄長連恭以下が議論し、藩主斉泰に対して意見を上申している。[*36] その議論は「何分各初落合候儀も無之」と、意見が容易にまとまらなかったことがわかるが、「急度見留無御座而ハ相成間敷、御周旋之上ニ而も相整不申様之訳ニ而ハ、却而御名之出候様之義ニ而ハ如何敷、夫ゟハ先是迄之通、事之顕れ候迄ハ御双方江御手出し無之、御傍観之方可御宜哉」と、方針が定まらないなかでの周旋は前田家の名を落としかねないため、事が起こるまでは朝幕双方に手出しをせずに傍観した方がよいと判断している。ただし、「乍去事之顕れ候処江至リ候ヘハ、尤禁裏江御順ひ被遊候而可御宜」と、前年に年寄前田直信が上申した内容と同じく、何かあった場合は朝廷に従うのがよいと述べている。さらに、「御領海ハ申迄も無之、御国一統六十四州を敵と見て、海陸共厳重之御手配方ニ早々不相成而ハ相成間敷哉」と、ひとまずは傍観を選択しつつも、周囲を敵と想定して有事に動員し得る軍事力の強化を図るべきと主張し、「御周旋被為在候義、御傍観ニ被為在候も、根元思召之処どちら与歟被仰出候ヘハ、夫ニ付僉義之致方も可有之哉」と、藩主斉泰の「根元思召」を提示してもらえるように願っている。

また、この場を欠席していた年寄奥村栄通も、他の年寄の意見を踏まえて自身の見解を藩主斉泰に提出しているが、二条の内意が「大要ハ、何レ只今ニ而ハ精誠御周旋有之候様被成度旨等、二条様極内意之義」だとした上で、「何れ御周旋御建白等無御座而ハ被為成間敷御場合与ハ存候得共」と述べながら、「先是迄之通、事之顕れ候迄御双方江御手出し無之、若異変之場江至候ヘハ、尤禁裏江御順可被遊ハ申迄も無之」と、先の年寄衆の意見に賛同し、何かあれば朝廷に従うべきとする。また、「御国一統六十余州」をすべて敵と見做した藩軍事力の強化には、「少与如何可有之哉」と疑問を呈し、[*37]「根元思召之処ハ何分被仰出御座候様」と、やはり斉泰の「根元思召」を求めている。[*38]

つまり、当初は藩主斉泰・世嗣慶寧の江戸出府について問題ないと捉えていた年寄衆が、朝廷向きの情報を得たことで、現状では出府せずに傍観すべきとの意見に変わったことがわかるが、一方では「是非〱御面談中度義も御座候間、天下之御為を思召候ハヽ、乍御苦労強而御出府ニ相成候様致企望候」[*39]との水戸藩主徳川慶篤の直書が慶寧に届くなど、幕府方も出府を強く要請しており、この時期には藩として決断が迫られる状況であったことは間違いない。

(2) 文久三年七月の藩是確定

・七月一二日の藩主御意と「御前評議」

このような状況で、文久三年七月一二日には最高政治意思である藩是が確定するが、この過程については長文史料であるため、分割の上、部分引用しながら検討する（「前略」「後略」は省く）[*40]。

[史料二]

a　七月十二日

一、昼四時過、大隅守（長連恭）并内膳（奥村直温）、以御近習頭御用之間江被召候付、罷出候処、今度御周旋御一条之儀段々御考被遊候処、何分只今ニ而者不容易御場合ニ付、何れ御傍観ニ被為在候訳ニ而ハ有之間敷、何れニも御双方江御周旋可被遊与御決定被遊候間、其趣ニ而夫々可遂僉議、（中略）左候ハヽ、御周旋被為在候ニも、根元開鎖之思召御決心之処、如何被為在候哉与申上候処、何れ先達而被仰上置候処が御趣意与被仰出候ニ付、左候ハヽ、先鎖国

b　之思召御本文ニ而可被為在哉与申上候処、先左様ニ候へ共、只今鎖国与相成候儀も不容易義、何レ今度御周旋之処ハ、公武御一和之処を幾重ニも被仰上度与之思召之処御本文之旨御意ニ付、応及御受退去之由ニ候事

一、右被仰出之趣ニ付、出席切示談も有之、何分御周旋与有之候而ハ誠以不容易御事故、一旦之思召立抔ニ而ハ迚も相成不申儀、得与御決心之上ニ而無之而ハ甚御案事申上候義故、今一往得与御思慮被為在被仰出候様仕度義与被申合候由ニ而、則加判之人々、御家老中も被相願、一統御用之間江罷出、段々被申上候趣も有之候処、左候ハヽ、猶又筑前守(前田慶寧)様江も可申上置、後刻御両殿様(斉泰・慶寧)御同座ニ而可被仰出義も可有之旨等御意有之候由ニ而、則退去之上庄兵衛(山崎範正)・彦三(不破為儀)義、金谷御殿江被罷出、右之趣筑前守様江被申上置候由之事

c

一、右ニ付、今日不致出席土佐守(前田直信)・自分(奥村栄通)義、御用有之候間、押而可致出席旨、御用番ゟ以紙面被申越候ニ付、昼八時過両人共押而致出席候処、前段被仰出之趣等演述、後刻一統御両殿様御前江可被為召御様子之旨被申聞、猶又何レ茂示談いたし罷在候事

d

一、右之通ニ候処、昼八半時過、加判之同席土佐守・伊予守(奥村栄通)・大隅守・内膳・三左衛門(横山隆平)、同御家老蔵人(横山政和)・将監(青山悳次)・庄兵衛・彦三・帯刀(大音厚義)・大弐(松平康正)・外記(横山隆淑)、御用之間御手狭ニ付、於御居間書院御両殿様御前江被召候ニ付、御側近一列罷出候処、今朝被仰出之趣ニ付、猶又申合之趣可申上旨御意ニ付、何レ茂存寄之趣申上、(中略)何レ只今之処ニ而御周旋可被遊義ニ御治定御決心之旨等、御両殿様共段々末ニ有之御趣意之趣御意ニ付、此上ハ強而申上候儀も不得仕旨等何れも申上退去之事

まず、藩主斉泰は年寄の長連恭・奥村直温を居間廻りの御用の間に呼び出し、この情勢では傍観というわけにはいかないと述べ、朝幕双方に対して周旋することを決定したとして年寄衆に議論するよう求めている。そして、長・奥村の両名から「開鎖」の件を問われると、斉泰は「公武御一和」を幾重にも周旋すると述べるにとどまり、長と奥村はその場を退いている（a）。斉泰の御意を受け、この日の出席者たちで話し合いがもたれると、周旋は容易な

らざることであるため、今一度の「御思慮」を求めることで一致し、出席の年寄・家老一同が藩主斉泰の前に出席して、その旨を願い出ている。斉泰はこの要望を受け入れ、斉泰と世嗣慶寧が同座にて再度申し伝えると回答したことで、一同は退去している(b)。その後、欠席していた年寄の前田直信と奥村栄通に出席を求め、登城した両名を含め、御前に呼び出される前に一同で話し合いがもたれている(c)。そして、その日のうちに当時在京中であった年寄本多政均と加判を免除されていた村井長在を除く年寄・家老一同が、斉泰・慶寧の御前(御居間書院)に呼び出されている(年寄六名、家老七名)。斉泰の求めに応じて皆が見解を述べるも、結論として「御周旋可被遊義ニ御治定御決心之旨」を言い渡されたため、これ以上は強いて述べることはできないとして、一同は退去している(d)。

・七月一四日の藩主親翰

「御前評議」から二日後、藩主斉泰が最終的に決断して集約された、藩としての最高政治意思(藩是)を書き認めた親翰が出されている。

[史料三]

方今不容易時勢ニ付、皇国之御為深く致心痛、先達而存寄之趣公辺江再往致建白候義も有之候処、兎角公武御一和之御模様不被為在、右よりして海内分裂之形勢既ニ相顕レ、不容易次第、実ニ寝食をも不安候ニ付、身不肖ニ候得共、弥右建白之趣意令貫徹、公武之御間厚ク致周旋度存候ニ付、尤此方《斉泰》并筑前《慶寧》共可致上京筈ニ候得共、此頃両人共気配不相勝ニ付、先ツ京都曁関東へも家老共差立候間、各ニ於ても其心得を以厚存込、専勤王攘夷を本意与いたし、心力を尽し候様存候、夫ニ付各異見も可有之候得共、畢竟ハ皇国之御為を存候一事ニ決し可申、兎角上下不致一致候而ハ不相成義ニ付、先達而軍制之義も申渡候通ニ候条、弥其旨相守、忠勇を相励可申様ニと存候、此段一統江も可被申聞候*41

この親翰において、藩主斉泰は家老を江戸・京都に派遣して朝幕双方に周旋することを掲げており、さらに「勤王攘夷」を本意として尽力する旨を宣言している。つまり、天皇の叡慮を重んじ、懸案事項である開鎖については攘夷を支持することを明言したことになるが、一二日からの過程とこの親翰の内容から、天皇の叡慮のもと、叡慮を遵奉する徳川家への政権委任を基本とした公武一和（政令一途）体制を構築することが、加賀藩の藩是として確定したと考えてよいだろう。

以上、ここにおいて国事における加賀藩の藩是（最高政治意思）は確定し、この内容は朝幕双方に宣言されることになるが、この藩是に基づいた国事周旋を京都で実施することで江戸に出ることを回避し、その上で東北・北陸諸藩の招集を中止させて東西分裂の様相を解消させようとする意図も垣間見える。[*42] そして、この確定に至る一連の過程を整理すると次のようになる。

①入手した情報を踏まえ、藩主が御用の間に年寄を呼び出し、自身の見解を提示（藩主御意）
②容易でない内容であるとして、加判（年寄・家老）が再考を願う
③藩主・世嗣・加判（および側近）が御居間書院にて一堂に会する（「御前評議」）
④藩主の決断と評議に参加した一同の承認により、見解を集約（一致）させる　→ 藩是
⑤藩主の親翰が出され、藩内に周知される（藩主親翰）　※同調圧力

以上、藩主斉泰・世嗣慶寧の出府問題は、加賀藩にとって極めて重要な問題であり、政局が分裂の様相を呈する状況で、藩内のみならず朝幕からも種々の意見が出されたが、斉泰は御用加判である年寄や「年寄中席御用加判」に任じられた家老にそれらを提示し、議論させた上で意見を求めている。[*43] これは、年寄と家老による議論をへて藩主が決断する形態として「主君決裁型」に位置付けられる。[*44]

また、この藩是確定の過程では、藩主斉泰の御意では確定に至らず、年寄と家老が再考を願い出、斉泰も了承して

いる。つまり、藩主の決断に対して疑義や意見がある場合には、再度決断を仰ぐということが認められていたことがうかがえる。そして、藩主・世嗣の御前に年寄・家老および近習一同が一集して「御前評議」が開催され、最終的に一同の承認がなされたことで藩是が確定している。このことは、評議に参画した者たちによる多数の意見に対し（衆議）、藩主が至当性（正しさ）を体現するなかで一致が図られ、藩としての「公議」が構築されていったとみることができよう。そしてそれは、参画した者たちに同調の圧力を促す作用があったと考えられる。[*45]

さらに、もう一つ確認したいのは、世嗣慶寧がこの過程に当初は関与していなかったことである。今回は、年寄衆が藩主斉泰に再考を促した際、慶寧にも伝えるようにとの指示があり、その後両名の御前において決裁となっていることからも、当初は世嗣の立場である慶寧は関与しない形であったとおもわれる。あくまでも、藩の政治意思決定にかかる決裁権は藩主が有していたと指摘できよう。

3 八月一八日政変後の政治過程と「藩論」

加賀藩が藩是を確定して周旋の準備をすすめるなか、文久三年（一八六三）八月一八日政変が発生する。この政変により強硬な攘夷論が京都から一掃されると、朝幕関係を重視する攘夷論が中心となり、一橋慶喜らが推進する横浜鎖港が本格的に議論の俎上に上がっていく。

(1) 政変後の藩主・世嗣上洛問題

政変後の二二日には江戸留守居が老中に呼び出され、公武周旋のために懸念なく上洛するように命じられ、九月六日には加賀藩の周旋意思を踏まえた老中水野忠精の上洛要請を、聞番津田権五郎が国許に持ち帰っている。[*46]藩主斉泰は御用番の年寄を御用の間に呼び、「今度弥鎖港之儀御治定」となり談判が開始されるが、国内の懸案事項を解決してから談判に臨むために「今度御上洛之上、被仰上候御手筈」と、将軍徳川家茂の再上洛が予定されていること、さらに「今度御上洛之上ハ、何れ長州征伐之儀被仰出候御模様」と、長州征討の風聞があることを伝えている。そして、斉泰は聞番津田の意見も交えながら、年寄に対して「御周旋方御出京方之儀、申合可申上」と命じている。

この藩主斉泰の命をうけ、年寄・家老の加判一同が津田権五郎と面会し、意見を徴収している。津田は、老中水野の話は加賀藩の藩是と齟齬があるわけではないが、「公方様すら重而御上洛も被為在候御場合ニ候へハ、飛驒守様（前田利鬯、大聖寺藩主）御名代或ハ御家老迄ニ而も相済間敷、何れ此儘被為居候御義ニ而ハ有御座間敷、（中略）彼地之模様等得与御見留之上ニ而御治定可御宜哉」との見解を申し上げている。その後、御用の間で斉泰の御前に出た一同は、各々が見解を述べた上で翌日の「御前評議」を申し入れており、その「御前評議」後には老中水野宛の親翰が作成されている。その内容は、「京師之事情も有之処、夫等を不顧直様建白等仕候而ハ、御為与存込候義も却而御不為を生し候様之義有之候而ハ、拙者之微忠茂空敷相成、実以遺憾之至、（中略）猶於彼地雅楽頭殿（酒井忠績、老中）江為及御内談、肥後守（松平容保、京都守護職）共申合、堂上方之方ニも縁家有之候間、是等共得与為遂熟談、精誠御為不悪様取計申度心組ニ御座候」と、在京老中や京都守護職、堂上方と相談した上で上洛するというものであった。ここでも、

①聞番が江戸で入手した情報を提示し、藩主が詮議を求める
②藩主と加判の年寄・家老が集まり見解を述べる（「御前評議」）
③藩主の親翰が作成され、その内容が共有される

という過程が確認できる。

また、朝廷からも武家伝奏を通じて、周旋を掲げる以上は上洛すべきと幾度も要請され、縁家の二条家からも「建言之趣意者至極尤思召候間、御採用之儀可被仰出候得共、御評儀之品茂有之、態与縁辺之廉を以可及内示旨御沙汰候

事」[*47]と、前田家と二条家の通路を用いた内示が出されている。以前から「御上京之儀、予而者能き御機会を二条様ゟ為御知可被成趣ニ御示合置申候」[*48]と、加賀藩はこの二条家の情報をもとに上洛の機会を図っていたこともあり、二条家家司の北小路からは、将軍再上洛に呼応して上洛し、幕府への攘夷委任などを周旋するのがよいとの助言をうけている。このように、加賀藩は公武一和の周旋を内外に宣言したことで、朝幕双方から上洛を強く要請されており、この段階では藩主斉泰もしくは世嗣慶寧の上洛が既定路線になっていたといえる。

そのため、藩主斉泰は年明け一月末から二月にかけて雪が消え次第上洛すると述べ、文久四年一月には朝幕双方に対して二月中の上洛を届け出ている。当時加賀藩は、同年四月から六月までの京都警衛が割り当てられており、斉泰はそれまでには周旋目的で上洛すべきと考えていた節があるが[*49]、届け出後に朝廷から京都警衛まで上洛を猶予するとの回答が出されている[*50]。ただし、この猶予によって四月までには国事周旋の具体的な内容や計画（「藩論」）を策定する必要が生じたともいえ、二月八日には斉泰が年寄の奥村栄通・奥村直温を呼んで自らの致仕に言及し、その内容を各々にも伝えるよう命じている。

［史料四］

今度周旋方等万端都合能相整候得者、所謂功名遂身退、又周旋方全クも難整節ハ、恐入次第柄ニ付申訳之為メ隠居、何レニいたせ致仕当然之理与決心、其上筑前守（世嗣慶寧）追々年も長し、機会ニ茂おくるゝ而已ならす、父子とも自他之世評ニ可預ハ必定、且ハ公辺并御守殿（溶・斉泰正室）江之意味合も有之事、旁彼是以帰国之上ハ病気申立、不日ニ隠居家督奉願筋合与予而之覚悟ニ候事[*51]

ここから、藩主斉泰は世嗣慶寧の年齢も気にかけつつ、周旋が上手くいけば勇退、失敗すれば責任をとり隠居と、自身の致仕を上洛周旋と絡めて考えていたことがわかる。この件について、加判一同は「御決心ニも被為在候儀、此上ハ思召次第之御儀与示談」したと申し上げ、了承する姿勢を示している。また、慶寧は当初拒んではいたものの、三月に入ると斉泰の意思が固いことから了承している。

(2) 世嗣慶寧の親翰と「藩論」策定

そして元治元年二月二〇日、長州征討が迫っているとの情報が聞番から再度もたらされると、[*52] 世嗣慶寧は自身の考えを親翰にて提示し、さらに「御前評議」の開催を年寄衆に伝えている。この過程も長文史料であることから、部分引用の上、分割しながら検討する(「前略」「後略」は省く[*53])。

[史料五]

a
今度長州征伐被仰出候ニ付熟考仕候処、素ゟ暴成所業者度々有之、幕府之命ニも違、当時之所乱賊之様ニ相見得候得共、其実ハ尊王攘夷之決心ニ而、国民一致、叡慮貫徹いたし候様ニ尽力可仕候存込之処、八月十八日之動揺、(中略) 過激之余り暴逆之処置茂有之候へ共、其実ハ忠儀ゟ出候事件ニ而、可憐可哀事情、不得止幕府江敵対之姿ニ而、曾而無謀之処置共不被存候間、先暫寛宥之御取扱ニ被成置、公武御一和、益御実意ニ御整被遊候ハヽ、恐懼伏従可仕与奉存候

b
鎖港之儀、横浜ハ是非御閉、長崎・箱館之儀ハ策略ニ而先此儘御居置被遊与申御建白、尤被為聞食、其御所置ニ相成候之様伺候、(中略) 承伏不仕時者厳を以断然与御鎖被遊候ゟ外ハ無御座候

c
只々眼前危篤之御場合ニ臨ミ候時節、武人ハ一人ニ而も大切ニ保育仕度急務之処、長州征伐与相成候而ハ、双方励合之合戦ニ而無益之損亡不少、莫太之人損失仕候而、国ニ益無之而疲弊ハ幾千難計、然上ニ横浜応接承伏不仕

して、又夷戦与相成候而者、疲弊而已ニ而、弥外国人之術中ニ陥り候儀、深歎息之至極ニ候

d　横浜鎖港之実事天下ニ顕れ候迄ハ、皇国之御為与被思召、寛恕之御卓見ニ而長州之義此儘御居置之様ニ仕度事ニ御座候、横浜鎖港弥御執行之上ハ、得与長州江公武之御趣意御懇ニ御忠諭被遊候ハ、無彼是可奉承伏、其上ニ而彼ゟ暴乱ニ及候ハヽ、其時者天下人心之離れ候事ニ而、天誅立所ニ被行候事、夫迄ハいつれニも御寛大之御深計有之度事ニ御座候

e　一、右ニ付何れも御親翰拝見、御趣意之処乍恐御筋合ニ而、至極御尤之御義、替存寄無之、右御趣意之処を急速被仰上候而可御宜儀与申合、何時ニ而も御前江被為召候様相願候処、則夕七時前加判之同席・御家老中一統、於御居間書院御両殿様(斉泰・慶寧)御前江被為召、各存寄も御尋、思召も猶又被為仰聞、何レ急速御人撰を以京都江御使御指立、前段御趣意之処を幾重ニも御建白、且長州江も右御使之者直様被指遣、説得可被仰付旨等御治定被仰出候

今回の長州征討については、長州が幕命とも異なる行動をとっているようにみえるが、尊王攘夷の決心によるものであり、やむを得ず幕府と敵対する姿となっているため、まずは寛容な対応をとり、公武一和が達成されれば長州は従うだろうと述べる（a）。次に、鎖港については幕府が掲げる横浜の鎖港と長崎・箱館の当面維持は尤もに聞こし召されている以上、これに諸外国が従わない場合は厳然と鎖港すべきであると主張している（b）。そして、このような状況では武士は一人たりとも大切であり、長州征討となれば莫大な人損が発生して国家の疲弊が計り知れず、さらに諸外国とも戦争となれば、外国人の術中に陥ってしまうと説く（c）。よって、横浜鎖港が実現するまでは「皇国之御為」と考えて長州処置はこのままとし、横浜鎖港が達成されたのちに長州を十分に説得すれば承服するはずで

あり、それでも長州が「暴乱」の行動をとるならば征討すべきであると述べている（d）。

つまり世嗣慶寧は、長州の行動は尊王攘夷による行動であるため、横浜鎖港が実現されれば、長州を包含した公武一和が達成されると主張しており、さらにその背景には、国内の騒乱に乗じて諸外国につけ込まれることを回避しようとする考えがうかがえる。これは、内乱回避を目指した長州擁護の姿勢として評価できるものである。

この親翰に対して、「至極御尤之御儀」と判断した年寄・家老ら加判一同は、藩主斉泰・世嗣慶寧の御前に出ることを願い出、御居間書院の評議でこの内容を藩主の親翰として整えて建白することが決定する（e）[*54]。また、この親翰については侍読であった千秋順之助らにも提示して意見を求めており[*55]、彼らの意見も加判の者たちで共有されているが[*56]、このことは千秋のような侍読や側近の近習御用が藩主のブレーン的立場を担っていたことをうかがわせる。

そして二日後の二二日、藩主斉泰の親翰が作成されている。内容は［史料五］にみた世嗣慶寧の親翰を踏襲しており、長州の過激な行動を「其実者皇国之御為を存候より出候事件ニ而可憐可哀事」として、「長州数世之名家御座候へハ、枉て御仁免之御取扱ニ被成置、唯公武之御厚意を以御教諭被為在候者、恐懼伏従可仕候」とする。そして、鎖国については横浜鎖港を求め、「若承伏不仕候時者、厳を以断然与御鎖不被遊してハ御国威も立不申、左候時ハ必定戦争ニ及可申」として、「武人ハ一人も大切ニ保育有之度義ニ御座候、（中略）長州御征伐与御座候而ハ双方之死亡尤多可有之、討候も被討候も共ニ皇国之人ニ而、莫大之人命相亡、国ニ益なきのミならす、疲弊如何斗とも難量」と反対している。その上で、「畢竟横浜鎖港之御成功顕候ハヽ、天下之人心ニおひても自然与服従可仕義与奉存候間、只々皇国之御為与被思召、今度長州御征罰之儀ハ枉て御憐愍被成置候様奉存候」と、「皇国之御為」との思召にて長州を征討しないように願っている[*57]。この親翰については、提出前の段階で加判の者らに披見され、京都への使者には「御前評議」で名前が挙がった大野木源蔵が選ばれている。また、大野木には情勢探索の任務も与えられ、探索には大野木に加えて前述の小川幸三（当時、定番御歩として藩に採用）、与力の福岡文平、人持組大野木克親の家臣であった高木守衛も同行しているが、[*58]今回の過程については、次のように整理することができる。

①聞番が入手した情報をもとに世嗣慶寧が親翰を作成、（おそらくは藩主斉泰の了承を得て）「御前評議」の開催を加判の者に伝達

②世嗣親翰の披見後、加判一同が要請して御居間書院にて「御前評議」を開催[*59]（近習御用・侍読も関与）

③藩主の親翰が作成され、事前に加判一同に披見されて提出

世嗣慶寧の親翰に端を発しているが、ここでも「御前評議」が複数の者たちの意見を集約する役割を果たしたことがわかる。さらに、それを踏まえて作成された藩主の親翰も提出前の段階で加判の者に閲覧させており、内容の共有と承認が図られている。そして、この親翰の内容は当時多くの藩が模索していた内乱回避に繋がるものであり、[*60]前年七月に掲げた藩是（天皇の叡慮のもとでの公武一和〈政令一途〉体制の構築）を実現すべく策定された「藩論」として位置付けられるとともに、この「藩論」の柱となる長州擁護と横浜鎖港を目指す加賀藩の具体的な政治運動を導くものとして評価できよう。

4　世嗣前田慶寧の上洛と禁門の変での決断

(1)　元治元年の情勢と上洛問題

元治元年（一八六四）三月、一橋慶喜は将軍後見職を辞して禁裏守衛総督に就任し、幕府とは距離を置いた半ば朝臣化した勢力基盤を京都守護職松平容保や京都所司代松平定敬らと構築していく（「一会桑」[*61]）。そして四月二〇日、朝廷は幕府に対して一切を委任し、全ての命令は幕府が出すという庶政委任（政令一途）の勅書を出しており、ここに元治国是が確立しているが、[*62]一方で参与会議が不調に終わり解体するなど、京都の情勢は更に混迷していった。

・「藩論」による建白書の提出と情報収集

建白書の提出を決定して藩士大野木源蔵を京都に派遣した加賀藩であったが、大野木が建白内容を関白二条斉敬と京都守護職松平容保に内示したところ、「御採用之処ハ甚無覚束」、「元来思召も相違」と反応が芳しくなかったことが国許に伝えられる[*63]。しかし、それでも建白すべきと藩主斉泰・世嗣慶寧は判断し、年寄・家老による加判の詮議でも、「二条様等仰之趣ニハ候へ共、御採用之有無ニ拘り不被仰上而ハ、御筋合も相立不申義、何レ一日も早ク源蔵義立帰、御趣意之通被仰上候而可御宜、其上ニ而御模様次第、御上京も被遊候方ニ而可有之哉」との見解が示され、とりわけ家老の山崎範正・大音厚義の両名は、「只今之処ニ而御上京無御座候而ハ、迚も御趣意通ニハ相成申間敷哉」と、慶寧の即時上洛を要求するほどで、「詰る処ハ迚茂御上京不被為在而ハ相成間敷」との見解を斉泰に上申している[*64]。このような藩上層部の判断により、三月二六日に大野木および京都詰家老の松平康正が老中水野忠精と面会し、建白書を正式に提出している[*65]。

また、当時情勢探索の任務にあった福岡文平・小川幸三・高木守衛の三名は、尾張や筑前など諸藩の者七〇名余が集まる国是議論の場に出席している[*66]。当初、福岡は出席に慎重な姿勢を示したが、小川は「如此場所へ請待に与ル事、探索第一之御用筋ト被存知候間、是非可参」と主張し、高木もそれに同調したことで三名は出席している。そして三名は金沢に戻ると、「高木守衛儀、人持組大野木将人家来給人之者ニ而、御席江呼寄候儀難被成趣ニ而、急々御用番土佐守殿（前田直信）於居宅、御加判中御別座ニ而探索之模様逐一御承知之上、殊外大義ナル義ト御挨拶有之候由」と、高木が陪臣で登城できないために、加判一同が御用番の年寄前田直信宅に集合して報告を聞いたとされる[*67]。

・藩内における上洛気運の高揚

そして三月二七日には、年寄の前田直信・奥村栄通、家老の横山政和・山崎範正・大音厚義が願い出て、保養中の藩主斉泰と「御寝処」で面会し、「御家中之人々之内、今度又々御上京不被為在義ニ相成候而ハ、迚も不容易儀与思込強者も御座候様子、（中略）何卒御上京之儀ハ此頃御治定ニ無御座而ハ相成間敷与何レモ申合奉願候」と、世嗣慶寧の上洛を強く訴えているが、周旋目的の慶寧上洛には慎重であった斉泰から、「何之廉ニ而御上京ニ相成御都合方可宜哉、夫等之処聞番手前遂僉義候而可申上旨等御意」と、上洛の理由を明確にするように命じられている。[*68]

四月に入ると、年寄の奥村栄通・横山隆平、家老の青山悳次・大音厚義・横山隆淑といった面々がまたも面会を願い出て、「御寝処」において藩主斉泰に世嗣慶寧の上洛を求めたところ、「今度御建白ニ付而御上京ハ不可然、天機等御伺抔之廉可御宜哉ニ思召候」との斉泰の考えが示されたため、一同は翌日に話し合い、天機奉伺としての上洛、つまり周旋ではなく朝覲として慶寧が上洛する案を申し上げたところ、了承されている。加判の者たちにしてみれば、周旋の宣言から建白書提出という流れにおいて、朝覲であっても上洛という具体的行動が何より不可欠と考えて同調したとおもわれるが、その後、慶寧のもとに揃って申し上げ、「御朝覲之御願ニ相成候方、何廉御都合も可宜」との慶寧の了承も得ている。[*69]

一方、情勢探索方として上洛した与力福岡文平が、世嗣慶寧の上洛に関して長文の意見書を藩に提出している。[*70]今回の慶寧上洛は容易ではないとしながら、「御国論筋之儀ハ天下周ク知処ニ候得者、此上ハ其御実行御尽力之程奉待候勢ニ御座候、然者何れ今般之御上京、表ハ格別、真ニ朝覲而已之御手続ニ而者万々奉恐入候」と、藩主以下上層部が承認している朝覲目的での慶寧上洛を批判する。そして、「何分ニも御両殿様《（斉泰・慶寧）》、御老職方等御合体之御義論御評決」と、「御前評議」による一致した国事周旋を求めたほか、二〇箇条以上にわたる国策意見も提出しており、幕府が周旋を受け入れなかった場合、朝廷が因循であった場合の対処など、かなり踏み込んだ主張を展開している。この福岡の意見書は藩主斉泰に加えて慶寧も確認しているが、内容の影響からか、福岡を今回の上洛に随行させることに両者とも懸念を示し、随行予定の年寄・家老に意見を求めたところ、「御懸念ニ被思召候儀ニ候へハ、此上罷越候而可御宜与申上候義ハ不致得、不罷越方可然」と、年寄らは回答している。

このように国許で議論されるなか、京都では詰家老松平康正が在京老中に呼び出され、老中連名の奉書を渡されているが、内容は「御役義抔之処も御泥も可有之、左様之儀者決而無之、当時勢ニ付万端相談被遊度御依頼思召候」[*71]と、懸念なく上洛して将軍徳川家茂の相談をうけてほしいというものであり、この奉書はすぐに国許へ届けられている。このような藩内外の意見を踏まえ、四月一一日には世嗣慶寧の上洛が決定し、届書が作成された上で老中水野忠精や関白二条斉敬への調整を図ると、二八日に金沢を出発している[*72]。

以上の経緯により世嗣慶寧は上洛しているが、この上洛の背景にはこれ以上の遅延は許されないとする意見の高まりがあったことがわかる。京都詰や情勢探索方からの情報を得た年寄・家老は、国事周旋を宣言し建白書も提出しながら上洛しない状況を憂慮し、藩主斉泰に対して慶寧上洛を強く要請している。また、攘夷を重んじて長州擁護の姿勢をとる者たちにとっても、長州征討の回避は不可欠であったことから、慶寧上洛を強く求めており、藩内における上洛気運は高揚していたとおもわれる。一方、このような政変後の動きに対して慎重であったのが藩主斉泰であった。斉泰は当初、慶寧上洛は禁裏警衛のためであって周旋目的ではないと藩内に告げており、その警衛が免除となってからは、上洛自体は必要と認めつつも天機奉伺、つまり朝覲を目的とした上洛を望んでいる。万が一の事態を想定し、やはり世嗣である慶寧には周旋活動をさせずに家督を譲ろうとする斉泰の思惑がうかがえるが、いずれにせよこの慶寧上洛は藩内の意見が合致したものであり、斉泰が決裁したことで実現したといえる。

また、ここで確認したいのは、藩の政治意思決定に直接関与することができない者の発言への対応である。世嗣慶寧附の者や小川幸三・福岡文平の意見書については既に触れたが、他には藩士大野木克貞の次子仲三郎も再三にわたり意見書を提出しており、その内容も、幕政批判を展開する一方で、「僅御家中すら一和し申さざる程の御仕向にて、公武御一和を御周旋被遊候とも御大功御成就被遊候儀、乍恐覚束なく奉存候」[*73]と、藩政批判をも繰り返す過激なものであったが、内容自体で処分を受けた節はみられない。また、意見書も本来提出すべき年寄ではなく、当時年寄筆頭であった前田直信に提出した際、直信は一存では答えられないために他の年寄らにも相談した上で返答すると述べて引き取らせているが[*74]、この意見書は藩主斉泰まで届いていたことが確認できる。そして、「志之処ハ奇特之義ニ被思召候、乍去手筋を違、相迫り申聞候義ハ心得違之儀与被思召候間、其趣を以不届様申諭置候様被仰出」[*75]とあることから、斉泰は上申の経路を誤っていることに対しては心得違いであり不届きだと指摘するが、内容については奇特と評価していた。

ここから、藩としては勝手な上申については否定的であるが、意見自体については受容していることがわかる。これは、政策提言である上申の経路(「言路」)に藩が配慮している事例といえ、当該期における秋田と類似したものといえる。[*76]当時の大名家による政治運動については、「藩内の縦系列を強化することが重要な政治課題となってくる」[*77]との指摘があるが、当該期の藩上層部は、「言路」をむやみに抑制せず、彼らを情勢探索方などに採用して取り込むことで藩内縦系列の強化を図り(突出行動の監視・抑制)、挙藩体制の創出を志向したと考えられる。[*78]また、彼らにとっても藩の政治意思には直接関与できない以上、唯一の手段といえる「言路」を用いて主張しつつ、藩の体制に組み込まれることで自身の政治運動が保障されることを望んだという側面があろう。[*79]

(2) 世嗣慶寧上洛後の動静と禁門の変

元治元年四月二八日に上洛を開始した世嗣慶寧は、五月一〇日に着京して建仁寺に入っているが、入京前に「朝覲之儀ハ十万石以下諸侯之面々可相勤廉」[*80]と、慶寧の上洛は朝覲に該当しないとされてしまう。しかし、その直後には在京聞番から「於御城御評議始り近々公方様（将軍徳川家茂）御発輿被為在候付、此表之儀無御心許思召候、依而者筑前守様（世嗣慶寧）御出京之上は、御跡御守衛之儀御近親之御廉を以厚御頼被遊度、段々御評議之上右之通御治定」と、慶寧が将軍徳川家茂帰東後の京都警衛任務に内定したことが伝えられ、さらに「是以後京師御守衛者、乍御迷惑永々御家江被仰付候形」との話もあるなど、加賀藩にとっては極めて重大な情報であった。[*81]

そして五月一二日、世嗣慶寧は京都警衛任務を正式に任命されている。「其方儀、家柄殊ニ御近親之義も有之候間、厚思召も被為在候而御発途以後御警衛被仰付候」[*82]とあり、徳川家と前田家との姻戚関係にも触れられているが、慶寧は国許の藩主斉泰に確認した上で、二三日に京都警衛任務を受諾している。[*83] この京都警衛任務については、幕府の内諾を得ての朝覲が上洛中に免除されるという幕府側の不備もあって任命された可能性もあるが、これにより慶寧は滞京して警衛任務に就くこととなり、加賀藩としては想定外の状況になっていった。

・京都警衛と長州擁護による「藩論」の混乱

その後、六月五日に池田屋事件が発生し、強硬論が主流となった長州勢が同月下旬に伏見や天王寺付近に展開すると、世嗣慶寧の立場はより複雑なものになる。長州勢の展開に対して「追々切迫之形勢ニ相成候ニ付、種々御僉義之趣も有之、各毎度被為召候儀等繁多」[*84]と、慶寧の御前では頻繁に評議がおこなわれ、六具着用が命じられるなど、在京藩士らの緊迫感が高まっている。当時京都では、攘夷周旋活動を担っていた鳥取を中心に、徳島・福岡・広島・米沢といった大藩を取り込んだ形で広範囲の内乱回避運動が展開していたが、[*85]幕府から京都警衛任務を命じられていた加賀藩は、他藩とは連携を取らずに内乱回避を周旋していくことになる。[*86] 在京年寄の奥村栄通が国許の前田直信に宛てた書状では、禁裏守衛総督をはじめ在京老中や京都守護職、二条家など各方面に使者を派遣した旨が報告されているが、聞番の藤懸庫太・大野木源蔵の両名は、京都の長州邸さらには伏見に駐屯している家老福原越後に面会し、大坂まで退いて穏便に願い出るように求めている。[*87]

このように京都警衛任務を担当する藩として、独自に内乱回避を周旋していた加賀藩であるが、この在京体制は問題を抱えていた。というのも、京都は領外支局であるため、国許の政治意思が円滑に反映されなかったと考えられる。在京の人員がどうしても限られるため、家老が詰中若年寄を兼帯し、会所奉行が詰中聞番を兼帯するなど、詰中限定で権限が拡大する傾向があり、その限られた（かつ権限が拡大した）人員が、京都での政治意思決定に関与するようになっていった。さらに、国事のみならず藩政においても決断の経験がない世嗣慶寧が在京していたことが、より不安定にさせる原因になったといえる。在京年寄の奥村は、「此表詰人迄ニ而茂存寄一和無之、御趣意与相違之心得之者も多可有御座候」と、慶寧をとりまく状況が混乱していることを国許に伝える一方で、「何分御決心も被遊兼候間、頭分以上存寄も承り可申旨御意」と、藩主斉泰の代わりに決断を担う慶寧の決心がつかず、意見を求めている様子を報告している。[*88] 加えて、長州との関係が近い在京藩士を警戒する動きもみられる。国許の年寄前田直信が在京の奥村栄通に宛てた書簡には、「不破富太郎・大野木仲三郎・青木新三郎儀、長藩抔出会有之体、子細ハ相知レ不申候へ共、（中略）品ニ与御手障之儀有間敷共難計、（中略）右様之人々此表《金沢》江御返ニ相成候而も可然哉与申合候へ共、何分子細も相知レ不申事故、尚更夫等之処於其表《京都》御探索有之」[*89]と、大野木仲三郎らを警戒しつつも調査を進めるよう依頼しており、ここでもむやみに排除しないとの藩の方針がうかがえるが、在京の体制が不安定なこともあり、これまで政治意思決定に直接関与できなかった者たちは、国許では実現できなかった影響力を京都で行使していった。

そして、長州が京都周辺からの退却を拒否し諸藩の周旋が行き詰まると、両者の衝突は避けられない状況となる。国許の藩主斉泰は、致仕の件もあり早く世嗣慶寧を退京させたい思いをもちつつも、それを理由とせず、退京も含めて慶寧の決断に任せる旨を伝えていたが、[*90] 情勢の緊迫化をうけ、斉泰は在京年寄の奥村の見解に対して、「唯今と相成候而ハ最早朝廷・公辺之御処置ニ随ひ不申而ハ難相成場合ニ被存候趣、精々筑前《慶寧》江被申達候由、尤之事ニ候」と同意し、朝廷や幕府の処置に従うよう求める一方、「此上強而致主張候而ハ長州荷担之様ニも相当り不可然」と、これ以上の周旋は長州に荷担したとみられると説き、さらに病気を理由とした慶寧の退京については「言語同断《ママ》」と反対している。[*91] ここから、当初は穏便に慶寧を退京させようと考えていた斉泰が、幕府と長州が軍事衝突する蓋然性が極めて高い情勢においては、何よりも京都警衛任務に十全の対応を尽くすべきと考えていたことがわかる。

また、世嗣慶寧の上洛と周旋を強く望んでいた者たちも、その主張を変容させていく。慶寧附の上坂丈夫以下連名で在京年寄の奥村に提出した書面では、「昨日ハ長藩ノ懇願ヲ御助ケ、今日ハ又長藩ヲ御退ケ被遊候儀、御反覆御変心之様ニ相見得、天下之誹謗怨怒モ御一身ニ帰シ可申哉」と、内乱回避のために長州擁護を掲げていた慶寧が、京都警衛任務に就いたことで長州を征討すれば世間の批判を一身に受けると述べ、「只今之内速ニ御帰国可然」と、速やかな慶寧の退京を望んでいる。[*92] つまり、長州擁護を主張していた者たちは、慶寧上洛前の段階ではある程度滞京して周旋することを望んでいたが、軍事衝突も辞さない姿勢を長州がみせた段階では、慶寧に京都警衛任務を放棄させてでも退京させ、長州との軍事衝突回避を志向していたことがわかる。

・禁門の変直前における加賀藩の選択

このように禁門の変前の段階では、上洛し周旋することに慎重であった側が、京都警衛任務を受諾した以上は世嗣慶寧が滞京して任務を全うすることを求めており、逆に上洛周旋を望んでいた側が、速やかに慶寧を退京させて長州との軍事衝突を回避することを求めていたことがわかる。そして、両者は経験が乏しい慶寧に決断を迫っていることからも、この在京体制にあっては国許の藩主斉泰の判断が貫徹し得ない状況になっていたといえる。

このように、加賀藩では長州擁護および横浜鎖港の周旋を掲げた「藩論」の遂行が困難になったことで、「中納言《（斉泰）》様も従来之御様子故御決兼、如何共被述方無御座候[*93]」と、一時は国許の藩主斉泰ですら判断しかねる状況であったが、禁門の変直前においては概ね三つの選択肢にまとめられる。

まずは、①世嗣慶寧が京都に留まり警衛任務を遵守するというものであり（滞京論）、国許の藩主斉泰は「如斯切迫之場合ニ望候而ハ、無二念禁廷守護、奉安震襟候義を大本ニ相心得[*94]」るように述べている。これは幕命重視の路線となるため、周旋対象であった長州を打ち払う蓋然性が高く、言行不一致と批判されるリスクがあった。次は、②「異変を御見懸御引取ハ御比興抔之評も可相立哉に候へ共、夫ハ小勇匹夫之事ニ可有御座、御献言等之御大勇被為立候[*95]」のように、長州擁護の主張を重視して慶寧は京都から離れるべきとするものであるが（退京論）、この場合は長州を打ち払うことは回避できる一方、退京の時機を誤れば、何より警衛任務を放棄したと見做される可能性があった。そしてもう一つは、③提出した建白書の内容を貫徹し、掲げた「藩論」を遂行し続けるものであるが、「皇国之御為、兼而被仰出置候御趣意、誠精御尽力御周旋可被遊筑前守様（慶寧）御決心旨、（中略）今更御趣意之処ニ被為替候儀ハ有之間敷哉与奉恐察候[*96]」と、在京年寄の奥村が述べるように、体調不良に悩まされる慶寧自身が主張していた。これは、①②の双方を達成できる可能性は残されるものの、もはや軍事衝突が避けられないような状況においては、警衛任務を遵守しながら長州擁護の周旋をおこなうことは事実上困難であった[*97]。

これらから、緊迫する情勢において国許の藩主斉泰が自身の政治意思を示した親翰を出したにもかかわらず、加賀藩としては政治意思を集約できていないことがわかる[*98]。これは、国事専門の役職を設置することなく、さまざまな階層に「言路」を保障したことで政治参加枠が拡大していたことも要因の一つであろう。また、「御前評議」に比重を置いた決定のあり方が、藩主個人の権力低下に繋がった可能性もある。いずれにせよ、藩主の親翰によって政治意思を集約させることができなかった加賀藩では、在京の世嗣慶寧に決断を委ねる状況ができ上がっていた。

(3) 禁門の変発生と世嗣慶寧の退京

・世嗣慶寧の退京決断

そして元治元年七月一八日、世嗣慶寧は退京を決断し、その旨を在京年寄の奥村栄通に伝えている。

[史料六]

（前略）

一、此表天龍寺等之長州藩等未引取不申、公辺・一橋様ゟハ分而格別御内慮之趣被仰諭も有之候へ共、承服無之及戦争度旨申立候ニ付、左之通今日御老中ゟ御書付御渡ニも相成候、依之筑前守様ニハ、何分御病気被及御重症候ニ付、御警衛方之御人数者被指置、御届置ニ而御帰国可被遊旨御決心被仰出有之、右ニ付各初御前江罷出、段々相願候趣も有之候得共、御聞入無之、今晩中ニも御引取被遊度段被仰出、右ニ付御道中奉行等江も心得申渡候事

一、夕七半時過自分儀（奥村栄通）御居間江被召、御病気ニ付急々御帰国可被遊、依而伊予守（奥村栄通）・大弐（松平康正）御供被仰付、庄兵衛（山崎範正）ハ先達而被仰出置候通、御残置被遊候旨御意有之、応及御請、且今晩中ニ御引取被遊度旨も御意ニ付、御指急ニ而も、迚茂明日中ニすら御発駕被為出来間敷旨申上候処、何れ明日中ニハ御発駕可被遊、併模様次第今夜ニ而も御指支無之様可相心得旨御意有之、及御請退去、御供等之儀大弐・庄兵衛江申談、御道中奉行・御横目江も御病気ニ付明夕迄ニ御発駕可被遊旨書取を以申渡候事[*99]

長州が幕府方の対応に承服せず、遂に戦争におよぶ状況のなか、世嗣慶寧は病気が重篤であることを理由として退京すると主張している。[*100] そして、この発言に驚いた者たちが御前に出て説得するも聞き入れられず、準備ができ次第出発することが決定している。準備に時をかけることなく、すぐにでも出発したいとの慶寧の思いがみえるが、翌一九日に慶寧は建仁寺を出発しており、そのときの状況について在京年寄の奥村栄通は次のように記している。

[史料七]

七月十九日（前略）

一、長州藩等之形勢最早暴発、三条之長州屋敷も焼払、処々放火、今ニも可及異変体ニ付、各示談、組頭抔ニも、御病気無是非義ニハ候得共、只今御引取与申儀ニ而ハ御外聞ニも拘り、御家之御汚名ニも相成可申、何れ御猶予可被遊義等之義、御前江罷出強而相願候へ共、何分御決心ニ候間、御聞届ハ難被遊、此上申上候へハ急度思召も被為在候旨御意ニ而、幾重ニ御諌申上候而茂御取用無之故、左候ハ、先以中納言様《斉泰》江奉対候而茂申訳無御座義ニ候間、乍恐為御名代私《奥村栄通》義居残、御警衛一向之処ハ精誠相心得申度旨相願候処、其通相心得可申、依而御供ニハ庄兵衛《山崎範正》可被召連旨被仰出候ニ付、各退去、御供之儀庄兵衛江申談候事（中略）

一、夕七時過、筑前守《慶寧》様建仁寺御本陣御発駕被遊候、其節自分《奥村栄通》儀席縁頬御通筋ニ扣罷在候処、段々御懇之御意有之、及御請、則庄兵衛・大弐《松平康正》御供いたし罷帰候事（後略）*[101]

前日に引き続き、当日も「御家之御汚名」になるとして退京を諌める声があるなか、それ以上の諌言を拒否して世嗣慶寧は退京を強行している。一九日未明には既に伏見で長州と大垣の兵が衝突しており、この奥村の記述でも長州が京地に入り込んで火災が発生している様子が描かれていることから、まさに御所周辺が混乱している状況で慶寧が退京したことがわかる。また、慶寧退京に随行していた御附の者たちは、一六名の連判で「抑長州之儀ハ勿論過激不少候得共、当初ヨリ正義ニ基キ勅命を奉シ候事故、則先頃ヨリ御周旋モ被為遊、（中略）一大事之際ニ及ヒ忽御見捨ニ相成、却而共々打払ト相成而者、御言行先後一徹不仕、表裏之御態ト相成」*[102]との退京理由を国許に提出している。この退京について[史料六][史料七]では、慶寧の病状悪化が理由であったが、実際は長州との戦闘回避を第一義として退京したものだったと考えられる。*[103]以上、禁門の変前には前述の③を選択していた慶寧は、変の発生前後に②を選択し、国許の藩主斉泰が望んでいた①については、在京年寄の奥村に委任して退京したことが[史料七]からわかる。その慶寧は二四日に藩領の近江海津に入って逗留すると、御慎の使者である年寄前田直信の到着後に海津を出発、翌月一八日に国許へ戻ると謹慎している。

そして、世嗣慶寧退京後の加賀藩では藩内の体制を大きく改編していく。加判免除により政治意思決定の場からはずれていた本多政均・村井長在の両年寄を復帰させるとともに、人持組から前田恒敬・前田孝錫・前田孝備・篠原一貞の四名を家老（および年寄中席御用加判）に任命する一方で、京都詰家老松平康正が海津において切腹、在京していた年寄奥村栄通と山崎範正・本多政醇の両家老には帰国後に謹慎や役儀免除の処分がなされている。[*104] さらに、攘夷を標榜し長州擁護の姿勢を示していた者たちに対する一斉処分がおこなわれている。小川幸三は国許にあって世嗣慶寧退京の報に驚き、「京ニ居テ大変ヲ後ニ見テ御引取ハ直様国家一大事、何分御帰京御進メ可申図ニテ、願捨ニシテ出国」と、在京の者たちとは明らかに異なる考えで無断上京を試みており、[*105] 不破富太郎も処分を受ける際、「千秋の儀承り不審の顔色に有之候」と、侍読の千秋順之助が処分を受けたことに対して不審の念を抱いたとある。[*106] これらから、処分された者たちが皆、同じ主張や行動をとっていたとは考えにくく、むしろ藩がこれまで「言路」を重視して挙藩体制創出のために組み込んでいた者たちを、主張の小異にかかわらず一挙に排除したのではないか。そしてこの一斉処分こそが、彼らが党派性を有した一集団の如く理解される要因になったと推定できるのである。[*107]

・変後の京都における加賀藩の立場

以上のように、加賀藩では禁門の変後に大幅な人事改編や一斉処分を敢行したが、この背景には変後の加賀藩をとりまく状況が極めて悪化していたことが挙げられる。

［史料八］

（前略）今廿七日朝権五郎（開番津田）、二条様江参殿仕候処、北小路（二条家家司）申聞候ハ、（中略）猶一橋様思召を以段々被仰立候旨

趣ハ、加州ハ大家之義、殊御近親於大樹公も厚頼思召、京地之御警衛も被仰付候処、跡届ニ而発途与ハ申もの、、此形勢ニよつて逃て行与可申、京師御守衛之諸侯、主上を捨て逃行、夫なりニ相済居候而ハ、第一大君を御警衛不致逃出し候而諸侯之任相済候事ニ候へハ、以来ハ諸侯事有之節各逃行、誰も御守衛仕候者有之間敷、又病気ニ而不御用立事ならハ、たとへ如何様之形勢なり共、奉願候へハ病勢之趣被為聞召、不叶義ニ候へハ御暇ハ可被下筈之事、乃至筑前守《慶寧》帰国いたさうと申出候共、家来共帰し可申筈者無之義、又争戦ハ誰迚も不好義ニ候へ共不得止事、兵端を開与申も必竟平天下之為ニ候処、主上を捨候而逃行候而筋合相立ものニ候哉与強ク被申立、関白様《二条斉敬》も色々御取持被成候へ共、此上ハ御周旋之被成候様も無之御当惑被成候而、中々御献米所ニ而者無之候間、此上ハ御家之存亡唯此一堺ニ有之間、速ニ中納言様《斉泰》御上京可被成下、左も無之時ハ深御家之御為筋如何可有之哉与御案事被思召候旨御意之段申聞候（後略）[108]

在京聞番の津田権五郎が二条家に出向いて家司の北小路から様子を聞いているが、禁裏守衛総督であった一橋慶喜は、天皇を守衛することを放棄して帰国した行為を宥免すれば以降は誰も守衛しなくなると述べて、「跡届」という形での慶寧退京を厳しく批判している。また、縁家の関白二条斉敬も深く憂慮しており、前田家の存続にかかわる状況であるとして、藩主斉泰の上洛を求めている。

そして、このような難局を乗り越えるために、加賀藩では藩内縦系列の強化を図り、年寄の加判復帰や家老の新規任命による体制の再編に加え、在京していた年寄・家老の引責、さらに挙藩体制創出のために組み込んでいた者の一斉処分を敢行したと考えられる。つまり、変後から一斉処分に至るまでの過程は、藩内尊攘派の一掃といわれるような藩内のイデオロギー淘汰ではなく、藩存続の危機に際して冷徹かつ極めて現実的な政治判断（藩存続を第一義とする政治的リアリズム）がなされたと評価できよう。[109]

おわりに

文久・元治期における加賀藩の政治過程について、藩主の親翰留や年寄の御用手留などを主に用いて検討してきたが、加賀藩の国事周旋にかかる政治意思決定の場は、藩主前田斉泰・世嗣前田慶寧と年寄衆、そして「年寄中席御用加判」に任じられた家老らによって構成されており、藩主である斉泰が最終的に承認することで決裁され、一致が図られていた。このようなあり方は、鳥取・秋田・彦根などにみる周旋方のような国事専門の役職を新設して藩治と区分する体制ではなく、既存の権限を拡充したものといえる。中下級層を周旋方などに配置することで藩内での政治力が高まり、彼らの発言力が強くなっていった藩とは異なり、藩上層部が藩治に加えて国事にも関わることでその地位や権限を維持し得た点が加賀藩の特徴と指摘できよう。この体制において、藩の最高政治意思である藩是が文久三年七月に確定しており、その内容は、天皇の叡慮を遵奉する徳川家への政権委任を基本とした公武一和体制を構築するというものであった。そして、この藩是を達成するための具体的な政策やプランである「藩論」が策定されたのが元治元年二月末であった。この策定に至る過程は慎重であったといえるが、内乱回避と横浜鎖港の実施という内容は、藩上層部のみならず中下級層も一致したものであり、周旋の気運はかなり高揚していた。結果、具体的行動として世嗣慶寧の上洛が実現したことは本章で述べたとおりである。

次に、藩是・「藩論」が決定する過程について、藩主自身の発言である御意、藩主の書状で請書を求める親翰、そして藩主以下が参画する「御前評議」に注目した。まず藩主の御意・親翰については、藩主個人の政治意思だけでなく、他者の見解が入り込んだ場合も想定されるが、藩主個人の名で表現される手法である。一方、藩主・世嗣、加判らが参加する「御前評議」は、加判からの要請を契機とするなど、あくまでも不定期に開催され、この評議によって個人や集団が主張する特定の政治意思が藩の政治意思へと集約されることになるが、ここで決断を担うのが藩主であった。そして、藩是や「藩論」を決定する際、御用の間での御意や親翰のみの場合もあれば、御居間書院において「御前評議」が開催され、その評議を踏まえた親翰が出される場合もあることから、加賀藩では事案毎に適した手法が模索されていたと考えられるが、御意に対する御請、親翰に対する請書、「御前評議」における一致については、すべて承認行為と見做されることから、決裁後はその内容に対する同調の圧力がかかったとみてよいだろう。ただし、柔軟にも曖昧にもとれるような決定のあり方は、決断を担う藩主個々の裁量に大きく影響を受けることになる。文久末期、藩主斉泰は「御前評議」を重んじる傾向がみられ、さらに「言路」も保障したことで、藩内の政治参加枠は確実に拡大していた。挙藩体制が創出される一方で、拡大する政治意思を集約できないリスクも生じており、このことが禁門の変直前において、国許の斉泰ではなく在京の世嗣慶寧に決断を委ねる状況に繋がっていったといえよう。

また、当該期は年寄・家老ら加判が排他的に政治意思決定を独占したわけではなく、彼らの議論の背景には、実務層である中下級層の意思も反映されたと考える。とりわけ聞番の津田権五郎がもたらした情報や意見は、藩上層部において共有され、議論に大きな影響を与えている。また、下からの「言路」を保障することによって、政治意思決定に直接参画できない層も主張自体は許容されていた。さらに、政局が混迷するなか、彼らを藩の任務に就けることで挙藩体制の創出を図った側面もみられ、これらの総体が加賀藩における意思決定の構造であったといえる。その後、禁門の変後に一斉処分が敢行されたことで彼らが党派性を有したように叙述されることが通説となったが、これは近代における「藩閥的勤王理解[*110]」と「旧藩史観[*111]」に基づいた顕彰の産物と考えるべきではないか[*112]。

最後に、文久二年六月に年寄前田直信が出した書状の内容は、慶応末期の加賀藩の政治過程を分析するにおいて看過できないと考える。[史料二]で示した、「万一御違勅等之場合ニ被為至候ハヽ、(中略)時節至来与被思召、何れ朝庭御守護一向キ之義ニ御一決被為在候義、御専一歟ニ奉存候」との直信の考えは、まさしく鳥羽・伏見戦争後に現実のものとなったが、加賀藩としては文久二年の段階から選択肢として想定されていた可能性があり、この点を踏まえた上で慶応末期の加賀藩についても分析する必要があろう。

註

＊1　宮地正人「幕末過渡期国家論」（佐藤誠朗・河内八郎編『講座日本近世史八　幕藩制国家の崩壊』有斐閣、一九八一年。のち『天皇制の政治史的研究』校倉書房、一九八一年所収）。

＊2　原口清「近代天皇制成立の政治的背景―幕末中央政局の基本的動向に関する一考察―」（遠山茂樹編『近代天皇制の成立』岩波書店、一九八七年。のち『原口清著作集一　幕末中央政局の動向』岩田書院、二〇〇七年所収）。

＊3　奈良勝司による一連の研究が挙げられる。同「攘夷と奉勅―「違勅問題」期の一橋慶喜―」（大平祐一・桂島宣弘編『「日本型社会」論の射程―「帝国化」する世界の中で―』（有斐閣、二〇〇五年）、同「幕末政治と〈決断〉の制度化―江戸幕閣の動向からみる―」（『ヒストリア』二二三号、二〇一〇年）、同『明治維新と世界認識体系―幕末の徳川政権 信義と征夷のあいだ―』（有志舎、二〇一〇年）など。そのほか、老中水野忠精の活動に注目した、佐藤隆一『幕末期の老中と情報―水野忠精による風聞探索活動を中心に―』（思文閣出版、二〇一四年）。

＊4　井上勲「将軍空位時代の政治史―明治維新政治史研究―」（『史学雑誌』七七編一一号、一九六八年）、家近良樹『幕末政治と倒幕運動』（吉川弘文館、一九九五年）、同『孝明天皇と「一会桑」―幕末・維新の新視点―』（文春新書、二〇〇二年）。

＊5　仙波ひとみ「幕末における関白―「両役」と天皇―安政五年「外夷一件」をめぐる「朝議」を中心に―」（『日本史研究』四七三号、二〇〇二年）、同「「国事御用掛」考」（『日本史研究』五二〇号、二〇〇五年）。

＊6　友田昌宏「文久三年京都政局と米沢藩の動向」（家近良樹編『もうひとつの明治維新―幕末史の再検討―』有志舎、二〇〇六年）、畑中康博「文久三年秋田藩の京都警衛について」（『日本歴史』七一五号、二〇〇七年）、天野真志「禁門の変と秋田藩―内乱回避をめぐる諸藩周旋活動の一側面―」（『文化』七二―一・二号、二〇〇八年）、同「国事周旋と言路―幕末期秋田藩の政治方針をめぐる対立から―」（『歴史』一一六号、二〇一一年）、栗原伸一郎「仙台藩の意思決定過程と伊達慶邦」（明治維新史学会編『明治維新史論集一　幕末維新の政治と人物』（有志舎、二〇一六年）。

＊7　藤田英昭「文久二・三年の尾張藩と中央政局―徳川慶勝・茂徳二頭体制下の尾張藩の政治動向―」（家近前掲編『もうひとつの明治維新―幕末史の再検討―』）、高木不二『日本近世社会と明治維新』（有志舎、二〇〇九年）、白石烈「「公武合体」をめぐる会津藩の政治活動」（『史学研究』二三五号、二〇〇二年）。

＊8　笹部昌利「攘夷と自己正当化―文久期鳥取藩の政治運動を素材に―」（『歴史評論』五八九号、一九九九年）ほか、西村晃「幕末岡山藩における国事周旋方針と藩論」（『史学研究』一八四号、一九八九年。のち明治維新史学会編『幕末維新論集四　幕末の変動と諸藩』吉川弘文館、二〇〇一年所収）、梶原良則「文久期における福岡藩の政治動向」（『福岡大学人文論叢』二五巻三号、一九九三年）、木原溥幸『幕末期佐賀藩の藩政史研究』（九州大学出版会、一九九七年）、前田結城「幕末中央政局における姫路藩「河合―有志結合」の活動について」（『新兵庫県の歴史』一号、二〇〇九年）。

＊9　青山忠正『明治維新と国家形成』（吉川弘文館、二〇〇〇年）、田口由香「文久二年藩是転換までの長州藩の動向」（『山口県史研究』一六号、二〇〇八年）、町田明広「文久三年中央政局における薩摩藩の動向について―八月一八日政変を中心に―」（『日本史研究』五三九号、二〇〇七年）、同『幕末文久期の国家政略と薩摩藩―島津久光と皇政回復―』（岩田書院、二〇一〇年）、同「禁門の変における薩摩藩の動向」（『神田外語大学紀要』二六号、二〇一四年）、同「元治元年の中央政局と薩摩藩―禁門の変に至る道程―」（『神田外語大学紀要』二七号、二〇一五年）。

＊10　野村晋作「幕末の御親兵設置」（『風俗史学』五六号、二〇一四年）、同「幕末の御親兵―その制度と役割―」（『日本歴史』八二八号、二〇一七年）、榎本浩章「文久の参勤交代緩和と幕政改革について」（『法学新報』一二一巻一・二号、二〇一四年）。

＊11　当該期の年寄・家老体制の特徴については、本書第五章で検討している。

＊12　年寄本多政均の月番・加判の免除の経緯については本書第六章を参照。

＊13　京都詰家老の成立や活動について、本書第五章で検討している。

＊14　近年の研究では、町田前掲著書『幕末文久期の国家政略と薩摩藩―島津久光と皇政回復―』。

＊15　宮地前掲著書『天皇制の政治史的研究』。

＊16　天野前掲「国事周旋と言路―幕末期秋田藩の政治方針をめぐる対立から―」。加賀藩側の史料ではまだ確認できていない。

＊17　岸本覚「安政・文久期の政治改革と諸藩」（明治維新史学会編『講座明治維新二　幕末政治と社会変動』有志舎、二〇一一年）。

＊18　本書第七章を参照。

＊19　石野友康「溶姫の加賀下向と金沢城」（『金沢城研究』一二号、二〇一四年）。

＊20　金沢市立玉川図書館近世史料館所蔵「文慶雑録」巻五。以下、特に断りのない場合は同館所蔵史料とする。
＊21　前田土佐守家資料館所蔵「公武之間柄に付存知之趣上申控」。
＊22　『小川幸三尽忠録』（加越能維新勤王記念標保存会、一九三六年）。また、年寄衆に提示した建白書の内容は、「御用方手留附録」巻二。小川幸三に関する近年の研究としては、見瀬和雄「草莽の志士小川幸三の加賀藩出仕―二つの建白書の歴史的位置―」（加能地域史研究会編『地域社会の史料と人物』北國新聞社、二〇〇九年）。
＊23　前掲『小川幸三尽忠録』一三頁。馬廻頭一二名全員が揃うなか、小川幸三は茶を出され、昼夜の食事や酒も藩から出されたという。また、馬廻頭林源太郎が「御年寄衆何茂御年若ニ付、御馬廻頭十二人へ尋問之趣被仰出」と述べたとあり、年寄衆が年若のために藩主斉泰が組頭層にまで意見を聞かせたという。顕彰を目的とした書物であることを考慮しても、興味深いエピソードである。
＊24　分不相応な言動を示した小川に反発する者たちの存在をうかがわせるが、後に小川は定番御歩として藩に採用されている。本章で後述するが、この小川の政策提言は藩の国事議論における「言路」の嚆矢としても評価できよう。
＊25　原口前掲「近代天皇制成立の政治的背景―幕末中央政局の基本的動向に関する一考察―」。
＊26　奈良前掲著書『明治維新と世界認識体系―幕末の徳川政権 信義と征夷のあいだ―』。
＊27　「近藤集書」巻一七。京都所司代からも、「速ニ兵端開候哉も難計、仍而ハ銘々藩屏之任有之候」と伝えられている（「同上」巻一七）。
＊28　藩主斉泰の出府命令は、「外夷掃攘」の件で北国筋の動静を聞き、相談するためだと老中は述べている（「近藤集書」巻二二）。
＊29　宮地前掲著書『天皇制の政治史的研究』、奈良前掲著書『明治維新と世界認識体系―幕末の徳川政権 信義と征夷のあいだ―』。
＊30　「御用方手留附録」巻四。
＊31　「同右」巻四。世嗣慶寧の政事総裁職就任の風聞については、侍読の千秋順之助が不信感を藩主御前で申し上げており、ブレーン的な千秋の立場がうかがえる。
＊32　「同右」巻四。その月の担当年寄である御用番をはじめ、複数名で相談したことがうかがえる内容となっている。
＊33　聞番は、情報収集や他家への使者を担当する役職であり、元々江戸にしか派遣されていなかったが、文久期以降は京都へも派遣されている。また、在京の会所奉行が詰中に聞番を兼帯するケースもみられる。
＊34　「御用方手留附録」巻四。
＊35　「同右」巻四。

＊36 「同右」巻四。
＊37 この件についてはここで終わっているが、全国を敵と想定して（藩存続を第一義とした）軍事力強化を図るという考え方は、慶応末期に表出する「割拠」思考に繋がる認識といえる。
＊38 また、奥村栄通は藩内で開国を説く人物として、有沢右衛門・山崎幸五郎・中山良蔵・千秋順之助の名を挙げ、彼らの主張には過当な部分もあるが、「至極尤成儀」があるとも評価しており、相応の姿勢で下の者の意見に耳を傾けていたことがわかる。
＊39 「御用方手留附録」巻四。
＊40 「同右」巻四。この「御用方手留附録」の記主である奥村は、「加判之人々、御家老」と記しているが、当時の家老は皆加判を任じられており、同内容を記述した「都鄙の嵐」では、「加判之人々」と表記しているため、ここでは年寄と「年寄中席御用加判」の家老が集合したと判断した。また、以降の「御用方手留附録」のなかでも「加判之同席、御家老中一統」などの表記があるが、同様に判断した。なお、史料中の「御用之間」は御殿内でも藩主「御寝処」横に位置し、かなり私的な空間といえる。
＊41 「御親翰留」。
＊42 実際、上洛して周旋する意思を述べながら出府用捨を幕府に願い出、認められている。
＊43 彼らの意見の背景には、直接議論に参加できない組頭以下の実務官僚層の意見も反映されていたと考えられ、それは笠谷和比古が指摘する「持分」意識に通じるものといえる（同『近世武家社会の政治構造』吉川弘文館、一九九三年）。
＊44 『同右』。
＊45 奈良前掲「近代日本形成期における意思決定の位相と「公議」―衆論・至当性・対外膨張―」。今回のケースでは、藩主斉泰は自身の政治意思に至当性を付与し、至当の見解として一同に承認させたともいえるだろう。
＊46 「御用方手留附録」巻四。
＊47 「奥村栄通手記風説書」巻五。
＊48 「御親翰帳之内書抜」巻七（全九冊）。
＊49 京都警衛については、本書第五章を参照。
＊50 朝廷側の対応は判然としないが、当初は文久三年中の上洛を求めていたのではないか。それが翌年に入り、将軍再上洛と加賀藩の京都警衛が同じ時期になったために一度の上洛でよいとし、それまでは上洛猶予との流れになったのではないかと推察する。
＊51 「御用方手留附録」巻五。

＊52　実際、当時は将軍徳川家茂のほか、一橋慶喜・松平慶永・島津久光・伊達宗城・山内容堂といった参与諸侯が在京して新たな国是が論議されており、横浜鎖港および長州征討が現実味を帯びた時期であった。

＊53　「御用方手留附録」巻五。

＊54　ここでは、使者の候補として藩士大野木源蔵の名が出ている。彼は攘夷論者として長州擁護の姿勢が強く、藩上層部と対立したように従来描かれてきた人物であるが、藩上層部の意向によって使者に任命されたことがわかる（最終的に副使として上京）。

＊55　千秋は長文の意見書を作成しているが、そこでは「今度長州征伐一件、朝議・幕議御合体与御座候へハ、定て天下ニ暴白する程之罰状掲焉たる儀与奉存候」としつつも、「乍去若又無実寃罪与申証跡慥なる儀も御座候ハヽ、迅速ニ御救助可被遊義ハ勿論ニ御座候、有罪無罪之処御弁明無御座、只御寛宥与のミ御座候而ハ却而姑息之御論与相成」と、ただ寛宥とせずに検証が必要であると説き、「今一応大膳大夫被召呼御糺明之上を陳謝之辞も無之、罪ニ伏候ニおゐてハ、其罪を天下ニ御唱し御征伐被遊可然与奉存候」と、十分な吟味の上で問題があれば征討すべきと論じている（「御用方手留附録」巻五）。

＊56　また、千秋は「私極内実之所存」として、「今度之一件者全く島津三郎之姦謀ニ出、一橋公・会津公・二条様・春嶽殿之当時朝意を惑乱最中故御荷担、老中方ハ日比夷狄ニ恐怖等之汚名を憤られ候砌故、他之手を借て強威を示し候半」と強く批判し、さらに「畢竟を申上候へハ、言語文字之上ニ而ハ相調不申、姦党之邪謀を御あはき、悉く撫切ニ被遊、先第一ニ禁裏之御幽閉を被遊御解与申処迄御覚悟」が必要であると主張している。この内容も共有されたとおもわれるが、年寄奥村栄通は「敢而御趣意と触れ候儀ニ而も無之」と、この内容については否定していない（「同右」）。

＊57　「御用方手留、同附録」巻七八。

＊58　『加賀藩史料』藩末編下巻（前田育徳会編、一九五八年）二九―三〇頁。

＊59　奥村栄通が京都の松平康正に宛てた書状では、「御両殿様於御前加判一統存寄被為聞召候上、今度大野木源蔵江御建白御渡、其表江御差立之儀ニ御評義相決申候」とあり、藩主以下が集まる「御前評議」によって政治意思が集約されたことが記されている（「御用方手留附録」巻五）。御居間書院は、御殿内の表と奥の間に位置する「居間廻り」空間でも公的な空間と考えられる。

＊60　天野前掲「禁門の変と秋田藩―内乱回避をめぐる諸藩周旋活動の一側面―」。

＊61　「一会桑」についての本格的な分析としては家近良樹が挙げられる（家近前掲著書『幕末政治と倒幕運動』）。ただし、研究者によっては「政権」や「権力」が用いられるなど、概念規定が判然としておらず、「政権」「権力」と呼称することに疑義を呈する久住真也の指摘もある（同『長州戦争と徳川将軍―幕末期畿内の政治空間―』岩田書院、二〇〇五年）。よって、本書ではこの指摘を踏

まえ、「一会桑」と表記する。

＊62　原口前掲「近代天皇制成立の政治的背景―幕末中央政局の基本的動向に関する一考察―」。

＊63　「御用方手留附録」巻五。

＊64　「同右」巻五。

＊65　前掲『加賀藩史料』藩末編下巻、四二一―四四頁。

＊66　「近藤集書」巻二九。

＊67　前掲『小川幸三尽忠録』。一方で、彼らは京都で入手した情報を藩上層部に提供しただけでなく、同調する者にも情報を提供している。国許の青木新三郎に対して、現在は薩摩の陰謀により天皇が幽閉状態であり、幕府も薩摩によって解体されていると論じ、浪人が多数潜伏して暴発寸前の今こそ「大藩ノ大挙動」（「近藤集書」巻二八）であると述べている。攘夷を重視し、長州擁護の姿勢を有する藩内の者にとっても京都の情報は必要であり、その役割を福岡らが果たしていたといえる。

＊68　「御用方手留附録」巻五。

＊69　「同右」巻五。

＊70　「福岡文平言上書写」。

＊71　「公私日録」巻二。

＊72　「見聞袋群斗記草稿」巻二。慶寧上洛に藩上層部で随行したのは、年寄奥村栄通、家老横山隆淑（早々に帰藩）であり、そのほか家老の山崎範正（事前に上京）・本多政醇（横山と交替）、および京都詰家老松平康正が在京中の慶寧を支えている。

＊73　『加賀藩史料』藩末編上巻（前田育徳会編、一九五八年）一四三九―一四四〇頁。

＊74　むしろそのような対応をした直信が、「人之善ハ申易く、其悪ハ申難キ物」であるため、耳を傾けるようにと義父の南保大六から論されている（拙稿「幕末の加賀藩陪臣―前田直信の義父南保大六―」加能地域史研究会編『地域社会の歴史と人物』北國新聞社、二〇〇八年）。

＊75　「御親翰帳之内書抜」巻七（全九冊）。人持の大野木家が所属する組の頭は年寄奥村直温であり、仲三郎は奥村直温に対しては既に幾度も意見書を提出していた。

＊76　天野前掲「国事周旋と言路―幕末期秋田藩の政治方針をめぐる対立から―」。

＊77　宮地前掲著書『天皇制の政治史的研究』。

*78 宮地正人は、島津久光が藩内尊攘激派を処分した寺田屋事件を例に、藩内不穏分子の一掃という形での縦系列の強化を指摘している。組み込むか排除するかの違いはあるが、いずれも縦系列強化による挙藩体制の創出となろう（『同右』）。また、秋田藩の場合も、「言路」を閉ざさずに登用することで彼らの突出を防ぎ、問題がある場合は約筋違いで処分できるような管理を試みたとする（天野前掲「国事周旋と言路―幕末期秋田藩の政治方針をめぐる対立から―」）。

*79 ただし、藩の体制に組み込まれるということは、何か問題が発生すれば責任をとらされ、容易に処分されるというリスクも同時に発生することになる。後述する禁門の変後の一斉処分は、まさにその事例であろう。

*80 「御親翰帳之内書抜・同附録」巻三。朝覲については老中水野忠精が了承し、京都所司代がその旨を武家伝奏に伝えたところ、「不及御勤」と慶寧の上洛中に指摘されている。

*81 前掲『加賀藩史料』藩末編下巻、七六頁。

*82 「文慶雑録」巻一五。

*83 前掲『加賀藩史料』藩末編下巻、八三頁。

*84 「御用方手留」巻二七。

*85 天野前掲「禁門の変と秋田藩―内乱回避をめぐる諸藩周旋活動の一側面―」。

*86 縁家である関白二条斉敬から、禁裏守衛総督一橋慶喜と連携するように打診されており、どちらか一方の屋敷ではなく二条家宅での面会を提案されるなどかなりの配慮があったが、世嗣慶寧はこの申し出を断っている。

*87 「京都御用状等内写」巻一。

*88 「御親翰留」。

*89 「御用方手留附録」巻五。

*90 「同右」巻六。

*91 「御親翰留」。

*92 「雑記」巻九。

*93 前田土佐守家資料館所蔵「御親翰等之留」。

*94 石川県立歴史博物館所蔵「筑前守様京都御守衛被命に付御親翰写」。

*95 前田土佐守家の家老南保大六が述べたものであるが（前田土佐守家資料館所蔵「御親翰等之留」）、退京自体をあまり問題視して

いないことが文面からうかがえる。

＊96　「御用方手留附録」巻六。

＊97　とはいえ、攘夷に固執せず、掲げる要求のうち一つでも認められれば長州勢は退去するとの情報を加賀藩は入手していたことで、長州撤退の可能性を見出していたのではないか。

＊98　禁門の変直前に親長州派廷臣がクーデターを画策したが、これは長州・鳥取が中心となり、岡山・加賀にも通じた計画であったことが明らかにされている（町田前掲「元治元年の中央政局と薩摩藩―禁門の変に至る道程―」）。

＊99　「御用方手留」巻二七。

＊100　池田仁子「元治元年前田慶寧の退京・謹慎と金谷御殿における治療」（『金沢城研究』一三号、二〇一五年）では、滞京中から病状が悪化していた世嗣慶寧は、退京の段階ではかなり重篤であったことが指摘されている。そして、病状が回復期に入ったのは謹慎から数ヶ月後の同年秋頃としている。なお、史料としては石川県立図書館所蔵「拝診日記」がある。

＊101　「御用方手留」巻二七。

＊102　「雑記」巻九。「又正義ヲ重シ長州ト御合体被遊候儀ハ弥以不相成」とあり、彼らは長州との連携は否定している。

＊103　侍読の千秋順之助も「是迄の御周旋振も有之、長州打払は不相成、御言行相違いたし御表裏之姿と相見え候ては、天下人心之向背にも相預り可申」と、慶寧附と同様の内容を伝えている（『石川県史』第二編、一九七四年復刻）八六〇頁。

＊104　年寄前田直信の使者一件、家老松平康正の切腹は、前掲拙稿「幕末の加賀藩陪臣―前田直信の義父南保大六―」。

＊105　前掲『小川幸三尽忠録』。

＊106　前掲『石川県史』第二編、八五七頁。郷土史家の日置謙は、「千秋は長藩人と附合不致、又堂上方と取組候等之なき故、富太郎に於ては不審に存候と相考らる。」と述べている。

＊107　この禁門の変後の一斉排除と、明治期の顕彰事業によって彼らは意図的に一括りにされ、党派性を有して藩政に影響を与えるほどの一勢力と評価されてしまったと考える。むしろ、主張や行動が必ずしも一致していなかった彼らが、如何なる情報を入手・共有し、活動したのかについて、明治期の回顧録などに依らない分析が求められるはずである。

＊108　「京都御用状等内写」巻一。

＊109　一斉処分の目的が、通説のような藩内のイデオロギー淘汰であれば、強硬な攘夷論を全く主張しておらず、京都警衛に尽力した年寄奥村栄通を長期にわたり謹慎させる必要はない。これは家老の山崎範正や本多政醇にも当てはまる。

＊110　笹部前掲「近世の政治秩序と幕末政治―鳥取藩池田家を素材として―」（『ヒストリア』二〇八号、二〇〇八年）。

＊111　近年、日比野利信らによる成果があるが、これについては序章を参照。

＊112　近代に作成された「横山政和覚書」や「岡山茂覚書」には、史実と異なる点があることを長山直治は指摘している（同「前田慶寧の二度の退京をめぐって―徳田寿秋著『前田慶寧と幕末維新―最後の加賀藩主の「正義」―』への疑問―」『北陸文学』五九号、二〇一二年）。

［参考］文久・元治期の加賀藩政治過程

	年	月	日	事柄	備考
文久	2	6	1	江戸城において，国事に関する意見があれば述べるようにとの上意を受ける	1-2
			24	年寄前田直信，国事に関する意見を上申する［**史料一**］	1-2
		8	25	京都勤学の小川幸三が藩に対して建白書を提出する	1-2
			27	藩主前田斉泰，小川の建白書を年寄の前田直信・奥村栄通に提示する	1-2
		閏8	2	藩主斉泰，小川を召し出して意見を徴収する	1-2
文久	3	2	11	藩主斉泰，将軍徳川家茂上洛に供奉する目的で金沢を出発する（2/23到着）	1-2
		3	2	藩主斉泰，藩屏の任を尽くせとの朝命により退京する（3/12到着）	1-2
			4	*将軍徳川家茂，徳川家光以来となる上洛*	
		6	22	幕府から世嗣前田慶寧に対して出府を命じる奉書（「御用召」）が金沢に届く	2-1
			23	世嗣慶寧附一統が「御用召」による出府に反対する	2-1
		7	8	在京聞番の津田権五郎が戻り，関白二条斉敬の内意などを持ち帰る	2-1
			9	年寄長連恭らが議論し，その内容を示談書としてまとめる	2-1
			11	年寄奥村栄通，自身の意見をまとめて御用番に提出する	2-1
			12	藩主御意および「御前評議」にて公武一和の周旋が決定する［**史料二**］　**※藩是の確定**	2-2
			14	藩主斉泰の親翰が作成され，藩内で披見される［**史料三**］	2-2
		8	*18*	*八月一八日政変*	
		9	6	聞番の津田権五郎が江戸より戻り，老中水野忠精からの上洛要請を伝える	3-1
			7	加判一同，津田と面会して意見を徴収した上で議論する	3-1
			10	老中水野宛の藩主親翰が作成される	3-1
		10	2	在京聞番が呼び出され，関白二条家からも上洛要請を受ける	3-1
元治	1	2	8	藩主斉泰，年寄の奥村栄通・奥村直温を呼び，自身の致仕に言及する［**史料四**］	3-1
			20	世嗣慶寧，在京聞番からの情報を踏まえて自身の見解を述べた親翰を提示する［**史料五**］	3-2
				「御前評議」が開催され，建白書の提出が決定する　**※「藩論」の策定**	
				侍読千秋順之助の意見書が出され，回覧される	
			22	藩主斉泰の親翰が作成され，提出前の段階で披見される	3-2
		3	18	情勢探索方の福岡文平・小川幸三・高木守衛，京都にて諸藩士による国是議論の場に出席する	4-1
			26	京都詰家老松平康正と使者大野木源蔵，在京老中の水野忠精に建白書を提出する	4-1
			27	年寄前田直信ほか1名，家老横山政和ほか2名が藩主斉泰の御前で世嗣慶寧の上洛を求める	4-1
			29	年寄前田直信宅に加判一同集合し，帰国した情勢探索方より情報を徴収する	4-1
		4	3	年寄奥村栄通ほか1名，家老青山悳次ほか2名が再び藩主斉泰の御前で世嗣慶寧の上洛を求める	4-1
			19	情勢探索方の与力福岡文平，藩に関する建白書と20箇条以上の国事に対する建言書を提出する	4-1
			28	世嗣慶寧，国事周旋を掲げ京都に向けて出発する（5/10到着）	4-1
		5	12	世嗣慶寧，京都警衛任務を正式に命じられる（国許の藩主の承認を得て5/23受諾）	4-2
		6	*5*	*池田屋事件*	
			26	緊迫の状況となり，在京藩士に六具着用が命じられる	4-2
				京都守護職・在京老中・二条家，および長州にも使者を派遣することを評決する	
		7	1	慶寧附の在京藩士が連名で年寄奥村栄通に書面を提出する　**選択肢②**	4-2
			5	藩主斉泰，在京年寄の奥村栄通に宛てた親翰を出す　**選択肢①**	4-2
				年寄奥村栄通，世嗣慶寧の周旋の意思を書状で国許に出す　**選択肢③**	4-2
			18	征長を命じる書状が届き，世嗣慶寧が退京の決断を下す［**史料六**］　**※上記②を選択**	4-3
			19	*禁門の変*	
				京都警衛任務を年寄奥村栄通に委任して，世嗣慶寧が「跡届」にて退京を開始［**史料七**］ **※上記①を委任**	4-3
			25	慶寧附の藩士が連名で退京理由を述べた書状を国許に提出する	4-3
			27	在京聞番，二条家家司の北小路から世嗣慶寧退京に対する一橋慶喜・二条斉敬の見解を聞く［**史料八**］	4-3
		8	11	近江海津において京都詰家老松平康正が切腹する	4-3
		9	18	世嗣慶寧，金沢に戻り謹慎する（医師による治療が本格的におこなわれる）	4-3

本表は，本章にて取りあげた事例を整理したものである（備考欄は本章中の何節何項で取りあげたかを示す）．

第二章　慶応末期加賀藩における政治過程と藩是・「藩論」

はじめに

ここでは、慶応末期における加賀藩の政治過程について検討する。[*1] 慶応期の幕府については、通史の視点による政治過程分析において論じられるとともに、[*2] 近年は長州征討とその将軍進発にかかる精緻な研究成果がみられる。[*3] 一方、藩についても長州征討から倒幕までの政局と関連させながら論じるものがやはり多い。倒幕運動を展開した薩長をはじめ、[*4] 越前・尾張・彦根・鳥取・福岡・佐賀といった藩が分析対象となり、[*5] さらに戊辰戦争までを射程とした仙台・米沢・秋田・弘前など、奥羽越列藩同盟にかかる東北諸藩の研究成果もみられるが、[*6] この慶応末期も文久期と同様、豊富な史料に基づいた実証分析が特徴といえる。

よって、以上の研究成果を捉まえつつ、本書で掲げた藩における政治意思決定の構造とプロセスの解明を分析視角とし、藩是―「藩論」―具体的行動の段階的理解を手法として加賀藩の政治過程を検討する。[*7] また、第一章と同じように政治意思決定において藩主の決断が示される御意・親翰・「御前評議」に着目して加賀藩の特質を明らかにするが、とりわけ王政復古から鳥羽・伏見戦争後までの藩の政治過程とそのダイナミズムについて描くことを目的とする。

1　前田慶寧の家督相続と藩政改革

元治元年（一八六四）の禁門の変後、加賀藩は長州征討に年寄の長連恭を派遣し、藤田小四郎ら水戸浪士の西上に対しても派兵している。長連恭を派遣する際には、藩主前田斉泰が「先達而引取候始末、諸藩之嘲ニ懸り候次第、実ニ残情之至ニ候、（中略）此度之先鋒乍大義、筑前守《(前田慶寧)》引取方不都合を相雪キ度、此段頼入候」[*8]との御意を出すなど、この時期の派兵は世嗣前田慶寧の無許可退京という汚名を返上する好機と捉えていたことがわかる。また、斉泰の正室で慶寧の母である溶は、文久末期以降金沢で生活していたが、「万石以上之面々妻子等前々之通当地江呼寄候様被仰出候に付、溶姫君様にも当地御住居被為在候様にと被仰出候」[*9]と、再び江戸に居住することを命じられると、「公義御趣意ニ付、無御拠趣ニも思召候間、此上者姫君様思召之通」と斉泰が述べたため、溶の意向を確認したところ、「此上ハ公方様思召通候より被遊候《(ママ)》より外被遊方無御座候」と、溶は幕府の命令を受け入れ、元治元年一一月に江戸に戻っている[*10]。以上のような幕命遵守の姿勢は、苦境にある加賀藩の立場が少なからず影響していたとおもわれるが、参勤の再開については、「時勢柄御洞察被遊、御英断を以近年御変革被仰出候処、不年ニ復故と相成候而ハ、思召も貫徹不仕、諸藩居合方茂如何有御座哉」との意見を幕府に上げていることから[*11]、苦しい立場ではあるものの、幕府の方針をすべて受け入れる姿勢ではなかったことがわかる。

そして、藩主斉泰が慶応元年（一八六五）三月上旬に出府すると、同月下旬には幕府から世嗣慶寧の処分解除が認められている。もっとも、謹慎の原因が京都警衛の不手際にあったことから、念のために幕府から朝廷に確認がとられ、四月上旬に許可の運びとなっている[*12]。その後、斉泰は一旦金沢に戻ると、ほどなくして三ヶ月の京都警衛のために上洛して天皇に拝謁しており、帰国後には慶寧に家督を譲るために家臣への根回しを図っている。世嗣慶寧は謹慎解除後に出府を命じられたが、この段階では病を理由に辞退し、翌二年の春に出府している。家督相続については、政治状況を考慮しつつ拒む姿勢も示したが、斉泰の意向を尊重する形で内諾し、幕府に届け出を済ませると、同二年四月に幕府から斉泰の隠居と慶寧の相続が正式に認められた。[*13]

［史料二］

中納言様御事　　　　　　金沢中納言様
御受領御名　　　　　　　肥前守様
筑前守様御名　　　　　　加賀守様
御両殿様《（斉泰・慶寧）》御名替之儀、御願之上右之通御改被成候、此段可相達旨被仰出候[*14]

隠居した斉泰が金沢中納言、家督を相続した慶寧が加賀守を称すことを幕府に届け出、認められたことがわかる。[*15] 長州再征については、慶応元年閏五月二一日付で在京老中宛に斉泰が親翰を提出し、「君臣之名義、正敷名分を守」り、「只公武御一和之御実相顕れ候御一義ニ可有御座候与思召候」と述べた上で、「右様君臣之名義相立候得者、長防之御処置寛猛共思召次第ニ相成、此儘ニ而直様御進発与相成候而者、弥以離間ノ説易被行、竟ニハ公武御隔絶之御場合ニも可被為至哉」と発言していることから、[*16] ここでの再征には名分が立たないと懸念を示し、何より公武一和体制の構築を願っていたことがわかるが、これは加賀藩が文久三年に掲げた藩是と合致するものといえる。

(1)　藩主前田慶寧の上洛

藩主慶寧は慶応二年七月に帰国するが、九月に将軍徳川家茂薨去および一橋慶喜の宗家相続の知らせが届くと、朝廷から上洛を命じられている。これは諸侯衆議による新たな国是の決定を目的としていたが、実際は徳川慶喜を将軍に推戴する面がみられ、提唱者でもあった松平慶永が帰国するなど、多くの藩が上洛を見合わせる状況であった。

そのなかで藩主慶寧は一〇月一三日に金沢を出発し、二四日に宿所とする建仁寺に入ると、その後は在京老中や京都所司代、関白ら公卿を歴訪し、一一月朔日には武家伝奏に対して建白書を提出している。

［史料二］

中納言慶喜儀、徳川家相続被仰付候処、任職者相譲仕候旨、然に方今之形成柄、須臾も御闕職被遊置候而は、人心不穏、宇内混乱、［　］機口も無覚束、乍恐深憂慮罷在候、依而何分早々先格之通任職宣下被仰出、猶其上奉固辞候共御許容無御座、強而被仰付候様達而奉願候、是全皇国之御為と奉存候に付、不顧愚意奉言上候、恐惶謹言

十一月　加賀宰相中将（前田慶寧）[*17]

将軍不在の状況は人心不穏、宇内混乱を招くとして、徳川慶喜が固辞したとしても許容せず速やかな将軍宣下を望んでおり、それが「皇国之御為」であると主張している（傍線部）。そして、幾度か二条城に出向いているが、徳川慶喜と面会した際には、公武合体によって朝幕の威光が立つような英断を慶喜に求めている。[*18]ほとんどの藩が見合わせるなかでの上洛であり、加賀藩が徳川家寄りと認識される例としても捉えられるが、加賀藩としては天皇のもとで将軍徳川家を中心とした公武一和体制を十全に構築することを藩是としている以上、上洛およびその後の行動は、これまでの周旋の同線上にあるといえる。また、慶喜に同席して幕府の軍事演習を見学し、その内容に感銘を受けたことから、西洋軍制の本格導入による藩軍事力の強化を志向するようになり、[*19]慶喜との面会後は帰国の許しを得て一六日に京都を離れ、二六日に金沢に到着している。

(2) 慶応三年の藩政改革

帰国した藩主慶寧は、その後は積極的に藩政改革に着手している。上洛時に幕府の銃隊演習を見学した慶寧は、

「於当今者皇国之武威ヲ御振起、宇内之強国与被成、外国ヲ茂被制候処江致候得者、御国内之人心、自カラ居合可申」と、西洋軍制の必要性を説く徳川慶喜の発言に、「誠以御至当之御儀、方今之急務此外ニ有間敷与存候」と感銘を受け、「於当家も今般軍制令差略、銃陣編制之儀申出」と、本格的な西洋軍制の導入に着手する。[*20] そして、同三年一一月には銃隊による大隊編制が実現しているが、この編制は惣司である銃隊馬廻頭が率いる一組に対して銃隊物頭の隊を四組、砲隊物頭の隊を一組配置して一大隊を構成するものであり、京都向の兵力増員として一一月に銃隊馬廻頭の原七郎左衛門を上京させた際にはこの一大隊が派遣されている。

・卯辰山養生所の建設と開拓構想

そのほか、同年秋には金沢卯辰山において養生所を建設し、大規模な開拓事業を実施しているが、ここで概要をまとめておきたい。[*21] 金沢町人にとっての卯辰山は、春の蓮如忌には酒宴をひらくなど身近な場所であったが、藩主家にとっても卯辰八幡宮や卯辰観音院など、前田家由緒の重要な寺社が置かれた藩主一族信仰の場所であった。藩主前田家の墓所がある野田山を「死」に関係した場とし、卯辰山の入口にあたる天神橋が「甦橋」、つまり「再生」の橋という意味が込められていたことから、卯辰山を対照的な「再生」の場とする見解がある。[*22]

この卯辰山開拓の契機は、藩主慶寧が金沢郊外の笠舞にあった御救小屋である非人小屋を巡見したことによる。異例となる藩主の非人小屋巡見によって、慶寧は非人小屋の待遇改善を含めた三州領内の窮民成立を志向し、算用場奉行と町奉行に対して改善案を命じている。この「御国民御撫育第一」とした慶寧の意向により、金沢町奉行不破亮三郎・三浦八郎左衛門の両名は藩へ「病院仕法書」[*23]を提出し、西洋の病院を模範とした養生所の建設が構想された。建設費用については、町奉行管理で町会所が負担し、後で藩が返済するという案を出していることから、まずは町人資本を期待していたことがわかる。また、養生所内は収容人数や部屋の規模、病状の軽重による患者の区別などが詳細に決められ、担当役人は「病院ハ都而町会所附属ニ相成」ために町奉行や町同心の中から任命し、「縮方并諸決算等」の財政管理は、町役人などに任命するとしている。そして、養生所の経費については、「呉服問屋之仕法運上」「遊里等取立之仕法運上」などの諸運上や、寄附所設置による寄附などで賄うとしていることから、建設費・維持費ともに町人層への依存度が高い政策であったことがわかる。養生所建設の主附であった内藤誠左衛門の「卯辰山開拓録」[*24]には、患者の衛生面を考慮した浴室の設置や、最新医療であった種痘所も設置するなど、先の仕法書にはない施設もあり、当時最先端の医療施設という側面がうかがえる。

また、この養生所を中心に卯辰山にはさまざまな施設が設置されている。慶応四年春に笠舞の非人小屋は卯辰山に移転して撫育所と改称され、撫育人への授産と賃銭支給（除銭実施）が計画された。卯辰山に広がる茶桑畑などは撫育人への授産を考慮して彼らを労働力としていたが、この茶畑の経営には金沢城下で茶の小売商を営んでいた金沢町人が関与している。また、この卯辰山には「読書筆学算術の三ツを教ふ、夫々の教授役あつて町方之者集りて学問するところなり」[*25]とする集学所が設置されるなど、実質的に開拓資金を負担した町人層を考慮した施設が置かれている。そのほか、城下の町人が卯辰山へと居住地を移して鴨鍋店や茶屋を経営するなど、城下を一望できる景観や薬湯による観光地としての卯辰山が想起されるほか、卯辰山で生産した商品を集荷・出荷する産物集会所も設置されているが、ここでは、毎月三日に諸局の合算報告によって損益を論じており、その際は生産方の藩役人だけでなく町方の者も参加するなど、卯辰山の諸施設に対する町人の意向や関与をみることができる。

以上、これら卯辰山の開拓については、藩主となった前田慶寧の「代始めの仁政」に端を発した政策としてまず評価できるが、養生所の建設をはじめ、町人資本にかなり依拠した政策であったことは間違いない。これは、藩財政に苦慮する藩の姿勢がみられる一方で、金沢町人の資本力の強靱さもうかがえるものといえよう。[*26]

2　慶応末期の政治過程と加賀藩

以上のように、家督を相続し藩主となった慶寧は藩政にまず注力したといえるが、京都においては詰家老を頂点とした情報収集体制を継続していた。慶応三年（一八六七）七月から詰家老として在京した前田孝錫による「京都詰中手留」[*27]によると、在京老中板倉勝静との接触が多く、また渋沢成一郎や榎本亨造といった一橋家用人から幕府直臣となった者との接触もみられる。さらに京都守護職松平容保と幾度も接触していることから、基本的には幕府周辺から政局に関する情報を入手していたことがわかる。その一方で、他藩との接触はほとんどみられず、朝廷向きの情報については、ほぼ二条家から入手していた。

このような偏りは、前田家と徳川家との姻戚関係が理由として考えられる。近世初期からその関係は深く、前田利常や前田斉泰のような将軍息女との婚姻をはじめとして、御三家からの来嫁も多い［表1―1］。とりわけ家門の会津松平家との関係は非常に深く、前田利常娘の熊が保科正経に嫁いで以降、たびたび縁組がなされ、文久二年（一八六二）には慶寧娘の礼と松平容保との婚約が内定しており、慶寧と容保は義父と義子の関係となっていた［表1―2］。つまり、前田利常以降、治脩を除いた斉泰までの正室が徳川家一門であり[*28]、前田家と徳川家一門とは近世を通じての姻戚関係が構築されていたといえる。

そして、このような徳川家との姻戚関係は、加賀藩の政治動向にも少なからず影響を与えている。慶応三年六月に三ヶ月の京都警衛を命じられた加賀藩は、在京聞番を老中板倉勝静に派遣し、「幕府ノ弊藩ヲ接遇スル、常ニ尾紀水戸ノ三親藩ニ同シ、是以文久三年ノ夏、我中納言（前田斉泰）ノ時三ヶ月警衛ヲ命セラルト雖、三親藩ニ是事無キヲ以之ヲ辞シ、允サル」と、御三家と同等の扱いによって文久三年のときには免除されたと指摘し、さらに「我カ臣民、幣藩ノ格三

[表 1-1] 前田家と徳川家との婚姻関係

前田家	徳川家	備考
模知(藩祖利家娘)	徳川信吉(徳川家康5男)	婚約後,入輿前に信吉卒去
利常(3代藩主)	珠(2代将軍徳川秀忠娘)	
光高(4代藩主)	大(水戸徳川頼房娘)	3代将軍徳川家光養女となり入輿
吉徳(6代藩主)	松(尾張徳川綱誠娘)	5代将軍徳川綱吉養女となり入輿
重熙(8代藩主)	長(高松松平頼泰娘)	高松松平家は水戸家御連枝,婚約後来嫁前に重熙卒去
重靖(9代藩主)	賢(紀伊徳川宗直娘)	婚約後,来嫁前に重靖卒去
重教(10代藩主)	千間(紀伊徳川宗将娘)	
斉敬(10代重教子)	備(紀伊徳川重倫娘)	斉敬は11代藩主治脩養子,婚約後来嫁前に斉敬卒去
利命(11代治脩子)	豊(紀伊徳川治宝娘)	利命は12代藩主斉広養子,婚約後に利命卒去
斉広(12代藩主)	琴(尾張徳川宗睦娘)	琴の実父は尾張藩御連枝高須松平義当
斉泰(13代藩主)	溶(11代将軍徳川家斉娘)	14代慶寧は斉泰と溶との間に誕生

※先妻・後妻含む.

[表 1-2] 前田家と会津松平家の婚姻関係

前田家	会津松平家	備考
熊(3代利常娘)	正経(2代)	正経は保科正之の嫡子
綱紀(5代藩主)	摩須(初代藩主正之娘)	保科正之は綱紀幼年期の後見人
宗辰(7代藩主)	常(3代正容娘)	
顗(10代重教娘)	容詮(5代容頌養子)	容詮は会津5代松平容頌養子後に卒去,顗は11代藩主前田治脩養女となって婚姻
厚(12代斉広娘)	容敬(8代藩主)	
礼(14代慶寧娘)	容保(9代藩主)	文久2年婚約,慶応3年結納,明治4年破棄

※先妻・後妻含む.
ともに『加賀藩史料』編外編(侯爵前田家編輯部, 1933)により作成.

親藩ニ同キヲ日栄トシ、相励テ京師ヲ警衛ス」[29]と、加賀藩が御三家と同等の家格であることを誇りとして、兵を京都に常駐させて日々警衛に励んでいると述べて、[30]他藩と同様の三ヶ月交替による警衛命令を拒否しようとしている。

以上、婚姻によって構築された徳川家との親疎関係は、近世幕藩体制における大名家の家格だけではなく幕末期に政治運動を展開する際にも影響しており、藩是や「藩論」を決定する上での基礎的な要因となっている。そのほかには、前田家の武家官位や江戸城殿席なども影響したと考えてよいだろう。情報収集先が幕府方に偏っていることや、御三家同等の家格という意識により他藩と同じ扱いを受けることを不満とする加賀藩の姿勢がそれを裏付けている。[31]

(1) 大政奉還

・名代本多政均の上京

慶応三年一〇月段階での加賀藩上層部の体制を

まとめたものが［表2］であるが、文久・元治期と比べると家老が増員されており、それも前田姓の者が増えていることがわかる（第一章［表1］）。そして、前田孝錫の「京都詰中手留」には幕府が奉還の旨を諸藩に諮問した慶応三年一〇月一三日の記載があり、さらに翌一四日に大政奉還が上奏されて諸侯衆議を目指した上洛命令が出されると、一一月朔日に藩主慶寧は名代として年寄本多政均を上京させることを決断する。年寄奥村栄通が「今般依御召御上京可被遊処、御病気ニ付御延引、且思召も有之ニ付、播磨守《本多政均》急速上京可被仰付旨等被仰出之趣有之」[*32]と書き残していることから、病状も理由の一つではあるが、まずは本多を上京させ、情勢を判断させようとする慶寧の意図もあったとおもわれる。

［史料三］

今般御手前《本多政均》上京申付候主意ハ、公方様過日御任槐無程政権を朝廷江被帰候、其御次第等を察スルニ、思召之外江出候義ニも無之哉、方今朝廷之御政務与相成候而、往々天下可治事トハ不奉存、尤王政ト申義、其言葉ハ正大公明ニ聞へ候得共、其実如何可有之哉、就而者予カ本心ニおゐてハ、何処迄も徳川家を助ケ、天下之為メニ尽力いたし度存寄ニ候得共、大切之時節、殊ニ病気ニも候間、先御手前上京有之、得与天下之形勢をも考察せられ、前文之主意を基トシテ、応其機幾重とも可被取計候、臨時押而も上京之義、予而心得罷在候間、其機会ニ相臨候ハ、可被申越候、荒増心底任乞認メ相渡候、以上[*33]

これは、名代となる本多政均に藩主慶寧が出した親翰である。徳川慶喜の政権返上には思召以外に何かあるのではないかと推察し、朝廷の政務についても天下が治まるとはいえず、「王政」も公明正大に聞こえるが実際はどうなのかと疑問を呈している。そして、本心は徳川家を助けて天下のために尽力することであると述べ（傍線部）、京都の状況次第では慶寧自身が上洛する旨を申し伝えている。つまり、慶寧はこの段階でも徳川家を助けることが天下のためになるとの理解に立っていたことがわかるが、この親翰後には上洛御供の年寄・家老を選定しており、慶寧がこの

[表 2] 慶応末期加賀藩上層部の体制（慶応 3 年 10 月の藩主・前藩主と御用加判）

	名	受領名等	備考
藩主	前田慶寧	加賀守　宰相中将	慶応 2 年（1866）家督相続
前藩主	前田斉泰	肥前守　中納言	慶応 2 年（1866）隠居
年寄	前田直信	土佐守	安政 3 年（1856）加判
	奥村栄通	伊予守	慶応 3 年（1867）加判復帰
	本多政均	播磨守	元治元年（1864）加判復帰
	長　連恭	大隅守	安政 5 年（1858）加判
	村井長在	又兵衛	元治元年（1864）加判復帰
	横山隆平	三左衛門	文久 2 年（1862）加判
	前田孝敬	弾番	文久 3 年（1863）加判
家老	横山政和	蔵人	安政元年（1854）加判
	本多政醇	図書	慶応 2 年（1866）加判復帰
	前田恒敬	将監	元治元年（1864）加判
	前田孝錫	内蔵太	元治元年（1864）加判
	前田孝備	典膳	元治元年（1864）加判
	不破為儀	彦三	安政 2 年（1855）加判
	大音厚義	帯刀	安政 4 年（1857）加判
	横山隆淑	外記	慶応元年（1865）加判復帰
	品川武好	左門	慶応元年（1865）加判
	篠原一貞	勘六	元治元年（1864）加判

金沢市立玉川図書館近世史料館所蔵「先祖由緒并一類附帳」「御礼次第」にて作成.
なお，加判を一旦免除されて復帰した者については，復帰年を表記している.

段階で徳川家を支援する意思があったことは間違いないだろう。

・京都詰の情報収集と藩主の上洛要請

そして、京都では詰家老前田孝錫のもとで聞番が情報を収集しているが、その対象は前述したとおり、老中板倉勝静や京都守護職松平容保、摂政二条斉敬らであった。一一月五日には、聞番里見亥三郎が老中板倉勝静と京都守護職松平容保のもとを訪問している。

[史料四]

a

板倉殿江参上拝謁願候処、御目通被仰付、先御両殿様（慶寧・斉泰）
御安否御尋被成候ニ付、御病気之御様子程能く申上、
夫ニ付御口上も取繕申上候処、（中略）不相替深思
召、直様夫等達上聞候へハ、嘸々御満悦可被成候、於
拙者（板倉勝静）茂実ニ御頼母敷御次第、今ニ初ぬ御事、夫ニ付
御家（前田家）之儀ハ公方様も御倚頼ニ被思召、今度も御上京
御座候得者、第一之御力、其上諸事御相談可被遊、御
病気者不被得止乍御事、少も御快候ハヽ、早々御上京之

儀、猶又申上候様被仰聞候

b

一、肥後守《(松平容保)》様江罷出拝謁奉願候処、御目通被仰付、夫々御口上申上候処、いつれ早々御上京御待之処、御気滞之義不被得止儀ニ候得共、少も御快ク候ハ、御上京之義ニ可申上、公方様も御倚頼御力ニ思召、御大家《(前田家)》之儀三藩《(薩土芸)》等之御壁ニも只被為居候而可相成儀与御意ニ付、具サニ可申上候、乍恐愚存申上候ハ、速々御上京之儀、御遅速ニ付御忠節御尽力之義御機会御深慮之程奉伺度、御親近之御廉を以一己之愚存ヲ以奉伺候旨申上候処、成程夫も一論与被思召候間、御勘考之上御呼立御内意可仰聞候旨[*34]

まずaの老中板倉は、以前から変わらぬ加賀藩の姿勢は頼もしく、徳川慶喜も頼みとして諸事相談もあるだろうとして、少しでも体調が良くなれば藩主慶寧に上洛してほしいと述べている。また、bの慶寧にとって義子にあたる容保も、板倉と同様、少しでも快復したならば慶寧に上洛してほしいと願っている。さらに容保は、徳川慶喜も頼みとしており、加賀藩が在京するだけで薩摩・土佐・安芸の三藩に対する抑えになるとの考えを示している（傍線部）。この三藩は、慶喜を大政奉還に追いやった存在として、当時は会桑両藩や幕臣を中心に反発が強まっていたが、[*35]これら勢力への対抗として加賀藩を利用できると考えていた可能性もあろう。

このような状況で上京した年寄本多政均は、一五日に在京中の年寄長連恭、詰家老前田孝錫、聞番里見亥三郎・広瀬五十六郎・崎田小左衛門らに慶寧の見解を伝え、今後の対応を協議している。

［史料五］

十五日

播磨守《(本多政均)》殿被申聞候ハ、今般之御事件ニ付、先播州殿上京被仰付、摂政様・伝奏衆等江罷出、誠精御名義之相立儀ニ可申上様被仰付候、就テハ御委任与申儀も有之候得共、是ハ御六ヶ敷、矢張御傍観之形ニ相見江、予而事有ル節ハ御上京可被遊思召ニ付、戦争有之節歟有事与申ニテモ無之、何レ此処ニテ御尽力無之テハ不相成時勢時宜ニヨリ、上京之上ハ御上京之義可申上モ難計ニ付、予而之御手配被仰付置可然哉之旨被申上候処、御進退之義兎も角モ播州江御任セ被遊候旨御意、此上いつれ如元政権幕府江御返ニ不相成而ハ不叶義、尤他藩之論ニ不拘御踏込御忠節可被遊思召之旨被申聞、隅州殿（長連恭）・自分・亥三郎・五十八郎・小左衛門、尤替ル存寄無之、御上京御尽力御一段之御義、左様之御居リニ相成居候得者、無彼是御上京被為在候而可御宜与申答候処、左候得者其儀ニ取極、依而五十八郎義急御使申談、御上京之義等可申上様申談、尚又諸藩之模様等承リ、明夕発途可申上旨申談候事[*36]

国許において本多は、委任という形では傍観にみえてしまうため、尽力が必要な時機であることから事前の手配を藩主慶寧に対して求めたところ、やはり本多に任せるとの御意があったとする。しかし、いずれ元のように幕府に政権が戻らねばならず、他藩の論に関わらず忠節を尽くすとの思召であれば（傍線部）、在京の者としても異存はなく、ともかくも慶寧が上洛するのがよいとの見解に至っている。

翌一六日には、使者の聞番広瀬五十八郎が京都守護職松平容保と摂政二条斉敬を訪問し、藩主慶寧の上洛を要請することを伝え、「先以御一段之御都合、御両様格別御力ニモ相成御満悦」[*37]との反応を得て、広瀬は国許に向かっており、この在京の意思を踏まえるかたちで二九日に慶寧は上洛を開始している。この上洛については、「此度御上京、皇国之御為厚御尽力被遊度思召ニ候、就而者公武之御模様ニより暫御滞京茂可被遊候」[*38]とあることから、徳川慶喜による政権返上という政局の混迷にあって、徳川家を支援することで公武一和体制の再構築を目指したものであった。

以上の過程から、大政奉還に関する情報が加賀藩に入ってからも「御前評議」などは開催されておらず、これまでの藩是・「藩論」が大きく修正された形跡は確認できない。その後、藩主慶寧の名代として年寄本多政均が上京すると、本多を含めた在京藩士の意見を踏まえて慶寧自ら上洛しているが、ここでも「御前評議」は開催されず、慶寧の御意や親翰によって藩内の同意がなされ、徳川家支援を目的とした上洛が実施されている。

(2) 王政復古

・大号令と藩主慶寧の退京

慶応三年一二月九日、藩主慶寧は京都に到着し建仁寺に入ったが、まさに王政復古の大号令当日であり、市中は騒然としていた。そのなかで、京都詰家老前田孝錫は一一日の様子を次のように書き記している。

[史料六]

（前略）夕七時頃ニも候哉、御内用方聞番座江出申聞候ハ、時々刻々ニ時勢相変シ、只今公義衆水嶋何某聞番江罷出、今八時頃ゟ二条御城内大混雑、公義衆并会藩以之外奮発、何レニモ薩州等討取申度旨ニ而、只今ニモ兵端ヲ開候体、上様ニモ御説得モ被遊候得共中々治り候体無之旨申、右様相成候而ハ却而暴ニ相成、発シ候上ハ被成方も無之者、幕府御加勢被遊候而ハ暴ニ相成、御所ニハ薩等相固メ候故、御参内モ難被遊、於是相公様（前田慶寧）御身之上此処ニ御定り、発シ候上ハ御引取モ御六ヶ敷、只今急ニ播磨守（本多政均）殿等両人、二条御城江罷出、右等之辺いつれニも御差止申上可然、就而ハ斯薩等暴之極江至り候上ハ一端御帰国被遊候方可御宜与申聞、何レモ存寄無之ニ付、右等之趣御前江出申上、暮頃播州・隅州（長連恭）、二条御城江罷出、上様御前ヲ被願候処、早速被為召、播磨守等被申上候ハ、不容易形勢与相成、此処ニ於テ自然心得違之者有之兵端ヲ開候而ハ、於加賀守御加勢ハ仕得不申、何卒此処ハ暫ク御避ケ被為遊、御下阪（坂）被遊候御方可御宜与申上候処、尤ニ御聞請被遊候間、加賀守（前田慶寧）義案心ニ罷在候様上意之旨罷帰被申聞候事*39

二条城は大混雑の様相で今にも兵端を開こうとする勢いであり、徳川慶喜が説得を試みるも容易に治まらなかったとある。そして、御所は薩摩などが固めているため参内することも難しく、さらに旧幕府勢が暴発してしまっては藩主慶寧が帰国することも難しくなるため、年寄本多政均ら在京藩士が話し合い、薩摩らの「暴之極」のため一旦帰国すべきと慶寧に進言している。その後、年寄の本多政均・長連恭は二条城で徳川慶喜と面会し、心得違いの者が兵端を開いてしまうと加賀藩は支援できないと述べ、しばらく下坂してほしいと願い出ている（傍線部）。

この翌日、わずか数日の滞在で藩主慶寧は「達捨」[*40]により金沢に向けて出発しているが、この退京について、老中の板倉勝静は、「国持は勿論、御譜代までも更に振るひ立つべき様子なく、御手兵とは雲泥の相違なり、此上大小の諸侯ども加州の挙動を見習ふやも計り難く、中々依頼どころにあらず」[*41]と嘆いたとされるが、これは前述のように板倉が加賀藩に対して相応の期待をもっていたことの裏返しともとれる。また、王政復古後に幕臣の榎本武揚が勝海舟に宛てた書状では、「此時、在京の諸大名は左の如し。薩・土・芸・長・紀・尾・会・桑名・松山・大垣・藤堂・井伊・榊原・越前・加賀・因・備、此内我が徳川氏方の者は、会・桑は申す迄もこれなく、井伊・紀州・藤堂・大垣・加賀等は皆国力を奮って、我を助くると云う」[*42]とある。これらの内容から、板倉をはじめとする旧幕閣は、加賀藩が徳川家寄りと認識していたことがわかるが、前述してきた加賀藩の動静を鑑みればこの認識は持ち得るだろう[*43]。

・復古後の藩内と「割拠」論

藩主慶寧退京後、一五日暮頃には慶寧に随行していた近習の成瀬正居が急使として近江大津から金沢に到着し、前藩主の斉泰に京都の情勢や慶寧の御意などを申し上げ、その後年寄衆とも面会している。そして深夜になって家老が斉泰に面会を願い出、慶寧に随行中の年寄本多政均宛ての親翰を出すように求めると、斉泰はこれを了承し、明け方には斉泰の親翰が整えられている[*44]。

［史料七］

今度依召宰相中将（前田慶寧）義、病気押而致上京候所、京師意外之形勢及切迫候ニ付、速ニ引取候義、至当之取計、偏ニ御

手前尽力故与存候、然ル上ハ三州割拠之覚悟ニ無之而ハ不相成候条、弥可被励忠勤候、此段申遣候、以上

十二月十五日　中納言（前田斉泰）

本多播磨守（政均）殿[*45]

元治期の退京とは異なり（第一章参照）、迅速な対応によって退京が実現したことに前藩主斉泰が安心したことがわかる一方、ここで斉泰が「三州割拠」の覚悟が必要と述べていることに留意したい（傍線部）。この親翰の前提となった、急使の成瀬正居が斉泰に伝えた藩主慶寧の御意は次のとおりである。

［史料八］

今度致上京候処、形勢最早御尽力之手段無之ニ付、不得止当十二日京地令発途候、此上ハ三州を守り、割拠之覚悟ニ候条、此段相被心得宜取計候、何茂江茂被申聞、富山表江も先各より可有演述旨御意[*46]

王政復古によって尽力の手段もなくなり、やむを得ず京都を離れたことを伝えた上で、ここに至っては三州を守り「割拠」の覚悟であると藩主慶寧が発言したとされる（傍線部）。たしかに、天皇の叡慮のもと、徳川家を頂点に諸藩が集まる公武一和体制の構築を藩是としていた加賀藩からすれば、徳川慶喜の将軍職辞任許可、幕府および摂政・関白の廃止といった王政復古の内容は、藩是そのものを根底から覆し得るものであり、混乱する政局にあって既存権力との距離を置き、前田家存続を第一義とする主張が出てきた可能性は十分に想定される。この「割拠」論については、分家の富山・大聖寺にも伝えられており、大聖寺では「御家老前田中務（潜）宛行御口上申述、三州御守り割拠之思召、御堺目・間道等急速御固候義申述」と、藩領境に軍事力を展開するように求めている。

ただし、このような軍事力を背景とした「割拠」論については、藩上層部において慎重な動きがみられる。

［史料九］

一、京都変事之義申来候付、夜四時過何茂不時出席いたし候処、去九日御着前、従禁裏大御変革被仰出、御尽力

も被成兼候次第ニ付、十二日御達捨ニ而御引取之旨、大津駅より成瀬主税《（正居）》早打御使を以、委曲中納言様《（前田斉泰）》江被仰上、今晩到着、各江も御意有之、右御意左之通

（[史料八]と同文のため省略）

右之内、割拠と申処少与耳ニ懸り候方ニ付、一同江之申聞ニ者、御発途被遊候所迄を申聞せ、御割拠等之処ハ相省、其段御道中迄申上候事[*47]

これは富山への使者を勤めた家老横山政和が書き記したものであり、一五日の使者成瀬到着後の一連の経過と、藩内に藩主慶寧の帰国を伝えたことがわかる。この後半部において、「割拠」が「少与耳ニ懸」るとして藩士一同には聞かせなかったことが述べられているが（傍線部）、これは「割拠」という語の影響力が大きいために意図的に伏せたものとおもわれる。

そして藩主慶寧は二二日に金沢に到着するが、二五日には年寄奥村栄通が「割拠」論への反対意見を上申している。

[史料一〇]

（前略）今度御上京之処、不日ニ御引取之御一条、誠ニ無御拠御儀与ハ奉存候得共、思召之趣御届捨ニ而早々御引取被遊候儀、朝廷御遵奉之処も如何可有之哉、今暫御猶予御沙汰御待之上御引取被遊候が御筋合歟与奉存候、併今度御前ニ者御引取之思召ハ不被為在御様子、左候へハ播磨守《（本多政均）》等強而御進め申上候故不被為得止事、御発駕ニ相成候御義与奉存候、[a]右御届之趣被聞食候旨岩倉殿より申来候ニ付、先御不都合者無之儀ニ相成候へ共、着早々御引取之儀御察当抔有之候ハヽ、被仰訳も有之間敷儀歟与奉存候、右愚存之趣先以過当至極、其上今更申上候共其詮も無之儀ニハ御座候へ共、腹臓之処不顧恐奉申上候、此上ハ何分大蔵大輔様《（松平慶永・前越前藩主）》等江被仰進候御口上之通、[b]厚皇国之御為御心力を被為尽候御趣意不被為替、朝廷御尊崇を第一ニ御心定、先達而播磨守江被仰出候何処迄も徳川家之為御助力可被遊御趣意ニ候へ共、何卒唯今ニ而者公辺之義ハ次ニ被為附候御心定ニ被為成候様仕度奉存候、

併御筋合相違之被仰渡方等有之候得者、幾重ニも御建白等被為在候而可御宜哉与奉存候、然処猶又今度播磨守等ゟ御趣意御心定之談る処ハ、[c]三州を御守り御割拠之御覚悟ニ被為在候之旨申聞、弥右様之御心定ニ御座候而ハ誠以不容易御義、左候而ハ皇国之者不残敵方与相成可申儀ニ而、御勝利ハ所詮無覚束、右様之御心定ニ而可御宜儀与者聊以不奉存、何分御心定ハ前ニ申上候通御治定御座候様仕度、幾重ニも奉願上候（後略）[*48]

前半部は今回の藩主慶寧退京についての確認であり、奥村は再び朝廷に対して「届捨」となったことを危惧している。自身が深く関与した元治期の退京と重ねたとおもわれ、今回は岩倉具視からの話もあり不都合はないとしつつも、到着後すぐに退京したことの説明は困難であると述べている（a）。そして後半部で自身の見解を提示しているが、「皇国之御為」に尽力するとの趣意を変更することなく朝廷尊崇を第一とし、どこまでも徳川家に助力するとの考えは改めてほしいと願っている（b）。そして「割拠」については、「皇国之者」が残らず敵方となって勝利は覚束ないため、聊かも宜しくないと強く否定している（c）。つまり、朝廷尊崇を重視する奥村からすれば、「割拠」論は「皇国之者」をすべて敵に回す論であり、これに基づいた軍事展開や藩存続を優先する姿勢について批判していることは間違いない。[*49]

さらに、藩主慶寧帰国後の晦日には、藩校明倫堂で学び、後に督学にもなった家老篠原一貞による長文の意見書が出されている。[*50] 抜粋すると、「今度御奮発御上京被為在候処、彼地之模様に寄不被為得止一旦御引取に相成、一時之御凌方者被為出来候様奉存候得共、此後此儘にては御国是も相立不申」とあり、篠原は今回の退京自体をあまり評価していない。その上で、「此危急之時節柄に及右様之臆論主張に相成、万一思召も其通りに被為成候而者、王土藩屏之御大任何を以御奉《（公）》行可被為在候哉」と、この時期に臆論を主張するようでは王土の藩屏という大任をいかに尽くせるのかと疑義を呈している。そして、現状は「百万の兵卒を保候共恃に足らず、烏合之衆と奉存候、右等の兵を以如何程割拠之思召立被為在候共、何等之御廟算を以御施行可相成哉」と、烏合の衆を用いて「割拠」を主張しても、何の廟算によるものかと批判し、「何分此等之儀深く御勘考被為在候迄も無御座候、只々御英断を以一日も早く御決定被為仰出候儀奉仰望候儀に御座候」と、考えるまでもなく一日も早い英断を藩主慶寧に求めている。また、現在の朝廷については、「一旦藩士等之意之如く相成、幼君奉愚弄、暴威を以万機を恣にし、諸侯を軽蔑し暴逆之極に到」り、「無名偽勅之朝廷に御座候得ば、（中略）断然天下之諸侯に先立而朝敵之御名を被為取候が、真之皇室江御忠誠」であると強硬な持論を展開した上で、「今速に幕府を御輔翼被為在、正義之諸藩等と御謀し被為合、（中略）天下蒼生之為に御奮発、藩屏之御重任を被為尽、御中興之御大業御国威御更張之御機会は、今此御一挙に可有御座と奉存候」と、速やかに徳川家を輔翼し、「正義」の諸藩と連携をとって藩屏の任を尽くすことが前田家にとって中興の大業であるとして、「皇国之御為、三州之力を以御忠誠被為尽候が御急務と奉存候」と訴えている。

この篠原の見解は王土王民論に基づいており、皇国の臣下として藩屏の任を強く求めたものといえる。現在の朝廷を「無名偽勅之朝廷」と捉えながら、他に先駆けて朝敵となることが「真之皇室江御忠誠」とまで述べ、具体的には徳川家を助けて「正義」の諸藩とともに朝廷に忠誠を尽くすことを主張していると評価できる。先の奥村とは、徳川家への助力について見解が大きく異なるものの、「割拠」論を批判して朝廷尊崇の姿勢を強く求める点は同様である。

・加賀藩の選択肢と藩主慶寧の見解

このように、王政復古後には新たな藩是を模索する状況となった加賀藩においては、当時大きく三つの選択肢があったと考えられる。まずは、①幕府が廃止となり徳川慶喜が将軍職を辞したとしても、徳川家を支持して公武一和体制の構築を目指すものである。ただし、この場合は徳川家支持が天皇への忠節に結びつくことが大前提であり、当時は懐疑的な状況であったが、前述した篠原のように、先んじて朝敵となってまでも徳川家を助けて真の朝廷に対する忠誠を立てるべきとの意見も出るような状況であった。次は、②年寄奥村栄通が［史料一〇］で述べたように、「朝廷御尊崇を第一」として天皇への忠節を何より重視し、徳川家はひとまず次に考えるというものである。この場合、徳川家との関係性を必ずしも否定するものではないが、王政復古による新政府が成立している以上、徳川家との関係は当然難しくなる。そしてもう一つは、③藩領境に兵を配置し、自藩の軍事力によって加賀・能登・越中の三州領有を最優先とするものである。これは前述の「割拠」論であるが、情勢が混迷し先が見通せない状況で藩領境に軍事展開して自衛することは、ある程度は当然だとしても過度な軍事展開はリスクを伴う。これについては、［史料一〇］の奥村や前述の篠原の批判があるように、「割拠」論が天皇や徳川家よりも前田家の存続が第一義であると宣言することになりかねないため、非常にリスクの高い選択肢であったことは間違いない。以上、①②は朝廷尊崇を重んじる点では同じであるが、徳川家の支持如何で異なっており、③は前田家存続を第一義とする点で①②とは大きく異なるものであった。

そして、藩主慶寧は二六日に家老の横山政和・本多政醇を御用の間に呼び出すと、自身の見解を伝えている。

［史料一一］

一、蔵人（横山政和）・図書（本多政醇）義、御用有之候間、退出見合様被仰出、追付以前田仙太郎（近習御用）御用之間江被為召御意被遊候者、
[a]今度御上京之義、徳川家将軍職不被居置而者天下治世之程も無覚束被思召候付、其辺御周旋御尽力可被遊思召ニ候所、御着以前加様之形勢と相成候上者所詮御力ニ不被為及、此侭大御人数ニ而御滞京被為在候而ハ、前段之御趣意思ひ込之模様ニ寄、如何体之義出来も難計、[b]且其内若尾張殿・越前家の如く薩州方江御引込れ被遊候而ハ不相成義ニ付、無拠内府様江此上御暴発等之義無之様被仰上、御引取被遊候訳之所、其砌ニハ薩州等より如何体之義申出、如何之御都合ニ可被成哉難計御案思被遊、[c]又何れも其辺之思ひ込深く候所よりして直ニ御割拠抔之論も起り候ても、其後御引取之義被聞食候段被仰出ニ相成、且巡邏等其余之御用も被仰付候上ハ、固ゟ求而御割拠可被遊御筋合ニ而ハ無之、[d]何く迄も皇国之御為御尽力、天下大平ニ相成様被遊度思召ニ候、尤徳川

家正義ニ候へ者御たすけ合御尽力可被遊義ハ申迄も無之、[e]又畢竟薩州とても是迄之暴を止め、正義ニ基き勅命を奉し大平ニ移り候所江至り候へ者、又夫ニ御随ひ可被遊義、[f]乍去右等之所是非御力不被為及義ニ候へハ、三州御割拠ゟ外無之と申御趣意ニ候処、主税（成瀬正居・近習）御使被仰付候砌、前段之趣ニ而御割拠之所、先ニ申出極意が初ニ出候て中がぬけ候様ニ被思召候、加判之人々何れも此御趣意承知無之而ハ不相成候所、主税申聞候所而已之義ニ相心得候者も可有之哉ニ被思召候、[g]播磨守（本多政均）・大隅守（長連恭）義ハ、右等之処能相心得罷在候筈ニ候間、猶又播磨守ニも得与承り、[h]委曲同役共江も蔵人・図書より移し置様御意ニ付、応及御請退去之事

但、右ニ付蔵人、播磨守江於別席段々相尋候所、同様之趣ニ而、[i]只今之所ニ而ハ先五藩よりハ徳川家之方を正義と御立被遊候より外無之、兎も角も此末ハ又其時勢ニより皇国の御為筋之所を御尽力可被遊、其上御力ニ不及候へハ御割拠之御筋と存罷在候旨被申聞候事*51

本史料は、藩主慶寧の御意を家老横山政和が書き記したものであるが、ここには慶寧の政治意思が凝縮されている。まず、今回の上洛の目的が徳川家を中心とした体制の再構築にあったことがわかる（a）。また、この混乱が薩摩主導で引き起こされ、尾張・越前は引き込まれたとの理解を示しており、薩摩に問題があると捉えている（b）。「割拠」論については、深い思い込みから直ちに出てきたが、巡邏の命令などもある以上、求めて「割拠」する筋合いにないと述べており（c）、「割拠」論が表出したことは認めるも、慶寧自身はここで「割拠」論を明確に否定している。もともと、力が及ばないならば、「割拠」よりほかにないとの趣旨であったところ、成瀬正居に使者を申し付けた際に結論の「割拠」という言葉が先行し、その過程が抜けてしまったと慶寧は推察している（f）。そして、「皇国之御為」に尽力して天下太平となるようにしたいとの考えであり、徳川家が「正義」である以上は、徳川家を助け尽力することは言うまでもないと慶寧は主張する（d）。この点については、慶寧に同行して事情に通じる年寄本多政均らにも確認するよう命じているが（g）、その本多は、現状ではクーデターに関与した藩よりも徳川家を「正義」と見做す

ほかなく、ともかくも「皇国之御為筋」を尽力し、力が及ばなければ「割拠」と述べており、これは慶寧の主張と同趣旨である（i）。また、徳川家を重視する発言の一方で、薩摩がこれまでの横暴を止め、「正義」に基づいて勅命を奉じ、世の中が太平に移るのであれば、それに従うこともできると慶寧は言及している（e）。

これらの内容から、藩主慶寧の政治意思にあっては、判断の基準として「正義」を重んじていたことは明らかであるが、ここでの「正義」とは、天皇が統治する「皇国」において、政権を担当するのに相応しいと見做せる正しい道理だと考える。[*52]［史料一二］では、今回のクーデターを薩摩の謀略と捉え、引き込まれないように退京したと述べる慶寧だが、［史料三］や［史料五］の内容も踏まえると、大政奉還以降の政治過程においても徳川家が現実的な政権担当者として相応しいと一貫して捉えていたことが読みとれる。つまり、天皇のもとで現実的に政権を担うという、天皇の叡慮を貫徹する政治権力として正当であるか否かを基準とした慶寧は、この段階でもそれを薩摩ではなく徳川家に見出していたことになろう。これは、前述した選択肢のなかでは①に該当するものといえる。ただし、それが徳川家に見出せなくなった（他の政治勢力に見出せる）場合には、必然的に徳川家とは袂を分かつ選択をすることになる。

以上により、加賀藩では大政奉還以上の衝撃をもって王政復古が受け止められ、藩是の再検討を余儀なくされているが、このことは領有の問題にも影響を与えたはずである。諸藩は徳川将軍から領知判物を発給されたことで藩領支配が制度的にも認められていたが、王政復古によって幕藩体制が否定されたことにより、領有の正当性が制度的には喪失してしまったといえる。加賀藩においても、加越能三州を領有する正当性が喪失したことは大きな問題と捉えられたはずで、それをいずれに求めるかが新たな藩是の力点となった。具体的には、もはや将軍職ではない徳川家か、いまだ実態がみえない薩摩を中心とした新体制に見出すのか、もしくはどちらにも求めず、軍事力を背景とした自藩の実力に頼るのかの判断に迫られたことになるが、この段階では政治権力として正当だと見做した徳川家に、藩主慶寧は加越能三州を領有する正当性を負託したと考えられる。[*53]

また、藩主慶寧は呼び出した家老二名に対して、自身の意見を重臣間で共有するように命じている（h）。これらから、慶寧は王政復古後の状況では「御前評議」を開催することなく、自身の御意によって藩内の政治意思を集約しようとしたことがうかがえる。前藩主の斉泰は、重要な局面では「御前評議」によって集約する手法を用いていたが（第一章）、慶寧は大政奉還後も自らの御意や親翰を優先し、自身の政治意思を藩内に浸透させようとしたといえる。

(3) 鳥羽・伏見戦争

王政復古後、情勢はさらに緊迫することになるが、鳥羽・伏見戦争前後の動静については、国許と京都でのやりとりが短期間のうちになされ、複雑な様相を示すことから、時系列で［表3］に整理したので適宜参照されたい。なお、金沢と京都を移動する場合、早飛脚で二日半、急使で三〜四日、通常の移動では一〇日前後かかると推定される。[*54]

・京都の情報と国許の対応

慶応四年正月朔日付の京都詰家老前田孝錫から国許の年寄前田孝敬に宛てた書状では、旧幕府方から藩主の上洛要請と近江大津への派兵を求められたことを伝え、在京の判断としてはひとまず藩領の近江今津に兵を駐屯させるのがよいと進言している。[*55] この書状への返書として、同五日付の国許の年寄前田直信から詰家老の孝錫に宛てた書状では、加判の者による詮議を踏まえ、「皇国之御為徳川内府様江御協力被遊候思召」であるとして、「由比覚左衛門組《（銃隊馬廻頭）》江鉄砲隊物頭《（銃隊物頭）》都合五人被指添、先江州御領地迄出張被仰付候段被仰出、則夫々申渡候」と、前年秋に編制した西洋軍制による部隊六〇〇人の派遣が決定している。さらに、「右之外、今一大隊之御人数被差出、為惣裁拙者共《（年寄衆）》之内も出張被仰付候筈ニ候」とあることから、[*56] 藩としては徳川家支援を目的とした一〇〇〇人規模の軍事力を畿内に派遣するつもりであったことがわかるが、[*57] 五日の段階では鳥羽・伏見戦争の情報はまだ国許に入ってきていない。また、二日には藩士北川寛兵衛が徳川慶喜の「薩藩奸党之者共罪状之事」などの直書を大阪城で拝領している。

そして、三日に鳥羽・伏見戦争が発生すると、この軍事衝突を国許に伝えるため、使者が次々に京都を出発している。六日暁には京摂探索に出ていた御歩横目神田清次郎が戻り、朝四ッ時に藩士平野貞吉が金沢に到着したときには、「正月三日同所之変事之義、金谷（御殿）江罷出、巨細言上致ス、不容易御時節ト相成、一同恐縮スルナリ」という状況であった。[58]その後も使者が到着し、徳川慶喜の直書もこの日に届いている。その内容は、「干戈を用ひずして鎮定致し度候得共、自然無余儀交戦に及候とも、素より兵を好むに無之、天下と共に乱階を絶んと存候、必他念無之」と、できれば武力による鎮圧は避けたいが、戦闘になったとしても天下とともに乱階を絶つとし、「先頃（前田慶寧）賢兄京師出立前夜、長大隅守（連恭）を以被申越候趣も有之候得共、前書不得止この情深諒察被致、人数召連早々御登京御尽力有之候様、千万依頼する処に候」というものであり、兵端が開かれると協力できないと主張していた加賀藩に対して、この状況を汲んで藩主慶寧に兵を率いて上洛するように求めている。[59]

ともかくも戦争の勃発という非常事態となったことで、六日の七ッ時過には年寄衆が「御両殿様（慶寧・斉泰）御出被遊候処へ罷伺候へハ御治定も早ク、宜御願候[60]」と、「御前評議」の開催を求めており、七半時には前藩主斉泰が隠居所である金沢城内の金谷御殿から藩主慶寧がいる二ノ丸御殿に入っていることから、ここで加判一同を交えた「御前評議」が開催されたと考えられ、その後慶寧の御意が書面に書き認められると藩内に披露されている。

［史料一一］

今般朝廷大変革被仰出候義茂、其実ハ全ク薩州家奸臣共之所為ゟ出候義ニ而、暴威を以朝命を恣シ、其証跡顕然たるを以、既ニ頃日徳川内府様御上洛討薩之思召ニ付、於此方様（前田慶寧）ニ茂、皇国之御為速ニ御人数被指出、猶此上御出陣被遊、内府様江御協力被遊候思召ニ候、此段何茂江可申聞旨御意ニ候[61]

今回の元凶は薩摩であり、その証拠も明らかであるため、「皇国之御為」に徳川慶喜の討薩の呼びかけに応じて速

京都	出典
詰家老前田孝錫から国許の年寄前田孝敬に宛てた書状にて，徳川方から出兵依頼があったため，藩領の近江今津まで兵を出した方が良いと伝える（a）	「御親翰帳之内書抜」
産物方御用北川寛兵衛，大坂城にて徳川慶喜の直書を拝領（b）	「成瀬日記」巻24
戦争の発生	
御歩横目神田清次郎，京を出立し金沢へ（c）	「成瀬日記」巻24
右筆中黒卯八郎，御用執筆宇野辰太郎が京を出立し金沢へ（d）	
御歩横目得田卯三郎，京を出立し金沢へ（e）	「成瀬日記」巻24
詰家老前田孝錫，4日付で国許宛の書状を出す（f）	
	「御親翰帳之内書抜」
	「成瀬日記」巻24
	「見聞袋群斗記草稿」巻3 「先祖由緒并一類附帳」 「平野貞吉」
	「成瀬日記」巻24
※御所において京都詰が「勤王」と回答 聞番里見亥三郎と詰家老前田孝錫が御所に呼ばれて勤王か佐幕かを問い質される	「京都詰中手留」巻3
	「成瀬日記」巻24
討伐令	
	「成瀬日記」巻24
金沢の出兵方針は藩の興廃に関わるとし，京都詰において使者（里見亥三郎・関沢六左衛門）の派遣が決定（g）	「京都詰中手留」巻3
	「御意之趣書抜」
	「先祖由緒并一類附帳」 「由比覚」
	「成瀬日記」巻24

[表 3] 慶応 4 年正月　鳥羽・伏見戦争前後における加賀藩の動静

日付	刻	国許（金沢）
1月1日		
1月2日		
3日		**鳥羽・伏見**
	夜6ツ	
	夜5ツ	
4日	朝	
5日		**※徳川家支援の出兵が決定** 国許の年寄前田直信から京都詰家老前田孝錫に宛てた書状で「皇国之御為」に徳川慶喜へ協力する思召と大隊派遣の計画が示される（a）
6日	晩	3日京都発の御歩横目神田清次郎が到着（c）
	朝4ッ	新兵組平野貞吉が早追で京都より到着，3日の変事を報告し一同恐縮
	昼頃	3日京都発の右筆中黒卯八郎，御用執筆宇野辰太郎が到着（d），2日に大坂で藩士北川寛兵衛が受け取った徳川慶喜の書が届く（b）
	夕7ッ	年寄中が両殿様（藩主慶寧・前藩主斉泰）に，治定も早いため「御前評議」の開催を求める
	夕7ッ半	前藩主前田斉泰，供揃で隠居所の金谷御殿より二ノ丸御殿に出て「御前評議」が開催される
	暮6ッ半	**※徳川家支援出兵を藩内に宣言** 「御前評議」にて決定後，藩主親翰が提示される（本来なら御意を発するが，御用多であるために近習頭へ親翰を渡す）
	夕方	
	夜5ッ半	前藩主前田斉泰，二ノ丸御殿を出て金谷御殿に戻る
7日		**徳川慶喜**
	今朝	4日京都発の御歩横目得田卯三郎が到着，具体的な戦況を報告（e）
		会津藩の松平喜徳（若狭守，松平容保養子）の使者が金沢に到着し，支援を依頼
	昼8ッ	要請を受けて前藩主前田斉泰，金谷御殿から二ノ丸御殿に出る
	夜5ツ半	前藩主前田斉泰，金谷御殿に戻る
		7日から9日にかけて，派遣する藩士に対して藩主慶寧の親翰が出される（実際は6日以降）
		銃隊馬廻頭由比覚左衛門組など，先兵として金沢を出立
9日		4日付京都詰家老前田孝錫からの書状が到着し，具体的な戦況報告と「錦之御旗」が出されたことが伝えられる（f）

京都	出典
	「成瀬日記」巻24
	「御意之趣書抜」
	「成瀬日記」巻24
	「成瀬日記」巻24
	「諸事留帳」巻17
	「御用方手留」巻32
	「王政復古に付忠誠尽力徹底達状」
	「諸事留帳」巻17

その他史料は金沢市立玉川図書館近世史料館蔵にて作成.
係にある事例である.

やかに兵を出して協力すると宣言し、藩主慶寧自身も上洛する意思であることを伝えている（傍線部）。この内容は、王政復古後に揺らいだ藩是のなかでは選択肢①に該当するものであり、前年末に慶寧が家老二名に提示した政治意思と同内容といえる。今回の過程では「御前評議」で決定したものを、さらに藩主の御意書で藩内に提示している以上、この段階における加賀藩の藩是がここで明確に示されたと評価できる。

　そして、翌七日も使者が金沢に戻っており、四日に京都を出た御歩横目得田卯三郎からは、鳥羽の方は砲声が盛んも伏見辺りはほぼ戦闘が終わっており、「関東方旗色あしく候」との情報が伝えられるなど、具体的な戦況が徐々に明らかになってくる。[*62] このような状況で徳川家を軍事支援するプランが策定されており、出兵する藩士に対しては、「皇国之御為内府公江力を合せ、其方共先江州地江指遣候条、必一戦ニも可及候間、何も尽粉骨忠勤を励メ」[*63]との藩主慶寧の御意が与えられた

日付	刻	国許（金沢）
9日		年寄村井又兵衛組などが徳川家支援のために金沢を出立
11日		藩主前田慶寧の上洛に向けて御供の重臣を選定（h） ［年寄］長連恭（大隅守），横山隆平（三左衛門） ［家老］横山政和（蔵人），本多政醇（図書），前田恒敬（将監）
12日	暁	京都詰の聞番里見亥三郎らが到着（g）
	4ツ頃	二ノ丸御殿において，勤王か否かを詰問された件や徳川家が朝敵となる旨などの情報を里見亥三郎から聞く
	7ツ過ぎ	藩主慶寧の願いにより前藩主斉泰が二ノ丸御殿に出る （「御前評議」が開催されたと推定）
	夜4ツ半過	前藩主前田斉泰，金谷御殿に戻る
		※徳川家支援の派兵取り止め 藩内は討薩などの強硬論が盛んも，慶寧・斉泰の説得により沈静化
13日		御歩小頭宇野直作らが大坂探索から到着し，大坂の状況や京三条大橋に「徳川朝敵」の札が出たことが伝えられる
		藩主母溶姫（徳川家斉娘）を江戸から金沢に引き取ることを詮議
15日		出陣予定の長連恭ら5名に出陣御供取り止めが伝達される（h）
	夜前	出兵中の村井又兵衛組，滞在する加賀小松から金沢に戻る
19日		藩主慶寧，以前の心得はあるも，「勤王之志」で国事に尽力すべき旨を述べた親翰を出す
		6日に出された討薩の親翰が取り消しとなる （尋ねられれば，そのような話はなかったと回答する）

「成瀬日記」は金沢大学附属図書館蔵，「王政復古に付忠誠尽力徹底達状」は前田土佐守家資料館蔵，
また，（a）などの表記については，京都からの使者が金沢に到着するなど，国許と京都の対応関

が、先の内容から「一戦」の相手として薩摩を想定していたことは間違いない。[*64] そして七日には銃隊馬廻頭由比覚左衛門らが一番手として金沢を出発し、九日には先発隊の総裁として年寄村井長在が出発している。[*65]

また、この九日には国許の年寄前田孝敬に宛た同四日付の京都詰家老前田孝錫の書状が金沢に届いている。

[史料一三]

徳川内府様御上洛ニ付、御先勢等於伏見薩長者人数を以相固、通行差留、昨夕ゟ於同所発砲および被致(カ)候、今朝御歩横目得田卯三郎へ荒増申含、指進候通ニ候所、其後時々銃隊御馬廻等を以探索申付候へ共、何分勝敗之模様不相分、乍併関東勢強而相通候様ニと見申所ゟ三藩ニ而発砲いたし候旨、夫ゟ双方打合ニ相成、今昼頃ゟ暫時砲声も薄らき一端静ニ相成申候、右探索之模様ニ而ハ、兎角徳川様御勝利之聞え薄ク、右三藩之内薩長ハ怪我人等

も多由ニ候へ共、多分伏見・鳥羽辺ニ而喰留候旨、時々探索之者申聞候、将又[a]仁和寺宮《（嘉彰親王）》惣大将ニ而錦之御旗押立、薩人数一中隊斗指添昼頃ゟ御出馬被成候段、見受罷帰候□三宅次郎兵衛申聞候、其後不慥時分ニ候へ共淀辺迄も追込、会津様・桑名公御人数ハ八幡へ引取候与風信も御座候、猶此段以御席可被達御聴候

正月四日　前田内蔵太《（孝錫）》

前田弾番様《（孝敬）》

追而本文之趣ニ付而ハ、[b]是迄之通折角巡邏相勤候ハ、勤王之道ハ相欠申間敷旨、聞番等評義之上、委曲物頭へ申渡、不絶巡邏候様申渡候間、此段も可被達御聴候、以上[*66]

まずは戦闘の経緯が示されるとともに、京都詰による情報収集では徳川方の状況が悪いことが明らかで、さらに仁和寺宮が総大将となり「錦之御旗」が出されたことが京都の御用商人三宅次郎兵衛より伝えられている（a）。つまり、国許では九日の段階で「錦之御旗」が出されたことを知っていたことになるが、それでも藩是に変化はみられず、一〇日には藩主慶寧の上洛に随行する年寄・家老の五名が選定されていることからも、「錦之御旗」の出現によって徳川家が朝敵であるとの認識には至っていなかったことは明らかである。また、この四日の段階では、京都詰ですら巡邏さえ勤めていれば「勤王之道」は果たされると判断していた様子がわかる（b）。

・京都詰の判断

しかし、情報収集に努めながら巡邏任務をおこなっていた加賀藩の京都詰は、六日夕方には御所に呼び出され、藩の態度について問い質されている。

［史料一四］

一、六日夕、御所仮建江御呼立ニ付、里見亥三郎罷出候処、西四辻殿御逢ニテ、此方様御藩情一向合点参り不申、

旧冬御引取等ニ付相考候処、全佐幕之国論ニテ可有之、於朝廷甚御疑念深く、参与等申合候様子承り候処、驚入候議論有之、[a]如何之国論ニ候哉、勤王歟佐幕歟トノ御尋ニ付、亥三郎御答申候ハ、無彼是勤王之国論、御尋之義何共奉恐縮候旨申上候処、[b]御両殿様ニ者左様ニも可有之、家来共之内佐幕之者可有之如何与御尋、左様之者無之旨等段々申上、尚此上ハ内蔵太江申入御請申上候旨申述罷帰、委曲相達候ニ付、亥三郎御答申上候通ニテ外申上候義無之、左様御疑念有之候而者実以奉恐縮候旨御答可申旨申入、重而亥三郎義西四辻殿江拝謁右之趣申上、夫ヨリ少シ御運ヒモ付、度々内蔵太ニも御所江御呼出御呼出《ママ》、御尋向等有之候[*67]

在京聞番の里見亥三郎が御所で西四辻公業と面会したところ、朝廷内では加賀藩に対する疑念が深く、「勤王」か「佐幕」かと問い質されたため、「無彼是勤王」と回答するも（a）、さらに家臣の内に「佐幕」の者がいるのではとの追及をうけて、「左様之者無之」とその場で否定する事態となっている（b）。この内容を聞いた詰家老前田孝錫は、それ以外に申し上げることもなく、このような疑念は畏れ多いとしているが、孝錫自身も幾度か御所に呼び出されて詰問されるような状況であった。[*68]

以上から、もはや巡邏さえ勤めれば「勤王之道」が果たされるような状況ではなく、明らかに藩の態度が疑われているなか、国許での徳川家支援の出兵準備が進展していることを憂慮した京都詰は急ぎ使者の派遣を決定する。

［史料一五］

一、御国より探索人追々京着、御国論承り候処、大ニ相違有之、右様之御運ヒニテハ今度慶喜公ヨリ之御直書必御加勢御頼抔之義ニ可有之、其機会ニ御人数操《ママ》出可相成哉、左候而者不容易次第御難事眼前ニ有之、御国之興廃此一事ニ有之候与心附候ニ付、聞番等遂僉議候処、同存之旨申聞、関沢六左衛門詰合罷在候ニ付、至急御国江之御使申談、此表之事情等篤与申述、佐幕之為ニ御人数出張被仰付候テハ実ニ不御為等可申上、自然御人数操《ママ》出居候ハ、御国地之内ニ候ヘハ差止可申、自然越前地等江踏出居候ハ、速に京地江繰込可申、左候得者

変事ニ付京都御守衛トシテ、先ツ御人数御差立之儀ニ取計可申、是等之儀相含急々発足申渡、七日ニテモ候哉、
早追ニテ出立イタシ候[*69]

国許の出兵宣言について、京都詰はこの段階で把握していないが、徳川慶喜の直書に呼応しての出兵は藩の興廃に関わると判断し、使者として関沢六左衛門を派遣して「佐幕」による出兵中止を求めることで一致している。ただ、既に進軍していた場合は、藩領内であれば引き返し、藩領外であれば京都警衛の名目で京都に入ることを想定している。以上により、最新の情勢を把握している京都詰と、そうではない国許において乖離が発生していることがわかるが、使者となった在京の関沢六左衛門と聞番里見亥三郎の両名は早追いで京都を出発している。当初は関沢を使者としていたが、関沢に加え里見亥三郎も使者となったのは、「兎角於朝廷御疑念有之、何レ早々相公様《(前田慶寧)》・中納言様《(前田斉泰)》之内御上京御尽力無之御座候而ハ御疑念之解候処江ハ到る間敷、至急御上京之儀申上可然申合、里見亥三郎義御国江之御使申談[*70]」と、朝廷の疑念を晴らすために藩主慶寧、もしくは前藩主斉泰の上洛を促すためであった。

・再度の「御前評議」と「勤王」貫徹

七日頃に京都を出発した里見・関沢の両名は、五日後の一二日暁に到着したとおもわれ、四ッ時頃には里見亥三郎が二ノ丸御殿の御居間書院に出て京都の状況を報告している。

[史料一六]

(前略)当六日御所ゟ御呼立、内蔵太《(前田孝錫)》代り亥三郎出候処、西四辻殿《(公業)》御逢ニ而、旧臘御上京之処、御参内もなくして御引取之御都合如何と、就而ハ勤王か如何と之義御尋、尤勤王之義申迄も無御座義与申上候へハ、さらハ勤王之族急度有度、何分有栖川宮《(熾仁親王)》初不審ニ付宜可及説得与御意之由、且徳川内府ハ予而御纏《(カ)》申居与違暴発、全朝敵之所為抔為見得被仰含、翌七日罷出候処、段々宮初説得いたし候へハ氷解、可致安堵、御家を御頼被思《(ママ)》、此節上京

ノ沙汰有之候与被仰入候由、追付被心得候御書付御渡とて入御覧候事[*71]

判読しづらい箇所も多いが、六日に里見亥三郎が御所で西四辻公業と面会した際、昨年末に藩主慶寧が参内もなく帰国した事情や勤王如何を問い質されたこと、朝廷内には有栖川宮をはじめ加賀藩を不審に思う者がいることが述べられる。また、徳川家の行動は暴発であり、「全朝敵之所為」、つまり徳川家＝「朝敵」との認識がここで示され、翌七日に再び面会した際には、朝廷内の説得工作はうまくいっており安堵すべきこと、加賀藩を頼みとして上洛の沙汰が出るであろうことが伝えられている。

里見らはこのような御所でのやりとりを藩上層部に伝えているが、［史料一五］にある徳川家支援を目的とした出兵の中止も当然求めたはずであり、ここに至って藩上層部は徳川家が「朝敵」と見做されたことを理解したとおもわれる。その後、藩主慶寧の願いにより、この日七ッ時過ぎには前藩主の斉泰が住居とする金谷御殿を出て二ノ丸御殿に入り、夜四ッ半時過ぎになって金谷御殿に戻っているため、斉泰は二ノ丸御殿に六時間以上留まっていたことがわかる。斉泰が二ノ丸御殿に長時間留まっていたことからも、ここで再度の「御前評議」が開催された蓋然性は極めて高いといえよう。そして、「昨今討薩・討越暴論盛、御両殿様（慶寧・斉泰）御説得、治り候事[*72]」とあることから、慶寧・斉泰の説得によって強硬な討薩論が抑えられ、徳川家支援目的の出兵が取り止められたと考えられる。

一三日には御歩小頭宇野直作が大坂探索から戻り、徳川慶喜が六日夜に離坂したことに加え、八日には滞泊していた外国船が一艘もいなくなったこと、九日には大坂城が炎上したことが報告され、さらに「三条大橋へ徳川朝敵之札出候よし」と、徳川家を「朝敵」とする高札が出たとの情報がもたらされる[*73]。翌一四日には、七日に公布された徳川慶喜討伐令が金沢に届き、「別紙従御所御渡之御書付写一通相越候条、被得其意、同役中伝達、組支配不相洩様可被申渡候、以上[*74]」と、年寄前田直信の名で通達されていることから、一四日の段階で徳川家が「朝敵」とされたことが藩内に周知されたものとおもわれる。そのほか、藩上層部では一三日に「姫君様早々御引取有之候而可御宜、聞番土師湊、御附峯平左衛門を被遣、御引取方ハ彦三《（不破為儀）》為御極ニ而可御宜」[75]と、江戸にいる藩主母（前藩主正室）の溶を金沢に引き取る詮議がなされ、江戸詰家老の不破為儀に出発の時機を任せるとしており、[76]一五日夜には加賀小松から先発隊の年寄村井長在が金沢に戻っている。[77]

そして一九日、藩主慶寧は親翰を出して「勤王」を旨として尽力することを藩内に告げている。

［史料一七］

朝命遵奉之義ハ申出候迄茂無之候得共、今般王政復古被仰出候上ハ諸事朝廷ゟ御沙汰有之義ニ候間、弥以厚遵奉いたし、且又方今之形勢兼而心得可有義ハ勿論ニ候へ共、皇国之御大事此秋ニ候間、何も勤王之志を旨として国事之為可励忠誠候、此段被相心得、一同江可被申聞候事

正月[78]

これは、藩の頭役以上を呼び出して披露した親翰である。この親翰では、前々より心得ていることは当然だが、皇国の大事であるために「勤王之志」の旨で尽力するように求めているが（傍線部）、この「兼而心得」とは王政復古後に確認された藩是・「藩論」のことを指しているとも読みとれないか。藩主慶寧はそれを意識しながらも、「皇国之御大事此秋ニ候」として、藩内の政治意思を「勤王之志」で一致させようとしたといえないだろうか。また、家老横山政和がこの親翰を書き留めた際、末尾に「右ニ付、討薩等之被仰出ハ全く御取消之訳也、若於京都表討薩之義等御尋向有之候へハ、左様之義ハ曽而無之旨御答之筈也[79]」と書き加えていることから、一九日の段階では討薩はなかったことにされ、問われた場合は取り繕うことが確認されている。

その後の加賀藩は、天皇権威と軍事力を背景とした新政府の命令に恭順することを、この段階における具体的な「勤王」のあり方として受容していく。鎮撫総督に誓約書を提出する使者となった年寄奥村栄通は、尋問された場合の回答案を作成して藩に確認をとっているが、そこでも前年末の藩主慶寧退京の理由、討薩の否定、勤王姿勢、年初

の出兵理由について確認しており、薩長を中心とした新政府が天皇権威を掌握していることを認識した上での対応といえる。そして、戊辰戦争における北越戦線では大規模な藩軍事力を投入しており、明治初年の藩体制についても基本的には新政府の命令に対応しながら大幅に改編することになる。

おわりに

以上、大政奉還以降における加賀藩の政治過程について、藩是・「藩論」の分析を軸に検討した。大政奉還後の加賀藩においては、年寄本多政均を名代として派遣する際の藩主慶寧の親翰や、本多上京後の京都詰での話し合いの内容などを踏まえると、天皇の叡慮のもとで徳川家を中心とした公武一和体制を構築するとの藩是に変更はみられない。また、「藩論」については明確な論及はないものの、在京老中や京都守護職らと連携を取りつつ、徳川家支援を実行すべく藩主慶寧の上洛という具体的行動が導かれていることから、大きな修正がなされたともおもわれない。よって、奉還後は各方面への情報収集を図りつつ、徳川家に政権が委任されていた段階、つまり奉還前の方針を継続していたと評価できる。

しかし、王政復古により幕府や将軍職が廃止され、徳川家の辞官納地などが決定すると、否応なく藩是の再検討を迫られることになる。使者がもたらした情報の影響もあって藩内では意見が割れていたが、その後帰国した藩主慶寧の御意が大きな意味をもち、それが藩内で共有されたと考えられる。慶寧は「皇国之御為」に尽力することを主張するなかで、徳川家に「正義」（政権を担当し得る政治的に正当な道理）があると見做し、徳川家を助け尽力することは言うまでもないと説いている。つまり、「正義」という評価軸によって徳川家支持の論理を補完し、揺らいでいた藩是・「藩論」を継続していったと考えられる。また、この御意では前田家存続を優先させる「割拠」論をひとまず否定した上で、いかなる状況でそれを選択すべきかを丁寧に説明している。あくまでも朝廷尊崇による徳川家支援を慶寧は重んじたのであり、具体的には軍事支援としての出兵計画が進んでいった。

そして、翌年の鳥羽・伏見戦争の発生はまさしく非常事態であり、一月六日に一報が入ると年寄衆の要望により「御前評議」が開催されている。この段階では従来の方針に変化はみられず、評議後には藩主の御意書が出され、翌日に部隊が金沢を出発するなど、徳川家軍事支援の動きをむしろ加速させており、その後の旧幕府方の戦況や「錦之御旗」の情報が入っても変更はみられなかったが、一二日の使者到着によって二度目の「御前評議」が開催されると、大きく変更されることとなる。徳川家が「朝敵」と見做されたことで「勤王」と「佐幕」が相容れない論理となり、京都ではその選択を迫られたこと、さらに一四日に徳川慶喜討伐令が届いたことは、藩上層部に徳川家と袂を分かつ決断をさせることに繋がっていった。そして、派遣していた部隊を国許に戻し、一九日に出された慶寧の親翰では、「勤王之志」で国事のため忠勤に励むとして徳川家支援を断念しており、この段階での藩是は朝廷尊崇の一点に収斂されている。ただし、一方でそれを実現するための「藩論」については、この親翰では言及されておらず、藩として具体的に何をすべきかがみえていなかったようにもおもわれる。

以上、本章では藩是・「藩論」の決定過程を分析する手法として、藩主の御意・親翰、そして「御前評議」に注目してきた。拡大する政治意思を集約し、藩の政治意思を決定する立場にあった藩主慶寧が、前藩主の斉泰と同様にこれらを駆使していたことは本章で指摘したとおりである。ただし、「御前評議」を重んじる傾向がみられた斉泰とは異なり、慶寧が「御前評議」を開催したのは鳥羽・伏見戦争後しか確認できない。むしろ、慶寧は御意や親翰を用いて自身の政治意思を浸透させようする傾向がみられ、その場合は大政奉還後の年寄本多政均に宛てた親翰や、王政復古後に家老の横山政和・本多政醇を呼び出して与えた御意のように、特定の人物を呼び出して与えた事例が散見される。これは、その月の担当年寄である御用番を呼んで御意や親翰を与えることが多かった前藩主とは異なるものであり、この違いは藩主個人の恣意性によるものと推察される。つまり、加賀藩上層部の政治意思決定については、システムと呼べるまでの客観性が担保されていなかったといえるのではないか。またそう考えるならば、藩主に近侍する近習の役割や、近習を介した表と奥の空間の使い分けも、今後は検討していかなければならないだろう。

最後に、鳥羽・伏見戦争前後の藩の政治過程について分析する場合は、地政学的な要素を看過することはできない。移動にかかる時間や情報が到達するタイムラグを想定して分析しないと政治過程は明らかにできないため、[表3]のような整理は有用であろう。そして、第一章で指摘した内容とあわせて評価するならば、加賀藩は文久期以降、一貫して朝廷尊崇の姿勢を堅持し、それを貫徹している。ゆえに、京都詰がもたらした徳川家が「朝敵」と見做されるとの情報は、文久二年の年寄前田直信書状にみられた、まさに「時節至来」であり、徳川家と袂を分かつ決断に繋がったといえよう。とはいえ、このような段階に至るまでこの決断がなされなかったことも事実である。天皇に政権を委任された徳川家の存在を重んじ、天皇の叡慮のもとで徳川家を中心とした公武一和体制を志向していた加賀藩は、王政復古後にもはや政権を委任される立場にはなかった徳川家を「正義」と捉え、その道理によって徳川家支持の論理を補完して藩是を継続させている。このことから、藩の最高政治意思である藩是を変更することは、藩にとって極めて重大であり、容易く実行できるものではなかったと考えられる。

これらの点を鑑みれば、慶応末期の政局における加賀藩の政治判断は、新政府（主として薩摩）か徳川家かといった二択の発想ではなく、朝廷尊崇の貫徹と徳川家支援の挫折としてまずは理解されるべきである。「勤王」を宣言しても新政府に恭順するとは主張していない藩上層部の姿勢からもそれはうかがえよう。これは換言すれば、徳川家が「朝敵」とされて「正義」と見做せなくなることと、新政府に「正義」が見出せることは同義ではないということである。だからこそ、新政府は天皇権威を背景に、諸藩に対して「勤王」誓約書の提出をはじめとした一連の手続きを半ば強制的に要求したのであり、結果として多くの藩はそれを受容していった。つまり、ここに至って新政府に恭順することが具体的な「勤王」のあり方になったのであり、先の二択の発想は藩のなかで構築された論理ではなく、新政府が意図的に創出した論理といえるのではないか。[*80] いわば、諸藩が掲げた「勤王」貫徹の政治意思を自身への恭順にすり替え、まさに吸い上げていったのが新政府であり、戊辰戦争という国内戦争すら政治的に利用していったが、その新政府と向きあい、要求を受け入れていった藩を分析・評価していくためには、オルタナティブの追求が何より必要と考える。

註

＊1 研究史整理については、序章も参照されたい。

＊2 井上勲『王政復古―慶応三年一二月九日の政変―』（中公新書、一九九一年）、原口清『原口清著作集二　王政復古への道』（岩田書院、二〇〇七年）、宮地正人『幕末維新変革史』上下巻（岩波書店、二〇一二年）、青山忠正『日本近世の歴史六　明治維新』（吉川弘文館、二〇一二年）など。

＊3 久住真也『長州戦争と徳川将軍―幕末期畿内の政治空間―』（岩田書院、二〇〇五年）、奈良勝司『明治維新と世界認識体系―幕末の徳川政権 信義と征夷のあいだ―』（有志舎、二〇一〇年）。

＊4 青山忠正『明治維新と国家形成』（吉川弘文館、二〇〇〇年）、佐々木克『幕末政治と薩摩藩』（吉川弘文館、二〇〇四年）、高橋秀直『幕末維新の政治と天皇』（吉川弘文館、二〇〇七年）、家近良樹「島津久光の政治構想について―武力倒幕を決断したか否か―」（明治維新史学会編『明治維新史論集一　幕末維新の政治と人物』有志舎、二〇一六年）、町田明広「慶応期政局における薩摩藩の動向―薩長同盟を中心として―」（『神田外語大学日本研究所紀要』九号、二〇一七年）。

＊5 宮地正人「幕末彦根藩の政治過程」、佐々木克「彦根藩の戊辰戦争」（ともに佐々木克編『幕末維新の彦根藩』サンライズ出版、二〇〇一年）、笹部昌利「幕末期鳥取藩池田家における「家」存続の意識―長州藩毛利家処分への対応をめぐる大名家の「私」―」（『鳥取地域史研究』四号、二〇〇二年）、梶原良則「福岡藩慶応元年の政変」（『福岡大学人文論叢』一三二号、二〇〇二年）、高木不二『日本近世社会と明治維新』（有志舎、二〇〇九年）、木原溥幸『佐賀藩と明治維新』（九州大学出版会、二〇〇九年）、藤田英昭「慶応三年における尾張徳川家の政治動向」（『金鯱叢書』四三輯、二〇一六年）、同「慶応四年前後における尾張徳川家の内情と

政治動向」（『金鯱叢書』四五輯、二〇一八年）。

＊6　工藤威『奥羽列藩同盟の基礎的研究』（岩田書院、二〇〇二年）、畑中康博「戊辰戦争時の秋田藩」（『秋大史学』五五号、二〇〇九年）、友田昌宏『未完の国家構想―宮島誠一郎と近代日本―』（岩田書院、二〇一一年）、栗原伸一郎『戊辰戦争と「奥羽越」列藩同盟』（清文堂出版、二〇一七年）。また、戊辰戦争における諸藩の対応を網羅的に分析した、水谷憲二『戊辰戦争と「朝敵」藩―敗者の維新史―』（八木書店、二〇一一年）がある。

＊7　本書の分析視角と手法については序章を参照されたい。

＊8　金沢市立玉川図書館近世史料館所蔵「御親翰留」。以下、特に断りのない史料については同館所蔵とする。

＊9　『加賀藩史料』藩末編下巻（前田育徳会編、一九五八年）二〇五頁。

＊10　「役向日記」巻三。

＊11　「前田晋旧記」巻一。

＊12　藩主斉泰自身も出府後に世嗣慶寧の謹慎解除に動いたとおもわれるが、前田利家以来の繋がりがある安芸浅野家も協力を願い出ており、母である溶も謹慎解除に心を砕いていたとされる（畑尚子「加賀藩邸内の徳川将軍家」堀内秀樹・西秋良宏編『赤門―溶姫御殿から東京大学へ―』東京大学出版会、二〇一七年）。

＊13　老中水野忠精が上使となり、在国中の斉泰の名代として高家の前田長猷（大蔵大輔）が慶寧とともに面会している。

＊14　「御用方手留」巻二九。

＊15　藩主であった斉泰は松平加賀守で加賀中納言を称していたが、これにより金沢中納言（および肥前守）に変更され、藩主となった慶寧が松平加賀守となり、後に加賀宰相中将を称するようになる。実際に受領している国名の「加賀」を称するのは、やはり藩主であったといえる。

＊16　「雑記」巻九。

＊17　前掲『加賀藩史料』藩末編下巻、五三八頁。

＊18　渋沢栄一『徳川慶喜公伝』巻三（平凡社、一九六八年覆刻）。

＊19　この点については、本書第八章を参照。

＊20　「触留帳」。

＊21　拙稿「幕末維新期加賀藩卯辰山開拓に関する一考察」（『北陸史学』五四号、二〇〇五年）。

＊22　本康宏史『軍都の慰霊空間―国民統合と戦死者たち―』（吉川弘文館、二〇〇二年）。
＊23　金沢市立玉川図書館近世史料館所蔵。
＊24　同右。
＊25　「卯辰山開拓録」。
＊26　町人資本が投下された卯辰山開拓であったが、明治二年には加賀藩預かりとなった肥前浦上村のキリシタンが、本来多くの人で賑わうはずの湯治所などに収容され、湯治所には立ち入り禁止の命令が出ている。また同三年六月には、金沢町人の四ツ屋与右衛門などが願い出て卯辰山での花火が藩より許可されたが、これは当時卯辰山に人が集まらず、生活に支障をきたす者がいたために、花火を打ち上げることでその打開を図ったものであった。実際に生活している人々にとっては、卯辰山の人離れは深刻な問題と受け止められていたのであろう。しかし、卯辰山は交通不便な点に加え、同六年に墓地に定められてからは一層衰退していき、この大規模な開拓は終焉を迎えることになる。
＊27　金沢市立玉川図書館近世史料館所蔵で全三冊。慶応三年については巻三が該当する。
＊28　これは先妻・後妻も含めたものである。前田慶寧の正室は久我建通娘（鷹司政通養女）、前田治脩は分家の大聖寺前田利道の娘であり、治脩については還俗後の家督相続であり特殊といえる。詳細は、長山直治「加賀藩十代藩主前田重教の隠居と治脩の家督相続について（上）（下）」（『ぐんしょ』再刊第六六・六七号、二〇〇四・二〇〇五年）。
＊29　「恭敏公御家乗草稿」巻三（全五冊）。ただし、この史料は後年に作成されたものであり、留意する必要がある。
＊30　幕末期の京都詰体制については、本書第五章を参照。ただ、このときは認められず、三ヶ月の京都警衛に就いている。
＊31　篠崎佑太によれば、江戸城大廊下席の大名家が集団で幕府に反発した際に前田家が加わっていないこと、幕府も前田家とその他の大廊下席を同列に取り扱っていないことを指摘し、自他ともに別格であるとの認識があったと述べている点は示唆的である（同「近世後期における家格と法令伝達―大廊下下之部屋詰大名を中心に―」『東京大学史料編纂所研究紀要』（二六号、二〇一六年）、および同「嘉永期における徳川斉昭「参与」の実態と影響」『明治維新史研究』一五号、二〇一八年）。篠崎が指摘するように、大廊下下之部屋がもとは加賀前田家の部屋として設置されたものであり、それが近世後期に徳川将軍家近親の大名家にも拡大した経緯を踏まえた上で、加賀藩における自他認識をより考えていかねばならないだろう。
＊32　「御用方手留」巻三二。
＊33　「御親翰留」。

＊34 「京都詰中手留」巻三。長文史料であるため、部分引用とする（「前略」「後略」の表記は省く）。
＊35 家近良樹『徳川慶喜―幕末維新の個性―』（吉川弘文館、二〇〇四年）。
＊36 「京都詰中手留」巻三。
＊37 「同右」巻三。
＊38 「諸事留帳」巻一六（全一八冊）。
＊39 「京都詰中手留」巻三。
＊40 後述する「史料九」の表現であるが、これは元治元年の退京でみられた「跡届」と同じと考える。つまり、届け出はしたが許可が下りる前に退京したことになる。
＊41 前掲『徳川慶喜公伝』巻三。
＊42 勝部真長・松本三之介・大口勇次郎編『勝海舟全集』別巻一（到草書房、一九八二年）。
＊43 佐々木前掲「彦根藩の戊辰戦争」では、井伊・紀州・藤堂・大垣・加賀の諸藩が幕府を助ける存在と認識されている点に触れ、「幕府首脳部の状況判断は、以上のように、かなりいい加減なものとなっていたのである。」と述べるが、加賀に関してはいい加減とも言い切れないだろう。
＊44 「見聞袋群斗記草稿」巻二。使者の成瀬正居は、この親翰を持って再び帰国中の藩主慶寧の元に戻っている。また、前藩主斉泰はこのとき一睡もしなかったとある。
＊45 「御親翰留」。
＊46 金沢大学附属図書館所蔵「成瀬日記」巻二三。
＊47 「諸事留帳」巻一六（全一八冊）。
＊48 「御用方手留附録」巻七。
＊49 奥村栄通は、嘉永五年に藩校明倫堂で国学が導入された際に尽力しており、幕末期における加賀藩の国学を推進した人物の一人である。栄通が「皇国」を意識する背景に国学があったことは指摘できよう（鷲澤淑子「加賀藩武士層における国学の受容―安政～文久期を中心に―」加賀藩研究ネットワーク編『加賀藩武家社会と学問・情報』岩田書院、二〇一五年）。
＊50 前掲『加賀藩史料』藩末編下巻、七二七―七二八頁。
＊51 「御内々御尋并申上候品等覚」。御用の間は近習御用の誘引で藩主と面会することができる私的な空間であった。

＊52　桑原恵『幕末国学の諸相―コスモロジー／政治運動／家意識―』（大阪大学出版会、二〇〇四年）。桑原は、当該期の政治運動における「正義」の主張について、「儒学的な「正義」とはレベルの異なる、政治的な意味での「正当性」を体現しているという意味での「正義」である」と指摘し、天皇の意思である叡慮を貫徹することが、政治運動における「正義」であるとの枠組みを明らかにしている。これは幕末国学のコスモロジーにみる理解であるが、当該期の統治者にも看取し得る論理であり、桑原は「叡慮貫徹に「正義」を求める動きは朝廷・草莽層にとどまらず武家にまで広がり、いわば当時における政治の大義名分となっていた」と論じている。

＊53　徳川家から発給された領知判物は、近世大名家にとって制度的な領知権保証であるとともに、それに基づいて家臣団に領知宛行状を発給するなど、藩領支配・家臣団統制の根幹でもあり、藩としてこだわることは当然であった。しかし、慶応四年（一八六八）閏四月の政体書公布前日に領知判物の提出が命じられ、多くの藩がこれに従ったが、この事例は近世的な領有の正当性が喪失したことにほかならない（青山前掲著書『明治維新と国家形成』）。

＊54　慶応元年に家老前田孝錫が京都詰として上京した際は九日、同三年王政復古後の藩主慶寧の退京では一〇日を要している。急使については［表三］を参照。

＊55　「御親翰帳之内書抜」巻一一（全一一冊）。この京都詰と在京老中とのやりとりについては、本書第五章も参照されたい。

＊56　「同右」巻一一（全一一冊）。年寄を総裁として派遣することを鑑みても、徳川家軍事支援の意思は強かったと考えられる。

＊57　「同右」巻一一（全一一冊）。この数字はあくまで先備のものであり、中備・後備も含めた部隊案を見る限り、相当な規模での出兵が構想されている。なお、慶応三年に編制した西洋式の軍事編制については、本書第八章を参照。

＊58　「見聞袋群斗記草稿」巻三。この史料は、当時斉泰附の近習御用であった赤井伝右衛門が明治期に回顧したものである。

＊59　前掲『加賀藩史料』藩末編下巻、七三二頁。

＊60　金沢大学附属図書館所蔵「成瀬日記」巻二四。

＊61　「同右」巻二四。

＊62　「同右」巻二四。

＊63　「御意之趣書抜」。

＊64　また、この七日には会津藩松平喜徳（若狭守）の使者が金沢に到着し、前藩主斉泰が二ノ丸御殿に出ていることから、使者を交えた会談がなされた可能性がある（「成瀬日記」巻二四）。

＊65　史料によっては九日もしくは一〇日と出てくるが、前掲「成瀬日記」巻二四やその他史料により九日と判断した。
＊66　「同右」巻二四。
＊67　「京都詰中手留」巻三。
＊68　幕末段階での「勤王」認識は、徳川体制の否定を内包しておらず、「勤王」を掲げつつ徳川家を支持することは一般的であったともいえる。しかし、鳥羽・伏見戦争後では、「朝敵」と見做された徳川家を支持することが「佐幕」であり、「佐幕」と「勤王」は相容れないとの論理が構築されている。つまり、鳥羽・伏見以降での「勤王」には、「朝敵」徳川家と対峙するとの認識が入り込んでくるため、「勤王」か否か（「勤王」か「佐幕」か）との問いは、結果として新政府か徳川家かとの意味に繋がっていかざるを得ず、天皇権威を背景に新政府が諸藩に突きつけた大きな二択であった。
＊69　「京都詰中手留」巻三。
＊70　「同右」巻三。
＊71　金沢大学附属図書館所蔵「成瀬日記」巻二四。虫損が多く判読が困難な箇所が多いが、示唆に富む内容である。
＊72　「同右」巻二四。ここで「討越」とあるが、この主張については他史料で確認できないため、今後の課題としたい。
＊73　「同右」巻二四。
＊74　「御用方手留」巻三二。
＊75　金沢大学附属図書館所蔵「成瀬日記」巻二四。
＊76　溶について、同年三月初めに藩主慶寧が溶を金沢に引き取りたいと朝廷に願い出ている。追討の沙汰が出ている以上、父の斉泰は徳川の娘である母の溶とは離縁すべきだが、私にとっては母であり忍び難く、国許に引き取りたいとの内容であった。溶は三月下旬に金沢に入っているが、二ヶ月後の五月に死去している。
＊77　金沢を九日に出発した部隊が、一日足らずで到着する小松から一五日に戻ってきたことについては、京都を七日頃に出て一二日暁に金沢に着いた使者の里見・関沢によって進軍を留められた、もしくは引き返してきた可能性がある。
＊78　前田土佐守家資料館所蔵「王政復古に付忠誠尽力徹底達状」。
＊79　「諸事留帳」巻一七。
＊80　宮間純一は、「佐幕」から「勤王」への正当性原理の塗り替えがおこなわれていったことを指摘しているが、さらに「新政府は、勤王理念をもって佐幕理念を完全否定するが、他方で旧幕府抗戦派は、勤王理念をまったく排除した佐幕理念を敗戦するまでつい

に確立できなかった。旧幕府抗戦派にとって両者の共存は矛盾しない」と論じている（同『戊辰内乱期の社会―佐幕と勤王のあいだ―』思文閣出版、二〇一五年）。近代の編纂物にみる歴史叙述では、この後者の論理が抜け落ちたのであり、いまだに「勤王」か「佐幕」かの二択で藩を論じようとするのは、この点を踏まえていないことになろう。

[参考] 慶応末期の加賀藩政治過程

	年	月	日	事柄	備考
慶応	2	4	4	前藩主前田斉泰の隠居により前田慶寧が家督を相続する**[史料一]**	1
		10	13	藩主慶寧,諸侯衆議の目的により金沢を出発する(10/24到着)	1-1
			28	藩主慶寧,参内して孝明天皇に拝謁し,天盃を賜る	1-1
		11	1	藩主慶寧,武家伝奏に対して建白書を提出する**[史料二]**	1-1
			7	藩主慶寧,二条城において徳川慶喜と面会して自身の意見を述べる	1-1
			16	藩主慶寧,京都を出発して金沢に戻る(11/26到着)	1-1
慶応	3	10	13	京都詰家老前田孝錫が聞番崎田小左衛門と二条城に向かい,大政奉還の諮問をうける	2-1
			14	***大政奉還***	
		11	1	藩主慶寧の名代として上京する年寄本多政均に藩主親翰が出される**[史料三]**	2-1
			5	在京聞番里見亥三郎が在京老中板倉勝静・京都守護職松平容保と面会する**[史料四]**	2-1
			15	在京藩士らによる話し合いにより,藩主慶寧の上洛を打診することが決定する**[史料五]**	2-1
			29	在京の意見を踏まえ,藩主慶寧が金沢を出発する(12/9到着)	2-1
		12	*9*	***王政復古***	
			11	在京年寄の本多政均と長連恭が二条城で徳川慶喜と面会し,下坂を勧める**[史料六]**	2-2
			12	藩主慶寧が「達捨」により退京,金沢に向けて出発する(12/22到着)	2-2
			15	近習成瀬正居が急使として藩主慶寧の親翰を国許に届けて「割拠」論が表出する **[史料七][史料八]　選択肢③** ※藩内には「割拠」の語を伏せて藩主慶寧の帰国が伝えられる**[史料九]**	2-2
			25	年寄奥村栄通が藩是についての自身の見解と「割拠」論の不可を上申する**[史料一〇]** **選択肢②**	2-2
			26	藩主慶寧が家老の横山政和と本多政醇を呼び,退京理由や「割拠」に関しての見解を述べ,他の者への伝達を命じる**[史料一一]　選択肢①**	2-2
			晦日	家老篠原一貞による王土王民論に基づいた意見書が出される	2-2
慶応	4	*1*	*3*	***鳥羽・伏見戦争の発生***	
			6	国許に鳥羽・伏見戦争の第一報が届き,一同恐縮する	2-3
				「御前評議」開催,藩主慶寧の御意書によって徳川家支援の軍事出兵を藩内に表明**[史料一二]** **※上記①を選択**	2-3
				京都詰家老前田孝錫・聞番里見亥三郎が御所に呼ばれ,「勤王」如何を詰問される**[史料一四]**	2-3
			7	国許に向けて使者が京都を出発する**[史料一五]**	2-3
			9	4日付の京都詰家老前田孝錫の書状が届き,「錦之御旗」などの情報が伝えられる**[史料一三]**	2-3
			12	使者の里見亥三郎・関沢六左衛門が金沢に到着し,在京の見解を上申する**[史料一六]**	2-3
				前藩主斉泰が二ノ丸御殿に入り,再度の「御前評議」を開催	2-3
			13	探索の使者により京都三条大橋で「徳川朝敵」の札が出たことが国許に伝えられる	2-3
			14	徳川慶喜討伐令が金沢に届く　**※12〜14日で上記①の撤回と②の選択が確定**	2-3
			15	加賀小松に滞在していた先発隊が金沢に戻ってくる	2-3
			19	藩主慶寧,「勤王」を旨として尽力することを親翰にて藩内に宣言する**[史料一七]**	2-3

本表は,本章にて取りあげた事例を整理したものである(備考欄は本章中の何節何項で取りあげたかを示す).なお,鳥羽・伏見戦争前後については[表2]において詳細に整理しているため,ここでは最小限の表記に留めている.

第三章　明治初年加賀藩の政治過程と職制改革の特質

はじめに

ここでは、明治四年（一八七一）の廃藩に至るまでの加賀藩の政治過程と職制改革に注目し、藩家臣団の序列の変遷とその影響を分析することで、改編期の藩の特質に迫ることを目的としている。

明治初年の藩研究では、いくつかの重要な成果がみられる。まずは維新政権論に基づく分析であり、戦前を含め豊富な研究蓄積がある。とりわけ八〇年代以降は、強力な政府によって全国諸藩は順次解体されたとする通説の克服が目指され、廃藩置県の性格規定についての分析がすすめられたが[*1]、政府が廃藩方針を打ち出すタイミングやそれに関わる藩の動きを能動的に評価したことが特徴といえる[*2]。そして、藩の視点による研究も米沢・彦根・佐賀・仙台・姫路など薩長以外の成果が出されており、それぞれの藩が置かれていた状況を踏まえ、どのように対応したのかが明らかにされている[*3]。また、幕末期の藩校や新政府に出仕した人材に焦点を当てた研究などは、移行期分析において一つの手法を提示している[*4]。さらに、国制改革を分析の柱とし、王政復古の大号令から明治六年の政変までを詳細に論じた研究成果も出されているが、藩体制を考える上でも多くの示唆を与えるものである[*5]。

このような成果を踏まえた課題としては、「廃藩置県研究に求められるのは、廃藩置県直前の明治三年から明治四年にかけての現実の藩の状況」であるとの指摘がある。これは、藩は維持できずに「自壊」していくのか、それとも政府への抵抗姿勢も含めて「活性化」していくのかとの問いでもあろう。[*6] さらに、この問題は移行期を分析する際の連続性・非連続性にも関わるものであり、自主的または戦略的に廃藩を打ち出す藩や、存続を志向する藩の実態を具体的に分析し、成果を出していく必要がある。[*7]

本章では加賀藩を分析対象としているが、それは以下の理由による。まず、能動的な動きをみせた藩の分析がすすむ一方で、政府の命令に対して基本的に従う姿勢を示したとされる藩の動静が不明瞭であるなか、現状では府藩県三治制の方針と連動する藩に加賀藩が位置づけられること、藩の政治過程を人材の多寡や素養によらず組織全体の問題として把握するには、最大規模の藩組織である加賀藩は捉えやすいこと、移行期において次代に繋がるものは何か、連続性の「礎」となるものを地域に見出せるかという問いに対して、加能越三州の大部分を一藩で領有していた加賀藩の事例は有効であること、これら三点を挙げておきたい。明治初年の加賀藩に関しては、『石川県史』や『金沢市史』といった自治体史に加え、最後の藩主であり知藩事に任じられた前田慶寧に注目した研究があるが、[*8] 政局との関係性のなかで藩の政治過程を論じるには、さらなる研究蓄積が求められる。

よって、まずは明治初年の政治過程における加賀藩の動静について、政府方針への対応という視点から明らかにする。そして、藩の職制改革による家臣団の序列の変遷から、藩上層部がいかなる課題を抱えていたのかについて、当時とりわけ厳しい状況におかれた重臣層に焦点を当てつつ検討する。[*9] その上で、移行期における重臣層の位置付けや役割について、地域の視点を含めながら明らかにしたい。

1　明治初年の政治過程と職制改革

(1)　政体書・藩治職制

慶応四年（一八六八）閏四月に政体書が公布され、五箇条誓文を基本方針とした官制改革が実施された（[表1][*10]）。地方制度としては府藩県による三治制が施行され、はじめて「藩」が公称となり、行政単位としての藩が創出されている。そして、明治元年一〇月二八日に「職制区々異同有之候ニ付、今後一般同軌之御趣意」[*11]として藩治職制が出されると、各藩とも執政・参政・公議人などの設置が要求され、従来の門閥に拘らない人材登用が求められた。

加賀藩では九月に年寄・家老の職掌分担を実施し、年寄本多政均が平生方・軍事方相兼、年寄前田直信が軍事方専務・平生方兼務となるなど、彼らを軍事方・平生方に命じている（若年の年寄には学事修行[*12]）。この九月の段階では職掌の分担に留まっていたが、一二月一五日には藩治職制を踏まえた改編により従来の年寄・家老を廃止し、執政・参政を設置している。執政には元年寄の前田直信・奥村栄通・本多政均・村井長在の四名、参政には元家老の横山政和・津田正邦・本多政醇・前田恒敬・前田孝錫・不破為儀・横山隆淑の七名が就いており、基本的には年寄↓執政、家老↓参政という移行であり、八家・人持の重臣層が占めていた[*13]。その後、同月下旬から翌月中旬にかけて参政の追加任命がおこなわれ、多賀直道・岡田雄次郎・木村九左衛門・丹羽次郎兵衛・藤懸十郎兵衛・不破亮三郎といった実務層である平士（多賀のみ人持）からも選任されている。これは、直前に予定されていた藩主前田慶寧の上洛を前に梃子入れを図ったものとおもわれ、実際に木村・藤懸・丹羽の三名が慶寧に随行している[*14]。

そして、明治二年（一八六九）三月、加賀藩では藩治職制に応じた職制改革を実施しており、藩組織を刷新して政事堂などを設置するとともに、九段階にわたる職等の設定、七段階の士身分の改定などがおこなわれている[*15]。以上の

[表 1] 明治初年の国制改革と加賀藩の職制改革

月日	事項
慶応 4 年（明治元年）	
3/14	**五箇条の御誓文**
閏 4/21	**政体書**（府藩県三治制）
9/1	藩上層部の職制を改正する　※軍事方・平生方として年寄・家老を分担配置
10/28	**藩治職制**　※各藩職制の整備，執政・参政・公議人の設置，府県に準じた簡素化を要求
12/15	藩治職制を踏まえ，藩上層部の職制を再度改めて**執政・参政**を設置　※就任しない八家は芙蓉間詰
明治 2 年	
1/18	藩主慶寧，上洛を開始（1/29岡崎邸に入る）　※随行は執政横山政和，参政木村恕・藤懸頼善・丹羽履信
1/20	**薩長土肥 4 藩主が版籍奉還を建議**（以降，各藩の建議もすすむ）
2/8	藩主慶寧，版籍の奉還を建議
2/19	藩主慶寧，五箇条の誓文を誓約
2/28	加賀藩における人持組頭－人持組を廃止
3/7	藩主慶寧，天皇の東幸に供奉して京都を出発（3/28到着）
3/26	藩組織の大幅改編を実施　※民政寮・会計寮・勧農局・理財局ほか
3/28	加賀藩における士分の階級を定める ※上士上列（八家）・一等上士（人持）・二等上士（頭分）・三等上士（平士）・一等中士～二等中士・下士
6/17	**版籍奉還** ※版籍奉還により金沢藩となり，藩主慶寧は金沢藩知事となる
6/25	**諸務変革令（11ヶ条）** ※各藩の基礎データ収集，武士階級を士族，知藩事の家禄は歳入の1／10，士族家禄も準拠
7/8	**職員令**　※2官6省制，知藩事の職掌など設定，藩組織は府県と同様の体制
7/14	知藩事慶寧が従三位に昇叙し，「列藩之標的」に勉励するよう勅諚を拝領する
7/15	知藩事慶寧，帰国するため東京を出発する（7/29到着）
8/7	金沢城二ノ丸御殿において執政本多政均が金沢城内で暗殺される
8/8	知藩事慶寧，政務改革の必要を述べる ※本多暗殺の事態を受け，「列藩之標的」たるべく改革する必要性を主張
9/7	藩上層部の執政・参政を廃止し，**大参事・権大参事・少参事・権少参事**の体制に移行することを伝達
9/23	藩の政事堂を藩庁と呼称する
10/14	藩庁を金沢城内から重臣長家の上屋敷に移す
10/16	藩士の給禄を改定するとともに，士族・卒族の別を設定する ※3,000石以上は，10分の1，3,000～100石は斜線で減禄，100石以下は対象外，下士以上はすべて士族，足軽以下は卒族
10/17	藩上層部の体制を大参事少参事体制へと移行する
10/20	知藩事前田家の私邸を重臣本多家の上屋敷に移すこととなる
10 月	藩における士族の座列について定める　※在職のほかは知行順，同知行は召出年限に応じる
明治 3 年	
5/28	**明治政府，集議院で藩制の審議開始**
7/2	藩家臣団の再編として陪臣を士族・卒族に編入 ※仕与力・給人・小将→士族（与力を除いて一代切），徒組・足軽→卒族
8/13	官職に類似した通称について改正するように家臣団に通達
9/10	**藩制布告**　※藩歳入の使途，藩債・藩札の処理，海陸軍費の設定
9 月	**太政官より各藩の正権大少参事の任免について考えるようにとの通達が出される**
閏 10/3	藩制布告をうけて，藩の諸所・諸局・諸方すべて廃止して諸掛とする
閏 10/10	大参事以下，藩上層部の人事を大幅に改編する
明治 4 年	
1 月	**徳島藩・鳥取藩が廃藩を建議**
3 月	**熊本藩が知藩事辞職を建議**
4/15	知藩事慶寧，藩制協議を目的として東京に出発する
4 月	**名古屋藩の政策建議**
7/3	慶寧，金沢に向けて出発する（7／17帰国）
7/4	**山口・鹿児島・高知・名古屋の各知藩事，元福井藩主に国事諮詢を任命**
7 月上旬	**岩倉具視宛三条実美書簡（大藩会議構想）**　※鳥取・徳島・金沢・肥前に「諮詢」の席を与えるべき

月日	事項
7/14	**廃藩置県**　※3府302県，旧藩主は東京に移住となる
7月	前田慶寧，家中に廃藩の趣旨を告げる
8/11	前田慶寧，東京に向けて出発する（9/5着）

全国的な事例については、勝田政治『廃藩置県―「明治国家」が生まれた日―』（講談社選書メチエ，2000），奥田晴樹『日本近代の歴史１　維新と開化』（吉川弘文館，2016）などを参照.
加賀藩の事例については『加賀藩史料』藩末編下巻（前田育徳会編，1958）などにより作成.

過程から、この段階における人事の任免権などは、徳川政権期と同様に藩が掌握していたといえる。

(2)　版籍奉還・諸務変革令・職員令

明治二年六月に版籍奉還が実行されると、藩主は知藩事に任じられて個別領有権は否定され、知藩事は天皇の土地を管理する地方官という位置付けになった。そして、同月には一一箇条の諸務変革令が出され、藩領内の実収高や諸税の調査など、藩の基本情報の提出が命じられたほか、一門以下の藩士を士族に統一するよう命じられたことは、旧来の主従関係を断ち切る意味をもったといえる。さらに、藩収入の一割を知藩事家の家禄と設定して藩庁経費との分離が図られたことで家政と藩政が区分され、藩士の給禄は知藩事家ではなく藩から支給されることが明確になっている。そして、翌月の職員令によって更に中央集権化がすすめられると、藩も府県と同様の体制への変更が求められ、藩の上層部を大参事・少参事体制にすることが定められた。

加賀藩では、藩主慶寧が同年正月に上洛し参内すると、翌二月には五箇条誓文に誓約するとともに奉還を建白している。[*16]

［史料二］

御一新後、藩地御改正之儀被仰出、其節従旧幕府受封之判物差上置候ニ付而者、封土之与奪者朝議ニ可被為在存居候処、此頃追々藩土奉還之儀建言之趣、素ヨリ於慶寧も宿意ニ御座候間、何卒〳〵御一轍之天裁、伏テ奉懇願候、誠恐誠惶謹言

二月八日　　　前田宰相中将（慶寧）
弁事御中[17]

慶寧は、「封土」の与奪権が朝議にあり、「藩土奉還」は自身の宿意であるとして「天裁」を願うと述べつつ、天皇による所領の再交付を求めていく。[18]その後、三月の天皇東幸に供奉して東京に入ると、六月に慶寧は金沢藩知事に任じられ、翌七月には従三位に昇叙する。また、藩内では一〇月に藩庁を八家の長家上屋敷に移転するとともに、知藩事家の私邸も八家の本多家上屋敷に移転し、さらに給禄の改定や[19]、家臣団の士族への族称変更も実施している。[20]

そして、一〇月には藩上層部を執政・参政体制から、大参事・少参事体制へと変更している。[21]初期の人員は、大参事が前田直信・横山政和・岡田雄次郎の三名、権大参事には安井和介・前田孝錫・篠原一貞、少参事は長成連、権少参事には赤座甚七郎・成瀬正居・不破亮三郎・小幡和平が選任されている（［表2］）。元執政や元参政に加えて、元公議人（篠原）、元徴士（岡田・安井・不破）といった新政府への出仕経験者や、幕末期に藩の実務層だった者たちが任命されているのが特徴であろう。そして、この段階の職制改革においては、諸務変革令に「重立候職員ハ人撰可相伺事」とあることから、要職における人事の任免権が政府側に移行していったことがうかがえる。[22]また、この大幅改編において加賀藩は大属・権大属・少属・権少属を設置しているが、これは職員令では藩にはなく府県の規定にあることから、府県をモデルにした加賀藩の自発的な対応だったと考えられる。[23]

(3)　藩制布告・廃藩置県

更なる強力な中央集権体制の推進を図るため、明治二年の後半から政府内で議論がすすめられると、翌三年五月からの集議院での審議を経て、九月一〇日に藩制が布告された。内容は、藩の体制および財政に関わるものに大きく分けられ、藩体制については、藩を物成高に応じて大藩・中藩・小藩に分類すること、組織を府県と同様にすることなど

明治3年							明治4年						備考（前職等）
7	8	9	10	閏10	11	12	1	2	3	4	5	6	
													藩執政
										(再)			藩執政
													徴士（明治元年5～10月）
													藩参政
													徴士（明治元年4月～明治2年5月）
												(再)	藩参政
													徴士（明治元年5～10月）
													藩大属
													徴士（明治元年5～10月）
													藩大属
													藩大属
													公議人（明治2年10月）
													藩参政
													藩大属
													藩大属
													藩参政
													藩大属
													徴士（明治元年11月）
													藩参政，藩大属
													貢士（明治元年3～4月）
													藩参政
													藩大属
													藩参政

祖由緒并一類附帳」などにより作成.

[表 2] 加賀藩大参事・少参事体制の変遷（明治2年9月～明治4年6月）

		受領名・通称	禄高[石]	身分階層	明治2年				明治3年					
					9	10	11	12	1	2	3	4	5	6
大参事	前田直信	土佐守	11,000	八家(年寄)										
	横山政和	蔵人	10,000	人持(家老)										
	岡田政忠	雄次郎	500	平士										
	(篠原一貞)													
権大参事	安井顕比	和介	220	平士										
	前田孝錫	内蔵太	3,000	人持(家老)										
	(篠原一貞)													
	(岡田政忠)													
	(木村　恕)													
	(小幡信節)													
	陸原惟厚	慎太郎	140	平士										
	北川克由	亥之作	60	平士										
	沢村武成	恒右衛門	200	平士										
	(不破貞順)													
少参事	長　成連	九郎左衛門	33,000	八家(年寄)										
	篠原一貞	勘六	3,000	人持(家老)										
	村井長在	又兵衛	16,569	八家(年寄)										
	津田正邦	玄蕃	10,000	人持										
	中川忠良	甚之助	400	平士										
	岡島一式	喜太郎	500	平士										
	丹羽履信	次郎兵衛	150	平士										
	稲葉通安	助五郎	200	平士										
権少参事	赤座孝知	甚七郎	800	平士										
	成瀬正居	主税	2,500	人持										
	不破貞順	亮三郎	650	平士										
	小幡信節	和平	150	平士										
	木村　恕	九左衛門	150	平士										
	篠島久大	左平	300	平士										
	本多政醇	図書	10,000	人持(家老)										

『石川県史料』5 巻（石川県立図書館，1975），金沢市立玉川図書館近世史料館所蔵「御礼次第」「先
なお，禄高については給禄改革以前のものである．

が定められており、財政に関しては、藩財政の一割を海陸軍費に充て、さらにその半額を海軍費として政府に上納することや、士族および卒族の給禄の捻出などが定められた。[*24] そのほか、士族・卒族以外の階級を設定しないこと、[*25] 藩札の回収や藩債の償却について明確にすることなどが求められた。

また、同月には「是迄正権大少参事共宣下相成居候得共、猶御趣意ヲ奉精細取調、在職解官共更ニ可伺事」[*26] との達が出されたことで諸藩の人事が動いており、加賀藩でも人事を一新している。閏一〇月には大参事から権少参事までが一斉に免官となり、[*27] かわって権大参事には陸原慎太郎・北川亥之作・沢村恒右衛門・不破亮三郎の四名、少参事には津田正邦・中川甚之助・岡島喜太郎・丹羽次郎兵衛・稲葉助五郎の五名、そして権少参事には本多政醇が任じられている。陸原・北川・丹羽といった元徴士に加えて、沢村・中川・岡島・稲葉といった大属からの昇格組（前述の三名も大属）が多い。また、津田・丹羽・本多といった元参政の者も存在する（津田・本多は元人持）。[*28]

明治四年に入ると、政府内の動きが更に慌ただしくなり、四月には「大藩同心意見書」が作成され、七月四日には山口（長州）・鹿児島（薩摩）・高知（土佐）・名古屋（尾張）の各知藩事と、元福井藩主が国事諮詢に任命されている。さらに、同月上旬の岩倉具視宛三条実美書簡では、「因（鳥取）・阿（徳島）・加（金沢）・肥（佐賀）之人々も、人物ニ於テハ決して三藩之下ニ不出候」と、大名諮詢の席に金沢藩知事の前田慶寧も加えるべきとの大藩会議構想も描かれていることから、[*29] 三条と岩倉は府藩県三治制の維持を志向していたことがうかがえるが、同時期には木戸孝允・大久保利通・西郷隆盛らが廃藩断行に動いており、政府内での意見の相違がみられる。

そして、七月一四日に廃藩置県が断行されたが、知藩事慶寧は東京からの帰途に就いていたため、帰藩後に廃藩の趣旨を示している。

［史料一二］

横山（政和）大参事等江

曩者太政維新海外万国ト抗立之御目途被為立、府藩県一致之御趣旨ニ而、政体追々興隆候得共、諸藩ニ数百年之習俗固結難解、何分連々一致候場ニ至り不申、御趣旨貫徹之程難斗、於慶寧茂深ク憂慮罷在候、然処今般懇々勅詔ヲ被為降、旧習洗刷之為、藩ヲ廃シ県ヲ被置、旧来之知事一同免官被仰付、実以国勢興隆人民幸福之期至り候儀ニ而、不世之御英断与深奉感佩抃賀之至りニ不堪、管内事務之儀、大参事以下ニ而是迄之通り取扱候儀ニ付、銘々御趣意ヲ奉戴シ、旧来之固習ヲ一洗シ、大義名分ヲ相弁、勉励尽力致し御政治興隆を仰望可致、万一於管内異儀ヲ生じ候様之次第茂有之候而者、是迄致告諭、至候詮茂無之、且奉対朝廷候而も実以悚懼之至り候条、此段篤与了解し、心得違無之様可被致候也

辛未七月[*30]

ここで慶寧は、英断の趣意を奉戴して旧来の因習を一洗させるよう勉励尽力するとともに、管内で異議を生じさせることのないようにと述べており、大参事以下にこれまでの路線を継続するように求めている。そして、八月一一日には再び東京に向けて慶寧は出発して金沢を離れているが、このときに藩内の有力寺院から歎願がなされ、慶寧娘の貞は金沢専光寺、慰は越中井波瑞泉寺に、先代の前田斉泰娘の治は越中城端善徳寺、坻は越中古国府勝興寺にそれぞれ入っている。この事例からは、この地を領有していた前田家との繋がりを求める地域権力の姿がうかがえる。[*31]

(4) 政府方針への加賀藩の対応

以上のように、加賀藩では段階的に職制改革を実行しており、政府が推進する府藩県三治制に対応し得る藩体制の構築を志向していたことがわかる。ここでは人事権を含め、裁量を失いながら行政単位化する藩の姿が看て取れる一方、政府方針に対して知藩事慶寧以下、藩上層部が不穏な言動を示した事例はみられない。このような藩の姿勢については、明治二年七月に知藩事に任じられた慶寧が天皇から勅諚を賜り、さらに詔勅を拝領したことが注目される。

[史料三]

一、依召去十四日御参内被遊候処、被叙従三位候段被為蒙仰難有御仕合思召候、此段何茂江可申聞旨御意ニ候

一、去十四日御参朝被遊候処、中奥御居間ニ於而玉座近被為召、今度皇国之為め厚心ヲ用尽力御満足被思召候段被為蒙勅詔、畢而御伺候三条公別紙之通御演述有之、難有御仕合思召候、此段無急度何も江可申聞旨御意ニ候為国家篤キ志之段御満足ニ被思食候、今般知藩事被仰出候ニ付、専ら御趣意ヲ奉体、格別尽力之趣追々聞食候、猶帰藩之上速ニ実功ヲ奏し、列藩之標的とも相成候様精々勉励可致候事

七月[*32]

慶寧が従三位に昇叙した際、天皇の玉座に召され勅諚を賜っており、その後三条実美から別紙にて、これまでの姿勢を評価されるとともに「列藩之標的」となるよう勉励するように伝えられたことがわかるが、これは他藩の模範となるような理想的藩モデル構築の意味で捉えられよう。

そして帰藩後、知藩事慶寧はこの「列藩之標的」を達成すべく、藩が一致して尽力すべきことを宣言している。

[史料四]

今般宇内之形勢を察し、版籍及奉還候処、建言之通被聞召、更ニ蒙藩知事之命、不肖其任ニ不堪恐懼罷在、然とも天下一範之御改正、謹而遵奉朝命いたし候処、帰藩之節拝龍顔、殊ニ重き蒙勅諚候、因而追々改革之所置可申出候、就而者銘々祖先以来多年之大義茂有之事ニ候得共、同心協力必然之儀ニ候得とも、猶更予か不肖を補助し、共に藩治之職掌を尽し、奉報朝恩度素志候、於銘々も時宜事情篤与相弁、一時之変換ニ不泥、弥勉励速ニ奏成功度候間、此旨趣不取失様有之度候事

九月[*33]

慶寧は天皇に拝謁した際に重き勅諚を賜ったことを述べ、同心協力は必然ではあるが、さらに「予か不肖を補助」

して朝恩に報いることができるように願っている。これらの内容から、慶寧が勅諚を重視していたことがわかるが、この「列藩之標的」は、その後の加賀藩にとっての政治指標となったと考えられる。[*34]つまり、政府が推進する府藩県三治制に適合し得る理想的な藩体制を追求することが、この段階での加賀藩の藩是となったといえよう。

2　藩家臣団の序列の変遷と藩上層部の対応

⑴　金沢の状況と本多政均暗殺一件

理想的藩モデルを追求した加賀藩であったが、政府の報告書によれば、当時の金沢では朝廷を奉戴せず王政を軽蔑する態度がみられ、暴言を吐く者や怨恨する者などがおり、政府の正金提出命令に対しても種々の議論があるなど、庶民の毀言は聞くに堪えないものがあると述べられており、[*35]不穏な状況であったことがうかがえる。

そして、明治二年（一八六九）八月七日には、執政本多政均が金沢城二ノ丸御殿で暗殺される事件が発生している。実行犯の山辺沖太郎・井口義平は取り調べにおいて、[*36]本多政均を「天朝を軽蔑し御政権を致専横候」人物と批判し、その他にも村井長在・藤懸十郎兵衛・丹羽次郎兵衛・木村九左衛門・陸原慎太郎・内藤誠左衛門・佐野鼎・安井和介・関沢安左衛門については「国賊共に付可被処厳科」と糾弾しているが、ここに挙がる人物は、ほとんどが元貢士・元徴士といった政府出仕者であり、且つ当時藩政に登用されていた者たちである。ここから、政府の政策を推進する者たちを「国賊」と糾弾し、藩ひいては国家を破壊する者と見做す論理が読みとれるが、[*37]当時は全国的に攘夷運動が盛んな時期でもあったことから、この事件からは反政府的思考を有していた藩内尊攘派の存在がみえてくる。[*38]

この暗殺では、本多政均の子資松《（政以）》に即日家督相続が認められ、[*39]翌日には知藩事前田慶寧の声明が出されている。

［史料五］

大政御一新ニ付而者、朝命を遵奉いたし追々改革ニおよひ候処、中ニ者祖宗以来之旧法を無謂相改候様存違居候者茂有之哉、既ニ昨日本多従五位《（政均）》を及暗殺候始末、全前後之次第をも不弁、右従五位一己之了管を以好而新法を行候様存込候故之義ニ候、今般藩知事被仰付候ニ付而ハ、猶以可及改革義も列藩之標的とも可相成様別段厚蒙叡旨候上者、乍不肖此末右御主意を奉し大変革も可申出筈之処、壱人たり共右様心得違之者有之候而者、先以対天朝不相済義、且ハ此方之意を不体、政事向之手障ニ相成、心外至極之事ニ候条、此段厚被相心得、心得違無之様一統江屹度可被申諭置候也

八月　執政中[*40]

御一新による藩の一連の改革を、本多政均一人の考えでおこなっていたと思い込む者がいると述べ、「列藩之標的」となるよう叡旨を蒙った以上は、藩内に心得違いの者がいてはならないと強く諭している。この「列藩之標的」については、東遊士なる人物が藩士小川仙之助に対して送った書状で、「諸藩之標準（列藩之標的）」とは何をもって実効を上げるのかと問いかけており、朝命を遵奉して藩政をおこなうのは「中藩以下小藩」であり、「大藩」は薩長の版籍奉還や彦根の家禄半高上納のような、「皇国ヲ維持シ、朝廷ノ依頼ニナルヘキ議ヲ建ル」べきで、「藩定論ノ基礎」がなければ「人才ヲ教育」しても「兵ヲ練熟」しても「財ヲ績蓄」しても、何の益があるのかと厳しく批判している。[*41]

以上のように、当時の藩をとりまく状況は安定していたとはいい難く、政府方針に従う姿勢を明確にしつつも、一方では藩内の不満を抑え、如何に秩序を安定させるかが課題であったことがわかる。そのなかで、藩主慶寧は親翰を出すことによって藩内を安定させる役割を担っていたといえよう。

(2) 藩重臣層への対応

府藩県三治制によって旧体制の解体が志向され、とりわけ近世的な身分階層の解体は主要な目的の一つであったこ

とから、藩家臣団の変容は不可避であった。当時の家臣団の序列を可視化したものといえる儀礼の場での座列の変遷をみると、「明治元年御礼次第」[*42]には明治元年（一八六八）一二月以前の座列が記されており、この段階では八家・人持・頭役（平士）と並び[*43]、藩政期の座列と変化はないが、明治二年一月以降の「御礼之次第」[*44]では、藩治職制による執政・参政体制の座列になっている。執政や参政に就いた者の座列が上位となり、その下に元八家（芙蓉間詰）、元人持といった旧来の階層が続いているが、これは身分階層に役職が優先する座列で大きな変更といえる一方、旧来の身分階層も温存されている。そして、明治二年九月以降の「御礼之次第」[*45]では、七月の職員令をうけた大参事・少参事体制による座列となっている。前体制と同様、まずは大参事・少参事に就任した人物が上位に並ぶが、その下には旧来の身分階層ではなく、藩が独自に設定した職等に基づいた座列が続いている（この職等は同年三月に出されており、大参事が第一等、少参事が第二等といったように役職毎に等級が定められ、同じ等級内では禄高順となる）。これにより、当該期では要職に就いている者の座列が優先されていることがわかるが、大参事・少参事体制では、幕末期に頭役に任じられるなど既に能力が評価され、さらに政府への出仕経験（貢士・徴士）がある者が多く選ばれている。一方で、元八家・元人持といった重臣層からも選任されており、藩政において実績十分な者も継続して配置されている。つまり、門閥打破との政府方針に従い、実務層からの採用がある一方で、実績ある重臣層からも選任されているのが特徴といえるだろう。

とはいえ、このような家臣団の変遷において旧来の身分階層が一掃されたわけではない。役職に就かない元八家は職等において九等中で第三等、役職に就かない元人持では第四等となっていることから[*46]、当該期の加賀藩では職等という独自の制度により、役職に就いていない重臣層も保護されていたことがわかる。しかしながら、旧来の身分階層がそのまま維持されていたともいえない。[表3]は、元八家・元人持における万石以上一二家の座列の変遷を整理したものである[*47]。本多家は八家でも格別の家柄として家臣団最高の五万石を有した家で、当主である本多政均の叙爵年が前田直信・奥村栄通に次ぐことから座列が三番目となり、その後執政に就いたことで座列に変化がなかったが、明治二年八月に政均が暗殺されると、相続した政以が幼年で役職に就けなかったことから、座列が第三等の最前列である一七番目に下がっている。このような変遷は両奥村家や村井家にもみられるが、長家や横山家などは一旦座列を下げるも、第二等の職に就いたことにより座列を上げている。

また、今枝家は人持最高禄の一万四〇〇〇石を有する家であり、代々家老に任じられ、その筆頭となった家柄である[*48]。当主の今枝直応は文久三年（一八六三）に家督を相続すると、当初は八家の下に位置する人持の最前列で九番目の座列であったが、その後役職に就かなかったことから、座列は第四等最前列の五六番目まで後退している。そのほか、元人持の津田家・本多家は当主が参政に就任していたが、免除後にあらたな役職に就かなかったことで、今枝家と同様の座列まで下がっている。このように、儀礼における座列から家臣団の序列を考えた場合、役職に就かなかった重臣層は職等によって保護されているものの大幅に後退していたことが指摘できる。

以上、当該期の加賀藩重臣層は、職制改革による離職といったリスクにとどまらず、旧禄の大幅減少や上屋敷の譲渡[*49]、陪臣解体といった過酷な条件を受け入れざるを得ず、藩にとって彼らは抵抗勢力として脅威にもなり得る存在であった。当時の藩はその脅威と向き合わざるを得ず、役職に就かずとも職等に応じて彼らを保護することによって、リスク回避を志向したともいえるのではないか。

(3) 重臣層と向き合う藩機構

このような重臣層と向き合うことになる藩について、藩庁には正権の大参事が所属しており、少参事などは各局の長に配置されている[*50]。つまり、重臣層への対応を含めた藩の方針を決定するのは藩庁の大参事らということになるが、初期大参事の面々は、前述した前田直信・横山政和・岡田雄次郎の三名である（[表2]）。

［表 3］加賀藩家臣団万石家における座列の変遷

	禄高［石］	年寄・家老体制※1 （明治元年 12 月以前）	執政・参政体制 （明治元年 12 月末 〜同 2 年 3 月）※2	大参事・少参事体制 （明治 2 年 10 月頃）※3
前田直信	11,000	1 （諸大夫）	1 （執政）	1 （大参事・第一等）
奥村栄通 （奥村栄滋）	17,000	2 （諸大夫）	2 （執政）	18［栄滋］ （上士上列・第三等）
本多政均 （本多政以）	50,000	3 （諸大夫）	3 （執政）	17［政以］ （上士上列・第三等）
長　成連	33,000	4 （人持組頭）	18 （芙蓉間詰［八家］）	7 （少参事・第二等）
横山隆平	30,000	5 （人持組頭）	19 （芙蓉間詰［八家］）	11 （一等上士頭・第二等）
前田孝敬	18,000	6 （人持組頭）	20 （芙蓉間詰［八家］）	12 （一等上士頭・第二等）
村井長在	16,569	7 （人持組頭）	4 （執政）	19 （上士上列・第三等）
奥村篤輝 （奥村則友）	12,000	8 （年寄）	21 （芙蓉間詰［八家］）	20［則友］ （上士上列・第三等）
今枝直応	14,000	9 （人持）	22 （人持）	56 （一等上士・第四等）
横山政和	10,000	10 （人持）	5 （執政）	3 （大参事・第一等）
津田正邦	10,000	11 （人持）	6 （参政）	57 （一等上士・第四等）
本多政醇	10,000	12 （人持）	7 （参政）	58 （一等上士・第四等）

金沢市立玉川図書館近世史料館所蔵加越能文庫「明治元年御礼次第」（16.33-49）「御礼之次第」（16.33-50・16.33-52）により作成．表中の（　）は座列を規定することになった階層や役職を表記した．また，氏名欄の（　）は，家督相続がなされたことを示す．なお，禄高については給禄改革以前のものである．

※1　幕末期における八家および人持の序列については，本書第五章にて検討している．
※2　執政・参政体制に移行したのが明治元年 12 月 15 日であり，横山政和の執政就任が 12 月 27 日であることから，この「御礼之次第」（16.33-50）は 12 月末以降のものであり，記載されている役職名が藩政期のものであることから，大幅改編前の明治 2 年 3 月までと推定される．また，八家で執政に就かなかった若年の者は芙蓉間詰として執政・参政の後ろに位置付けられた．
※3　上士上列・一等上士といった加賀藩独自の士分階層は，明治 2 年 10 月半ばに廃止されたとあることから，使用した「御礼之次第」（16.33-52）は，大参事・少参事体制に移行して間もない頃と推定される．

前田土佐守家は前田利家二男利政を家祖とし、八家では本多家と同じく格別の家柄であるが、幕末期の当主前田直信は安政三年（一八五六）に従五位下諸大夫を叙爵し、土佐守を称している。叙爵歴が一番長いことで幕末期には年寄衆の筆頭に位置し、その後も執政、大参事を歴任したことから儀礼の場での座列も最上位の人物である（［表3］）。代々家老を務めた元人持横山家（一万石）の横山政和は、幕末期には八家、そして前述の今枝家に次ぐ一〇番目の座列であったが、執政となって五番目となり、その後大参事となったことで三番目となる（［表3］）。また、文久三年（一八六三）に今枝家が家老から外れてからは、家老の筆頭であった。

岡田雄次郎は五〇〇石の平士で、幕末期には軍艦棟取として藩の軍艦を操縦し軍艦奉行を務め、慶応四年（一八六八）には組頭並となり、この段階で座列は一一〇番目であったが、その後徴士として政府に出仕し、帰藩後に参政（さらに公議人として東京に滞在）に就いたことで座列は一三番目にはね上がっている。そして、大参事に就任したことによって座列は四番目となり、免官後には海外視察も経験して前田家の家扶も務めた人物である。[*51]

以上、前田直信・横山政和・岡田雄次郎の経歴をみてみると、岡田はいわば門閥打破の典型であり、公議人として藩を代表する重要な役割を果たしていることがわかる。そして、元年寄筆頭の前田、元家老筆頭の横山の存在は、国許において厳しい状況に置かれている重臣層の不満を和らげる作用があったといえよう。藩政を熟知した重臣が藩中枢に存在することにより、緩衝材的な役割を果たしたとおもわれる。[*52]以上を鑑みると、当時の藩上層部の人事は、人材登用と身分階層のバランスの上に成立したものといえる。

3　地域にとっての重臣層の位置

(1)　藩政期の重臣層

加賀藩は、藩政期において徳川家以外では唯一陪臣叙爵が認められ（八家から四名）[*53]、さらに高禄の藩士を多く抱えていた藩である（本章で重臣層とする八家・人持は幕末期で約八〇家存在）。「諸大名家臣高禄番付」[*54]では安政期の全国諸藩における高禄藩士が記載されているが、全七一名中一二名が加賀藩士であり、万石以上の家臣の名が全員挙がっている。庶民が親しむ番付に重臣層が扱われている事例である。

そして、加賀藩では藩士は地方ではなく城下に集住したため、藩士が知行地を直接支配することはなかったが、知行宛行状とともに知行所附状が藩士に発給されており、加越能三州の村々から家臣に知行を与えるとの手続きを形式上とり続けている。「知行所につき高・百姓仕分け申上書」[*55]では、藩与力の中村知左衛門に割り当てられた石川郡四十万村で文化四年（一八〇七）に鬮取が実施され、中村家の高を担当する百姓が決定した旨を申し上げている。

［史料六］

覚

草高　　　　　　　　　　石川郡

一、拾六石九斗三升五合　　四十万村

免六ツ弐歩

内

五石　　　　　　百姓　武右衛門

五石　　同　伊右衛門

六石九斗三升五合　　同　七郎右衛門

〆

右私共在所今般御知行所ニ就被仰付候、百姓上中下鬮取之上を以相極、百姓分書上申通相違無御座候、以上

文化四年五月　　肝煎　三郎右衛門（印）

組合頭　市右衛門（印）

同　徳左衛門（印）

同　新左衛門（印）

同　久右衛門（印）

中村弥次郎様御台所

右之通相違無御座候、以上　　高尾村　茂八（印）

中村家は藩の与力として一〇〇石を拝領していたが、そのうち加賀国の分が四十万村に割り当てられていた。そして、鬮取によって百姓と高が仕分けられており、その旨を中村家に報告している。これは与力の事例であるが、重臣層でも同様の百姓仕分けが実施されている。

［史料七］

成瀬甚五左衛門《（正居）》様

一、五拾六石九斗三升四合・・・①

内

拾八石五斗三升四合　　伝右衛門

拾四石三斗七合　弥三兵衛
九石七斗五升五合　宇兵衛
〆四拾弐石五斗九升六合・・・②
ノ拾四石三斗三升八合
内
三石六斗九升五合　佐助
壱石九斗五升壱合　長助
九斗七升五合　彦兵衛
壱石六升　下　宇兵衛
三石弐斗五升二合　上　喜兵衛
弐石六斗壱合　宗兵衛
八斗四合　磯右衛門
〆拾四石三斗三升八合[*56]・・③

成瀬正居は二五〇〇石の人持であるが、その知行のうち河北郡大河端村に割り当てられた分の百姓（一〇名）と高（五拾六石九斗三升四合）が仕分けられている（①＝②＋③）。［史料六］を踏まえれば、この内容は成瀬家に報告されていたと考えられるが、こうした手続きは定期的におこなわれていたはずであり、城下集住をとる加賀藩であっても藩政期に藩士と地域との関係性が喪失していたわけではないことがわかる。

(2) 明治期の重臣層

明治期における重臣層の事例として、万石以上一二家の動静を整理してみると、前田土佐守家当主前田直行のように旧藩主前田家の家政に従事する者、横山家の鉱山経営に代表されるような経済活動を行う者、奥村家嫡流の奥村栄滋のような市長や官僚となる者、尾山・気多・白山比咩といった神社祠官となった者が複数名いたことがわかる。[*57] そのほか、学校および病院建設費用、慈善事業といった地域の教育・衛生関係に多く出資しているのが共通の傾向である。明治二一年（一八八八）の内容と推定される「時事提要」[*58]では、元八家の横山家は年所得額が二万四〇〇〇円を超えて突出し、本多家が二一五〇円、長家が一四〇〇円と続くが、他の家はおよそ数百円程度である。横山家を除けば、県内では彼ら以上の高額所得者も多いなか、彼らは出資者として期待されたことになるが、これは由緒ある家柄の彼らに資本を拠出してもらうことが地域にとって意義があったためと推察される。また、明治初年の都市整備の過程で旧武士地に町名を付ける際、本多町や茨木町など、そこに屋敷地を拝領していた藩士の名が町名として採用されている。当該地域を示す際に、藩士の屋敷地が地域にとっての道標であったことがわかる。[*59]

そして、同八年八月には石川県権令桐山純孝が元八家の前田直信・村井長在に県政発展について書簡を送っている。

［史料八］

秋冷増加、賢台益御安康拝祝此事ニ御座候、然ハ小生義不肖之身を以重任ヲ拝命、当春赴任後モ早速拝訪、万縷御依頼モ申上度底意ニ有之処、新旧廃置之際引続、移庁等ニ而終ニ其道ヲ不果、失敬ヲ極候、（中略）御政体モ日進、随テ諸府県競テ開明進歩之秋ニ当リ、当県之如キハ他ニ異ル大藩之末ニ候得者、他ニ異ル一大奮発ヲ起サンハ其比較ヲ得ス、況ヤ他ノ右ニ出ル義無之、殆困却此事ニ御座候、閣下ニ於テモ従来御治下之末ニ候得者、定而御苦配万々与奉遠察候、是全ク上ハ朝廷、下ハ部民ニ対シ、其責免レサル処ニ有之、是即上下県隔リ起ル処ノ弊ニ候得者、自今県庁トノ際気脈ヲ通シ、同心協力親シク会議ヲ起シ、前途倶ニ朝旨導（遵）奉之事ヲ運ヒ度、懇願之

外無之候得共、別紙口演書をモ御参酌、御同意も被下候ハヽ、旧御同列御初江御通達御勉励之程希上候、何レ不遠内拝趨万々御面話可仕候得共、乍略儀以書中及御依頼候、頓首再行

八月廿日　　　　桐山純孝

前田三吉（直信）殿

村井恒（長在）殿[*60]

桐山は各県が進歩を競うような状況のなか、比肩のない大藩であった石川県は他とは異なり一大奮発しなければならず、困り果てていると述べている。そして、前田・村井の両名も苦い思いをしているのではと推察しながら、上は朝廷から下は部民に対し、その責任は逃れられないとして協力を願っている。また、協力してくれる場合は、他の八家の者へもぜひとも伝えてほしいと懇願している。

この書簡は、県政トップの人物から元八家に対する協力要請として捉えられるが、この背景には桐山をはじめとする県首脳部と、前任の内田政風を支えた政治結社忠告社の面々との対立構造があったとされる。[*61]赴任間もない桐山にとっては自身の基盤を強固なものにするためにも、前田ら元八家の協力を願ったものとおもわれるが、この件は藩政期に重臣であった彼らが、いまだ地域において看過できない存在であったことを示していよう。

以上から、地域への影響力を有していた重臣層は、前述したように重臣層排除の潮流のなかでも職等によって保護され、廃藩以降、重臣層の一部は地域にとって求心力のある存在であり続けたといえるだろう。

おわりに

加賀藩は戊辰戦争以降、天皇を頂点とする新たな国家体制に対して恭順する姿勢を示し、政府による府藩県三治制

の徹底化に相応しい藩モデル（「列藩之標的」）を追求している。それ故、政府が藩を存続させる限りは、加賀藩は如何なる形態であれ存続を志向したといえ、自主的にせよ戦略的にせよ藩を放棄するという選択肢はなかったことになるが、このような姿勢が評価されたことによって大藩会議の候補に名を連ねたとおもわれる。また、当該期に実施された職制改革からは、厳しい状況におかれた重臣層に対する配慮が看取し得るが、これは明治初年の不穏な状況において藩内の安定を図る上で重要であり、藩上層部の人事においても門閥打破の潮流のなか、人材登用と身分階層のバランスを意識した改編がなされている。このように、藩にとって脅威にもなり得る存在であった重臣層であるが、近代以降も立場を変容させながら地域に対する影響力を保持していたといえる。

廃藩後の金沢は人口の急激な減少など衰退の傾向にあり、地域アイデンティティの喪失状況にあったとされる。[*62]そのなかで地域の支えとなったのが「旧藩」の「物語」であり、幕末期の藩主前田慶寧、および殉難志士の顕彰が盛んに主張されていくことになる。[*63]ただし、この「旧藩史観」は歴史的事実とは異なり、当時必要とされた「勤王」観が入り込んでおり、[*64]日比野利信は「明治維新に「我が藩」がいかに貢献したか、言い換えれば「我が藩」がいかに「勤王」であったのかをアピールする論理＝「物語」を確立することによって「藩閥」に対するコンプレックスが解消され、「旧藩」としてのアイデンティティが「回復」される[*65]」と指摘している。ここで日比野は、幕末期の福岡藩を叙述する際、藩主を「勤王」として描くため、藩内尊攘派弾圧の責任が藩主ではなく藩の執政に結びつけられたことを明らかにしているが、この指摘は加賀藩を分析する上でも有効である。実際、「勤王」の藩主前田慶寧は、本多や長など佐幕派重臣の影響を受けたために徳川寄りの言動を示したとも叙述されており、[*66]ここでの重臣層のイメージはあくまでも保守門閥というネガティブなものであった。

一方で、同時期には「百万石」意識による「旧藩顕彰」が盛んになり、明治二四年（一八九一）の金沢開始三百年祭、同三二年の旧藩祖三百年祭といった祭礼が挙行されている。[*67]前田侯爵家をはじめとして発起人や特別賛助員に元八家の当主が全員名を連ねているが、彼らは「加賀八家」として、ここでは顕彰の対象として地域のアイデンティティを支える役割を担ったと考えられる。つまり、国民統合が強く意識される時代において、重臣層は相反するイメージを付与された存在であったともいえ、地域の様相を検討するにおいて重臣層の評価は一つの方途になると考える。

以上、明治初年の加賀藩は、政府方針への対応については藩体制の変革と安定の両様が要求され、理想的藩モデルを追求するなかで実施された職制改革はバランスを意識したものであった。そして、そこで配慮がなされた重臣層は、地域においてアンビバレントな状態でありながら一つの誇りであり続けており、移行期における連続性を考える上でも重要な分析対象といえよう。

註

＊1　宮地正人「廃藩置県の政治過程―維新政府の崩壊と藩閥権力の成立―」（坂野潤治・宮地正人編『日本近代史における転換期の研究』山川出版社、一九八五年）、同「維新政権論」（『岩波講座日本通史一六　近代一』岩波書店、一九九四年）、同『幕末維新期の社会的政治史研究』（岩波書店、一九九九年）、松尾正人『廃藩置県―近代統一国家への苦悶―』（中公新書、一九八六年）、同『廃藩置県の研究』（吉川弘文館、二〇〇一年）、同「版籍奉還と廃藩置県」（明治維新史学会編『講座明治維新三　維新政権の創設』有志舎、二〇一一年）、同「戊辰戦争と廃藩置県」（『岩波講座日本歴史』一五巻近現代一、岩波書店、二〇一四年）、高橋秀直「廃藩置県における権力と社会―開化への競合―」（山本四郎編『近代日本の政党と官僚』東京創元社、一九九一年）、勝田政治「維新政権論の現代」（『歴史評論』五八九号、一九九九年）、同『廃藩置県―「明治国家」が生まれた日―』（講談社メチエ、二〇〇〇年）など。

＊2　また士族に焦点を当てた分析としては、落合弘樹『秩禄処分―明治維新と武士のリストラ―』（中公新書、一九九九年）、同『明治国家と士族』（吉川弘文館、二〇〇一年）がある。

＊3　松尾正人「明治維新の政局と米沢藩政」（藤野保先生還暦記念会編『近世日本の政治と外交』雄山閣、一九九三年）、落合弘樹「維新期の彦根藩と彦根藩士」（佐々木克編『幕末維新の彦根藩』サンライズ出版、二〇〇一年）、木原溥幸『佐賀藩と明治維新』（九州大学出版会、二〇〇九年）、難波信雄「解体期の藩政と維新政権―仙台藩政と三陸会議を中心に―」（明治維新史学会編『幕末維新論集六　維新政権の成立』吉川弘文館、二〇〇一年）、前田結城「姫路藩における版籍奉還への政治過程―〈本領安堵・家名存続〉

論の延長としての版籍奉還建白―」(『神戸大学大学院人文学研究科地域連携センター年報』五号、二〇一三年)。

＊4 磯田道史「幕末維新期の藩校教育と人材登用―鳥取藩を事例として―」(三田史学会編『史学』七一―二・三号、二〇〇二年)、徳田寿秋「新政権成立期における有才登用の経緯―加賀(金沢)藩の岡田雄次郎・安井和介の場合―」(加能地域史研究会編『地域社会の歴史と人物』北國新聞社、二〇〇八年)。

＊5 奥田晴樹『日本近代の歴史一　維新と開化』(吉川弘文館、二〇一六年)。

＊6 明治維新史学会編『明治維新史研究の今を問う―新たな歴史像を求めて―』(有志舎、二〇一一年)。

＊7 前田結城は、府藩県三治一致の制度的・理念的特質と藩政改革の連関、および藩と直轄府県との関係性を具体的に分析し、三治制の特質を〈領主的人格的秩序〉と〈官僚的制度的秩序〉の併存から後者の秩序を制度化しようとする体制であったと評価している(同「府藩県三治一致の特質と展開に関する一考察」『ヒストリア』二五九号、二〇一六年)。

＊8 『石川県史』第二編(石川県、一九七四年)、『金沢市史』通史編二近世(金沢市、二〇〇五年)、徳田寿秋『前田慶寧と幕末維新―最後の加賀藩主の「正義」―』(北國新聞社、二〇〇七年)。

＊9 加賀藩家臣団における最上位は八家であり、独占的に執政役である年寄衆を構成する。その下に人持が数十家存在し、そこから家老が選任される。本書においては、年寄・家老の体制を構成する八家および人持を重臣層とし、その下に続く平士を実務層と理解して整理している。なお、明治二年(一八六九)の版籍奉還から同四年の廃藩置県までは金沢藩が正式に設置されているが、本書では近世からの連続性もテーマとしているため、概念的に加賀藩で表記を統一している。

＊10 以降の改革過程については、[表1]を参照されたい。

＊11 金沢市立玉川図書館近世史料館所蔵「御用鑑」巻六。以下、特に断りのない場合は同館所蔵史料とする。

＊12 「御用方手留」巻三三。

＊13 「同右」巻三四。

＊14 そのほか、当時参政から執政となった横山政和も慶寧上洛に随行している。

＊15 加賀藩では、八家を上士上列、人持を一等上士、頭役を二等上士、平士層を三等上士、その下に一等中士、二等中士、下士と設定している。職等については本書第四章でも検討している。

＊16 徳田前掲著書『前田慶寧と幕末維新―最後の加賀藩主の「正義」―』では、在京藩士による原案作成の姿勢、およびその内容から加賀藩の奉還に対する消極性を指摘している。一方で、浅井清『明治維新と郡県思想』(巌松堂書店、一九三九年)では、建白

の内覧や借覧が諸藩で盛んに行われて建白の内容が統一されていったことや、藩主以下在京の者たちで決定して国許には事後承認を求めた藩が多かったと述べていることから、加賀藩の姿勢がとりわけ消極的であったとはおもわれない。改めて全国的な動向を踏まえて分析する必要がある。

＊17　「御用方手留」巻三四。建白の内容については、執政横山政和が原案を作成し、それを公家出身で元参与の平松時厚（甲斐権介）に示し、添削した上で提出したとされる（「横山政和覚書」郷土資料本）。

＊18　奉還の内容は京都から国許に伝えられ、慶寧の建白は組頭から組士へ披見という形が取られた。執政で人持組頭の本多政均は、自身の組の筆頭である菊池武成を呼び、組内の者に伝えるよう命じている。そして、「諸侯方之内御建白写も到来、会議所江渡置有之候間致披見度、且存寄も有之儀ニ候ハヽ、同処江可申聞旨も被申渡」（「御用方手留」巻三四）と、他の諸侯による建白の写しが藩の会議所にあるため、意見のある者は会議所で閲覧するように述べている。会議所など、加賀藩における藩議事の問題については本書第四章でも言及している。

＊19　三〇〇〇石以上の藩士は知藩事と同様で旧禄高の一割となり、三〇〇〇石から一〇〇石までは斜線による減禄、一〇〇石未満は現状維持という改定であった。

＊20　諸務変革令によって藩では族称の変更を進めたが、この明治二年は大凶作であったため、陪臣の士族・卒族の編入については思うように進まず、「当分管轄」という形で元主人に管轄させるような状況であった（「布令留」）。

＊21　「御用方手留」巻三五。

＊22　人選を伺う範囲について確認した際、「被仰出人撰ハ、従来之執参ニ相当之役員丈ケ可申出事」（「維新前後書類」）とあることから、加賀藩では大参事から権少参事までが対象だったことがわかる。

＊23　石川県立図書館所蔵「明治職員令并藩治職制」。府県が藩のモデルになることについては、奥田晴樹「府県の創設」（明治維新史学会編『講座明治維新三　維新政権の創設』有志舎、二〇一一年）。

＊24　陪臣が士族・卒族に編入した場合には、彼らは藩の管轄となり、給禄は藩が支払うはずだが、前述の通り加賀藩では大凶作により「当分管轄」として元主人に一時管理させていた。

＊25　前述のように、加賀藩では明治二年に独自の身分階層を設定したが、藩士恒川新左衛門（清造）の由緒帳には「（明治二年一〇月一七日）上士等之称被廃、士族与御改称之旨被仰渡」（「先祖由緒并一類附帳」）とあり、以後は士族で統一されたと考えられる。

＊26　「御手留抄」巻七。

＊27　元権大参事だった篠原一貞は、二ヶ月後の十二月に大参事に就任している。また、元大参事の横山政和は翌四年四月に、元権大参事の前田孝錫は二ヶ月後の六月にそれぞれ再任しており、経験豊富な人材が藩政に復帰している。
＊28　先の大参事・少参事体制も含めた明治初年の人材登用については本書第四章を参照。
＊29　日本史籍協会編『岩倉具視関係文書』巻五（東京大学出版会、一九八三年）。
＊30　「廃藩置県勅詔并前藩知事告諭」。
＊31　ここに挙がる寺院はいずれも前田家による統治で重きをなした寺院であり、勝興寺では藩主家の男子を迎え入れたことがある（後に還俗した藩主前田治脩）。当時は神仏分離令に端を発した廃仏毀釈の気運がいまだ残り、越中富山藩領では過激な政策が強行されていた（安丸良夫『神々の明治維新―神仏分離と廃仏毀釈―』岩波新書、一九七九年）。加賀藩領でもその影響はあったと考えられるが、歎願の背景にこのような事情があったことも念頭に置く必要がある。
＊32　「触留」巻七（全七冊・陸原惟厚本）。
＊33　「同右」巻七別紙（全七冊・陸原惟厚本）。
＊34　池田勇太は、明治初年の熊本藩が「藩政一新皇国興隆せよ」との綸言を拝領し、藩組織改編に取り組んだことを指摘している（同『維新変革と儒教的理想主義』山川出版社、二〇一三年）。
＊35　宮地前掲著書『幕末維新期の社会的政治史研究』、および前掲『金沢市史』通史編二近世、九一五頁。
＊36　山辺沖太郎は藩士山辺沖右衛門の子、井口義平は与力として藩に仕えており、二人は従兄弟であったという（『加能郷土辞彙』金沢文化協会、一九四二年）。
＊37　前掲『石川県史』第二編、一〇二六頁。
＊38　奈良勝司は、攘夷は幕末時点では総括されず、未完の国家目標として近代以降に持ち越されたと見なければならないとし、むしろ広義の攘夷論は政権が依って立つ正当性の重要な骨格を構成することになったと述べる（同「近代日本形成期における意思決定の位相と「公議」―衆論・至当性・対外膨張―」『日本史研究』六一八号、二〇一四年）。
＊39　加賀藩では藩士が横死した場合、事の曲直に関わらず一旦家名を断絶させ、その上で旧禄の幾分かを相続させる形をとっていたが、今回のケースでは即日の全領相続が行われており、それは本多政均の積年の功績に対する破格の恩典であったとされる（前掲『石川県史』第二編、一〇一六頁）。この恩典に加え、五万石の本多家が一時的とはいえ断絶するという衝撃によって藩内が動揺することを憂慮したのではないかと考える。

＊40　「御用方手留」巻三五。

＊41　小川仙之助は銃隊物頭として戊辰戦争の北越戦線で激戦を繰り広げた人物であり、明治三年七月には藩の大隊長に任じられていた。この書状では「小川隊長」とあることから、東遊士なる人物は小川配下の者の可能性がある。

＊42　金沢市立玉川図書館近世史料館所蔵。

＊43　頭役は人持に続く階層である平士から諸頭に任命された者であり、禄高のみでなく個人の能力でも序列化される。

＊44　金沢市立玉川図書館近世史料館所蔵。

＊45　同右。

＊46　加賀藩の職等では、元八家である上士上列は第三等、元人持の一等上士は第四等と設定されているが、上士上列といった階層自体は、明治二年一〇月士族に統一されたことで消滅したと考えられる。

＊47　ちなみに、明治三三年には諸侯の万石以上の家臣が男爵に任じられたが、加賀藩の一二家からは一〇家が叙爵している。これは基準となった大蔵省の「辛未禄高帳」が与力知を除いて記載されており、人持の本多家・横山家が七〇〇〇石で基準を満たさなかったためである。同様に人持の津田家も八五〇〇石で満たしてはいなかったが、戊辰戦争において当主の津田正邦が功績を挙げたことで叙爵している（松村敏「武士の近代―一八九〇年代を中心とした金沢士族―」『商経論叢』四五四号、二〇一〇年）。

＊48　人持から任じられる家老は禄高順に序列化されるため（前田姓は例外）、人持最高禄の今枝家は家老に就くと筆頭になる。また、家老は半月毎に主附を立てる制度を採用している（本書第五章を参照）。

＊49　加賀藩家臣団は、三〇〇〇石以上は下屋敷を所有することが許されていた。明治二年には主だった家臣は上屋敷を藩に譲渡して下屋敷に移っており、本多家上屋敷は藩主前田家の私邸、長家は藩庁に使用されている。

＊50　「金沢藩職員録」。また、「布令留」には明治二年一〇月に少参事を諸局掛に申し付けることが記されている。

＊51　岡田については、徳田前掲「新政権成立期における有才登用の経緯―加賀（金沢）藩の岡田雄次郎・安井和介の場合―」、同『海を渡ったサムライたち―加賀藩海外渡航者群像―』（北國新聞社、二〇一一年）に詳しい。

＊52　少参事の人事についても同様の傾向が読みとれる。長成連や成瀬正居といった重臣層を据えつつ、木村九左衛門・不破亮三郎といった政府出仕経験者を配置している。

＊53　加賀藩の陪臣叙爵については、佐藤孝之「加賀藩年寄の叙爵をめぐって」（橋本政宣編『近世武家官位の研究』続群書類従完成会、一九九九年）、清水聡「元禄期加賀前田家における諸大夫家臣の再興とその意義」（『地方史研究』六〇巻二号、二〇一〇年）、およ

び本書第五章でも検討している。
＊54　金沢市立玉川図書館近世史料館所蔵。
＊55　同右。
＊56　「御地頭割」。嘉永七年（一八五四）に改められたもので、大河端村に割り当てられた藩士一二名分が書き記されている。引用は成瀬の箇所に留めた（部分引用）。地頭割については、『宮本文庫目録』（金沢市立玉川図書館近世史料館、二〇〇八年）の「解説」の項も参照のこと。
＊57　松村前掲「武士の近代―一八九〇年代を中心とした金沢士族―」。
＊58　金沢市立玉川図書館近世史料館所蔵。
＊59　ただし、多くの重臣層は明治以降の動きが把握できていないのも事実である。明治以降、地域の求心力は特定の家に集約されていったとみるべきだろう。
＊60　「石川県発展の件につき協力依頼状」。
＊61　『金沢市史』通史編三（金沢市、二〇〇六年）一三・三四頁。
＊62　本康宏史「「加賀百万石」の記憶―前田家の表象と地域の近代―」（『日本史研究』五二五号、二〇〇六年）。
＊63　高木博志「「郷土愛」と「愛国心」をつなぐもの―近代における「旧藩」の顕彰―」（『歴史評論』六五九号、二〇〇五年）、畑中康博「明治時代における秋田藩維新史像の形成」（『日本歴史』七七四号、二〇一二年）。
＊64　笹部昌利「近世の政治秩序と幕末政治―鳥取藩池田家を素材として―」（『ヒストリア』二〇八号、二〇〇八年）。
＊65　日比野利信「維新の記憶」（明治維新史学会編『明治維新史研究七　明治維新と歴史意識』吉川弘文館、二〇〇五年）、同「「旧藩史観」再考」（『九州歴史科学』四五号、二〇一七年）。
＊66　当該期、藩主慶寧が徳川家を重視していたことを示す史料は散見される。「横山政和覚書」（郷土資料）をはじめとした近代の口述筆記、回顧録は慎重な分析が必要である（長山直治『加賀藩を考える―藩主・海運・金沢町―』桂書房、二〇一三年）。言説による「勤王」と実態としての「勤王」を区分し、史料に即した評価が求められる。
＊67　「百万石」意識による「旧藩顕彰」については、高木前掲「「郷土愛」と「愛国心」をつなぐもの―近代における「旧藩」の顕彰―」、本康前掲「「加賀百万石」の記憶―前田家の表象と地域の近代―」。

第四章 明治初年の加賀藩における人材登用
――藩議事など藩組織改編との連関――

はじめに

明治初年の藩研究については、戦前からの豊富な研究蓄積がみられるが、傾向としては中央集権体制の確立を目指す強力な政府のもとで、藩が逐次解体されていったとするのが通説であった。つまり、政府の政策に抵抗できずに藩は解体されていったのであり、そこに藩の主体性は見出せないという見解である。

しかし、廃藩置県研究の進展によって、廃藩断行に至るまでの道程が相当程度明らかになり、政府の性格規定に関する議論が進むと、当該期においては強力な政府とは必ずしも言い切れない側面がみられ、藩も単に従属していたわけではないということが明らかとなった。[*1] 近年の成果によれば、政府方針に耐えきれずに自ら廃藩を願い出た藩がある一方で、政府に対して抵抗姿勢を示した藩や、[*2] 複数の藩が横断的に連携し、戦略的に廃藩を掲げるような能動的な藩の存在が指摘されている。[*3] そしてこのような「自壊」とも「活性化」とも捉えられる当該期の藩については、さらなる分析が必要との指摘がある。[*4]

以上のような研究状況では、基本的に恭順姿勢を示した藩の動静が不明瞭であること、当該期の政治過程を特定の人物に偏ることなく組織で把握する必要があることから加賀藩を分析対象とし、[*5] 当該期の藩で実施された職制改革について検討を試みた結果（第三章）、加賀藩は府藩県三治制の徹底に相応しい藩モデルを追求したこと、藩上層部の人事では実務層の登用とリスク因子でもあった重臣層のバランスが考慮されていたことがわかり、[*6] 当該期における重臣層の役割について、政治過程と関連させながら一定程度明らかにした。ただし、改編において登用された人材（実務層）については十分な分析ができていない。岡田雄次郎や安井和介といった一部の藩士については既に注目され、有能で政府出仕経験があり、政府と藩とのパイプ役が期待された人物と評価されているが、[*7] 組織における人材について考える際には、彼ら以外の人材についても分析する必要がある。また、新政府への出仕経験が廃藩に至るまで登用の主要な要因であり続けたとは考えにくく、各時期における登用の特徴については、当時の政治状況と絡めながら分析する必要があるだろう。

以上の関心により、本章では明治初年に加賀藩で実施された職制改革において登用された人材に着目し、どのような傾向がみられるのかを明らかにしたい。そして、彼らがなぜ登用されたのかについて、当時の藩をとりまく政治状況と合わせて検討していく。また、当該期の藩研究については、議事制度や地域社会の実態など、多様な研究成果が出されているが、[*8] 藩組織や人事改編といった政治的な分析は必ずしも多いとはいえないため、[*9] 本事例も含めてどのようなアプローチが見出せるのか展望してみたい。

1　明治初年の政治過程と加賀藩

慶応四年（一八六四）一月三日の鳥羽・伏見戦争以降、一年以上にわたり戊辰戦争が繰り広げられるが、徳川慶喜から討薩の檄文が届いた加賀藩では、徳川家支援を目的とした出兵が計画されている。先発隊を率いる年寄村井長在に対し、「今度ハ大切之義、一際奮発忠勤を励まれ、猶内蔵太（前田孝錫）申談、諸事無泥指揮致」[*10] と藩主前田慶寧の御意が出されると、[11]九日に金沢を出発している。[12]また、藩主自身も出陣する意思があったようで、随行する家臣を選定しており、[13]この段階での加賀藩の藩是は、徳川家を中心とした新たな体制を構築することにあったとみてよい。[14]しかし、京都詰からの報告を受け、徳川家が朝敵となったこと、前月の慶寧退京が無許可であったことに対して朝廷が疑念を抱いていることが伝えられたため、やむなく袂を分かち、出兵中の部隊を金沢に引き上げさせると、[15]一九日には慶寧が勤王の姿勢で尽力することを藩内に告げている。[16]

このように、加賀藩は京都詰の迅速な対応もあって、新政府から賊軍の扱いを受けることはなかったが、新政府に対する貢献がなく、過去に藩主上洛の実績がある藩とされたことから、[17]藩主の再上洛および恭順の姿勢を明確にする必要に迫られている。一五日付で各藩の去就を糾問する書が出されると、加賀藩は二月上旬に誓約書を提出し、三月に北陸道鎮撫総督高倉永祜ら一行が金沢に入り、大号令をはじめとした諸通達が出されると、すぐさま請書を提出して恭順の姿勢を示している。また、藩主の上洛要請については、藩主名代として前藩主前田斉泰が上洛し、三月三日に参内すると、一四日には五箇条誓文に誓約している。さらに、世嗣前田利嗣も七月に上洛して誓文に誓約し、大宮御所の警衛に就いており、藩主慶寧は明治二年（一八六九）はじめに上洛し、二月に五箇条の誓文に誓約している。[18]

また、慶応四年四月には越後方面の情勢が不穏であったため、薩長とともに北国筋を鎮圧せよとの朝命が加賀藩に出され、七〇〇〇人を超える人員を北越戦線に派遣している。加賀藩では慶応末期から西洋軍制を整備していたが、[19]この部隊が戦線に投入されて激しい戦闘をおこなっており、戦争全体で二六〇人以上の死傷者を出している。戊辰戦争への参加は加賀藩にとって恭順姿勢を明確にするものであったが、新政府から官札一〇万両の貸付と同額の正金拠出を命じられるなど負担も大きかった。[20]

(1) 貢士・徴士の選任

このように恭順の姿勢を示した加賀藩であるが、更なる新政府への対応としては人材の供出が挙げられる。慶応四年二月、弁事役所に聞番が呼ばれ、貢士および徴士の採用について通達されている。貢士については、「今般王政御一新被為仰出、輿論公議を執り候御趣意を以、各藩ゟ貢使《（ママ）》として太政官江指出候様被仰付候条、其御趣意ニ相基キ、国々国論ニも可相代者人撰有之指出候様御沙汰候事」[*21]とあり、「太政官日誌」では「貢士、大藩四十万石以上三員、（中略）諸藩士、其主ノ撰ニ任セ下ノ議事所へ差出ス者ヲ貢士トス、則議事官タリ、輿論公議ヲ執ルヲ旨トス、貢士定員アツテ年限ナシ、其主ノ進退スル処ニ任ス、又其人才能ニ因テ徴士ニ選挙スヘシ」[*22]とあることから、貢士は藩を代表する議員として藩主の推薦によって新政府に差し出された者たちであり、新政府の「議事官」として諸藩から出向した者との位置付けになる。[*23]加賀藩は大藩に該当したため定員は三名で、三月には木村九左衛門・陸原慎太郎・永山平太が選任されている（木村は翌月に免除となり井口嘉一郎が選任[*24]）。

この四名は禄高が低く（木村一五〇石・陸原一五〇石・永山六〇石・井口一〇〇石）、以前から藩政に深く関与していた者たちではない。傾向として、木村・陸原の両名は、手当人馬等調理方御用・兵粮監卒・粮米等運送調理方御用主付など、人や物資の差配を担当しており、理財に長けた者たちであったことがわかるが、[*25]新政府への出仕が免除となり藩に戻った後には権大参事・権少参事といった藩の重職に就いている（後述）。とりわけ陸原については、理財面に加えて軍艦棟取や長崎航海御用を命じられるなど、西洋軍艦に関する知識も豊かであったとおもわれ、慶応三年に銃隊馬廻使役を任じられた際には、「役中御引足知拾石被下、百五拾石高ニ被仰付」と、役中に限り足高がなされている。[*26]また、永山・井口については、後に文学教師や漢学教師に任じられており、学事に造詣が深かった人物であったといえる。[*27]そして、この四名はいずれも貢士任命前後で藩の年寄中席議事方御用や聞番御用筋示談に加わっていることから、藩政への関与や新政府および他藩との応接に動いていたことがわかる。

また、「自各藩徴士被仰付候者ハ、奉命即日ゟ朝臣与相心得、勿論旧藩ニ全ク関係混合無之御趣意ニ候間、此旨厚相心得可申事」[*28]と、徴士として新政府に出仕して朝臣扱いとなった者もいる。「太政官日誌」には、「徴士、無定員、諸藩士及都鄙有才ノ者、公議ニ執リ抜擢セラル、則徴士ト命ス、参与職各局ノ判事ニ任ス、又其一官ヲ命シテ参与職ニ任セサル者アリ、在職四年ニシテ退ク、広ク賢才ニ譲ルヲ要トス、若其人当器尚退クヘカラサル者ハ、又四年ヲ延テ八年トス、衆議ニ執ルヘシ」[*29]とあることから、貢士のような藩からの推薦ではなく、必要に応じて新政府から選ばれたことがわかる。徴士は定員がなく、優秀であれば任期も八年に延長され、主に各局の判事に任じられた。[*30]この徴士は、①諸藩士からのみでなく、士分以外からも人材を得ようとしていること、②新政府から給与を支給されること、の二点に歴史的な意義があるとの指摘がある。①は「四民協力」の形を採用するも推薦方法が何ら規定されておらず、薩長および政変関係者を中心にリクルートして「一本釣り」のような方式であったという。[*31]②は給与の支給によって一時的にでも天皇の直臣＝朝臣となり、新政府固有の官僚を形成する道筋がみえたとされる。[*32]

加賀藩の徴士経験者には、岡田雄次郎・安井和介・北川亥之作など、後に藩の重職に就いた者もいるが、幕末期に聞番として情報収集を担った里見亥三郎や、卯辰山開拓に町奉行として関わった不破亮三郎なども確認できる。また、先の貢士には「其人才能ニ因テ徴士ニ選挙スベシ」との規定があったことから、陸原と井口の両名は貢士から徴士へ変更となり、軍務官権判事などに就いている。以上、徴士は新政府による「一本釣り」のような人選であったため、徴士経験者を全員把握することは困難であるが、判明する限りは重臣層からの採用はなく、その下の実務層から採用されていると考えてよい。また、彼らの処遇については、徴士免官後は藩に復帰することとなっている。[*33]

(2) 執政・参政体制での登用

明治元年一〇月に藩治職制が出されたことで、藩も府県と同様に執政・参政の設置が要求され、加賀藩ではこの藩

主な経歴※1				
理財	軍事	交接	その他	政府出仕
・公事場内密奉行			・年寄中席議事	公議人
・産物方主附	・軍艦棟取 ・軍艦奉行 ・軍事御内用	・外国接待主事		徴士
・勝手方御用 ・定検地奉行 ・手当人馬等調理方御用		・聞番御用筋示談 ・聞番示合臨時外交 ・公儀御用	・年寄中席議事方御用	貢士
・旅館間囲等并御供人宿所割渡方御用主附 ・上京跡仕抹方等御用 ・町奉行	・銃隊馬廻頭並	・聞番 ・外国船諸事取扱方御用	・近習御用 ・議事方御用	
・手当方人馬等調理方御用	・銃隊物頭	・聞番外交筋	・年寄中席議事方御用	
・勝手方御用 ・町奉行	・銃隊馬廻頭	・聞番 ・公儀御用	・年寄中等席議事御用 ・会議所取建御用	徴士

作成.
たがった. なお，禄高については給禄改革以前のものである.

治職制をうけて一二月に執政・参政を設置して従来の年寄・家老を廃止している。

[史料一]

（前略）

今般藩治職制之義行政官ゟ就被仰渡候、従前年寄中・御家老役、曁御用番・加判等之名目被廃、更ニ執政等、左之通今十五日ゟ被仰付候

一、執政　前田土佐守（直信）　奥村河内守（栄通）　本多播磨守（政均）
　　　　村井又兵衛（長在）

一、参政　横山蔵人（政和）　津田玄蕃（正邦）　本多図書（政醇）
　　　　前田将監（恒敬）　前田内蔵太（孝錫）
　　　　不破彦三（為儀）　横山外記（隆淑）

右之通被仰出候条、被得其意、同役中伝達、組支配不相洩様可被申渡候、以上

十二月十五日　　村井又兵衛*34

執政の前田直信以下四名はいずれも元年寄であり、参政の横山政和以下七名は元家老である。「執政参政ハ藩主之所任ト雖トモ、従来沿襲之門閥ニ不拘、人材登庸、務テ公挙ヲ旨」とするように通達されていたが、この段階では旧体制からのスライ

[表 1] 参政の追加任命一覧 (明治元年 12 月以降)※1

	通称	階層	禄高［石］	就任日
多賀直道	源介	人持	2,700	明治元年 12 月 24 日
岡田政忠	雄次郎	平士	500	明治元年 12 月 27 日
木村　恕	九左衛門	平士	150	明治元年 12 月 27 日
藤懸頼善	十郎兵衛	平士	500	明治 2 年 1 月 16 日
丹羽履信	次郎兵衛	平士	150	明治 2 年 1 月 16 日
不破貞順	亮三郎	平士	700	明治 2 年 1 月 16 日

金沢市立玉川図書館近世史料館所蔵「先祖由緒并一類附帳」「御礼次第」「乾州岡田君行状」により
※1　参政に追加任命されるまでの経歴から特徴的なものを抽出し，表記は史料中の表記に概ねし

ドであったことがわかる。しかし、加賀藩では同月下旬から翌二年一月にかけて、あらたに六名を参政に追加している。同二月の藩主慶寧の上洛を控え、梃子入れを図ったものと考えられるが、［表1］は参政に追加された者たちの主な経歴を整理したものである。まずは、岡田雄次郎が徴士、木村九左衛門が貢士といったように、新政府への出仕経験を有する者が多くみられるとともに、勝手方御用をはじめとして理財に長けていたことを示す経歴の者たちが揃っている。また、手当方人馬等調理方御用や上京跡仕抹方御用といったように、臨時に人や物資を差配しなければならない御用を担った者たちもいる。加えて、多賀直道以外の五名は、聞番や公儀御用、外国接待主事など、藩の外交筋に任じられて他との交接経験を有しており、岡田を除く五名については、年寄中席議事方御用に就いているのも特徴であろう。彼らは議事御用として藩の政治意思決定に参画したものとおもわれるが、そのような経験を積んだ者たちがここで名を連ねている。つまり、参政に追加任命されたのは、藩を代表して他との交接経験がある者、藩政に携わった経験がある者が重視されたといえる。

以上から、貢士および徴士として新政府に出仕した者につい

ては、貢士は藩の推薦によって「議事官」として出仕した者、徴士は必要に応じて新政府によって官吏に採用された者であり、出仕の内容に違いがある。また、彼らは「抜擢」が示すように、藩の重臣層からではなく理財や軍事に優れた実務層から選ばれている。

一方で、国許では藩治職制に対応するために従来の年寄・家老を廃止して執政・参政の体制に移行したが、当初は年寄から執政、家老から参政といった旧体制からのスライドであった。だが、その後参政に追加任命された者たちは、ほとんどが藩政への関与や他との交接に従事していた実務層であり、さらに貢士や徴士を経験していたことも、任命理由の一つであったとおもわれる。また、追加の任命といえども、旧来の階層に規定された人事を超える登用であったことは間違いなく、この人事は藩家臣団の秩序に楔を打ち込んだものと評価できよう。[*35]

2　大参事・少参事体制の成立

(1)　加賀藩独自の士身分改定と職等

明治二年（一八六九）三月、加賀藩は独自に士身分の階級を定め、元八家は上士上列、元人持は一等上士、元頭役は二等上士、元平士は三等上士、そのほか一等中士、二等中士、下士といった七階級が設定されたが、さらに藩独自の政策として職等を設定している（［表2］）。職等は、第一等から第九等に分類され、役職毎に等級が定められるとともに、前述の上士上列が第三等といったように、士身分の階級も職等に組み込まれている。[*36] つまり、職等は役職の等級と身分階層が合わせられたものといえ、新政府の政策を受容し、旧来の体制を改編することによって混乱した加賀藩家臣団の序列を再整備する役割を果たしたといえる。[*37]

そして、同年六月に版籍奉還がおこなわれると、同月には一一箇条の諸務変革令が出されている。

[表2] 職等一覧（明治2年3月）

等級	職			
第一等	執政			
第二等	参政 議長	学政・軍政寮知事 一等上士頭	民政・会計寮知事	刑獄寮知事
第三等	上士上列（元八家） 刑獄寮副知事 二等上士頭	監察 海軍局主事 三等上士頭	学政・軍政寮副知事 陸軍局主事 大隊長	民政・会計寮副知事 一等議衆
第四等	郡宰 商法局主事 捕亡局主事 一等武学教師 二等中士頭	市宰 鉄砲局主事 一等公用人 海軍局主事試補 無役之一等上士（元人持）	勧農局主事 弾薬局主事 二等議衆 陸軍局主事試補 中隊長	理財局主事 兵器局主事 一等文学教師 一等中士頭 砲隊長
第五等	庶務局主事 勧農局主事試補 二等公用人 政事堂一等主簿	営修局主事 理財局主事試補 三等議衆 下士頭	郡宰試補 弾薬局主事試補 二等文学教師 寄合銃兵頭	市宰試補 兵器局主事試補 二等武学教師 無役之二等上士（元頭役）
第六等	庶務局主事試補 陸軍局一等承事 理財局一等承事 兵器局一等承事 政事堂二等主簿	営修局主事試補 郡治局一等承事 商法局一等承事 応接方 無役之三等上士（元平士）	刑獄寮一等承事 市政局一等承事 鉄砲局一等承事 三等文学教師 小隊長	海軍局一等承事 勧農局一等承事 弾薬局一等承事 三等武学教師
第七等	庶務局一等承事 陸軍局二等承事 理財局二等承事 兵器局二等承事 公務局一等書吏	営修局一等承事 郡治局二等承事 商法局二等承事 政事堂一等書吏 無役之一等中士	刑獄寮二等承事 市政局二等承事 鉄砲局二等承事 学政・軍政寮一等書吏 半隊長	海軍局二等承事 勧農局二等承事 弾薬局二等承事 民政・会計寮一等書吏 双砲長
第八等	庶務局二等承事 陸軍局三等承事 理財局三等承事 兵器局三等承事 公務局二等承事（書吏）	営修局二等承事 郡治局三等承事 商法局三等承事 政事堂二等書吏 無役之二等中士	刑獄寮三等承事 市政局三等承事 鉄砲局三等承事 学政・軍政寮二等書吏 一等郷導	海軍局三等承事 勧農局三等承事 弾薬局三等承事 民政・会計寮二等書吏 一等弾砲長
第九等	刑獄寮書吏 二等郷導	諸局一等書吏 二等弾砲長	公務局三等書吏	無役之下士

金沢市立玉川図書館近世史料館所蔵「布令留」により作成.

［史料二］

六月廿五日

一、依御用召御参朝被遊候所、於御大広間従来俸禄十分之一を以家禄与可相定旨并御支配地総高等取調、来ル十月中御届可申旨等徳大寺（実則）殿ゟ別紙之通被仰渡

六月廿六日

一、従来支配地総高并現米惣高取調可申出事

但、免ハ五ヶ年平均ヲ以取調可申出事

一、諸産物及諸税数取調可申出事

一、公廨一ヶ年之費用取調可申出事

一、職制・職員取調可申出事

但、重立候職員取調可申出事

一、藩士兵卒員数取調可申出事

但、従前之禄并扶持米遣置候高取調可申出事

一、社寺領其外従前禄扶持米等遣居候人員并高取調可申出事

一、現石十分之壱ヲ以テ家禄可被相定候事

但、石高外諸税モ可準之事

一、支配地総絵図可差出事

一、支配地人口・戸数取調可指出事

一、一門以下平士ニ至ル迄総テ士族ト可称事

但、家禄御定之振合ニ基キ、給禄適宜改革可致候、且一門之輩ハ追而位階ヲ可賜事

一、家禄相応家令・家扶・家従以下召仕候人員可窺出事

但、従前之知家事、家令ト唱へ可申事

右之件々被仰出候ニ付テハ、諸務変革来ル十月中取調可申出事[*38]

石高の一〇分の一を知藩事家の家禄とすること、一門以下の藩士を士族に統一した上で給録を改革することが要求され、領内の実収高や諸税調査、藩庁の年間経費といった基本情報の提出も命じられている。藩の職制については同内容を記載した他史料では「重立候職員人撰可相伺事[*39]」とあることから（傍線部）、重職の人選については新政府に伺い出るように定められていたことがわかる。[*40]

(2)　大参事・少参事体制の成立

この諸務変革令の翌月に職員令が出されると、藩は府県と同様の体制への変更を迫られ、藩上層部の体制は執政・参政から大参事・少参事へと移行することが定められた。それを受けて、加賀藩では九月に大幅な人事の改編を実施している。

［史料三］

今度職制何茂承知之筈ニ付而者、藩知事之御職を以更ニ職務追々御改被遊候、仍而先ツ大参事三人斗、権大参事弐人斗、少参事弐人斗、権少参事三人斗、都合拾人斗、貴賤不拘職務相当之者、衆議不致人々見込を以、封物又者直ニ可申上旨、右等之趣明後六日迄有無可申上御意候[*41]

大参事以下の職については、階層を問わず職務相応と思われる人材について、衆議などせずに各々の見込みにより申し上げる形になっている。このような基準で各職の任命がなされ、大参事には前田直信（元年寄）・横山政和（元

家老）といった重臣が名を連ねている。両者は幕末期にはそれぞれ年寄と家老の筆頭であり、当時はともに執政として藩政に関わっていた。また、権大参事や正権の少参事についても、長連恭（元年寄）・前田孝錫（元家老）といった人物が任命されており、大幅な人事改編にあって重臣からも任命されていたことがわかる。

そして［表3］は、明治二年九月から翌三年閏一〇月までの就任者のうち、前述のような元年寄・元家老を除いた面々の経歴を整理したものである。全体的な傾向としては、軍艦奉行や壮猶館御用、銃卒取立御用といった幕末期を反映した軍事的な職務に就いていたことがわかるが、軍事御内用や海防方御内用など、内々の実情を知り得た者もいる。また、先の参政の追加任命と同様、藩の議事方に就いている者が多いのも特徴である。ただし、貢士や徴士といった新政府への出仕経験者は八名中四名で多いともいい難く、参政として藩政に関わっていた者も岡田雄次郎ら三名に留まっている。よって、参政の追加任命時に重視されたとおもわれる他との交際については、ここでは必ずしも問われていないのではないか。一方、新政府への出仕経験がない者たちについては、勝手方など藩の理財に関わっていた者が多いが、赤座甚七郎・小幡和平・篠島左平の三名は、富山表の財用方御用の経験がある。当時の富山藩は、本家である加賀藩から多額の財政支援を受けるなど藩財政は困難を極め、安政期には前藩主前田利保と藩主前田利声が対立して藩内は不穏な状況にあった。結局、安政三年（一八五六）から富山藩に対する加賀藩の教諭が開始され、同六年には加賀藩主前田斉泰の九男稠松が養子となって家督を相続し、藩主利同となっている。[*42] 以後、文久二年（一八六二）に至るまで加賀藩の家老や十村が富山藩に常駐しており、前述の横山政和は万延元年九月から文久元年三月までの半年間、富山詰の任に当たっている。この加賀藩による富山藩政への介入については、文久二年八月に常詰が差止めとなるが、「併全御指止ニ相成、人気之弛ニ相成候而ハ不相成候ニ付、当分横山蔵人（政和）等詰相済候人々之内、年々一両度暫充見廻被仰付候」[*43] とあるように、変容しながら継続していた可能性がある。そして、このような富山藩への介入で藩財政に関与したのが赤座・小幡・篠島であり、その彼らが当該期に権少参事などの重職に任じられたことを鑑みれば、当時は藩財政の把握や改革が重視されていたといえ、前述の諸務変革令において藩の財政改革を要求した政府方針とも一致している。

また、この人事改編の背景として、当時の藩を取りまく政治状況も看過できない。明治二年七月、従三位に昇叙した知藩事前田慶寧が参内した折、「列藩之標的とも相成候様精々勉励可致候事」[*44]との勅諚を拝領しているが、翌月に執政の本多政均が金沢城二ノ丸御殿で暗殺されるという重大な事件が発生すると、慶寧はすぐさま藩内に対し親翰を出している。朝命を遵奉して藩政を改革しているにもかかわらず、執政の本多政均を「一己之了管を以、好而新法を行候様」に思い込んでいる輩がいるが、「列藩之標的」（政府が望むような理想的藩モデル）との叡慮を賜った以上は、藩内が一致して改革に望む必要があり、このような心得違いの者がいては天朝に対して申し訳が立たないと述べている。[*45]この本多暗殺については、全国的に尊攘運動が高揚した時期でもあったことから、[*46]政府は弾正台の大巡察らを金沢に派遣するなど警戒を強めている。また、叡慮に従い「列藩之標的」となることを目指していた慶寧にとっては、このような藩内の状況は望んではいなかったといえ、翌九月には再度親翰を出しており、この親翰においても、「列藩之標的」を推進していくため、「同心協力必然之儀ニ候得とも、猶更予か不肖を補助し、共に藩治之職掌を尽し奉報朝恩度」と主張している。[*47]ここから、執政が暗殺されるなど不穏な状態にあるなかで如何に藩体制を変革して「列藩之標的」を目指すかが当時の課題であったことがわかる。大参事・少参事体制への移行は、まさしくこのような状況下で実施されたものといえるだろう。[*48]

藩政期に年寄・家老の者は除く

主な経歴※1

軍事	交接	その他	新政府出仕
・軍艦棟取 ・軍艦奉行 ・軍事御内用	・外国接待主事	・参政	徴士
・軍艦棟取 ・軍艦奉行 ・壮猶館御用 ・砲隊物頭	・聞番御用筋示談	・議事方主附	徴士
・壮猶館御用 ・海防方御内用向主附 ・銃隊馬廻頭並 ・越後本営詰棟取	・聞番	・近習御用 （水戸浪士一件にて出張）	
・壮猶館御用		・斉泰附近習御用 ・景徳院御迎御用 ・年寄中席議事御用	
・銃隊馬廻頭 ・軍事方御用	・聞番 ・公儀（公務）方御用	・年寄中等席議事御用 ・会議所取建御用 ・参政	徴士
・銃卒取立御用主附 ・軍艦奉行 ・海防方御内用 ・軍事御内用		・年寄中席議事御用	
	・聞番御用筋示談 ・聞番示合臨時外交 ・公儀（公務）方御用	・年寄中席議事方御用 ・参政 ・家令	貢士
・馬廻頭 ・軍事御内用 ・銃隊馬廻頭並		・二等上士頭 ・少参事試補 ・大属（権少参事心得）	

び『石川県史料』（石川県立図書館，1975）により作成．
表記に概ねしたがった．なお，禄高については給禄改革以前のものである．

[表3] 大参事・少参事への登用者一覧（明治2年9月〜明治3年閏10月）※1

名	通称	階層	禄高［石］	就任期間［役職］	理財
岡田政忠	雄次郎	平士	500	2年9月〜3年3月 [大参事] 3年4月〜同年閏10月 [少参事]	・産物方主附
安井顕比	和介	平士	220	2年9月〜3年閏10月 [権大参事]	・定検地奉行
赤座孝知	甚七郎	平士	800	2年9月〜3年6月 [権少参事]	・富山表財用方御用 ・市中巡邏并京都市中軒別調理方御用 ・御人数出立方調理方主附
成瀬正居	主税	人持	2,500	2年9月〜3年閏10月 [権少参事]	
不破貞順	亮三郎	平士	700	2年10月〜3年5月 [権少参事]	・勝手方御用 ・町奉行
小幡信節	和平	平士	150	2年10月〜3年3月 [権少参事] 3年4月〜同年閏10月 [権大参事]	・勝手方御用 ・富山表財用方御用 ・手当方人馬等調理方御用 ・算用場奉行
木村　恕	九左衛門	平士	150	2年12月〜3年3月 [権少参事] 3年4月〜同年閏10月 [権大参事]	・勝手方御用 ・定検地奉行 ・領国七木仕法方主附 ・手当人馬等調理方御用
篠島久大	左平	平士	300	3年4月〜同年閏10月 [権少参事]	・勝手方御用 ・塩方主附 ・富山表財用方御用 ・算用場奉行

金沢市立玉川図書館近世史料館所蔵「先祖由緒并一類附帳」「御礼次第」「乾州岡田君行状」およ
※1　正権の大参事・少参事に任命されるまでの経歴から特徴的なものを抽出し，表記は史料中の

3　大参事・少参事体制の転換

(1)　大参事・少参事の配置

この大参事・少参事体制は、若干の改編をともないつつ継続しているが、明治三年（一八七〇）一月段階で、彼らが如何なる職務を担っていたのかについて整理したものが［表4］である。

まず、正権の大参事は藩庁に所属していることがわかる。藩庁について「金沢藩庁職員録」[*49]では、正権の大参事のほかに、正権の大属が各一名、正権の少属が各一名、史生四名、史生加人二名、藩掌二名、等外藩掌七名で構成されており、彼らが藩政の中枢を担っていたと考えられる。そして、少参事に関しては次の史料が確認できる。

［史料四］

監察へ

今般令改正ニ付、民政・兵政・学校・刑法掛り少参事等申付候条、改正之職員ハ都而其掛り少参事等可為支配候、此段向々へ可申渡候事

一、諸寮之管事令廃止、更ニ少参事諸局掛り就申付候、附属之諸役局未致改正向者、当分是迄之通り相勤、諸事少参事等可受管轄様、夫々可申渡候也

（明治二年）十月十七日　藩庁[*50]

藩庁に所属する大参事とは異なり、少参事はこの改正により民政など諸局掛の長に配置されたことがわかる。実際、少参事の長成連、権少参事の不破亮三郎は集議局議長（長は士族長兼務）となり、権少参事の成瀬正居が士族方で士族長、赤座甚七郎が民政所知事、小幡和平と木村九左衛門が学政所知事に就いている（［表4］）。当時の藩組織には、

[表4] 明治3年1月段階における大参事・少参事の所属一覧

職制	名	通称	禄高［石］	所属	
大参事	前田直信	土佐守	11,000	藩庁	
大参事	横山政和	蔵人	10,000	藩庁	
大参事	岡田政忠	雄次郎	500	藩庁	
権大参事	前田孝錫	内蔵太	3,000	藩庁	
権大参事	安井顕比	和介	220	藩庁	
権大参事	篠原一貞	勘六	3,000	藩庁	
少参事	長　成連	九郎左衛門	33,000	集議局	議長（士族長兼）
権少参事	不破貞順	亮三郎	650	集議局	議長
権少参事	成瀬正居	主税	2,500	士族方	士族長
権少参事	赤座孝知	甚七郎	800	民政所	知事
権少参事	小幡信節	和平	150	学政所（兵制兼務）	知事
権少参事	木村　恕	九左衛門	150	学政所（兵制兼務）	知事

金沢市立玉川図書館近世史料館所蔵「金沢藩職員録」および「布令留」により作成.
禄高については，給禄改革以前のものである.

そのほかに監察局・郡治局・市政局・会計局・商法局などがあるが、これらの長には少参事の下に位置する大属・少属から任命されている。[*51]

ここで、正権の少参事が配置された役職について検討したい。まず、長成連と不破亮三郎が任命された集議局であるが、これは当時の国家方針であった「公議」を体現するものとして設置されたといえる。議会制の導入については、既に五箇条の誓文に盛り込まれていたが、明治元年一〇月に出された藩治職制において、「大ニ議事ノ制ヲ立ラルヘキニ付、藩々ニ於イテモ各其制ヲ立ヘシ」[*52]と定められたことで、諸藩が対応することになる。不破亮三郎の由緒書に「同年（慶応四年）八月、会議所御取建三組頭江主附被仰付候ニ付、右御用相勤」とあり、中川甚之助の由緒書にも「同月（慶応四年八月）当形勢柄ニ付、衆議為可致聞召会議所御取建被成候ニ付、右御用被仰付」とあることから、加賀藩では八月の段階から会議所の設置に向けて動き出したことがわかり、藩治職制の前月である九月には会議所設置の旨を藩内に通達している。

［史料五］

当形勢ニ付、衆議為可被聞召会議所御取建被成、三組頭江主附被仰付、
於実検之間（金沢城二之丸御殿）会議被仰付候事
　但、式日毎月三々九々之事
一、御歩並以上之人々、有禄無息共心附之趣有之候ハヽ、前廉不及断、

差向会議所へ罷出可申候事

但、足軽以下も心附之筋有之者ハ、無断罷出候義勝手次第之事

一、陪臣且百姓町人之内、有志心附之スシ有之罷出度者ハ、前以支配人等ゟ会議所主附迄何日罷出候与申儀相達、挨拶次第罷出可申候事

一、年寄中・御家老中、会議席へ出座之義可有之候事

但、議事御用之人々出座之義も可有之候事

一、会議日之内出人多之節、後日出方之義申談候筈之事

一、諸役人へ臨時出座之義、主附ゟ直ニ申談候義等可有之候条、繰合罷出可申事

一、心附之趣有之、封物又ハ御前相願申上候義、暨年寄中等へ相達候義、尤是迄之通相心得、当形勢別而無泥可申上候事

右之通一統可被申談候事

戊辰九月[*53]

会議が月に数回予定されていること、足軽以上は事前の断りなく出席しても差し支えないこと、陪臣・百姓・町人でも意見がある者は、支配人の事前連絡があれば出席できるとされている。また、年寄・家老・諸役人の出座も想定されていることを鑑みれば、藩全体で会議を開催する意図があったことがわかる。さらに、同年一二月には衆議を尽くすために金沢枯木橋辺に目安箱を設置し[*54]、翌二年三月の藩体制改編では会議局（のち集議局）を設置して議事推進を図っているが、八月には目安箱の取り扱いについて、私怨で使用することを禁止し、今後は居所・姓名を書き認め、印形をもって投函するようにと命じていることから、目安箱が藩の企図したように機能していたとは言い難い[*55]。

そして、同三年二月には、次のような達が出されている。

〔史料六〕

廻達方へ

言路洞開之ため、先達而ゟ集議局を被建置候得共、尚又此上ニも広ク衆議を被為尽度ニ付、無職之士族壱組合ゟ壱人宛、公撰入札を以集議局へ出頭之僉義振ニ候条、各初一同見込之人居宅所附調込封物を以当月中可書出也

二月五日

士族長[*56]

「言路洞開」のために設置した集議局において、更なる衆議を尽くすために、無職の士族の内から公撰入札によって会議に参加させようとし、見込みの者を届け出るように命じている。この内容および先の目安箱の件を踏まえると、集議局が必ずしも円滑に運営されていたかは疑わしいものの[*57]、政府が標榜する「万機公論」に対応するものとして集議局が位置付けられていたことは間違いなく、その長として正権の少参事が任じられたことになるだろう。

次に、成瀬正居が任命された士族方であるが、これは同二年六月の諸務変革令（〔史料二〕）における「一門以下平士ニ至ル迄総テ士族ト可称事」に対応して設置されたものである[*58]。先に述べたとおり、加賀藩では既に士身分の階級を七つに分けて家臣団を管理していたが、この命令により士族として一括管理する必要が生じ、その長として権少参事の成瀬が任じられている。当時は、執政本多政均暗殺の実行犯であった山辺沖太郎・井口義平の取り調べがおこなわれる一方、政府から大巡察が派遣されて調査されるなど藩内は不安定であったが[*59]、そのような時期に士族方が設置され、藩士の統制が模索されている。

赤座甚七郎が配属した民政所については、同二年三月に藩政期の御算用場が民政寮・会計寮に分化しており、従来の町奉行・郡奉行にあたる市宰・郡宰が属する市政局・郡治局を統括する組織が民政寮（のち民政所）であった（もう一方の会計寮は、従来の改作所・勝手方・産物方にあたる勧農局・理財局・商法局などを統括）。地域を如何に統制していくかは喫緊の課題であり、同年秋に越中新川郡で暴動が発生した際には、赤座は民政所の長として鎮圧に向

かっている。[*60]

そして、小幡和平・木村九左衛門が配置された学政所については、まず同二年三月に学政寮が設置され、その後に学政所となっている。学政所は文学局を管理し、その文学局には漢学・英学・皇学・仏学の各教師が所属した。彼らについては明倫堂の教師が多かったが、同じ頃矢継ぎ早に設置された諸学校の教師としても教鞭をとっている。[*61]また、学校改革に関する規則としては、前年の一二月に学業規則が出されている。

［史料七］

定番頭江

今般学校御修補就被仰付候、学生幼年之者ゟ之術業規則者、都而別紙之通ニ候得共、当今有禄無息共十五歳より三拾九歳迄役懸り之外学校江勤学可被仰付候条、漢学・洋学之内望次第入学可致候、尤毎日可罷出、当番之日者御番前後之内勝手次第可罷出候事

但、銃隊之術心得不申者ハ、先銃砲へ振退、畢而入学可致候事

右之趣夫々可被申談候事

十二月

一、御家中平士以上、有禄無息共学校へ止宿を旨与可仕候事

但、塾所追々御取建可有之候へ共、当今之処ハ入学之名目ニ而日々罷出稽古可致候事

一、小学校御取開有之、素読等教授可被仰付候、六、七歳ゟ十五歳迄ニ必卒業為致可申候、且小学校ニ不入、自分ニ而致素読候義も勝手次第ニ候事

但、小学校御取開迄ハ、仮ニ明倫堂ニ而素読教授有之候事

一、素読卒業之届有之次第、試業可有之候事

一、右試業終候ハ、銃砲之学校ニ入、芸術之稽古可致候事
一、右芸術習熟之上、大学校明倫堂へ止宿之科業を終可申、右渉猟之退塾之上ハ、各其好む処ニ従て学芸を専ニ可仕候事
一、洋学原書相学、洋学校江止宿相望候者も、右同断芸術習熟之上、退塾可致候事
一、入学止宿中、尤操練当りニ罷出可申候、且大学校江止宿人、洋学校ニ而兵学・会読ニも罷出可申、洋学校へ止宿人、大学校ニ而会読ニも罷出可申候事
一、勤学人余暇ニ試合剣術も修行可致、且西洋馬術稽古も御取建被成置候間、望次第余暇ニ修行可致候事
以上[*62]

明治初年の藩における教育史料として全文を引用したが、一五歳から三九歳までの藩士を対象として学校に勤学することが定められ、学校への止宿が基本であったことがわかる。また、小学校の設置が計画されており（六歳以降を対象）、小学校、そして銃砲の習熟をへて大学校に位置付けられた藩校明倫堂へとすすむ課程が示されている。さらに、洋学を希望する者も止宿にて学ぶことができる体制作りが掲げられている。そのほか、明治初年に藩士の海外留学を実施して佐野鼎・関沢明清などを派遣する一方、七尾軍艦所において語学所を開設し、語学教師オズボンを招聘して教育を進めるなど[*63]、藩は相当程度藩士教育を重視していたと考えられるが、このような政策を担ったのが、小幡・木村ら権少参事の面々であったと考えられる。

以上、正権の大参事・少参事の配置について、大参事は藩庁に所属して藩体制の中枢を担い、少参事は各局の長として集議局・士族方・民政所・学政所など、当時の藩運営において重要であった箇所に配置されたことがわかる。

(2) 明治三年閏一〇月の大参事・少参事体制

府藩県三治制を推進して強力な中央集権体制を構築するため、政府は審議を重ねた上で明治三年九月に藩制を布告する。藩を物成高に応じて大・中・小に分類し、大参事以下の職員数を定めるなど、藩を府県と同様の組織にすることが目指されている。また、藩財政に関して藩札回収や藩債償却についても定められ、同月には諸藩に対して次のような通達が出されている。

[史料八]

此度藩制被仰出ニ付而者、是迄正権大少参事共宣下相成居候得共、猶御趣意ヲ奉精細取調、在職・解官共更ニ可伺候事

庚午九月　　太政官[*64]

諸藩の大参事・少参事の人員について再調査し、その任免について政府に伺い出るようにとの内容であるが、これは既に任命されている人員の再編制を諸藩に求めたことになるため、諸藩は現状人員の解任と新規の任命を政府から要求されたと捉えた可能性がある。そして、同年一〇月付で出された太政官達を、翌閏一〇月一〇日に藩内に告知している。

[史料九]

各通

前田《直信》金沢藩大参事　　横山《政和》金沢藩大参事
前田《孝錫》金沢藩権大参事　　安井《和介》金沢藩権大参事
篠原《一貞》金沢藩権大参事　　岡田《雄次郎》金沢藩権大参事
小幡《和平》金沢藩権大参事　　木村《九左衛門》金沢藩権大参事

長《成連》金沢藩少参事　　　　村井《長在》金沢藩少参事
成瀬《正居》金沢藩権少参事　　篠島《左平》金沢藩権少参事
免本官
庚午十月　太政官
右為承知一同江可申渡候也
庚午閏十月十日*65

この達によって前田直信以下、藩の大参事・少参事は例外なく全員免官となり、大参事一名（同年一二月に追加）、権大参事四名、少参事五名、権少参事一名が新規に任命されている。元重臣層からは、元家老で権大参事だった篠原一貞が一二月に大参事となり、元家老で参政の経験がある本多政醇が権少参事となっている以外は、実務層からの新規登用である。そして、この閏一〇月段階で登用された者たちの一覧が［表5］である。

まず、全員が大属からの昇格組であり、彼らの上位にいた者たちが一斉免官になったことで引き上げられた形となっている。全員が幕末期以降の藩の理財・軍事関係に精通している者ばかりであり、陸原慎太郎（元貢士・元徴士）・北川亥之作（元徴士）・不破亮三郎（元参政）・丹羽次郎兵衛（元参政）の四名は、藩上層部に登用された経験が既にある。彼らは、前年九月の大参事・少参事体制への移行によって藩上層部から一旦遠ざかるも再任用された者たちであるが、［表5］で新規登用の面々（沢村恒右衛門・中川甚之助・岡島喜太郎・稲葉助五郎）の経歴と合わせて考えると、彼らのほとんどが民政・会計・学政といった諸役所の管理職に就いた経験があることから、これらの経験が重視されたことがわかる。また、同様に議事関係の職務経験も豊かであり、藩議事制度についても意識した登用とみることができる。以上、この段階では大幅な人事改編後の藩政を担いつつ、政府が藩に求めることを理解し遂行できる人材が選ばれたと考えられ、それ故に重臣層からの採用が少なくなったと推察できる。これまでの改編では重

藩政期に年寄・家老の者は除く

主な経歴※1			
軍事	交接	その他	新政府出仕
・軍艦棟取 ・長崎航海御用 ・製薬奉行 ・銃隊馬廻使役	・聞番御用筋示談 ・公用人 （大巡察への対応）	・年寄中席議事御用 ・議衆	貢士 徴士
・兵制掛兼学校掛		・年寄中席執筆役	徴士
・海防方御内用 ・壮猶館御用 ・軍事御内用		・年寄中席議事御用 ・議衆 ・家令 ・集議掛	
・新兵頭 ・銃隊馬廻頭 ・軍事方御用	・聞番 ・公儀（公務）方御用	・年寄中等席議事御用 ・会議所取建御用 ・参政 ・権少参事（議長）	徴士
・新兵頭 ・軍事御内用 ・銃隊馬廻頭 ・大隊長	・臨時外交筋 ・公儀（公務）方御用	・明倫堂督学 ・年寄中席議事御用 ・会議所取建御用	
・壮猶館御用 ・軍艦奉行 ・新兵頭 ・学校掛兼兵制掛		・議衆	
	・聞番外交筋	・年寄中席議事御用 ・参政 ・家令	
・壮猶館御用 ・製造所御用	・外国教師取扱方		

川県立図書館，1975）により作成．
なお，禄高については給禄改革以前のものである．

［表 5］大参事・少参事への新規登用者一覧（明治 3 年閏 10 月以降）※1

名	通称	階層	禄高［石］	就任期間［役職］	
					理財
陸原惟厚	慎太郎	平士	140	3 年閏 10 月～4 年 5 月 **［権大参事］** ※大属より昇任	・勝手方御用 ・粮米等運送調理方御用主附 ・北越戦争戦功調理方 ・職制改正取調御用
北川克由	亥之作	平士	60	3 年閏 10 月～5 年 2 月 **［権大参事］** ※大属より昇任	・勝手方御用 ・職制取調理御用 ・民政寮会計寮（副知事） ・会計掛兼商法掛
沢村武成	恒右衛門	平士	200	3 年閏 10 月～4 年 9 月 **［権大参事］** ※大属より昇任	・勝手方御用 ・算用場奉行 ・富山表財用方 ・民政寮会計寮（副知事）
不破貞順	亮三郎	平士	700	3 年閏 10 月～4 年 9 月 **［権大参事］** ※大属より昇任	・勝手方御用 ・学政寮軍政寮（副知事） ・学政寮（知事） ・民政掛兼公務掛
中川忠良	甚之助	平士	400	3 年閏 10 月～4 年 9 月 **［少参事］** ※大属より昇任	・粮米等運送方御用主附 ・学政寮軍政寮（副知事） ・民政掛
岡島一式	喜太郎	平士	500	3 年閏 10 月～4 年 9 月 **［少参事］** ※大属より昇任	・勝手方御用 ・手当人馬等調理方御用 ・学政寮（副知事）
丹羽履信	次郎兵衛	平士	150	3 年閏 10 月～4 年 2 月 **［少参事］** ※大属より昇任	・手当人馬等調理方御用
稲葉通安	助五郎	平士	200	3 年閏 10 月～4 年 2 月 **［少参事］** ※大属より昇任	・加州郡治掛 ・商法掛・開拓方 ・砺波射水郡治掛 ・会計掛

金沢市立玉川図書館近世史料館所蔵「先祖由緒并一類附帳」「御礼次第」および『石川県史料』（石
※1　任命に至るまでの経歴から特徴的なものを抽出し，表記は史料中の表記に概ねしたがった．

臣層と実務層のバランスが考慮され、重臣層からもある程度採用されていたが、この時期にはバランスを欠いてでも多くの人材を登用しようとしたといえよう。

ただし、優秀な人材が揃ったとしても機能するとは限らないのが組織である。人事改編二ヶ月後の一二月には、権大参事を免官となった篠原一貞が大参事に任命され、翌四年四月には横山政和が大参事、廃藩直前の六月には前田孝錫が権大参事にそれぞれ復帰している。この三名はいずれも元家老で、その後も重職を歴任しながらも前述の一斉免官をうけた者たちである。バランスを欠きつつも排除した重臣層が徐々に現場復帰していることからも、当該期は藩の運営が不安定な状況にあったのではないか。それがうかがえる例として、前述の明治二年八月に発生した重臣本多政均暗殺の一件が、いまだ解決に至っていなかったことが挙げられる。この事件は政府も注視する事件であったことから、当時の藩にとっては大きな懸案事項となっており、藩内を安定させるには実務能力では図れない重臣層の役割があったと考えられる[*66]。一旦は大参事・少参事の一斉免官に踏み切るなど、政府方針に忠実に対応する姿勢を示しながらも、動揺をみせる藩の姿が垣間みえる。

その後、同四年七月に廃藩置県が断行されたことで藩は廃止となり、旧知藩事の前田慶寧をはじめ藩主家は金沢を離れ、東京に居住している。大参事以下の藩上層部については、[表5]にあるように、二ヶ月後の九月に北川亥之作を除いた面々が免官となっていることから、廃藩後の二ヶ月間は県政への移行期間であったといえるだろう[*67]。

おわりに

明治初年における府藩県三治制から廃藩置県に至る過程は、政府内における政治力学が作用した結果であり、まさしく中央集権体制確立の過程であったが、このような政府の動きに対して、加賀藩は政府が出した明治元年（一八六八）の藩治職制、同二年の版籍奉還にともなう諸務変革令および職員令、同三年の藩制に対応しようとしたことで藩体制を大きく改編させている。これは、当時の政府方針であった府藩県三治制の維持を加賀藩が支持していたためといえよう。そして、三治制における「列藩之標的」を目指した加賀藩では、改編毎に実務層から人材を登用しているが、時期によって登用の基準は異なっていた。政府出仕となる貢士は、政府が掲げる「公議輿論」の体現者となることから、理財や学事に長けた者が選ばれたと考えられ、優秀であれば政府官僚である徴士に採用されることから、能力のある中下級層からの登用が想定されたと考えられる。加賀藩の場合、一五〇石以上であることが種々の役職に就く上で必要であるが、陸原慎太郎は幕末期に採用された足高の制で一五〇石となり多くの役職に就いている。この陸原が貢士・徴士に採用されているのは登用の典型例といえる。

明治元年末の執政・参政体制では、翌二年の藩主前田慶寧上洛前に参政への追加任命がおこなわれている。王政復古後初めての上洛となる前田慶寧には五箇条誓文への誓約という重要な案件が控えており、これは政府との関係性を構築する上でも重要なものであった。この登用では政府への出仕経験者が多く名を連ね、聞番など外交筋を担った者が多いのも、このような事情が影響したと考えられるが、ほぼ実務層からの登用であり、加賀藩の人事における画期といえる。

次に、明治二年九月の大参事・少参事体制では大幅な人事改編が実施されたが、重臣層の継続任用と実務層の登用のバランスが看て取れる。これは、藩をとりまく不穏な状況のなかで組織の安定を図りつつ、「列藩之標的」となるよう改革を推進することを藩が目指したが故の措置と考える。[*68] そのなかで登用された実務層は、改革の推進者として位置付けられよう。藩庁経費と知藩事家政の分離、家臣団の給禄改革といった版籍奉還以降の藩政改革が実施される過程で理財に強い者たちが登用されていることは、藩の明確な意図によるものといえる。当時の藩は、執政本多政均の暗殺一件によって政府から警戒されるような状況であったが、これについては徴士経験があり、大参事・公議人として在京していた岡田雄次郎が果たした役割は大きいとおもわれる。

そして、同三年閏一〇月の大参事・少参事体制の改編は、諸藩にとって極めて厳しい内容であった藩制布告後の改編となるが、政府の通達を徹底するように藩上層部を一斉に免官している。当時、藩制の内容に耐えられずに廃藩を訴えた藩や、内容に不満を持ち、他の藩と連携を取りながら独自の動きをみせた藩が存在するなかでの対応であることから、加賀藩の方針が出ていると考えてよい。つまり、厳しい内容であっても府藩県三治制が維持される限りは、藩は「列藩之標的」を目指し、政府方針に従うというメッセージを発信したのである。よって、廃藩を想定していないことは勿論、政府方針と異なる動きを見せる藩とも連動していないことは明らかであろう。そして、このような姿勢が政府内で評価されたことで、同四年七月には岩倉具視宛三条実美書簡の大藩会議構想において、「加賀」の名が候補として挙がったのではないか。[*69] 同月に廃藩が断行されたことで構想は実現しなかったが、名が挙がったこと自体は藩の姿勢が評価されたことの証左である。ただし、その一方で経験豊富な重臣層の復帰を要したことは一斉免官の限界によるものであり、藩体制改編とその安定に苦心する当時の姿が浮き彫りになっている。

最後に、本章で分析を試みた人材の約七割が、年寄中席議事方御用をはじめとした議事御用の経験者であったことは看過できない。加賀藩では、慶応四年の早くから実務層が年寄中席議事方御用として藩政に関わるようになるが、この任用については五箇条誓文に掲げられた「公議輿論」の影響も考慮しなければならないだろう。[*70] そして、加賀藩では議事制度の創設に向けて整備をすすめているが、この点については人材の視点のみではなく、「藩公議」の問題として分析をすすめる必要がある。[*71]

従来、明治初年の藩の政治過程については、「自壊」もしくは「活性化」という視点で評価がなされてきた。分析対象とした加賀藩は、府藩県三治制に沿う理想的藩モデルを追求することによって藩存続を志向しており、「自壊」といった評価に留まらない藩の主体的な意思が読みとれる。政府への抵抗姿勢を強めて「活性化」した藩の分析のみならず、これまで対象とされなかったような藩も分析の俎上に載せなければならない。そして、「列藩之標的」との勅諚を藩の指標としたように、当時の加賀藩は天皇の存在を強く意識するなかで、同時期には藩の議事制度も模索している。天皇制と公議の問題については、従来は国家レベルで議論されてきたが[*72]、本章にて分析したように、藩においても類似した問題を抱えていた可能性がある。明治初年における藩の政治過程を評価する際は、この点にも留意しなければならないだろう。

註

*1 主な廃藩置県研究については、本書第三章にて整理している。

*2 先に挙げた研究では、薩摩・長州といった有力藩が必ずしも政府と同調しない姿勢を有しており、政府方針に大きな影響を与えていたことを明らかにしている。

*3 当該期の政治過程における藩研究についても、本書第三章にまとめている。

*4 明治維新史学会編『明治維新史研究の今を問う—新たな歴史像を求めて—』（有志舎、二〇一一年）において、勝田政治は「藩は自壊に向かっていったと見るか、藩は活性化していたと見るか」と問題提起している。

*5 明治二年（一八六九）の版籍奉還から同四年の廃藩置県までは金沢藩が正式に置かれているが、本書では金沢藩の設置以前から分析しているため、概念的に加賀藩で表記を統一している。

*6 加賀藩家臣団の最上位は八家であり、独占的に執政役である年寄衆を構成する。その下には人持が数十家存在し、家老が選任される。本章では、八家および人持を重臣層とし、その下に続く平士を実務層として整理している。

*7 徳田寿秋「新政権成立期における有才登用の経緯—加賀（金沢）藩の岡田雄次郎・安井和介の場合—」（加能地域史研究会編『地域社会の歴史と人物』北國新聞社、二〇〇八年）。

*8 手塚豊・山本幹三「明治初年の藩議会」（『法学研究』三〇巻一号、一九五七年）、大江志乃夫『明治国家の成立—天皇制成立史研究—』（ミネルヴァ書房、一九五九年）、丹羽邦男「府県の地方行政と諸藩の藩政改革」（古島敏男・和歌森太郎・木村礎編『明治前期郷土史研究法』朝倉書店、一九七〇年）、樋口雄彦「維新期沼津藩（菊間藩）の藩政改革」（『沼津市博物館紀要』一四号、一

九九〇年）、中村文『信濃国の明治維新』（名著刊行会、二〇一一年）、今村直樹「明治四年の藩議院と議員の活動」（荒武賢一朗・渡辺尚志編『近世後期大名家の領政機構―信濃国松代藩地域の研究Ⅲ―』岩田書院、二〇一一年）、堀野周平「明治初年における藩の議事制度―上総国柴山藩の会議所巷会を事例に―」（『地方史研究』三六八号、二〇一四年）など藩の制度に注目した研究があり、近年では藩の議事制度の分析がすすめられている。

＊9　池田勇太『維新変革と儒教的理想主義』（山川出版社、二〇一三年）。熊本藩を事例に明治初年の藩組織改編を分析している。

＊10　金沢市立玉川図書館近世史料館所蔵「御意之趣書抜」。以下、特に断りのない場合は同館所蔵史料とする。

＊11　前田孝錫（内蔵太）は加賀藩人持三〇〇〇石で、元治元年八月から家老となり、このときは二度目の京都詰を勤めていた。この孝錫の行動や京都詰体制については本書第五章を参照。

＊12　史料によって出立の日付が異なっているが、金沢大学附属図書館所蔵「成瀬日記」巻二四、およびその他史料により九日と推定した。「御意之趣書抜」によると、村井長在に随行する藩士に対しても御意が出されており、「今度上方不容易形勢及切迫候付、皇国之御為内府公江力を合せ、其方共先江州地江指遣候条、必一戦ニも可及候間、何も尽粉骨忠勤を励め」とあることから、藩としては薩摩らと一戦する覚悟をもっていたことがわかる。この一件については、本書第二章を参照。

＊13　「御用方手留」巻三二。慶寧上洛の御供として、年寄の長連恭（大隅守）、横山隆平（三左衛門）、家老の横山政和（蔵人）、本多政醇（図書）、前田恒敬（将監）、若年寄の藤田安定（求馬）の名が挙がっている。「御意之趣書抜」には、「京都向不容易形勢ニ付、御出陣御供被仰付候」とある。

＊14　慶応末期の加賀藩の藩是については、本書第二章を参照。

＊15　「討薩等之被仰出ハ全く御取消之訳也、若於京都表討薩之義等御尋向有之候ヘハ、左様之義ハ曾而無之旨御答之筈也」と、討薩の話そのものを否定しようとしている（「諸事留帳」巻一七）。

＊16　前田土佐守家資料館所蔵「王政復古に付忠誠尽力徹底達状」。

＊17　水谷憲二『戊辰戦争と「朝敵」藩―敗者の維新史―』（八木書店、二〇一一年）。当該期の新政府との関係性において諸藩を七つに分類し、整理している。

＊18　在京の執政横山政和が国許の執政本多政均に宛てた二月一九日付書状では、「御誓約被為在候間、今日御参朝可被遊旨、昨日弁事衆より被仰渡、則御参朝被遊候処、於小御所御誓約無御滞被為済候」とある（「御用方手留」巻三四）。

＊19　加賀藩における西洋軍制の整備については、本書第八章で検討している。

＊20　当時、藩士に対して正金を拠出するよう藩が命じるなど、できる限りの対応を試みているが、余りに多額であるため準備できないと新政府に変更を願い出ている（「越後出兵書類抜萃」巻一）。
＊21　「京都一件帳抜書」。
＊22　「太政官日誌」巻一（第二号）。
＊23　奥田晴樹『日本近代の歴史一　維新と開化』（吉川弘文館、二〇一六年）。
＊24　貢士は、慶応四年（一八六八）五月末に諸藩の留守居役がいまだ公務に携わっていたことから、貢士と留守居を合わせて公務人とした。また、公務人も八月には留守居の流れをくむ公用人と、議事に参画する公議人へと変更された。そして、一二月に入ると公議人は諸藩の執政・参政から一人選出することとなり、翌二年三月の公議所開設後は、公議所（七月に集議院と改称）に出席している。さらに、八月には大参事・少参事が公議人を兼任することとなり、同三年九月まで公議人は存続している。
＊25　これらの差配がいかに困難であったかは、磯田道史『武士の家計簿―「加賀藩御算用者」の幕末維新―』（新潮新書、二〇〇三年）。
＊26　「先祖由緒并一類附帳」「陸原慎太郎」。幕末期加賀藩において幕府同様に足高制による人材登用が実施されていたことがわかる。
＊27　井口の由緒書では、「（慶応四年三月）於京都御仮邸議事所被為建候□、議事方丹羽次郎兵衛等江指加リ可相勤旨」を申し渡されている。議事所については未詳だが、藩が人材を登用して議事方御用に任じていることがわかる。
＊28　「京都一件帳抜書」。
＊29　「太政官日誌」巻一（第二号）。
＊30　徴士制度は慶応四年（一八六八）一月一七日に規定が示され、翌二月には改正されている。前掲「太政官日誌」は改正後のものであるが、この徴士は翌二年六月には廃止となっている。土佐を事例に、徴士に登用された藩士と出身藩との関係性を分析したものとして、岩村麻里「明治初年の徴士制度と藩士登用―土佐藩を事例に―」（『人民の歴史学』二一四号、二〇一七年）。
＊31　このようなあり方では、「公議」を体現する「四民協同」の政治的実現などは到底覚束ないため、ここに「立憲政体」導入へと向かっていく制度的背景があったと奥田晴樹は評価している（奥田前掲著書『日本近代の歴史一　維新と開化』）。
＊32　ただし、この段階では自身の出身藩との関係を払拭したわけでもなく、この事例をもって官僚形成に直結したと即断はできず、諸藩出身者の朝臣化が新政府の官僚形成へと繋がる制度上の決定的な転機は、版籍奉還の聴許であったとする（『同右』）。
＊33　加賀藩では徴士の取り扱いについて、「等外（明治二年三月に藩が独自に設定した職等の範囲外）」に位置付けた上で、執政支配として管理したが、種々見聞したい向きもあるため、用透の折には登城するよう命じられている。一方で、当時は加賀出身の徴士

が越後各地の民政局に権判事として多数在勤しており、その偏りが統治上問題になりかねないと危惧されるほどであった。出仕した徴士のなかには、越後府政の妨げになるとの認識で辞職を願う者もいた（荒川将「戊辰戦争期の地方統治と四條隆平—新潟裁判所・越後府を中心として—」尚友倶楽部・華族史料研究会編『四條男爵家の維新と近代』同成社、二〇一二年）。また、柏崎県においても制度化された郡中議事者制についても荒川は指摘しており、藩議事と関連付けながら検討する必要がある（同「明治初年の地方統治—越後の直轄府県政と民政局を中心として—」松尾正人編『近代日本成立期の研究』地域編、岩田書院、二〇一八年）。

＊34　「御用鑑」巻六。

＊35　本章では第三章と同様、家臣団上位の八家・人持を重臣層とし、その下の平士以下を実務層と定義している。藩政期、実務層である平士は低禄であっても組頭までは任命されており、慶応末期には足高を採用した抜擢人事もみられた。それでも、平士のまま家老などの上位職に就くことはあり得ず、八家・人持といった上位の階層とは厳然たる差が存在した。

＊36　職等において同じ等級の場合は禄高順となるが、藩独自に設定したこの制度がいつまで機能していたのかは未詳である。

＊37　本書第三章も参照。

＊38　「維新以来御達等」。

＊39　「維新前後書類」。

＊40　ただし、重職の人選について政府から反対された事例は見受けられず、形式的なものであった可能性もある。

＊41　「触留」巻七別紙（全七冊・陸原惟厚本）。

＊42　当該期の富山藩については、坂井誠一『富山藩—加賀支藩十万石の運命—』（巧玄出版、一九七四年）など。

＊43　「御用方手留」巻二一。

＊44　「触留」巻七（全七冊・陸原惟厚本）。

＊45　「御用方手留」巻三五。

＊46　坂野潤治『未完の明治維新』（ちくま新書、二〇〇七年）、奈良勝司『明治維新と世界認識体系—幕末の徳川政権　信義と征夷のあいだ—』（有志舎、二〇一〇年）など。奈良は、条約勅許はあくまで天皇による「夷狄」の「包摂」であったとし、「破約攘夷論は頓挫したが、一方で条約を「許してやった」という論理により、自尊意識と「夷狄」蔑視は、非常にいびつなかたちながらこの後も維持された。要するに、開国が確定したにも拘わらず、理念としての攘夷は継続した」「西洋にはすぐには勝てない分、その鬱屈は東アジア地域により強く向けられた。西洋には未来の攘夷を誓うとともに、朝鮮や中国には膨張志向を露わにして、その不全

感の解消を図った」と論じており、攘夷思想は近代に持ち越されたと評価する。

＊47 「触留」巻七別紙（全七冊・陸原惟厚本）。熊本藩でも知藩事に対して天皇から「藩政一新皇国興隆せよ」との綸言を賜ったことが家中に伝えられている。

＊48 「触留」巻一（全二冊・前田恒敬本）。藩内では前職名や局内を改正しないなどがあったことから、改革に順応しない諸役所については給料の差し止めを実施するとの藩庁の通達が出されるなど、藩の強権的な姿勢もうかがえる。

＊49 金沢市立玉川図書館近世史料館所蔵。

＊50 「布令留」。

＊51 組織の名称について、「寮」は明治二年三月から同年一〇月頃まで使用されていたとおもわれるが、その後は「掛」「所」のように、史料により差異がみられる。本章では、「金沢藩庁職員録」の表記にしたがったが、今後の検討課題としたい。

＊52 「御用鑑」巻六。

＊53 「触留」巻一（全二冊・早川随勝本）。

＊54 「同右」巻一（全二冊・早川随勝本）。

＊55 「杉本成章日誌」。

＊56 「触留」巻四（全四冊・早川随勝本）。

＊57 明治四年二月になり、「今般会議取開候」（「触留」巻二、全二冊・前田恒敬本）として具体的な規則が藩庁から出されていることを鑑みると、容易には実施に至らなかった、もしくは円滑に運営できず再編がおこなわれたと推察される。

＊58 奥田晴樹「金沢の士族と授産事業」（橋本哲哉編『近代日本の地方都市―金沢／城下町から近代都市へ―』日本経済評論社、二〇〇六年）、松村敏「武士の近代―一八九〇年代を中心とした金沢士族―」（『商経論叢』四五―四号、二〇一〇年）。士卒の線引きは各藩の事情に応じてなされたが、加賀藩では足軽が卒として卒族方に管理され、中間・小者は卒としては管理されなかった。

＊59 執政本多政均暗殺については、本章第三章で検討している。

＊60 「先祖由緒并一類附帳」「赤座甚七郎」。

＊61 『稿本金沢市史』学事編二（金沢市、一九七三年）四〇〇―四〇一頁ほか。

＊62 「触留」巻二（全二冊・早川随勝本）。

＊63 『新修七尾市史』一五、通史編Ⅱ近世（七尾市、二〇一二年）六一八頁。オズボンに学んだ者として桜井錠二・高峰譲吉らがいる。

＊64　『御手留抄』巻七。
＊65　『触留』巻一（全二冊・前田恒敬本）。藩の人事案を認める形で太政官から通達されたと考えられる。
＊66　本多政均暗殺に関与した者たちの処分が決定し、刑が執行されたのは明治四年二月である。
＊67　前掲『石川県史料』「官員履歴」では、北川だけが免官となっていない。その理由については今後の課題である。
＊68　重臣層と実務層のバランス、および重臣層の役割については本書第三章を参照。
＊69　この点についても、本書第三章で言及している。
＊70　議事御用については実態がよくわかっていないが、加賀藩における議事制度を考える際には分析が不可欠と考える。
＊71　奈良勝司「近代日本形成期における意思決定の位相と「公議」―衆論・至当性・対外膨張―」（『日本史研究』六一八号、二〇一四年）における「公議」の指摘は、当該期の藩政を考える上でも重要である。
＊72　高橋秀直『幕末維新の政治と天皇』（吉川弘文館、二〇〇七年）。当該期に正当と認められた政治原理は何かとの問いから、「天皇原理」と「公議原理」という二つの原理について、一対である両原理で優位を示すのはいずれかと提起している。

第二部　政策分析からみる組織と軍事

第五章　幕末期における加賀藩上層部の体制と京都詰

——陪臣叙爵・序列の分析を中心に——

はじめに

幕末期の政治過程を検討する際、運動を展開した政治勢力の組織に焦点を当てた分析は有効と考える。[*1] 藩を事例とした研究については、当該期の鳥取を例に、国事と藩治の分職を指摘した上で、国事を担当する周旋方に着目した藩の国事対応システムの分析や、[*2] 安政期の長州における「会議」を例に意思決定過程を検討し、中下級層が組織的に台頭することを明らかにした研究成果がみられる。[*3] さらに、文久期の秋田に注目し、国事周旋をめぐる下級藩士と藩の活動との関係性について、下からの政策提言である「言路」をキィワードとして、藩内平田派の藩周旋方への採用過程を分析した成果もある。[*4] このような藩組織の構造分析と、それにともなう政治意思決定過程の解明は一つの潮流といえよう。[*5]

この近年の傾向ともいえるアプローチについては、先のように藩内の中下級層に焦点を当てることも多いが、一方で政治意思決定に直接関与することになる藩主と重臣層、いわゆる藩上層部についても検討されなければならないだろう。藩上層部は旧権力の象徴として、近代における藩主顕彰や志士顕彰の影響をうけた歴史叙述においては打倒すべき対象に位置付けられたが、加賀藩においても「保守門閥」である重臣層が権力の中心に留まり続けたために明治維新に乗り遅れたとの評価が根強く残っている。[*6] 明治以降に旧藩関係の調査が進展するなかで昭和初年には地域の

「誇り」が〈長州基準〉による藩閥的な「勤王」史によって説明されるものになったとの指摘があるが、[*7]このことは当該期の藩研究が抱えている課題であり、[*8]戦前のイデオロギーによらずに藩上層部の体制についても評価していかなければならない。[*9]その際、藩毎に組織が異なることも意識しながら分析することで、藩における政治意思決定過程の解明にも繋がると考える。

さらに、幕末期には政局の中心が京都に移行したことで藩主以下、さまざまな階層の藩士が上京しており、京都の藩体制にも注視する必要がある。当該期の京都詰に関する藩研究としては、幕末以前との比較から当該期の留守居が情報収集役を担っていたことを明らかにした仙台の事例、[*10]京都藩邸の変遷や拡充について鳥取を例に分析したものや、[*11]越後新発田の京都留守居の役目について藩邸・御用・縁家の視点から検討したもの、上京した家老の動静を中心に論じた秋田の事例のほか、[*12]藩が担当した京都警衛に関する研究成果も多い。藩が京都の体制をどのように変容させていったのかを解明することは、藩の政治過程を論じる上でも有効といえる。

以上により、まずは幕末期の加賀藩において政治意思決定に直接関与する年寄と家老についての整理を試みる。年寄については、大きな特徴である陪臣叙爵を中心に検討し、家老は就任後に任じられる「年寄中席御用加判」に着目しつつ、藩の政治意思決定に関与する者の傾向と上申する際の経路（ルート）について分析する。次に、加賀藩の京都詰体制について、幕末期に家老が交替しながら継続して詰めることになる経緯を明らかにし、さらに大政奉還以降の具体的な事件に京都詰がどのように対応したのかについて、当時の詰家老前田孝錫が記した手留から検討していく。

1　幕末期加賀藩における年寄・家老

幕末期の加賀藩主は前田斉泰である。文化八年（一八一一）に生まれ、文政五年（一八二二）に家督を相続し、安

御用加判	御用番（月番）	人持組頭	備考
安政3年(1856)10月8日	安政4年(1857)11月19日	安政5年(1858)5月11日	安政3年(1856)12月16日叙爵(土佐守)
弘化2年(1845)3月11日	弘化2年(1845)3月11日	弘化3年(1846)7月6日	安政3年(1856)12月16日叙爵(河内守) 同4年5月21日公儀御用 文久2年(1862)10月21日伊予守に変更 元治元年(1864)10月19日遠慮, 役儀免除 慶応元年(1865)8月4日遠慮御免 同年9月4日人持組頭復帰 同3年2月27日月番加判復帰
安政4年(1857)4月6日	安政4年(1857)11月19日	安政4年(1857)4月6日	安政4年(1857)12月28日叙爵(播磨守) 万延元年(1860)11月19日公儀御用 元治元年(1864)1月29日月番加判免除 同年7月27日月番加判復帰
安政5年(1858)12月	未詳	万延元年(1860)11月15日	万延元年(1860)12月16日叙爵(大隅守)
嘉永3年(1850)12月29日	嘉永4年(1851)11月28日	嘉永5年(1852)4月18日	安政5年(1858)5月27日月番加判免除 元治元年(1864)7月23日月番加判復帰
嘉永2年(1849)12月29日	嘉永4年(1851)12月11日	嘉永5年(1852)4月18日	元治元年(1864)5月7日死去 奥村篤輝, 家督相続(同年7月4日)
文久2年(1862)5月24日	文久3年(1863)10月24日	元治元年(1864)7月29日	
文久3年(1863)10月24日	元治元年(1864)7月29日	元治元年(1864)7月29日	

1942）より作成．またこの［表1］は文久末期の座列順にしたがっている．
記述にしたがった．
系譜」などで補完した．
とになる．

政二年（一八五五）に権中納言、元治元年（一八六四）には正三位に昇叙し、治世は四〇年をこえて年齢は五〇代であった。また、世嗣の前田慶寧は天保元年（一八三〇）に藩主斉泰と一一代将軍徳川家斉娘の溶との間に生まれ、弘化二年（一八四五）の初入国後は藩主斉泰と入れ替わる形で参勤し、ペリー来航後に老中阿部正弘が諸大名に対して意見を求めた際には、父斉泰とともに書面を提出するなど、斉泰の傍らで政務を見習う立場であったといえる。そして、この斉泰・慶寧のもとで藩上層部を構成したのが年寄と家老である。

(1) 年寄の構成

まず、藩主を補佐する最高位の執政役である年寄については、既に多くの言及がみられるが、[*13] 概ね貞享三年（一六八六）の職制改革によって就任する七つの家が固定され、元禄三年（一六九〇）には八家の制として成立し、[*14] 以降はこの八家が年寄衆を独占したとされる。[*15] しかし、近年では藩上層部の職掌と

［表1］文久末期の段階における年寄一覧

	受領名・通称	禄高［石］	年齢※4	家督相続	年寄中席御用見習
前田直信	土佐守	11,000	22	安政3年（1856）4月8日	安政3年（1856）7月8日
奥村栄通※1	河内守 伊予守	17,000	51	弘化元年（1844）11月2日	弘化元年（1844）12月15日
本多政均	播磨守	50,000	25	安政3年（1856）12月28日	-
長　連恭※2	大隅守	33,000	21	安政4年（1857）6月11日	未詳
村井長在	又兵衛	16,569	28	天保13年（1842）7月29日	嘉永元年（1848）4月18日
奥村直温	内膳	12,000	32	弘化3年（1846）11月25日	嘉永元年（1848）4月18日
横山隆平※3	三左衛門	30,000	17	文久元年（1861）1月3日	万延元年（1860）1月21日
前田孝敬※3	弾番	18,000	16	安政4年（1857）5月24日	文久2年（1862）5月24日

金沢市立玉川図書館近世史料館所蔵「先祖由緒并一類附帳」および『加能郷土辞彙』（金沢文化協会，
※1　奥村栄通は「先祖由緒并一類附帳」が現存しないため，同館所蔵「官事拙筆」「御礼次第」の
※2　長連恭は「先祖由緒并一類附帳」が現存するが記述が曖昧であることから，同館所蔵「諸頭
※3　横山隆平・前田孝敬の両名は，人持組頭就任後の元治元年 7 月以降は村井長在の前に入るこ
※4　年齢については文久 2 年段階を『加能郷土辞彙』により算出した．

職名の変遷から、役職としての家老が明確に成立した宝永四年（一七〇七）に、藩執政職としての年寄も同時に確定されたとの指摘がある。[*16] そして、この年寄は公儀御用をはじめ、軍団の長としての人持組頭・金沢城代・勝手方御用主附・学校方御用主附などに就任しており、役方と番方の重職を独占し、月番制を採用していた（担当月は御用番と称した）。[*17]

この年寄の体制について、加賀藩が本格的に政局への介入姿勢を示した文久末期の段階での就任者を整理したものが［表1］である。年齢について、奥村栄通が五〇代で職務経験は二〇年を超えているが、他は一〇代後半から三〇代前半と若く、職務経験が多い者でも一〇年足らずである（奥村直温は唯一の三〇代だが、元治元年五月に死去）。つまり、文久段階の年寄は職務経験が不足した若い者が多かったといえるが、各家の由緒帳からは彼らの任命の傾向がうかがえる。家督相続後に年寄中席御用見習をへて御用加判（年寄）となり、さらに月番に任じられて藩執政職の立場を確立し（御用加判と同日任命の

場合あり）、その上で人持組頭に任命されることで、番方としての地位も確立している（当該期では本多政均のみ例外で、御用加判と人持組頭を同日に任命された後に月番となっている）[18]。

・陪臣叙爵

加賀藩ではこの年寄から四名が叙爵しているが（従五位下諸大夫）、これは御三家以外では加賀藩のみに許されたものである[19]。いわゆる陪臣叙爵であるが、加賀藩では慶長二〇年（一六一五）本多政重・横山長知両名の叙爵後から数十年途絶えた後、元禄四年に本多政長・前田孝貞の二名が叙爵して再興した。藩主前田綱紀は「此度両人叙爵被仰付候儀、偏当家御再興与重畳忝次第、兎角不申得候」[20]と、二名の叙爵を前田家の再興と捉えて大いに喜んでいる。以後、二度の増員によって同一五年に四名体制となり幕末まで続いたが[21]、叙爵の対象者について「藩国官職通考」では、「人持組頭先名ヨリ任之」とあり、番方の最高職である人持組頭に就任した者から禄高順で選任されることが原則であった[22]。

［表2］は、元禄四年以降に叙爵した年寄の変遷と座列を整理したものである。本多家は歴代当主（一〇名）が、同じく前田土佐守家［直之系］は幼年で死去した前田直会を除いた歴代当主（六名）が叙爵しているが、両家は格別の家柄とされた。また、叙爵歴が長いと座列が上がり筆頭となることから、格別の家柄である本多家・前田土佐守家以外でも筆頭となる可能性があり、近世後期には長家・横山家・奥村家からも筆頭を輩出している。受領名については、叙爵が決定すると希望する受領名を複数書き上げて藩主に提出し[23]、それを藩が幕府に届け出て決定する流れであるが（最終的には朝廷から位記・口宣案が出される）、のちに幕府老中などと重複すると受領名を変更している[24]。

次の［表3］では、元禄四年の陪臣叙爵の再興から明治四年（一八七一）の爵位返上までの一八〇年間に叙爵した人数と年数について、年寄衆を構成する八家毎にまとめたものである。まず、叙爵期間については、本多家が一六〇年（筆頭六二年）、前田土佐守家が一四〇年（筆頭六三年）と突出していることがわかるが、これは格別の家柄故に他家に比べて若くして叙爵することが理由として考えられる。残りの家については、原則に基づいて叙爵していることから、長家や横山家といった禄高が多い家から叙爵する傾向が読みとれる。[25]

格別の家柄とされた本多家と前田土佐守家については、嘉永七年の「諸大夫由緒書」で次のような記述がある。

［史料二］

一、人持組頭の先列之方より叙爵被仰付例なれ共、本多家ハ元祖既に叙せられて後ハ諸大夫中絶し、再命せらる時も二代政長主（ママ）叙せられ、続て三代政敏前田孝貞代なり、其次四代より七代まてハ相続あれは必相続て叙爵せられし五代・六代ハ見習の命もなくして叙爵なり、八代よりハ他家をもて代之、是十七歳以下ニ而相続せられしか故也と、よて年頃に至り闕あれ者末座たりとも叙爵あり、又静之介君家（前田土佐守家）も組頭たらさる以前ニも組頭の上列たり殊ニ先代・当代見習の命なくしても上列せらる、何れ其わけ有之と云、右両家は自余の方の例とは違有之也[26]

ここでは、本多家が必ず叙爵していること、五代・六代が年寄見習以前に叙爵したことが述べられている。また、土佐守家についても序列に関して他家より優遇されていることがわかり、当該期でも前田直信が月番および人持組頭任命以前の段階で叙爵している（［表1］）。

・年寄の序列

次に、彼らの序列を考えてみたい。元禄一〇年に前田孝貞が致仕した際に藩主前田綱紀が座列に言及しているが、[27]そこでは本多以下、長・横山・前田対馬守家［長種系］・奥村［本家］・奥村［支家］・村井の順であった。[28]綱紀が定めた座列は時代を経るにしたがって家の序列を示す「家之列」になったと考えられ、序列を考える上での基本となったが、実際の序列は叙爵や役職の有無などで常に変容していたといえる。その序列を視覚的に示すものとして、年頭や慶事など儀礼の場における座列が挙げられるが、年寄奥村栄通の「官事拙筆」や「御用方手留」で整理すると、[29]

3	4	変遷の事由
−	−	
長尚連 ［大隅守］(4)		増員
−	−	前田孝貞致仕（元禄10年6月2日） 本多政長致仕（元禄14年7月4日）・増員
前田直堅 ［近江守］（土3)	横山任風 ［山城守］(5)	増員
横山任風	前田孝行 ［美作守］（対5)	長尚連死去（元禄16年9月16日）
前田孝行	奥村悳輝 ［丹波守］（支3)	横山任風死去（宝永元年5月9日）
	村井親長 ［豊後守］(5)	奥村悳輝死去（宝永2年閏4月20日）
	奥村有輝 ［伊予守］（本6)	村井親長死去（正徳元年4月4日）
奥村有輝	本多政質 ［安房守→周防守→安房守］(4)	本多政敏死去（正徳5年3月19日）
本多政昌 ［安房守］(5)	横山貴林 ［大和守］(6)	前田孝行死去（享保6年9月14日） 本多政質死去（享保8年8月22日）
横山貴林	長高連 ［甲斐守］(5)	前田直堅死去（享保14年8月9日）
長高連	前田直躬 ［土佐守］（土4)	奥村有輝死去（享保15年12月5日）
前田直躬	前田孝資 ［対馬守］（対6)	長高連死去（享保20年3月24日）
本多政行 ［安房守→駿河守→安房守］(6)	奥村修古 ［丹後守］（本8)	横山貴林死去（寛延元年3月10日） 本多政昌死去（寛延元年5月18日）
前田孝昌 ［駿河守］（対7)	村井長堅 ［豊後守］(6)	前田孝資死去（宝暦3年3月9日） 奥村修古死去（宝暦3年8月21日）
	横山隆達 ［山城守→河内守］(7)	村井長堅死去（宝暦7年1月4日）
横山隆達	長連起 ［大隅守］(7)	前田直躬死去（安永3年4月3日）
前田直方 ［土佐守］（土5)	奥村尚寛 ［河内守］（本10)	横山隆達死去（安永5年12月27日） 前田孝昌死去（安永6年9月16日）
奥村尚寛	本多政成 ［安房守］(7)	本多政行致仕（寛政8年2月28日）
本多政成	長連愛 ［甲斐守］(8)	長連起致仕（寛政12年2月19日）
長連愛	前田孝友 ［伊勢守］（対8)	本多政成死去（享和3年4月28日）
前田孝友	本多政礼 ［安房守］(8)	奥村尚寛死去（享和3年12月24日）
本多政礼	横山隆盛 ［山城守］(9)	前田直方致仕（文化9年12月15日）
	前田直時 ［土佐守］（土6)	横山隆盛死去（文化13年閏8月27日）
前田直時	奥村栄実 ［伊予守→丹後守］（本11)	本多政礼死去（文政3年7月10日）
奥村栄実	村井長世 ［豊後守］(8)	前田孝友致仕（文政4年8月6日）

[表 2] 叙爵再興後の年寄叙爵者の変遷と座列

	年	月	日	叙爵年寄の座列（先官順）	
				筆頭	2
元禄	4	12	26	本多政長（2）［安房守］10 年	前田孝貞［佐渡守→駿河守］（対 4）
	8	12	18		
	15	4	1	長尚連 2 年	本多政敏［安房守］（3）
		4	25		
	16	12	21	本多政敏 12 年	前田直堅
宝永	1	12	18		
	5	12	18		
正徳	1	12	27		
	5	12	18	前田直堅 14 年	前田孝行
享保	8	12	18		奥村有輝
	14	12	16	奥村有輝 1 年	本多政昌
	16	12	23	本多政昌 18 年	横山貴林
	20	12	16		
寛延	3	12	21	前田直躬 26 年	前田孝資
宝暦	4	12	18		本多政行
宝暦	7	12	18		
安永	3	12	18	本多政行 22 年	前田孝昌
	6	12	18		長連起
寛政	9	12	18	長連起 4 年	前田直方
	12	12	16	前田直方 12 年	奥村尚寛
享和	3	12	16		
文化	1	12	16		長連愛
	10	12	16	長連愛 19 年	前田孝友
	13	12	26		
文政	3	12	16		
	4	12	16		前田直時

		変遷の事由
3	4	
奥村栄実	横山隆章 ［山城守→遠江守］（10）	村井長世死去（文政10年10月28日）
横山隆章	本多政和 ［播磨守］（9）	前田直時死去（文政11年8月10日）
本多政和	前田孝本 ［美作守］（対9）	長連愛死去（天保2年10月13日）
前田孝本	前田直良 ［近江守］（土7）	奥村栄実死去（天保14年8月9日）
前田直良	長連弘 ［大隅守］（9）	本多政和死去（弘化4年9月5日）
長連弘	本多政通 ［周防守］（10）	前田直良死去（嘉永4年4月7日）
前田直信 ［土佐守］（土9）	奥村栄通 ［河内守→伊予守→河内守］（本13）	前田孝本死去（安政3年9月14日） 本多政通死去（安政3年11月3日）
奥村栄通	本多政均 ［播磨守］（11）	長連弘死去（安政4年4月22日）
本多政均	長連恭 ［大隅守］（10）	横山隆章死去（万延元年11月12日）
	–	長連恭死去（明治元年4月9日）
–	–	本多政均死去（明治2年8月7日）
–	–	前田直信・奥村栄通返上

1999），および各家の「先祖由緒并一類附帳」（金沢市立玉川図書館近世史料館所蔵）をもとに作成.
種系］，（本）は奥村本家，（支）は奥村支家をあらわす.

を補完した.

諸大夫 ― 人持組頭 ― 御用加判（年寄）― 当主 ― 嫡男

の順で座列が定められていることがわかり、最上位となる諸大夫は「座列先官次第」とある。[*30] 幕末期に関しては、［表2］によると万延元年（一八六〇）以降は、安政三年叙爵の前田直信（筆頭）、奥村栄通、翌四年叙爵の本多政均、万延元年に叙爵した長連恭の順であったことがわかる。前田直信と奥村栄通は同日に叙爵しており、前田直信が優先されているが、それは前田土佐守家が「格別之家柄ニ付、前々御用相勤不申内ニ而茂前髪取居申候得ハ叙爵被仰付候」と理由が述べられている。[*31] 一方で、同じく格別の家柄である本多政均が三番目であるのは、この諸大夫の座列があくまでも先官順だからであろう。そして、諸大夫のあとは人持組頭・御用加判（年寄）・当主・嫡男と続くが、これらは諸大夫とは異なり、それぞれ禄高順によって座列が決まっている。幕末期、横山隆平が安政六年の年頭御礼に嫡男として参加した際は、当主であった前田孝敬（［長種

	年	月	日	叙爵年寄の座列（先官順）	
				筆頭	2
文政	10	12	16	長連愛 19 年	前田直時
	11	12	18		奥村栄実
天保	2	12	16	奥村栄実 12 年	横山隆章
	14	12	16	横山隆章 17 年	本多政和
弘化	4	12	16		前田孝本
嘉永	4	12	16		
安政	3	12	16		長連弘
	4	12	16		前田直信
万延	1	12	16	前田直信 11 年	奥村栄通
明治	1	4	9		
	2	8	7		
	4	2	8	−	−

佐藤孝之「加賀藩年寄の叙爵をめぐって」（橋本政宣編『近世武家官位の研究』続群書類従完成会,
・名前の（　）内は各家の何代目かを示し,（土）は前田土佐守家［直之系］,（対）は前田対馬守家［長
・叙爵欄「筆頭」の名前下にある年数は，筆頭（年寄衆最前列）の期間を示している．
・受領名については，『石川県史』第二編（石川県，1974 年再販）をもとに他史料で判明するもの

系」）の次であったが、文久二年（一八六二）では横山隆平と前田孝敬が共に年寄であったため、禄高順で隆平が前に出ている。そして、慶応四年（一八六八）では三名が人持組頭であったが、禄高順で横山隆平・前田孝敬・村井長在の順となっている。先に指摘したように、実際の座列は決して固定していた訳ではなく、基準にしたがって適宜変容していたことがわかる。

　このように序列化された年寄であったが、幕末期では村井長在が安政五年に月番・加判を免除され、本多政均も元治元年正月に月番・加判を免除されており、奥村直温も元治元年五月に死去したことから、七月一九日に発生した禁門の変の段階では御用加判は五名（月番は四名）と少なく、人持組頭も同じく五名という状況であった。変後には本多と村井の両名が復帰し、横山隆平と前田孝敬が人持組頭に就任することで概ね体制が整っていくことになるが、とりわけ叙爵者四名（前田直信・奥村栄通・本多政均・長連恭）は藩主名代を勤めるなど、幕末期の政

[表3] 陪臣叙爵再興後の年寄衆八家の叙爵期間

	本多	前田（土佐守家）	長	横山
叙爵人数※1 叙爵期間※2	10／10 160（62）	6／7 140（63）	6／7 89（25）	5／7 82（17）
	前田（対馬守家）	奥村（本家）	奥村（支家）	村井
叙爵人数 叙爵期間	6／8 108（0）	5／8 86（13）	1／12 1（0）	3／7 12（0）

佐藤孝之「加賀藩年寄の叙爵をめぐって」（橋本政宣編『近世武家官位の研究』続群書類従完成会，1999），および各家の「先祖由緒并一類附帳」（金沢市立玉川図書館近世史料館所蔵）をもとに作成．
※1　叙爵人数は，叙爵再興後の歴代当主のうち何名叙爵したかを示す．
※2　叙爵期間は，叙爵再興後の元禄4年（1691）から明治4年（1871）までの180年間にその家が何年叙爵していたかを示し，（　）内は叙爵期間のうち筆頭であった期間を示している．

局が推移するなかで役割を果たしていくことになる。

(2) 家老の構成

家老について、役職としては宝永期に確立したとも指摘されるが、家老は年寄に次ぐ重要な職として年寄を補弼する立場にあった。三〇〇〇石以上の人持組から任命され、参勤交代への御供や、ときには江戸詰を担当し、「年寄中席御用加判」[32]も担っていた（後述）。そのほか、平士以上の藩士の監督・調整、寺社・町人・百姓など藩士周辺の監督を職務としていたとされる。[33]金沢城内における年寄・家老の席は、藩主在国中では城内二ノ丸御殿に設置されていたが、藩主が在府の場合は城内御殿外の越後屋敷に移動していた。また、藩主在国中にはすべての年寄・家老が毎日登城して政務に携わっていたが、藩主在府中は月番年寄を除き、年寄・家老とも式日のみの出席であった。[34]これが慶応期になると変更されている。

[史料一二]

（慶応二年七月）十五日

一、今日例月之出仕無之、御留守年ニハ出席も無之候へ共、此頃御用多ニ而毎日出席いたし居候義、定刻上下ニ而出席之事
但、御在国ニハ御用無之義被仰出ニ而早退出いたし候へ共、御留守中故其義無之、定刻退出之事[35]

「御用多」が具体的に何を指しているのかは未詳だが、慶応二年の段階ではこの「御用多」によって藩主在府中でも家老が毎日出席し、仕事の有無に関係なく定刻勤務で早退できないことが述べられている。

そして、文久末期から慶応末期にかけて家老に就任した者を［表4］のように整理した。彼らは八家に次ぐ家格を有する人持組に属しており、一定の出世コースにより家老に任命される。人数については時期により差異がみられるが、元治元年八月の段階では九名が確認できる。家老は国許のほか、幕末期には江戸詰や京都詰（後述）も担当していることから、一定程度の人員が確保されたと考えられる。この家老の序列については、「座列知行本高次第五千石以上ノ前田氏ハ万石ニ準シ、四千石以下ハ五千石ノ上ニ列ス」[*36]との記述があり、幕末期においても［表4］のように整理できることから、禄高順において前田姓が優遇される座列であったことがわかるが、禄高順であるために筆頭となる可能性が高いのは万石以上の四家（今枝・横山・津田・本多）であった。

・主附制

加賀藩の職制に関して、「年寄には月番制がとられ、毎月一人の「御用番」が政務を司るが、家老についての月番はない」[*37]との指摘があるが、家老については「（慶応二年）七月朔日主附 勘六（篠原一貞）」[*38]といったように、上旬（朔日）・下旬（概ね一六日）に家老が主附に任命されている。また、藩主御供などで複数の家老が江戸に滞在する場合は、「蔵人（横山政和）義、今月表方主附之事」[*39]とあることから、江戸においても主附制がとられ、かつ月交替であったことがわかる。[*40]また、主附の職務内容については次の史料がある。

［史料三］

十八日（慶応二年八月）

一、御家中一統砲術新流ニ御改被成候間、諸士初一同筋入筒相用可申旨於海防方申渡有之候事

一、右ニ付、左之通同所ゟ御家老方主附江演述有之候付、先大組中組筒等御改之義夫々主附ゟ申渡候事
（後略）[*41]

［史料四］

廿五日（慶応四年正月）

一、明廿六日亡父年回相当ニ付、欠席奉願旨主附図書（本多政醇）江申述候所、追付御聞届被遊候旨同人ゟ談有之候付、以御用部屋御礼申上候事
（後略）[*42]

［史料三］は、砲術改正に関する命令を家老方主附から申し渡すよう海防方が指示したものであるが、これは主附が家老の代表者として指示を受けている事例である。そして［史料四］は、家老横山政和が欠席する際に主附本多政醇へ届け出ている事例であり、主附が代表して他の家老を管理していたことがわかる。

これらから、加賀藩では半月の交替制をとる家老の主附制を採用していたことがわかる。そして、他の家老をとりまとめる代表者としての側面がみられることから、主附は家老における御用番として位置付けられるだろう。

備考
文久3年（1863）2月隠居
元治元年（1864）4月10日勝手方御用
慶応元年（1865）2月7日免除
慶応2年（1866）1月17日帰役
文久2年（1862）10月7日海防方御用主付
元治元年（1864）8月11日免除
元治元年（1864）8月22日免除後閉門 慶応元年（1865）8月14日閉門御免，遠慮 慶応2年（1866）7月18日遠慮御免，翌19日隠居
慶応3年（1867）10月17日願いにより免除
文久2年（1862）10月7日海防方御用主付
元治元年（1864）8月11日切腹
万延元年（1860）勝手方御用 元治元年（1864）願により加判そのほか兼役免除 慶応元年（1865）加判復帰 同年勝手方御用

座列順で作成している.
る.

［表 4］文久末期以降の家老一覧

	通称等	禄高［石］	家老役	御用加判
今枝易良	内記	14,000	天保 11 年（1840）10 月 26 日	天保 13 年（1842）4 月
横山政和	蔵人	10,000	嘉永 6 年（1853）8 月 29 日	安政元年（1854）4 月 24 日
本多政醇	図書	10,000	元治元年（1864）3 月 10 日	元治元年（1864）5 月 21 日
青山悳次	将監	7,650	安政 5 年（1858）5 月 18 日	安政 5 年（1858）12 月 14 日
山崎範正	庄兵衛	5,500 ※1（→3,000）	安政 4 年（1857）7 月 11 日	年未詳
前田恒敬	将監	3,400	元治元年（1864）8 月 11 日	元治元年（1864）9 月 2 日
前田孝錫	内蔵太	3,000	元治元年（1864）8 月 13 日	元治元年（1864）9 月 2 日
前田孝備	典膳	2,500	元治元年（1864）8 月 2 日	元治元年（1864）8 月 2 日
不破為儀	彦三	4,500	安政 2 年（1855）3 月 6 日	安政 2 年（1855）8 月 11 日
大音厚義	帯刀	4,300	安政 3 年（1856）8 月 13 日	安政 4 年（1857）1 月 14 日
松平康正	大弐	4,000 ※2（→4,700）	文久 3 年（1863）2 月 10 日	文久 3 年（1863）6 月
横山隆淑	外記	3,500	安政 5 年（1858）5 月 18 日	安政 5 年（1858）12 月 14 日
品川武好	左門	3,000	慶応元年（1865）8 月 1 日	慶応元年（1865）8 月 16 日
篠原一貞	勘六	3,000	元治元年（1864）8 月 2 日	元治元年（1864）8 月 5 日

金沢市立玉川図書館近世史料館所蔵「先祖由緒并一類附帳」「御礼次第」にて作成.
この［表 4］は、同館所蔵「藩国官職通考」にある家老の座列の基準にしたがい，文久末期段階の
※1　山崎家は元治の変後に処分をうけており，閉門免除後には禄高が減少したために序列は下が
※2　松平家は康正切腹後，家督相続とともに加増したため，序列は上がる.

・「年寄中席御用加判」

また、家老は「当役被命、追テ年寄衆御用之加判仰付ラル[*43]」とあるように、家老就任後に「年寄中席御用加判」に任じられている。「年寄中席御用加判」とは、年寄が関与する案件に対して詮議に加わり決裁権を有する（加判）ということになろうが、家老の任命から「年寄中席御用加判」までに数ヶ月から数年の期間があることから（［表4］）、即任命されるものではなく、一定程度の経験が求められたことがわかる[*44]。嘉永六年（一八五三）に家老となった横山政和は、安政元年四月に藩主前田斉泰から「年寄中席御用加判」に申し付けられているが、その際「重キ御用被仰付、難有仕合奉存候」と申し上げて退去し、御殿内および御用番宅への御礼を勤めた後、所属組頭へ報告している[*45]。また、松平康正も横山同様、斉泰から「年寄中席御用加判」を申し付けられ、「重キ御用被仰付、難有仕合奉存候旨」を申し上げて退去し、その

後に年寄・家老・若年寄などへ報告している。[*46] このような「年寄中席御用加判」の任命がいつ頃開始されたかについては明確ではないが、「藩国官職通考」には、貞享三年に津田孟昭・横山正房・奥村悳輝が家老に任命されて以降家老が連綿したとあり、その末尾に「年寄中御用ノ加判仰付ラル、事遙《（カ）》後ナリト云、此トキノ事歟、又元禄六年頃ニモ見エタリ」とある。[*47] この記述については検証が必要であるが、享保五年に家老を再役した津田孟昭の由緒帳には、「同七年二月、表向加判可仕旨」との記載がある。[*48]

また、加賀藩の武鑑には「年寄中席御用加判」を記載したものが存在する。記載内容から安政期と推定されるが、「御家老加判」として今枝易良以下七名、「御家老」として成瀬当職以下三名、合わせて一〇名が記されており、この武鑑では「年寄中席御用加判」の家老と他の家老とを峻別していることがわかる。[*49] しかし、文政元年に藩主前田斉広は家老らに対して、「重キ加判も申付置候処、是迄ハ其詮も無之形チニ相見へ候、以後ハ年寄共江少も無斟酌、政事用向之義論《（ママ）》並相互身分之儀ニ而も申合及義論《（ママ）》可申候、是迄之処年寄共ら之仕懸ケ茂不宜トハ乍申、其方共ニも手弱キ事ニ候、以後少も無泥、たとへ年寄共僉議決定之事ニ而も如何存ル品者強キ可及義論《（ママ）》候」[*50] と、家老が「重キ加判」に任じられているにもかかわらず、現状は任命の甲斐がなく、その原因は年寄衆にも問題があるものの、家老らにも問題があると指摘している。そして、今後は年寄が決定したことについても意見があれば強く主張するようにと、斉広は「年寄中席御用加判」である家老の詮議への積極的な関与を求めている。この斉広の親翰に対して、家老らは「私共者重キ加判茂被仰付置候処、其詮も無御座様ニ被思召候義奉迷惑候、以後者少も無斟酌、御政事之義論《（ママ）》相互ニ身分之儀ニ而も可申論候」と述べて、年寄衆の詮議に参画する意思を示している。さらに、年寄衆に対しても「以後ハ何とそ御僉義《（ママ）》御治定無之以前ニ御示談有之様致度、左候へハ及ハすなから存寄御座候義ハ無腹臓可申述候間、左様御承知置被成候様仕度」と、今後は詮議決定前の段階での案件の提示を求め、その際には意見を申し述べることを伝えている。[*51] この事例では、家老の「年寄中席御用加判」が制度的に停滞するなか、藩主が「年寄中席御用加判」としての職務を全うすることを家老に要求し、家老もそれに応えようとしたことがわかる。

・意見上申

次に、意見の上申について家老横山政和の事例から整理してみたい。まずは、家老個人の意見を家老の合議にかけ、家老の総意として上位の年寄衆に上申する形式である。

［史料五］

（前略）当秋交代人参着之上暫相重り、其間ニ為見学横浜并横須賀江参り二三泊も仕度、弥交代被仰渡候義承知仕候上、御内聴相伺、御指支も無之義被仰出候ハヽ、其上ニ而又表向組頭江相願度心組ニ御座候、乍去是迄例もなき事故、指附御内聴伺候義も如何可有之哉与存罷在候内、幸貴書到来、序有之候故、先貴所様迄申進候間、御序ニ同役中御熟談、替存寄も無之候ハヽ、表方江も御打合御座候而、各被仰越候様仕度奉願候呉とも、右両所ハ何卒一見仕置申度義と存罷在申候、猶重便万々可申上候、以上

（慶応三年）六月十三日　　横蔵人（横山政和）　判

外記（横山隆淑）様[*52]

これは、江戸詰の家老横山政和が国許の家老横山隆淑に横浜などの見学について相談したもので、前例がないため国許の家老合議において承諾を得た上で、表方に上申しようとしている。これは、家老合議を経由して上申する形式であり、表方の機構を通す公的な上申ルートといえ、

①家老個人　↓　家老合議　↓　月番年寄（年寄衆）

とまとめられる。内容によっては、その後の年寄衆の合議で決定される場合や、年寄・家老の御用加判を集めた合議がなされる場合、さらには藩主までも含めた「御前評議」が開催される可能性が想定されよう。

次は、家老の合議にかけることなく、意見を月番年寄に上申する形式である。

［史料六］

一、左之紙面遣之

公辺御軍製（制）等追々御改革有之候所、御旗本衆を始、此表居合不宜旨承り候ニ付、猶又聞番相尋候所、相違も無之、小身之御旗本衆曁坊主衆抔ニいたり候而者当公方様を散々ニ被申、誠以恐入候次第、（中略）就而者於御国も御代始之御義、先便申進候御取捨之所呉々も御大事之義と存申候、服制抔之義も於公辺者御旗本之内海陸両軍方者平服戎服共そき袖細袴ニ御改被成候へ共、御国ニ而右等をつか〳〵と御学者甚御宜かる間敷哉、是等ニ付而者少々心附之趣も御座候へ共、佐野鼎ゟ心附相達候上一集ニ可申進候間、此義御含迄ニ申進置申候、以

上

（慶応二年）二月十九日　　蔵人（横山政和）　判

海防方

土佐守（前田直信）等五人様[*53]

江戸詰の横山が幕府内の動静について探り、軍制改革に関して幕府内では反発が強く、幕府同様の改革を加賀藩では実施しない方がよいのではないかと述べたものであるが、これは家老合議にかけることなく、藩の海防方を担当した年寄前田直信をはじめとした複数名に宛てて上申しているため、

②家老個人　↓　担当年寄（年寄衆）

とあらわされよう。ここでは、家老合議にかけないとはいえ、海防を担当する表方の年寄衆に上申していることからも、①と同様に公的な上申ルートと考えてよい。ただし、この上申は家老の総意ではなく、江戸詰としての個人的な上申である。

そしてもう一つは、合議することなく、家老個人が直接藩主に対して上申する場合である。

［史料七］

九月十四日（慶応二年）

一、蔵人義御透ニ御前江罷出度旨御用部屋迄相達置候所、御用之間江被召候付、先日御意被遊候姫君（溶）様御一条、中納言（前田斉泰）様共御示談被遊候上被仰出候御義ニ御座候哉と奉窺候（後略）[54]

［史料八］

九月廿七日（慶応二年）

一、蔵人義、明日江戸表江発足いたし候付奉伺御機嫌候所、御用之間江被召如例御意有之、以後御咄申上候者、此間隠密方ニ罷越候所、当時御側向御便ニ可相成程之人品無御座、此義を常々御案事奉申上居候旨咄仕候趣等委曲奉申上候（後略）[55]

［史料七］は、前藩主斉泰夫人で藩主慶寧の母である溶を国許に引き取るかどうかについて、家老の横山が御用部屋衆（近習御用）に面会を願い出、その取次をもって慶寧に面会している事例である。また、［史料八］は江戸詰として出発する横山が、その前日に御機嫌伺いとして御前に出た折に、藩主側近の人材に関して問題があることなどを慶寧に申し上げたものであるが、この［史料七］［史料八］ではどちらも表方を通していない。つまり、

③家老個人　↓　御用部屋衆（近習御用）　↓　藩主

であり、この上申は家老が直接藩主に対して上申していることから、①や②と異なる私的な上申といえよう。

以上から、家老の上申ルートとしては、①家老合議にかけて個人ではなく家老の総意として上位の年寄衆に対して上申、②家老合議にかけず個人として年寄衆へ上申、③年寄衆を通すことなく近習御用を介して家老個人が藩主にまで直接上申、という三通りが確認でき、公私で考えると①と②が公的、③が私的な上申ルートと大別できよう。

さらに、慶応四年正月六日には、③の上申ルートが改正されている。

［史料九］

（前略）播磨守《本多政均》御前江被罷出候節、各御前江罷出方之儀、不容易御時節毎度御用有之御前江罷出候儀ニ候ヘハ、先達而被仰出置候通前廉不相願、指付御次之間江罷出、御取次を以御案内申上御前へ可罷出、尤御家老中等も同様可被仰付旨被仰出候由ニ而、退去之上各江も演述、依而右之通ニ御治定相成候事（後略）[*56]

これは、藩主慶寧が年寄本多政均に伝えたものである。容易でない時勢であることから、慶寧に面会を望む場合は事前に面会を申し出ることなく、近習を介してすぐに面会するようにと述べている。この改正については、上申の回数自体を増やすこと、そして「無御隔心御親敷被極度」[*57]とあることから、個人との関係を密にすることで合議の場では得られない個人の考えを慶寧が入手しようと試みたのではないか。この正月六日は、徳川家支援出兵を藩内に宣言した日であり、藩にとって重大な決断を背景に藩上層部の関係性を強化することが目指されたと考えられる。

以上のように、家老は年寄を補弼する立場にあり、「年寄中席御用加判」に任じられていた。これは、年寄が関与する案件に対して詮議に参画し承認する権利をもつことになるが、文政期には藩主が危惧し改善を命じているように形骸化していたようである。しかし、藩主が改善を命じて家老がそれに応えようとし、幕末期に政局が混迷を深めるなか、若年層で構成された年寄衆を補弼する役割を家老が果たしていったといえる。なかでも当時、家老の筆頭であった横山政和は私的な上申ルートを通じて藩主と接触しているなど、藩政における影響力は少なくなかったとおもわれる。

2　幕末期における加賀藩京都詰体制

次に、詰家老を中心とした幕末期の京都詰体制について、その成立から実態までを検討していく。まずは、屋敷や詰人、職務内容といった京都詰の概要を整理し、詰家老体制を明らかにする。その上で、幕末期に藩主以下、年寄・家老といった重臣層が京都に滞在することになる経緯とその意味について検討したい。

(1)　京都詰体制の概要

・京都屋敷

幕府の成立段階では加賀藩京都屋敷は存在せず、大坂の陣では藩主前田利常が嵯峨や北野などで宿陣していたように、藩主が上洛した際は毎回異なるところに宿陣していた。「越登賀三州志」には「二条油小路ニ邸ヲ置トイヘトモ寛文二年是ヲ廃シ其故無伝記、三条河原町ニ呉服所三宅庄兵衛当時ハ三宅次郎兵衛ヲ地主トシテ邸ヲ買取ラセラレ旅館ヲ造ル」[*58]とあり、近年の研究成果では、万治三年（一六六〇）の段階で藩が屋敷を取得していたことが明らかになっており[*59]、享保五年（一七二〇）には藩主前田綱紀がこの河原町三条邸に宿泊している[*60]。屋敷の規模は約一四〇〇坪で、文化年間には近接した四つの町屋敷によってこの河原町三条邸が構成されていたことなどが明らかになっている[*61]。文久期以降になると藩主が度々上洛するようになり、幕末期には藩主前田斉泰が二度、世嗣（のち藩主）前田慶寧が三度上洛しているが、このときは河原町三条邸ではなく、すべて建仁寺に宿している。これは、随従する多くの藩士を京都に滞在させるには従来の河原町三条邸では規模において問題であったためとおもわれる[*62]。ただし、建仁寺全体を借り受けたわけではなく、必要な範囲にかぎって借り受けていた[*63]。

そして、元治元年（一八六四）五月には世嗣慶寧が京都警衛を命令されたことから新しい陣屋の地を岡崎村に借り受け、慶応三年（一八六七）八月には岡崎屋敷を賜邸にしたいと願い出、幕府に了承されている。[*64] その規模は約四万三〇〇〇坪で、河原町三条邸と比較しても格段に大きく、ここに警衛のための軍事力を駐屯させていた。[*65] また、鳥羽・伏見戦争に際して「岡崎御屋敷ヨリ弾薬奉行宮川佐太夫至急建仁寺江罷越相達候ハ、御屋敷之高ヲ大砲之玉通り、若々火薬蔵江打込候而ハ不容易事件ニ及可申、如何心得候哉[*66]」と、岡崎屋敷にある火薬蔵が砲撃を受けた際の処置について弾薬奉行が尋ねていることから、岡崎屋敷が武器貯蔵庫でもあったことがわかる。

以上から、幕末期において加賀藩が京都で拠点としていたのは、古くから藩邸の機能を有していた河原町三条邸のほか、建仁寺と岡崎屋敷の三ヶ所であり、とりわけ建仁寺と岡崎屋敷が兵の駐屯など加賀藩の軍事的な拠点として機能していたといえる。

・京都屋敷詰人

『加能郷土辞彙』によると、京都屋敷詰人は慶長末年から元和初年には存在したことがわかっているが、河原町三条邸が成立するにおよび、大小将・馬廻の各組から一年に二名を奉行として派遣し、一人は六月、一人は一〇月に交替するように制度化され、その後両人とも馬廻組から勤めることとなり、寛政六年（一七九四）四月以降には、二名のうち一名は会所奉行から任命されたとする。[*67]「北藩秘鑑」にも、「奉行弐人一人ハ会所奉行ゟ四月代、一人ハ御馬廻御番人三百石以上位ゟ十月代[*68]」と記されており、幕末期に会所奉行を勤めた音地左盛、中村次右衛門の各由緒書には京都詰を任命されたことが記載されていることから、この体制が幕末期まで継続していたことがわかる。[*69]

また、詰人全体については、「北藩秘鑑」では奉行二名のほか、御歩横目一名、算用者二名、足軽八名、小者四名がいたとされ、奉行を責任者とした体制が整えられていた。[*70] 職務内容は、高畠五郎兵衛が安永五年（一七七六）に記した「京都御用相勤申節之日記」[*71]からうかがえるが、それによると、高畠が算用の把握や商人への利息支払いという財政面、そして在京藩士らの扶持米管理や交替手続きなどの人事面を管理していたことがわかる。さらに、日記には詰人らの外出時間も詳細に書き留められており、彼らの行動を高畠が責任者として把握していたこともわかるが、詰人については国許で任免されており、在京の奉行にはその権限はなかった。そのほか、禁裏をはじめ公家や他藩との応接、江戸や国許における必要物資の購入など多様な職務が確認でき、さらには大津にいる藩士や蔵屋敷も管理し、廻米売却という藩財政に関わる職務もこなしていた。加えて、京都および西国向きの情報収集や、「通路」増加による交際範囲の拡大への対応なども重要な職務であったことが近年の成果から明らかになるとともに、藩邸支出の分析から呉服などの物品購入や物品の搬送料などの割合が高かったことが指摘されている。[*72]

⑵　幕末期の京都詰体制

・藩主、年寄、家老

加賀藩が幕末政局に本格的に関与する意思を示した文久三年（一八六三）以降に藩主以下、年寄・家老が江戸もしくは京都に出張した事例をまとめたのが［表5］である。藩主のみならず、年寄・家老が江戸や京都へ頻繁に出張していることがわかる。江戸については、幕府による参勤交代の緩和や大名妻子の帰国といった改革の影響をうけ、文久三年四月には藩主斉泰正室の溶が金沢に入っているが、翌元治元年一〇月には参勤交代の再開と大名妻子の在府が命じられたことで溶は江戸に戻り、その際に家老前田恒敬が同行して江戸詰（前年に再興した江戸留守居は廃止）となっている。加賀藩では江戸留守居が置かれた時期があり、留守居には人持組のうち家老ではない者が任じられていたが、徳川家から藩主正室が入輿する際に江戸留守居が廃止されて家老が江戸詰となる事例がみられる。[*73]前田恒敬以降は明治元年（一八六八）まで継続しているが、その任期は概ね一年で一人詰であった。

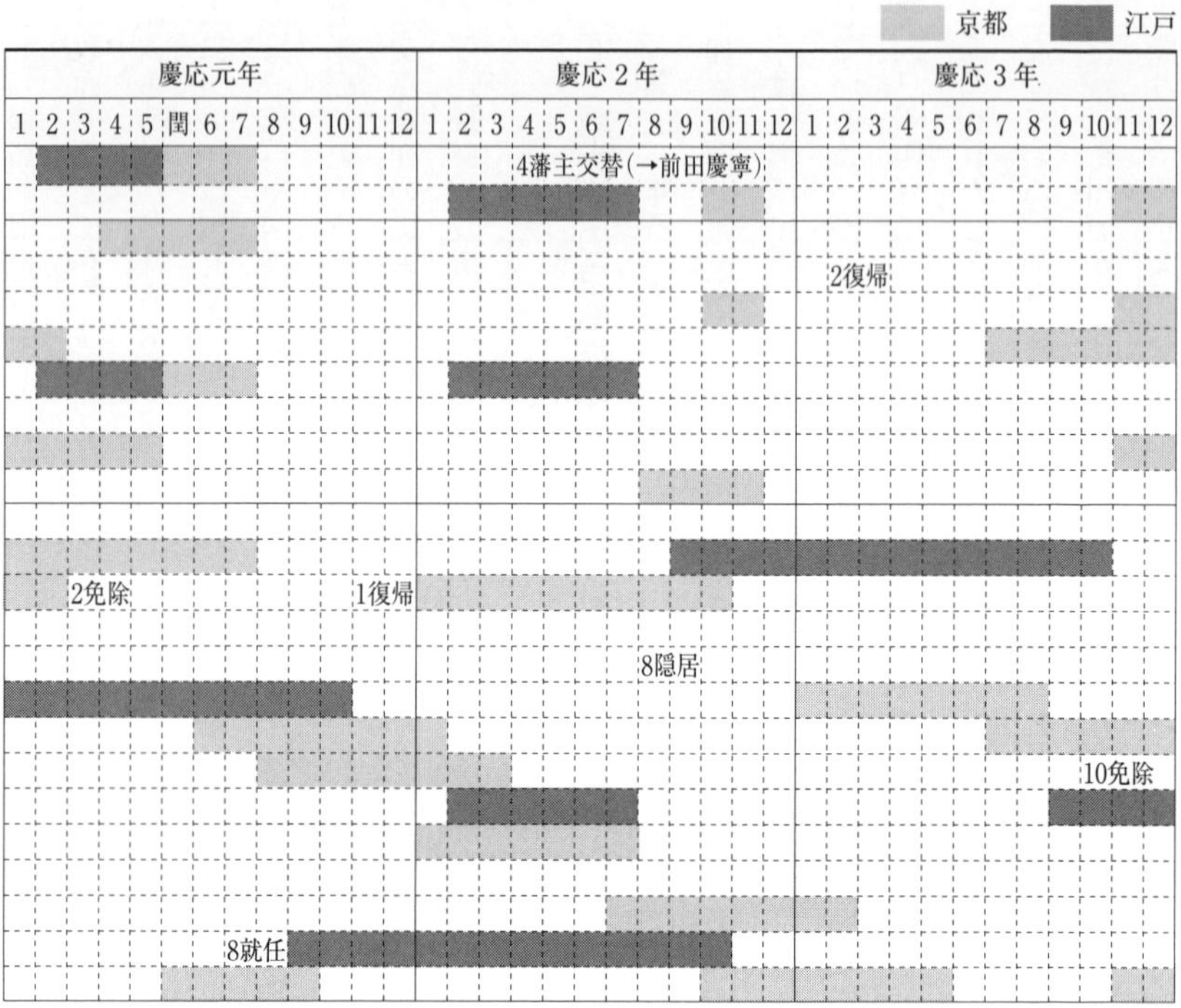

示す.

そして、文久三年以降は京都にも出張するようになるが、その契機は同年春の将軍徳川家茂上洛である。この家茂上洛に藩主斉泰が供奉しているが、この藩主上洛に年寄二名、家老二名、若年寄一名が同行するという加賀藩において大規模なものであった。この上洛後、同年九月以降は明治元年まで家老が途切れることなく京都へ詰めており（[表5]）、家老が京都に常駐する体制が整っていた。

・聞番、会所奉行

この幕末期は年寄や家老のほかに、藩内の中下級層にも変化がみられる。聞番は国許および江戸を拠点に幕府や他藩と交渉して情報を収集する者であり、他藩では留守居役に該当する職とされるが、当該期には京都にも派遣さ

［表 5］ 文久 3 年から慶応 3 年にいたるまでの加賀藩上層部の動静

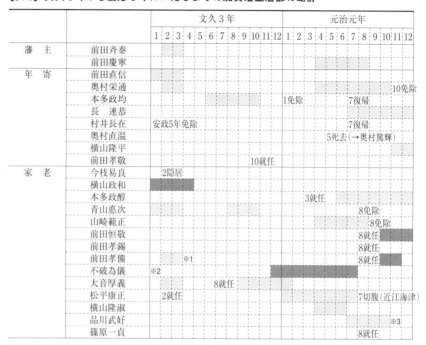

		文久３年												元治元年											
		1	2	3	4	5	6	7	8	9	10	11	12	1	2	3	4	5	6	7	8	9	10	11	12
藩　主	前田斉泰																								
	前田慶寧																								
年　寄	前田直信																								
	奥村栄通																							10免除	
	本多政均													1免除						7復帰					
	長　連恭																								
	村井長在	安政5年免除																		7復帰					
	奥村直温																	5死去(→奥村篤輝)							
	横山隆平																								
	前田孝敬										10就任														
家　老	今枝易良		2隠居																						
	横山政和																								
	本多政醇															3就任									
	青山悳次																				8免除				
	山崎範正																					8免除			
	前田恒敬																				8就任				
	前田孝錫																				8就任				
	前田孝備				※1																8就任				
	不破為儀	※2																							
	大音厚義							8就任																	
	松平康正		2就任																		7切腹(近江海津)				
	横山隆淑																								
	品川武好																							※3	
	篠原一貞																				8就任				

金沢市立玉川図書館近世史料館所蔵「先祖由緒并一類附帳」「御礼次第」などにより作成.
［表 1］［表 4］と同じ基準による座列で表を作成し,「就任」「免除」などの語の前の数字は該当月を
※1　前田孝備の文久 3 年 2 月の上京は,家老就任前（若年寄）の上京となる.
※2　不破為儀の動きについては,同館所蔵「不破家譜」により作成.
※3　品川武好の元治元年 7 月の上京は,家老就任前の上京となる.

れて活動している。[*74] この聞番は、文久期以降には詰中聞番兼帯に任じられる者がいるなど、従来の四人編制が崩れて徐々に増員されているが、これは藩上層部の場合と同様、京都で入手する情報や処理しなければならない交渉が増加していたことを示していよう。また、聞番のほかに京都屋敷詰人であった会所奉行も、同時期に各方面へ出向いて情報収集をおこなっているが、これは京都屋敷詰人が従来有した職務であり、幕末期にあらたに付与されたものではない。[*75] つまり、幕末期には詰人に加えて聞番も派遣することで、京都での探索および交渉という面を強化していたといえる。

・家老の京都詰体制の成立と臨時性

藩上層部の動静が活発化するなか、

家老が文久三年以降京都に出張して途切れることなく詰めているが、どのような経緯でこの京都詰家老体制が開始されたのであろうか。まず、文久三年はじめには青山悳次と大音厚義が上京したが、これは前述のように藩主斉泰の上洛御供であり、斉泰の帰国により金沢へ戻っている。つまり、青山と大音はあくまでも藩主上洛に随行したに過ぎず、京都詰に任命されたわけではない。そして、同八月には青山が再び上京しているが、これは青山の単独上京である。加賀藩では青山が上京する直前、公武一和を掲げて国事周旋することを藩内に宣言したが、その使者として青山が選ばれたのであり、[*76]御所へ差し出す建白書と京都守護職松平容保への書状を携えていたことからも、公武一和の周旋が目的であったことは間違いなく、青山の上京は京都詰とはいえない。その一ヶ月後には大音が再び上京しているが、これは八月一八日政変を理由とした御機嫌伺いが目的であったことから、やはり使者としての側面が強い。しかし、九月一二日に伝奏飛鳥井雅典から大和の浪士鎮圧を命令されたことで青山・大音の両名は使者の役目を終えた後も滞京し、[*77]青山が浪士鎮圧後には金沢に戻る一方で、大音は在京藩士の統率を目的として滞京しつづけている。その後、同四年正月に松平康正が上京し、大音は金沢に戻ってくるが、各由緒書には「交代」と記載されており、松平康正の由緒書では「正月京都詰大音故帯刀与交代被仰付、相詰」[*78]と、大音が京都詰であること、そして自身が京都詰となったことを明確に記している。

以上から、家老の京都詰体制は在京の加賀藩士を指揮・統制する目的で文久三年後半には成立していたと考えられる。そして、その後も交替という形を取りながら途切れることなく明治元年まで継続し、大音厚義以降のべ一〇名以上の家老が詰めているが、成立自体は臨時的な面が強かったことがわかる。

・京都詰の京都警衛任務

文久期以降に諸藩が担当した京都警衛任務としては、大きく二つの命令が挙げられる。[*79]

①文久三年三月　禁裏守衛を目的とした強壮勇敢な藩士の上京命令[*80]
②文久三年四月　諸藩に三ヶ月間の京都警衛を命令[*81]

まず、①は一〇万石以上の大名に対して一万石につき一名の「禁裏御守衛」兵を差し出すことを命じたもので、御親兵といわれる[*82]。これは、強硬な攘夷論が席巻するなかで長州の建白に端を発するものであり、設置推進者であった三条実美の権力を象徴する存在として周囲に認識され、三条らの排斥・失脚による親兵の印象悪化もあって政変後には解散させられたが、設置については政治状況や警衛体制の変化による現実的な需要があったとの指摘がある[*83]。

②も一〇万石以上の藩を対象としており、原則三ヶ月交替で藩主が滞京して御所付近をはじめとして指定された場を警衛する制度である[*84]。①とは異なって慶応末期まで継続し、加賀藩は幾度もこの警衛を命じられて任務に就いている[*85]。決定後の取り消しや、世嗣や重臣が名代となる場合、交替が円滑にすすまず三ヶ月以上警衛する場合などがあり、藩にとって負担の大きい制度であったが、諸藩が交替しながら朝廷に軍事的奉仕をおこなう状況は、まさに朝廷・幕府が諸藩を奪い合うような様相とも評価されるものであった[*86]。

この二つの命令に対して加賀藩では、①に対応すべく、文久三年六月一六日に藩士岡田隼人を組頭並禁裏御守衛支配に任じて派遣しているが[*87]、岡田は九〇〇石の藩士であり、重臣層から部隊長を選任してはいない。加賀藩の割り当ては一〇二人で六月中には京都に到着し、三ヶ月後の九月に守衛免除となっている。②については、藩主もしくは藩主名代の年寄が警衛任務に就いている。加えて、加賀藩の京都警衛に関する事例はこれだけではなく、①②に該当しない時期にも京都警衛を命じられている。慶応二年八月六日には、一橋慶喜から藩主慶寧に対して、家督を継いだばかりであることを断った上で、至急慶寧に上洛して京都警衛の任に就くことを要請している。これは先の警衛命令とは異なって加賀藩に対して要請されたものであり、加賀藩の軍事力を期待していた節もうかがえる。

このような警衛任務のほかに、加賀藩では八月一八日政変では二条家・三条家・近衛家といった摂家に兵を派遣しており、[88] 慶応三年春の段階では在京藩士のなかに二条家および鷹司家に駐屯する人員が組み込まれていることから、摂家に藩士が恒常的に配置されていたことがわかる。[89] 前田家と二条家とは、前田綱紀の娘が二条吉忠へ嫁いでおり、また前田吉徳の娘が二条宗熙、宗基とそれぞれ婚約していた。これが縁で加賀藩は二条家に対して財政援助を実施しており、幕末期にも度々その援助を要請されるような間柄であった。また、鷹司家とは鷹司政熙の娘が前田斉広に嫁いでおり、その斉広の娘は鷹司輔熙と婚約している。そのほか、前田慶寧は久我建通の娘と婚姻しているが、この娘は鷹司家の養女であった。これらの姻戚関係によって加賀藩では二条家と同様に鷹司家に対しても財政援助を実施していたが、[90] この関係を利用して朝廷向きの情報を主に二条・鷹司の両家から入手していたことを鑑みれば、この二家に藩士を駐屯させることは不自然な行動とはいえないだろう。[91]

以上、文久三年段階の京都では強硬な攘夷論が席巻し、政情は極めて不安定であったが、将軍徳川家茂の上洛が直接的契機となり、加賀藩は京都を強く意識することになる。それは、藩上層部の動向の活発化、聞番の派遣といった形であらわれてくるが、そのなかで度重なる京都警衛命令に対応するために家老の京都詰体制が成立したと考えられる。そして、京都警衛の一環として親交の深い二条家や鷹司家にも加賀藩は藩士を駐屯させていたが、彼らを指揮・統率していたのは、この京都詰家老であった。

3　幕末京都の政局と加賀藩京都詰家老

ここでは、慶応末期に京都詰家老であった前田孝錫に焦点を当て、孝錫以下京都詰の体制を概観した上で、大政奉還以降の具体的事件に即しながら京都詰が果たした役割について検討していく。

(1) 前田孝錫の経歴

前田孝錫の家は、年寄衆を構成する八家のうち前田対馬守家［長種系］当主前田孝貞の次男孝和が三〇〇〇石をもって分家したことを契機とする。孝錫は安政三年（一八五六）一二月に父孝保の遺知三〇〇〇石を相続して人持組に属し、定火消役・小松御城番・今石動支配などを勤め、元治元年（一八六四）八月に家老となり、慶応元年（一八六五）六月から翌年一月まで京都詰を勤めていることから、同三年の京都詰は再役となる。[*92] 孝錫は同年七月から翌年二月まで滞京し、詰家老として大政奉還や王政復古、鳥羽・伏見戦争などの政治事件への対処を迫られているが、そのときの職務日記が「京都詰中手留」である。[*93] 京都詰の活動は勿論のこと、京都の情勢や藩の動勢なども具体的に記されているため、本史料から当該期における京都詰の動向を明らかにしたい。[*94]

(2) 京都詰の情報収集体制

「京都詰中手留」では、聞番が入手してきた情報を詰家老の前田孝錫が記すという形式が多く、孝錫自身による活動が記録されているのは僅かである。つまり、京都における情報収集や他との交渉は聞番が担当し、詰家老自身は屋敷に留まって聞番から報告をうけるのが通常であったことがわかる。そして、ここで記されている聞番の動向と入手した政治情報を整理すると、いくつかの特徴がみられる。

まず、慶応三年一〇月は大政奉還、一一月は兵庫開港などの対外問題、一二月は王政復古、翌年一月は鳥羽・伏見戦争というように、聞番を派遣することで政治情勢に即した新たな情報を入手している点である。そして、聞番が出向いた相手としては幕府および朝廷が圧倒的に多く、諸藩を対象としたものは紀伊と肥後の二藩のみで（各一回）、薩摩・長州との接触はみられない。また、朝廷向きについては姻戚関係にある二家のうち鷹司家ではなく二条家と密に接触しているが、この理由としては鷹司家と二条家の朝廷内における立場が考えられる。鷹司家は加賀のほかに長州とも姻戚関係にあり、禁門の変によって尊攘派とされた公家が排斥された後、長州はこの鷹司家を介して朝廷と接触しているため、鷹司家は薩長寄りの立場であったと考えられる。一方、二条家では二条斉敬が関白・摂政を歴任するなど朝廷内の中心人物であり、さらに母が水戸の出で徳川慶喜と従兄弟の関係にあったことから、徳川家との関係も良好であった。幕府向きの接触が多く、薩長との接触がみられない加賀藩にとっては、鷹司家よりも二条家の方が相手として相応しかったといえる。

以上から、慶応三年における聞番の政治情報の収集が幕府方に偏っていたことは間違いないが、それは「前々ゟ御家之聞番ハ他藩江付合不致候へとも、斯形勢正義之留守居とも付合候ハ、是又可然」と、分家である大聖寺藩主前田利鬯に指摘されていることからも明らかである。

(3) 大政奉還以降の政局と前田孝錫

・大政奉還

「京都詰中手留」で大政奉還の記載があるのは、幕府が奉還の旨を諸藩に諮問した慶応三年一〇月一三日である。

[史料一〇]

朝五半時過、聞番崎田《小左衛門》同道乗切ニ而二条御城大手御門ヨリ登城、溜り相扣罷在候処、八時頃大広間江御呼出、御三家様、少し間を明此方様、引続外諸侯方御家老等列座ニ相成候処、大御目付戸川伊豆守《安愛》殿御出席ニて追付御書取拝見被仰付候間、何茂得与拝見之上見込有之者ハ其座ニ居残り可申、御直ニ御聞可被遊候、後日可申上者ハ溜り江引取候上姓名相記シ相達可申、（中略）右御書立誠ニ重大之御事件、中々当座ニ見込可申上様之品ニ而も無之ニ付姓名不書出候、余《ママ》時頃御用無之退散申触候ニ付罷帰り席相立、大隅守《長連恭》殿へ夫々演述いたし候事

詰家老前田孝錫が聞番崎田小左衛門とともに二条城へ出向いて列座すると、幕府大目付の戸川安愛から書付に関し

て意見がある者はその場に残ること、後日意見がある者は姓名を記載するようにと命じられている。出席した両名は、奉還は重大な事件であり、この場で述べる意見もないとして、その場に残らず姓名も記載せずに戻っている。この言動から、まずは事態の把握と政局の推移を傍観しようとしている様子がうかがえる。その後、聞番里見亥三郎が一一月五日に老中板倉勝静と京都守護職松平容保を訪問するが、その際も奉還後の情勢を確認して藩主前田慶寧の上洛についての見解を仰ぐことに留まっている。つまり、大政奉還の段階における京都詰は、積極的に情勢に参加し活動するのではなく、できる限り京都の情報を入手して慶寧の上洛時期を誤らないようにすることを目的とし、上洛遅延を指摘された場合には取り繕うなど、あくまでも国許の判断に依存しており、京都詰として独自の行動をとっていたわけではない。

・王政復古の大号令

その後、年寄本多政均が藩主名代として上洛し、前田孝錫や聞番らと相談した結果、「無彼是御上京被為在候而可御宜」と、藩主慶寧が上洛し尽力するのがよいと判断して慶寧の上洛を要請した。そしてこの要請を受け入れた慶寧は金沢を出発し、到着したのは王政復古の大号令当日の一二月九日であったが、その状況は次のようであった。

[史料一二]

只今道中ニおゐて承り候処、御所之方江薩州人数追々繰候体、市中騒ヶ敷旨申聞ラレ、御横目等江心得申談、追々注進有之候得共、出火与も申或ハ喧嘩共申、取留候儀無之次第ニ騒立体、御所之方江罷越候者追々罷帰、薩土芸之人数日之御門等固メ、中ニモ公家門ヲ厳重ニ固メ、（中略）御前御人数操（繰）出方之御評議有之、先ツ追々操（繰）出可然与被仰出、自分出張方之義御評議中ニ候得共、遮而私義ハ兎モ角出張仕度申上候

まず、「出火」「喧嘩」の語が示すように、加賀藩では何が起こったのかを具体的に把握できていない。その後、使

者から薩摩・土佐・安芸の三藩が日之御門などを固めているといった情報が入ると「御評議」が開催され、前田孝錫は自身の警衛場所に向かっている。ここでは、評議中にもかかわらず孝錫が「兎モ角出張仕度」と発言していることからも慌ただしさは否めず、藩上層部の動揺が看て取れるが、この一連の流れは加賀藩が直接関与していないことを如実に示している。加賀藩はその後も情報を収集しているが、そのなかで二条家家士の高嶋某から二七日には次のような情報を入手している。

［史料一二］

春嶽様（松平慶永）・尾州様（徳川慶勝）昨日御下阪（坂）、右ハ御官位并御領地之内弐百万石斗御取上之義ニ付御下阪（坂）与申事、薩州申分ニ而者、若御請無之時ハ薩州一藩ニて討潰候旨申居候体ニテ、御所向も全薩一存ニ而取捌居、自然右様徳川ヲ薩ニ而討取候儀有之共、尾越芸長土ハ加勢ハ致間敷与之様子、薩之外ハ何れ徳川様ヲ総裁ニ立不申而ハ不相成与之論之ヨシ

これは、王政復古における徳川家の辞官納地に関する内容であるが、これを徳川家が受け入れない場合は、薩摩一藩が軍勢を出すとの話もあり、御所向きは薩摩の一存で取り捌かれていること、そして尾張・越前・安芸・長州・土佐の各藩は、現段階では加勢しない様相で、いずれは徳川を総裁に立てなければならないと考えているとの内容である。当時の実情と異なる箇所もあり、情報の入手先が徳川寄りの二条家である点も鑑みると正確な情報とはいい難いが、以前から薩摩を警戒していた加賀藩としては、この情報を肯定的に捉えた蓋然性が高い。

以上、この王政復古の大号令は加賀藩の藩是を根底から覆すほどの大事件であり、藩主慶寧の帰国後にはあらたな藩是が求められる状況となったが、それまで在京していた年寄の本多政均と長連恭が慶寧の御供として帰国したことで、京都詰にとっても大きな転機となった。退京の際に前田孝錫は「右様不容易形勢ニ付、播磨守（本多政均）等之内今壱人御残之義奉願候」と、家臣団最上位の年寄衆から一人は滞京してもらえるよう願い出ている。これは逼迫した情勢であ

ることを孝錫も理解していたためとおもわれるが、ここで詰家老である孝錫が名実ともに京都における最高責任者となったことは、その後の藩の動向に影響を与えることになる。

・鳥羽・伏見戦争

大号令後、京都での責任者となった詰家老の前田孝錫だが、慶応四年正月の鳥羽・伏見戦争の前後において、京都詰は最後まで徳川方、薩長方の双方に対して明確な協力姿勢を示すことはなかった。まず、大坂に下っていた聞番加須屋十左衛門が相当に緊迫した情報を伝えたことで、徳川方が進発するほどの勢いであることを理解するが、その際に老中板倉勝静から「若彼ゟ兵端ヲ開キ候節ハ可及戦争、左候得者必大津之方江敗走致シ候哉ニ付、京地ニ罷在候此方様御人数不残大津江引揚、敗走之者ハ討取可申、此段詰之重臣内蔵太（前田孝錫）江可申談」と、戦争になれば必ず薩摩方が敗北し大津の方に逃走するとして、これを討ち取るための派兵を要請されている。これに対して、孝錫は「板倉殿（板倉勝静）之仰ニハ候得共、禁裏為御守衛相詰罷在、殊ニ市中巡邏被仰付置候得者大津江引揚候義ハ難相成、ヶ様之形勢ニ到候而ハ弥以御守衛一大事と心得候」と述べ、自身が禁裏守衛のために詰めていること、市中巡邏も命令されているとして、大津への派兵を事実上拒否している。また、「相公様（前田慶寧）江慶喜公ヨリ之御直筆持参」[*95]と、藩主慶寧宛の徳川慶喜の直書が加賀藩に届けられている。徳川慶喜の上洛、そして予想される薩摩との戦闘のために加賀藩の協力を願う内容であったが、この直書の影響は大きかったと考えられ、直書到着後の藩内では徳川方を支持する声が強まり、それに対して藩上層部で勤王を重んじた者たちが反発したとされる。[*96]

正月五日付の前田孝錫宛年寄前田直信書状では、「拙者共僉議之趣相伺候処、皇国之御為徳川内府様江御協力被遊候思召」と述べており、国許では慶喜の直書が届く前の段階で徳川家を支援する方針が固まっており、翌六日には藩主慶寧が徳川家支援を目的とした出兵を御意書の形式で藩内に宣言している。

［史料一三］

今度朝廷大変革被仰出候義ハ、其実ハ全薩州家奸臣共之所為ゟ出候義ニ而、以暴威朝命を恣シ、其証跡顕然たるを以、既ニ頃日徳川内府様御上洛討薩之思召ニ付、此方様ニおゐても皇国之御為速ニ御人数被指出、猶此上御出陣被遊、内府様へ御協力被遊候思召ニ候、此段何も江可申聞旨御意ニ候[*97]

今回の大号令は薩摩の奸臣により決行され、暴威によって朝命を恣にする薩摩を討伐せんとする徳川慶喜に協力する旨を宣言し、藩主慶寧自身も出陣する意思を示している。ここにおいて、徳川家を中心とした新たな国家体制を志向することが加賀藩のあらたな藩是となり、それに基づいて討薩を掲げた徳川家を軍事的に支援することが具体的なプランとして位置付けられたことがわかる。一方、前田孝錫以下京都詰は「勤王」を第一とした対応を示していく。四日には国許に向けて書状を出しているが[*98]、書状では「探索之模様ニ而ハ、兎角徳川様御勝利之聞え薄ク」と、徳川方の状況が悪いことが述べられるとともに、「将又仁和寺宮（嘉彰親王）惣大将ニ而錦之御旗押立、薩人数一中隊斗指添、昼頃ゟ御出馬被成候」と、仁和寺宮が総大将となり「錦之御旗」が出されたことも報告されている。その上で、「是迄之通、折角巡邏相勤候ハヽ、勤王之道ハ相欠申間敷旨、聞番等評義之上、委曲物頭へ申渡、不絶巡邏候様申渡候」と述べており、京都詰としては市中巡邏を勤めていれば「勤王之道」は果たされると考えていたことがわかる。

そして、国許で徳川家への軍事支援が宣言された六日、詰家老前田孝錫と聞番里見亥三郎は御所に呼び出されて藩の姿勢を問い糺されているが、国許の意向を確認する間もなく、「勤王歟佐幕歟」との問いには「無彼是勤王之国論」、「家来共之内佐幕之者可有之、如何」との問いに対しては「左様之者無之」と回答している。その後も孝錫は御所から呼び出されているが、一貫して「勤王」の姿勢を崩してはいない。そして、国許から到着した使者によって「御国論承り候処、大ニ相違有之」と、国許が全く異なる動きをしていることを知った孝錫は、「左候而者不容易次第、御難事眼前に有之、御国之興廃此一事に有之」として、翌七日に里見亥三郎・関沢六左衛門を派遣し、「佐幕之為ニ御人数出張被仰付候テハ実ニ不御為」と、先の慶喜直書による出兵を即刻取り止めること、そして朝廷から出されている藩主上洛命令に従うことを強く訴え、一三日には孝錫自身が藩主名代として天機を奉伺している。

以上により、この段階において国許と京都で対応が乖離していたことは明らかである。藩是が徳川家を中心とした新たな国家体制の構築にある以上、前田孝錫をはじめとする京都詰の対応は国許と相反するものであり、国許では彼らを糾弾する動きも実際にみられる。しかし、鳥羽・伏見戦争における徳川方の敗北と、徳川慶喜討伐令によって朝敵となった事実は、徳川家と袂を分かつ決定的な要因となったはずである。その後、加賀藩では孝錫ら京都詰の意見を容れ、既に加賀小松まで進発していた部隊を撤退させ、「討薩等之被仰出ハ全く御取消之訳也、若於京都表討薩之義等御尋向有之候へハ、左様之義ハ曾而無之旨御答之筈也[99]」とあるように、軍事支援すら存在しなかったかのように取り繕っている。以降は「勤王」を旨とし、新政府への恭順を明確にした後の戊辰戦争では北越戦線に最大規模の軍事力を投入していくが、この一連の経緯からも、孝錫をはじめとする京都詰が国許と異なる行動を示したことは、加賀藩の政治過程において重要な意味を持ったと評価できる。

明治二年（一八六九）二月、前田孝錫は藩主慶寧から「去春変動之節、此表御人数取鎮方行届、方向を不取失、万端尽力御大慶被思召候[100]」と、京都における功労を賞されている。国許と齟齬をきたしつつも、京都における責任者として「勤王」を表明した姿勢は、最終的には藩から正当な行動として評価されたのである。

おわりに

加賀藩では、藩主を頂点として御用加判に任じられる年寄と家老（「年寄中席御用加判」）によって藩上層部が構成され、政策についての合議や御前での評議がなされていたが、この体制は幕末期まで概ね安定していた。年寄には本多家をはじめ八家が独占的に任じられたが、元禄期以降に四名が叙爵したことは大きな特徴であり、幕末期には藩主名代として、複数の年寄が京都で活動し、藩主・世嗣を支えていくことになる。ただし、当該期は奥村栄通を除いた年寄が一〇代後半から二〇代後半と揃って若く、経験に乏しい者が多かったが、そのなかで格別の家柄とされた本多家・前田土佐守家の当主であった本多政均・前田直信が年寄の中心であった。一方、家老は年寄を補弼する立場であるが、「年寄中席御用加判」に任じられることで合議に参加することができたと考えられる。[*101] 当該期においては、禁門の変後の対応の問題もあり、家老も複数名の処分と新規任命がなされているが、職務経験が豊富な横山政和が中心となって若い年寄衆を支える役目を担ったといえる。また、家老が意見を上申する場合、表方の公的なルートと近習を介する私的なルートに大きく分かれており、その内容や誰を対象とした上申かによって両ルートが使い分けられていたと推察される。政局に関する個人の意見をそのまま藩主に上申する場合は、私的ルートを主に使用したと考えられ、この点は政治意思決定の過程や空間構造を分析する際には重要であるが、介在する近習の存在は注目すべきものであり、今後の検討が必要であろう。

そして、幕末期における藩の政治過程分析において京都の体制を明らかにすることはやはり必須である。当該期の加賀藩京都詰体制は、京都警衛の命令が幾度も出されるなかで流動的に成立し、彼らがもたらした政治情報が国許の判断材料となっている。とりわけ大政奉還以降の政局に対する詰家老前田孝錫の言動は、国許での政治意思決定に大きな影響を与えているが、これは家老としての従来の権限に加え、京都詰の臨時性・非常性によって拡大されたものと解釈できる。ただし、鳥取や秋田、彦根にみられる藩周旋方のような国事専門の役職を置いた藩とは異なり、あくまでも政治情報の収集に重きを置いている傾向がみられるため、この京都詰に独自の権限がどこまで認められていたかは不透明と言わざるを得ず、慎重な評価が求められる。

以上、幕末期における藩の政治過程を分析する場合には、国許のみでなく江戸や京都といった領外体制の解明と、そこからもたらされる政治情報の早さ、正確さ、新しさなども分析の俎上に載せなければならない。そして、本章では藩上層部の分析にとどまったが、藩内の中下級層も含み込んだ全体的な組織論が今後求められることになろう。

註

＊1　藩の意思決定のあり方にこそ当該集団の政治秩序や権力構造のあり方が端的に示されるとして、意思決定の類型化や、階層毎の「持分」に着目した意思決定構造の分析がみられるが（笠谷和比古『近世武家社会の政治構造』吉川弘文館、一九九四年）、これは特定人物や政治集団に焦点を当て、彼らの言動を実際よりも過大に評価するような、近代の藩主顕彰や志士顕彰の影響をうけた歴史叙述に対する批判としても評価できるだろう。

＊2　笹部昌利「近世の政治秩序と幕末政治―鳥取藩池田家を素材として―」（『ヒストリア』二〇八号、二〇〇八年）。

＊3　上田純子「安政五年萩藩における「会議」と政治機構―幕末維新期政治史再考のための一試論―」（『史学雑誌』一〇七巻六号、一九九八年）。

＊4　天野真志「国事周旋と言路―幕末期秋田藩の政治方針をめぐる対立から―」（『歴史』一一六号、二〇一一年）。

＊5　そのほかの研究として、母利美和「井伊直弼の政治行動と彦根藩―意思決定と側近形成過程を中心に―」（佐々木克編『幕末維新の彦根藩』サンライズ出版、二〇〇一年）、磯田道史「幕末維新期の家老合議と御前会議―御用部屋から政事堂へ―」（岡山藩研究会編『藩世界と近世社会』岩田書院、二〇一〇年）をはじめ、多くの成果がある。

＊6　当該期の加賀藩については徳田寿秋の研究成果があるが、戦前からの枠組みの克服という点では課題がある。

＊7　笹部前掲「近世の政治秩序と幕末政治―鳥取藩池田家を素材として―」。

＊8　「勤王秋田藩」像を描くために抹消された事実を浮き彫りにするとして、従来の勤王描写を鋭く批判した研究成果がある（畑中康博「戊辰戦争時の秋田藩」『秋大史学』五五号、二〇〇九年）。また、長州研究でも、藩内俗論派に注目した分析がおこなわれるなど、従来検討されなかった政治勢力を照射した成果がある（家近良樹「長州藩正義派史観の根源―天保改革期の藩内勢力と政治力学―」家近良樹編『もうひとつの明治維新―幕末史の再検討―』有志舎、二〇〇六年）。

＊9　上田純子「長州藩の国事周旋と益田右衛門介」（明治維新史学会編『明治維新史論集一　幕末維新の政治と人物』有志舎、二〇一六年）において、長州研究で今まで看過されてきた藩主と家老集団に注目していることは大きな特徴である。また、笹部昌利は元

治元年二月以降の鳥取では、藩重臣の着座が在京する体制が恒常化したことで、国許の藩主および「御側」による政治活動が機能不全に陥ったことを指摘しているが、これは藩の在京体制を考える上で重要である（同「幕末期の国事システムと大名「御側」―池田慶徳とその周囲―」鳥取藩政資料研究会編『鳥取藩研究の最前線』鳥取県立博物館、二〇一七年）。そのほか、久留米の周旋方・京都留守居であった久徳与十郎に注目し、藩主との関係性や他藩士とのネットワークについて分析した白石烈の成果がある（同「久留米藩周旋方久徳与十郎の活動―幕末京都留守居の諸前提―」松尾正人編『近代日本成立期の研究』政治・外交編、岩田書院、二〇一八年）。

＊10　難波信雄「仙台藩の京都留守居と遊歴生―維新期の情報収集システムと関連して―」（『日本歴史』七二三号、二〇〇八年）。

＊11　阿部裕樹「幕末期鳥取藩京都藩邸の所在と拡大―絵図からみる空間的拡大過程―」（『鳥取地域史研究』一二号、二〇一〇年）、浅井良亮「京都留守居研究覚書―藩邸・御用・縁家―」（『佛教大学大学院紀要』文学研究科篇四四号、二〇一六年）。

＊12　畑中康博「文久三年秋田藩の京都警衛について」（『日本歴史』七一五号、二〇〇七年）。

＊13　近世後期に成立した「藩国官職通考」（金沢市立玉川図書館近世史料館所蔵。以降、断りのない史料は同館所蔵とする）をはじめ、日置謙編『加能郷土辞彙』（金沢文化協会、一九四二年）、『石川県史』第三編（石川県、一九七四年再版）、『金沢市史』通史編二（金沢市、二〇〇五年）などで言及されているが、『金沢市史』では、「年寄衆・年寄という用語は、このように藩の執政職あるいは藩の最高家格・身分を示す呼称、八家の別称として多様に使用」されていると述べるなど、家格と職名が融合している語ともいえ、評価が難解である。

＊14　貞享三年（一六八六）の職制改革は、万治元年（一六五八）に「国之仕置」「国中仕置」に任じられた者たちが死去、ないしは病気や高齢化したことによる再編制とする見解と（石野友康「加賀藩における貞享の職制改革について」『加能地域史』三二号、二〇〇〇年）、それを含めた様々な改革の一環として実施されたとの指摘がある（林亮太「加賀藩上級家臣団の職掌と職名の変化について―貞享三年の職制改革後を対象として―」『地方史研究』六三巻二号、二〇一三年）。

＊15　本多家（五万石）、前田土佐守家［直之系］（一万一〇〇〇石）、長家（三万三〇〇〇石）、横山家（三万石）、前田対馬守家［長種系］（一万八〇〇〇石）、奥村家［本家］（一万七〇〇〇石）、奥村家［支家］（一万二〇〇〇石）、村井家（一万六五六九石余）が八家として年寄衆を独占的に構成している。

＊16　林前掲「加賀藩上級家臣団の職掌と職名の変化について―貞享三年の職制改革後を対象として―」。

＊17　幕末期には、勝手方御用主附や海防方御用主附など、いくつかの主附は家老からも担当月が割り振られている。

＊18　この就任過程については、享保八年（一七二三）に定まったとの分析がある（林亮太「加賀前田家年寄の叙爵と藩政」第五六回近世史サマーセミナー研究報告、二〇一七年）。
＊19　加賀藩では、天正期から慶長期にかけて十数名の家臣が叙爵しているが、これは前田利家・利長・利常が参議以上の任官を受けたことで家臣数名が諸大夫に任じられたことによる。
＊20　「本多等諸大夫一件」。
＊21　加賀藩における陪臣叙爵の再興については、佐藤孝之「加賀藩年寄の叙爵をめぐって」（橋本政宣編『近世武家官位の研究』続群書類従完成会、一九九九年）、清水聡「元禄期加賀前田家における諸大夫家臣の再興とその意義」（『地方史研究』六〇巻二号、二〇一〇年）。最近では、林前掲報告「加賀前田家年寄の叙爵と藩政」が詳しく分析している。
＊22　「藩国官職通考」巻一「諸大夫」。
＊23　安政三年（一八五八）に叙爵することになった前田直信は、受領名として土佐守と近江守を挙げ、差し支えがなければ土佐守を望みたいと述べている（「御親翰留」）。
＊24　同じく安政三年に叙爵し河内守を名乗っていた奥村栄通は、井上河内守正直が老中に就任したことで、文久二年（一八六二）一〇月に河内守から伊予守に変更し、明治元年（一八六八）に再び河内守に復している。
＊25　このような制度のために村井家や奥村家［支家］は叙爵者が少なくなるため、当然筆頭になることは難しい。
＊26　金沢市立玉川図書館近世史料館所蔵。
＊27　「国事雑抄」巻一〇。
＊28　このときに、前田利家と芳春院の血統である前田土佐守家［直之系］の座列を明確に位置づけていない。このことは後に問題ともなるが、いずれにせよこの家が格別の扱いを受けていたことは間違いない。
＊29　ともに、金沢市立玉川図書館近世史料館所蔵。
＊30　「藩国官職通考」巻一「諸大夫」。
＊31　「御親翰留」。
＊32　「年寄衆御用之加判」のほか、「年寄共席加判」、「年寄共用之加判」、「御家老加判」など、史料上さまざまな表記がみられるが、本書では「年寄中席御用加判」で統一した。
＊33　前掲『金沢市史』通史編二、三三五―三三九頁。

＊34　松方冬子「加賀藩の機構と江戸家老」（『史学雑誌』一〇二編九号、一九九三年）。
＊35　「諸事留帳」巻一五。この「諸事留帳」は写本が一八冊で原本は一四冊である。原本は九・一一・一三を欠いているので本章では写本の方を取りあげた。この「諸事留帳」は家老横山政和の政務日記であり、当時の政局や藩の動静がうかがえる史料である。
＊36　「藩国官職通考」巻一「附人持組」。これは家老が属する人持組の序列規定であるが、同じく「御家老役」の項には「座列本列次第」とあることから、この人持組の規定が家老の序列にも適用されたと考えられる。
＊37　松方前掲「加賀藩の機構と江戸家老」。
＊38　「諸事留帳」巻一五。
＊39　「同右」巻一一。
＊40　この点に関して、京都では「主附」の語は確認できず、主附制を採用していない可能性がある。また、江戸においても滞在する家老が一名しかいない場合は、「主附」の語は確認できない。当然だが交代制は複数名いることが前提となるため、交替する人物がいない場合は、一人の詰家老が「主附」としての職務を遂行したといえる。
＊41　「諸事留帳」巻一五。
＊42　「同右」巻一七。
＊43　「藩国官職通考」巻一「御家老役」。
＊44　長州の場合、加判役は近世初期には藩主署判の公文書に加判する重職であったが、後には重要な公文書に連署するだけの役とされる（田中誠二「萩藩の家臣団編成と加判役の成立」『山口大学文学会志』五五号、二〇〇五年）。しかし、文久期の改革により当役、当職を廃止し、従来の加判役と併せて新たな加判役という家老集団が出来上がり、藩主の下で諸決裁を担うなど、長州における意思決定の最高合議機関を形成したという（維新史回廊構想推進協議会編『維新史回廊だより』一三号、二〇一〇年）。
＊45　「諸事留帳」巻一二。
＊46　「公私日録」巻一。
＊47　同史料は複数存在し、ここでは金沢市立玉川図書館近世史料館所蔵郷土資料本を用いた。
＊48　「先祖由緒并一類附帳」「斯波蕃」。
＊49　「武鑑」（郷土資料本）。ここでは安政三年推定のものを使用した。また、郷土資料本としては同四年推定の同名史料も存在し、こちらには「御加判」（六名）、「御家老」（四名）が記載されている。

＊50 「御親翰拝写并御請写下物」。
＊51 「同右」。
＊52 「横山政和覚書」。同館には同書が他にも存在するが、こちらは加越能文庫所蔵。
＊53 「御内々御尋并申上候品等覚」。
＊54 「同右」。
＊55 「同右」。
＊56 「御用方手留附録」巻七。
＊57 「同右」巻七。
＊58 「越登賀三州志　来因概覧附録」巻四。三宅次郎兵衛は菱屋次郎兵衛のこととおもわれるが、河原町三条邸については、前掲『加能郷土辞彙』、『加賀藩史料』編外編（侯爵前田家編輯部、一九三三年）といった刊行物にも記載があり、若干の違いはあるものの、概ね類似した内容が記されている。
＊59 近年、千葉拓真が詳細に整理しており、万治三年の段階で菱屋次郎兵衛を名代として購入した町屋敷が基礎となって河原町三条邸が構成されたことを千葉は指摘している（同「加賀藩京都藩邸に関する一考察―その成立と構造を中心に―」『東京大学日本史学研究室紀要』一六号、二〇一二年）。
＊60 「政隣記」巻五。
＊61 千葉前掲「加賀藩京都藩邸に関する一考察―その成立と構造を中心に―」。
＊62 「御用方手留附録」巻五。長州藩士が建仁寺にいる加賀藩の聞番に面会していることから、建仁寺も詰の場として機能していたことがわかる。
＊63 「建仁寺図」。ここでは、建仁寺内で借り受けた方丈などが一一箇所あったことが記されている。また、後述する京都詰家老も建仁寺を宿所としていたことが本図から確認できる。
＊64 『加賀藩史料』藩末編下巻（前田育徳会編、一九五八年）六五四頁。
＊65 「京都詰中手留」巻三。鳥羽・伏見戦争で「銃隊足軽与《組》等岡崎御屋敷ニ罷在候ニ付、一統建仁寺江相揃候様申渡」との記載がある。
＊66 「同右」巻三。
＊67 前掲『加能郷土辞彙』「京邸御屋敷詰人」二四二頁。

＊68　「北藩秘鑑」巻四「京都御屋敷詰人」。
＊69　音地左盛の由緒帳には「同（文久）三年正月九日右（会所）奉行本役被仰付、京都急発足土肥武兵衛与交代」とあり、中村次右衛門（次八）の由緒書には「同（慶応二年）十二月廿五日本役（会所奉行）被仰付、同三年八月京都詰被仰渡」と記載されている（ともに「先祖由緒并一類附帳」）。
＊70　この京都藩邸の構成員と機能については、近年千葉拓真による詳細な研究成果が報告されている（同「加賀藩京都藩邸の構成員と機能―その職務規程と業務報告を通じて―」『加賀藩研究』三号、二〇一三年）。
＊71　「京都御用相勤申節之日記」は全二冊で、安永五年（一七七六）七月二一日から八月二九日までの約一ヶ月間の内容が記されている。高畠五郎兵衛は、宝暦一二年（一七六二）に父孫十郎の遺知七〇〇石を継ぎ馬廻組に属した人物で、安永五年二月より約一年間、京都屋敷詰人として職務に就いている。
＊72　千葉拓真「京都をめぐる加賀前田家の儀礼と交際―そのシステムと担い手を中心に―」（『加賀藩研究』一号、二〇一一年）、同前掲「加賀藩京都藩邸の構成員と機能―その職務規程と業務報告を通じて―」。
＊73　「諸頭系譜」巻二「江戸御留守居」。江戸留守居の起源は不明であるが、承応元年（一六五二）には成立していたとおもわれる。寛文五年（一六六五）の前田吉徳正室、宝暦一一年前田重教正室の入輿の際にも廃止されている。
＊74　前掲『加能郷土辞彙』「聞番」二二五頁。この職の起源は不明であるが、万治以前からあったようで、万治二年には役料二〇〇石が聞番に宛われている。享保一一年に中村助左衛門・平田権左衛門・後藤瀬兵衛の三名が命ぜられた際は、役料知一五〇石、各足軽一組一五人、小頭二人を預けられ、手替二人を与えられた。
＊75　文久三年八月一五日、武家伝奏野々宮定功の呼び出しに対して、会所奉行の石黒判平が出向いている（「公私心覚」巻二〇）。また、同年七月に京都の情勢を記した書状を国許に送った際には聞番と会所奉行が連署しており、京都へ聞番が派遣された後も会所奉行が交渉任務をこなしていたことがわかる。
＊76　「御用方手留附録」巻四。まずは聞番が江戸および京都へ派遣される手はずであったが、人員不足で不都合が生じることを懸念し、聞番に加えて家老も派遣することが決定している。
＊77　「先祖由緒并一類附帳」「大音帯刀」。
＊78　「同右」「松平潤吉」。由緒帳は記載年の段階で死去している人物に「故」を付けるため、大音に「故」が付けられている。
＊79　当該期の京都警衛については、家近良樹『幕末政治と討幕運動』（吉川弘文館、一九九五年）、小山泰弘「高松藩の京都警衛」（『香

川県立文書館紀要』六号、二〇〇二年)、友田昌宏「文久三年京都政局と米沢藩の動向」(家近良樹編『もうひとつの明治維新―幕末史の再検討―』有志舎、二〇〇六年)、畑中前掲「文久三年秋田藩の京都警衛について」など、諸藩を分析対象とした研究がみられる。

＊80 「近藤集書」巻一八。

＊81 「同右」巻一八。

＊82 薩摩・会津・尾張といった有力諸藩が御親兵制度に反対姿勢を示していたことが明らかになっている(家近前掲『幕末政治と討幕運動』、藤田英昭「文久二・三年の尾張藩と中央政局」家近編前掲『もうひとつの明治維新』)。

＊83 野村晋作「幕末の御親兵設置に対する長州藩の寄与」(『山口県地方史研究』一一〇号、二〇一三年)、同「幕末の御親兵設置」(『風俗史学』五六号、二〇一四年)、同「幕末の御親兵―その制度と役割―」(『日本歴史』八二八号、二〇一七年)。

＊84 三名一組の大名が交替で三ヶ月毎に京都の守衛にあたるが、実質的には慶応元年から本格的にスタートしたとされ、京都警衛体制は事実上所司代・守護職の統括のもと、幕府主導型の性格が色濃かったとされる(家近前掲『幕末政治と討幕運動』)。

＊85 前掲『加賀藩史料』藩末編上下巻および各由緒帳によれば、文久三年と元治元年(一八六四)は任命後に免除となっており、慶応元年(一八六五)は藩主名代として年寄横山隆平、そして藩主斉泰が上洛、同三年は藩主名代の年寄長連恭が上京している。

＊86 榎本浩章「文久の参勤交代緩和と幕政改革について」(『法学新報』一二一巻一・二号、二〇一四年)では、当時京都御守衛御用掛であった三条実美が京都に大名を集めることを「参勤」と表現していたことを指摘し、「まさしく大名の奪い合いであった」と論じている。

＊87 「諸頭系譜」巻二「組頭並」。

＊88 「近藤集書」巻二一。

＊89 「京都御守衛御人数銃隊編成ニ付諸事留」。

＊90 摂家との「通路」については、千葉前掲「京都をめぐる加賀前田家の儀礼と交際―そのシステムと担い手を中心に―」。

＊91 ここで問題となるのは、八月一八日政変において加賀藩が兵を派遣した三条家および近衛家との関係である。現時点では未詳であるが、クーデター的性格が強い政変が発生した際に御所周辺が動揺したのは間違いなく、それを鎮める目的で加勢することになったのではないかともおもわれる。

＊92 「先祖由緒并一類附帳」「前田晋」。

＊93　この「京都詰中手留」は全三冊で、巻一・巻二は慶応元年六月から翌二年正月までが記されており、巻三は慶応三年七月から翌年二月までが記載されている。ここでは、巻三の内容を検討している。

＊94　註の煩雑さを避けるため、本章において特に断らない引用については「京都詰中手留」巻三からの引用とし、長文の内容については部分引用とする（「前略」「後略」の表記は省く）。

＊95　「御親翰留」。

＊96　「横山政和覚書」。こちらは同館郷土資料本で、本史料は明治中頃に加賀藩の勤王を顕彰するために作成されたものであり、記載内容については慎重に検討する必要がある。

＊97　「御意之趣書抜」。

＊98　金沢大学附属図書館蔵「成瀬日記」巻二四。ここでの前田孝錫の発言からは、「錦之御旗」自体に意義を汲みとっている様子がみられず、徳川家が即朝敵となったとの認識はなかったと判断できる。

＊99　「諸事留帳」巻一七。

＊100　「同右」巻一八。

＊101　合議に関する史料では加判ではない人物の名前が挙がらないことからも、加判であることが参加の条件になっていたと考える。

第六章　幕末期加賀藩における藩上層部の相克

――「西洋流」受容をめぐる論議――

はじめに

本章では、幕末期における海防と「西洋流」受容の問題について、文久末期の加賀藩上層部の相克に注目しながら分析していく。[*1]

加賀藩の海防については、文化期以降の概要は整理されてきたといえる。[*2] なかでも地域で百姓・町人を動員した銃卒制度については、その実態の把握、[*3] 近世身分制の視点を盛り込んだ評価などの成果がある。[*4] 一方、「西洋流」受容の問題と藩上層部の相克については政治史的な実証分析は少なく、ほぼ概括的な言及に止まっている。[*5] その内容も、マルクス主義歴史学の影響による経済構造に立脚した評価であり、藩政改革に挫折した加賀藩が幕末の政治参加にも失敗したとの理解から叙述がなされるなど、十分に検討されてきたとはいい難い。[*6] そのほか、海防の視点からの言及もみられるが、「西洋流」受容と藩上層部の問題については概要の提示に止まっている。[*7]

また、加賀藩が設立した壮猶館と深く関わることから、[*8] この視点からの研究がある。[*9] 壮猶館の設立から廃止までを軍制改革と絡めて論じることで新たな知見を提示する一方、あくまでも壮猶館が叙述の中心であることから、見解を異にする勢力はあくまでも対立勢力として描かれてしまい、藩全体の様相を明らかにすることが難しい。そのほか、壮猶館を洋学受容による教育組織や教育方法の変容の視点から分析した成果もある。[*10] 文久末期の問題についても取り挙げられているが、教育史の視点であり政治過程の把握が十分とはいえず、西洋軍事技術の圧倒的優位性を背景に、洋学の受容が時代の趨勢であるとの前提で分析がすすめられている。[*11]「西洋流」受容の問題は、他の学問との関係性や当時の対外観も考慮する必要があり、[*12] 西洋諸国に対する夷狄観を捉まえた分析も求められよう。

現在では、幕府や藩の軍事力強化に関する詳細な分析、[*13] 藩財政と軍事力の関係性、[*14] 幕府外交に関する研究など、[*15] 当該期の海防に関わる多様な研究成果が出されている。藩の海防や軍事力強化を分析する際、これらの視点を欠くことはできない。加えて、政策の実施を巡る動静は、藩組織内の政治力学が作用する極めて政治的なテーマである。よって、全国的な研究動向を意識しながら政治史の視点で分析することにより、国家的難題のなかに位置付けながら藩を評価することに繋がるはずである。[*16]

もう一点、従来の研究では藩主前田斉泰を中心に据えた分析がほとんどなされなかったことも問題である。これまでは、「何よりもその「英断」をもっとも欠いた人物」「維新回天の重要な時期に、人物払底をかこつ結果を招いた」などと斉泰は評価され、[*17] 藩内「守旧派」の主要人物として位置付けられてきた。[*18] ただし、それは斉泰自身の言動を史料から分析した上での評価というよりは、[*19] 曖昧なイメージで語られてきた感が強い。[*20] 近年、幕末維新期の政治過程を分析する上で、将軍や藩主レベルの人物に焦点を当てた研究成果が出されているが、[*21] それは以前の英雄史観とは異なり、組織にみる政治意思や決断を解明して幅広い階層を検討することを目指したアプローチであり、当該期の加賀藩を分析する上でも有効であろう。[*22]

以上から、「西洋流」受容の問題は、海防を中心とした軍事的問題や、洋学導入という学問的関心のみならず、幕末期の政治史に深く関連するものである以上、当該期の政治過程に即応した分析がなされなければならない。よって、本章では政治史の視点から藩主斉泰の言動に着目し、当時の対外観や政治力学を射程に入れながら分析することとする。[*23] まずは、加賀藩が本格的に軍事力を強化していく嘉永期以降の政策を概観し、その特徴について整理する。その上で、斉泰の親翰に注目して内容を分析することにより、斉泰の海防や軍事力強化についての認識を明らかにする。次に、文久末期に発生した西洋軍制の導入に象徴される「西洋流」の受容をめぐる藩主と年寄衆との相克について、[*24] 斉泰の親翰や年寄奥村栄通の手留を用い、対立の過程をおさえながら双方の主張とその意味を検討し、当該期加賀藩における意思決定のあり方と藩主斉泰についての再評価を試みたい。[*25]

1　加賀藩の海防と藩主前田斉泰

(1)　海防と軍事力強化

文化四年（一八〇七）、ロシア船の樺太・択捉襲撃などの影響を受け、幕府は蝦夷地警衛を東北諸藩に命じたが、それに伴い加賀藩でも海防準備にとりかかり、所有する船舶数や出張人員、能登などの沿岸地形の調査などが実施された。翌五年には能登四郡に対して外国船が漂着した場合の対応を命じているが、財政難などで内政が優先される時期でもあったことから、その後目立った対応はみられないとされる。[*26] 弘化期に入ると西洋砲術に熟練した人物を招聘する許可を幕府に求めながら、重臣長家の与力であった河野久太郎が製作した大砲の試射を実施するなど、藩内における海防意識は徐々に高まっていった。

そして嘉永二年（一八四九）、幕府は全国諸藩に対して海防強化令を出している。領内が疲弊しない程度で身分制の範囲内において百姓・町人にも協力を求め、実用的且つ永久的な海防体制をとるよう諸藩に命じながら「日本闔国之力」＝挙国一致の動員体制を構築すべきことを求めた強化令により、加賀藩も本格的に海防に着手していった。[*27] この嘉永〜元治期における加賀藩の主な軍事関係の事例を整理したものが［表1］である。海防に関する現状調査およ

[表 1] 加賀藩軍事関係年表（嘉永～元治期）

番号	年月	事例
1	嘉永元年４月	藩が所有する船舶を調査する
2	嘉永２年５月	藩士金谷多門，台場築造の位置調査を命じられる（嘉永3年の誤りか）
3	嘉永３年４月	藩主前田斉泰，海岸手当のために随時領内を巡視することを幕府に届け出，了承される
4	４月	藩主斉泰，異国船対応のために調練実施の許可を幕府に求め，了承される
5	８月	藩内にある大砲の員数を調査する
6	８月	領内で本年築造すべき台場の位置について，担当による詮議がおこなわれる
7	嘉永４年正月	藩主斉泰，領内海防の方法について年寄に調査を命じる
8	10 月	鉄製大砲の製造を藩士大橋作之進に命じる
9	嘉永６年４月	藩主斉泰，藩領の能登巡見に出発する（4日～25日）
10	５月	泉野調練場が竣成したため，管理および使用方法を定める
11	６月	藩主斉泰，年寄衆へ親翰を出し，海防の用務に関する意見を集める
12	７月	算用場奉行，経費節減のなかで海防体制を完備するために議論する
13	８月	西洋式大砲の製造を藩士（火矢方）小川群吾郎に命じる　［ホーイツル砲３挺］
14	８月	馬廻組大橋作之進が西洋砲術稽古方棟取に命じられる
15	８月	江戸で下曽根金三郎に依頼し，大砲を製造させる［野戦筒・ホーイツル砲］
16	９月	年寄の海辺配置を定める（加賀：長連弘，越中：本多政通，能州：奥村栄通）
17	10 月	江戸の各屋敷（本郷・駒込・平尾）にて調練を実施する事を許可される
18	10 月	江戸平尾邸（板橋下屋敷）にて大砲を鋳造する事を許可される
19	（12 月）	河北郡鈴見村に鉄砲鋳造場（鈴見鋳造場）を建設する
20	安政元年閏７月	江戸の懸塚権七に製造させた軍艦雛形が金沢に到着する（年寄，諸士の観覧）
21	８月	人持組の者を輪島・正院（在住），および富来（在番）に任命する
22	８月	嘉永6年設置の西洋火術方役所を改め，壮猶館（「西洋流」研究教育機関）とする
23	安政２年５月	加賀藩の者，品川沖停泊の薩摩藩軍艦（昇平丸）を見学する
24	６月	藩主斉泰，江戸平尾邸にて鋳造した大砲を視察する
25	安政３年正月	足軽の弓組（一部除く）を廃止し藩流（豊嶋流・酒井流）砲術を習練させる（各家中も弓から筒へ）
26	５月	江戸邸にいる諸士の若党・足軽に鉄砲調練するように命じる（豊嶋・酒井，「西洋流」）
27	万延元年２月	江戸下屋敷（平尾邸）にて製造した大砲が20門に達する
28	文久２年６月	藩主斉泰，軍艦建造の必要を伝え，詮議を命じる
29	６月	藩主斉泰，割場附小者に歩兵筒の習練を命じる
30	９月	江戸の軍艦操練所に入り，軍艦について実地研究を希望する者を募集する
31	12 月	横浜において蒸気船を購入，発機丸（シチーオブバンゴー）と命名する
32	（文久２年）	金沢西町軍艦所，能登七尾軍艦所が創設される
33	文久３年２月	壮猶館でも航海・測量学の稽古志願者を募集する
34	２月	加越能三州における銃卒稽古の実施要項が出される
35	４月	藩主斉泰，海防で出兵する際の方法について親翰を出す （大坂の陣で定められた軍制を三州軍制の基本とし，今は軍制を差略しない）
36	４月	諸定役に附属する足軽を減らし，割場附とする（割場附の砲術稽古が過分の人員不足）
37	元治元年４月	世嗣前田慶寧上洛，国事周旋と共に京都警備を担当（市中巡邏や郊外出張命令など）
38	７月	大筒組（大砲隊）設立のため，足軽だけでなく諸士も学ぶように命じる
39	10 月	持弓組３組は弓を廃止し，足軽には筒を携帯させる
40	10 月	藩主斉泰，旗本・諸手に大砲を附属させるとの親翰を出す
41	11 月	大筒隊の構成，打人足軽の動員について親翰を出す

『加賀藩史料』藩末編上・下（前田育徳会編，1958）により作成.

び詮議［表1―①⑤⑦⑪⑫㉟］、台場の築造［表1―②⑥］、泉野調練場・鈴見鋳造場・壮猶館・軍艦所といった施設の建設［表1―⑩⑲㉒㉜㉝］、軍艦の検討・購入［表1―⑳㉓㉘㉚㉛］、大砲・小銃等の製造・購入［表1―⑧⑬⑮⑱㉔㉗］など、内容は多岐にわたる。領内の海岸をどのように防衛するかは幕府の対外政策と深く関わる問題であり、調練の実施許可を幕府に求めていたことからも［表1―④］、幕府方針を意識していたとおもわれる。台場の築造や大砲の製造は、即時的な導入効果が期待されたといえるが、その上で中長期的な軍事関連施設の建設や、（将軍上洛への対応ではあるが）軍艦の購入といった巨額の投資が実現していることは、財政難とはいいながら加賀藩の経済規模を示していよう。

また、当時の海防に関する注目事例として、百姓・町人を動員した銃卒制度が挙げられる［表1―㉞］[*28]。海防の充実については、城下集住体制をとる加賀藩にとっては喫緊の課題であった。藩としては夫役同様に彼らを動員することとは「全農兵を指解候と申もの」[*29]であるため、当初は扶持を支給して奉公人格で採用しようとしたが、結局は百姓・町人として稽古を受けさせ、その地を防衛する目的で動員していった。彼らはあくまでも郷土を防衛する存在であり、藩が彼らを藩領外へ軍事動員する場合には身分変更が必要であったことから[*30]、この制度では彼らは従来の身分のまま、本来的に担うべき責務として、いわば夫役に準じた形で動員されていたといえる[*31]。藩直属の軍事力とはいえないものの、文久末期にまず地域で銃隊が編成されたことは、藩が慶応末期に西洋軍制を導入し、藩直属の軍事力を再編制する際に影響を与えることになる。

そして、藩主前田斉泰・世嗣前田慶寧による軍事調練の見学事例をまとめたものが［表2］であるが、嘉永期以降の一五年ほどの間に五五回の事例が確認でき、なかでも嘉永～安政期が顕著である。調練については、打木浜や粟崎、宮腰といった金沢郊外で実施された大規模なもの以外にも、城内や御庭、犀川沿いや調練場といった金沢城下でも実施されている。江戸においても、参勤で滞在する斉泰・慶寧のいずれかが下屋敷での調練を見学しており、関心が高

[表 2] 藩主・世嗣による軍事調練見学（嘉永〜元治期）

年	金沢城下	郊外	江戸	計	見学場所
嘉永元年		1		1	打木浜
嘉永 2 年	2	1	2	5	城三之丸，犀川，打木浜，下屋敷
嘉永 3 年		1		1	大野，打木浜
嘉永 4 年	2	2	1	5	打木浜，蓮池庭，宮腰，下屋敷
嘉永 5 年		1		1	打木浜
嘉永 6 年	1	2		3	藩主による能登巡見，竹沢御庭
安政元年	2	2		4	粟崎，火術方役所，泉野調練場
安政 2 年	1		3	4	竹沢御庭，下屋敷，大森丁場
安政 3 年	5	2	1	8	泉野調練場，打木浜，下屋敷
安政 4 年	3	1	2	6	竹沢御庭，犀川，打木浜，下屋敷
安政 5 年				0	
安政 6 年	2	3	2	7	泉野調練場，打木浜，下屋敷
万延元年				0	
文久元年	2			2	犀川
文久 2 年	4			4	泉野調練場
文久 3 年	1	3		4	泉野調練場，越中伏木
元治元年				0	
	25	19	11	55	

『加賀藩史料』藩末編上・下（前田育徳会編，1958）により作成.

かったことがうかがえる。さらに、嘉永六年には藩主斉泰が藩主として異例の約二〇日にわたる能登巡見に向かっている［表1―③⑨］。その目的として、まずは外国船に対処するための海岸視察が挙げられるが、数百人規模の動員や銀一〇〇貫目に及ぶ経費、巡見を受け入れる村々の対応などを踏まえると、加賀・越中とは異なり参勤交代では通行しない能登に対して、前田家の威光を示す目的もあったとおもわれる。*32

以上、加賀藩の海防は幕府外交と連動しており、藩財政を考慮しつつも主要な課題であり続けたといえる。嘉永二年の海防強化令は幕府外交を考える上でも重要な法令であるが、蝦夷地や長崎といった要地の警備を担当しない加賀藩にとって、まずは幕府の政策や制度が海防の指標になったと考えられる。

(2) 藩主親翰にみる前田斉泰の認識

次に、藩主である前田斉泰が海防についてどのような認識をもっていたのかについて、本人が出した親翰をもとに時間軸に沿って検討したい。金沢市立玉川図書館近世史料館所蔵「御親翰留」は、文政元年（一八一八）から明治四年（一八六八）までに出された藩主親翰や請書などが記された四〇〇丁に及ぶ史料であり、本史料を中心に使用することとする。[*33] なお、引用史料はかなりの長文になることから、部分抜粋とする（「前略」「後略」の表記は省く）。

・嘉永六年（一八五三）六月二九日

ペリー来航に関する情報が金沢に届くと、藩主斉泰は海防方を担当する年寄・家老に対して親翰を出している。

［史料一］

当世之時勢ニ而者、異賊防禦之義要務与存付、近来新製之火術等追々取立度予而存寄ニ候得共、未練熟之者も出来不申故、存立通りニも不至内、今般之及次第候、元来昇平久敷よりして武義浮華ニ相流れ、従先代被定置候軍粧も未実用之処も無覚束存、（中略）此頃粗家中之様子承候得者、海防一向之詮義ニハ迂遠成仕向も有之様ニ存込、近世之火術等専取用もいたさぬ事と心得候者も有之哉、心付之義申出候義相泥候人気ニ相成、士気も折ケ可申様ニも相聞ニ候、左候而ハ此方心得与ハ大相違ニ相成候故、相考候処、各内ニ茂若右様心得之方有之候而ハ、別而不本意次第ニ付、此方心組之趣内々申聞候間、各得与被申合、従先代之軍制、時勢も被考合、当時海防要務心付、面々無泥被申聞候様致度候[*34]

長い太平のなかで先代に定められた軍粧の実用の程も覚束なく、海防については以前の火術を採用しないと心得る者もいるのか、意見を述べることを泥むような人気となり、士気も挫けているように聞いているが、それでは自身の心得とは大きく異なると斉泰は批判する。そして、呼び出した年寄らに対し、斉泰の心得を踏まえて先代の軍制と時勢も考え合わせて話し合い、見解を申し聞かせるようにと述べている。

この親翰で藩主斉泰は、海防方を担当する者たちに議論するように命じているが、従来の軍制も含めて時勢を鑑みながら検討し、忌憚のない意見を求めていることがわかる。既存の軍制については、否定も固執もするわけではなく、まずは十分な議論を望んでいることがうかがえる。

・安政二年（一八五五）八月

前年に日米和親条約が締結されて寄港地が限定されたことにより、外国船が藩領沿岸に接近する危険性はひとまず低下した。一方で、諸外国の存在は現実的な脅威となり、幕府では開明的官僚の登用、台場の建設や洋式海軍の創設などを目指した改革を志向し、洋式銃の導入や銃陣稽古（銃隊調練）が企図されている。[*35] この安政改革といわれる幕府の一連の動きは、当然ながら藩にも影響を与え、加賀藩では藩主斉泰が軍制に関する親翰を二通出している。

［史料二］

今度公辺与力同心等、西洋伝銃陣可致修行、且弓組之義茂銃隊相兼修行有之様被仰出候間、於当家ニも足軽弓組之者、砲術相兼修行候様可申付哉与存候、尤豊嶋・酒井両流之内可然候、併持弓并部屋附弓足軽之義ハ、是迄之通指置可申候、猶追而詮議あるべき歟、（中略）右者此度被仰出ニ付、内存之趣ニ候得共、右様申付候時者おのつから弓ハ廃し候様成行候貌、皇国古伝之器、殊ニ早業之利茂有之事ニ候間、猶更とくと評議有之、否可被申越候、早々申渡候方可然候間、申渡方も早速取しらへ可被相伺候

［史料三］

一、夷賊防禦ニ者軍製（制）活法之儀ニ付被申越候趣、尤ニ存候、其以来各初心付被申聞候義共有之候得共、此方ニおゐて得失之見定も無之処、先代ゟ被定置候軍製（制）、容易ニ相改候も如何と致猶予置候得共、公辺ニおゐても御改革之御詮議有之由ニ候間、衆評承り候上相改候品も可有之、各初存寄も承り度、其上ニ而御改革之模様も致承知、尚相考可申出候[*36]

まずは幕府の改革を意識し、加賀藩でも弓足軽に砲術稽古を命じる意向を示しているが、豊嶋・酒井と旧来の名が

あることから、西洋式の稽古をこの段階では想定していない。また、皇国の兵器である弓の利便性にも触れて詮議を命じている。

そして、この親翰では軍制について藩主斉泰の見解が提示されていることが大きな特徴である。［史料一］で、時勢を踏まえて軍制を検討するようにと述べていた斉泰は、軍制活法の件は尤もであるとし、衆評を聞いた上での軍制の改正もあり得ると、ここで明確に述べている（傍線部）。斉泰がここまで踏み込んだ発言をした背景に幕府の安政改革があったことは間違いないが、前年に壮猶館を設置して西洋兵器を中心とした分析・研究体制が整えられていたことも影響していよう。勿論、この段階では斉泰が改正の可能性に言及したに過ぎないものの、この時期には軍制改革の気運が藩内で高まっていたことは十分に考えられる。

・文久二年（一八六二）六月四日

修好通商条約の締結をめぐる朝幕関係の動揺もあって攘夷論が高揚し、安政の大獄や桜田門外の変が発生するなど政局は混乱したが、文久期に入ると朝幕関係の融和を志向した公武一和による国内体制の安定化が目指され、皇女和宮の降嫁が実現する。この公武一和路線は、当時高揚していた強硬な攘夷論と鋭く対立しながら、同二年四月には島津久光が無位無官で参内し、六月に勅使大原重徳を従え下向して幕府に改革を要求するなど、政局に影響を与えていった。その改革の一環として実施された参勤交代の緩和は、諸藩が海防に注力する大きな動機付けとなり、軍艦での参勤交代も許可されている。[*37] このような状況にあって、藩主斉泰は次の親翰を出している。

［史料四］

当節柄之義於各茂粗承知之通ニ候、就而ハ士風之義兼々申出置候得共、数百年之太平ニ浴し候へハ、風俗惰弱ニ流れ、中ニハ心掛宜者も候得共、先ツハ惰弱安逸ニ而已有之体ニ候、当節之義ニ候得ハ、弥増士気相立、風俗一

洗いたし、文武を励ミ、今ニも如何様之義出来候共、不失機会様可心掛義肝要ニ候

数百年の太平に浴したことで風俗が惰弱になり、安逸を貪るような状況であるとして、士気を立て、風俗を一洗して文武に励み、何が起こっても機会を失わないようにすることが肝要だと述べている。

この親翰では、旧来のしきたりや慣習に固執せず、文武に励んで士風の興起を求めているが、実は安政元年から文久元年までに一〇件近い藩士の素行調査に関する命令を藩主斉泰は出しており、藩士の士風悪化に頭を悩ませていた[*38]。なお、先行きが不透明な政治状況に対応するためにも、斉泰は士風立て直しを最優先事項と考えていたとおもわれる。この親翰は御用番の年寄奥村栄通に渡されるとともに、平士層である三組頭の筆頭にも渡されている。

・文久二年六月一五日

[史料四] が出される直前の六月朔日、在府の世嗣慶寧が登城したところ、「近来不容易時勢ニ付、今度政事向格外ニ令変革候間、何茂為国家厚相心得、心付候義ハ可申聞[*39]」との将軍上意と老中達が渡されている。この上意を示されたことで加賀藩は本格的に国事を意識し、情報収集能力を強化して京都詰体制を整えていくことになるが、この上意が金沢に届くと藩主斉泰も親翰を出している。次の親翰は、斉泰が三組頭の筆頭を呼び出して渡したものである。

[史料五]

今般士風等之義申出候所、公辺ニおゐても右様難有思召ニ候得ハ、幾重ニ茂御趣意貫通、他邦ニ勝レ候様一際忠節を尽シ候半而不相叶時節ニ候、何レニも旧習一洗、文武を励ミ、奢侈を禁し、士気奮起武備調候様有之度、何茂厚存込、組支配有之人々無油断致差引、際立風俗相改り候様可致世話候、前文之趣意組之人々江も為申聞、別紙拝見可申談候、且右等ニ付而心附之義候ハヽ、諸頭及ひ組之人々ニ而も無泥封物又ハ直ニ申聞度義も候ハヽ、申聞次第呼候而可承候、右之趣諸頭江ハ其方共ゟ可及演述候[*40]

老中の達に「従来之弊風御一洗、御武威被遊御振張、皇国世界第一等之強国与被遊候御偉業を被為立、上者天朝之宸襟を奉安、下者万民之安堵為致度との思召」とあることも踏まえ、斉泰は［史料四］と同じように「一洗」を掲げ、文武に励み士気の奮起を求めている。この親翰は、各組頭から配下の組士に示されるとともに、年寄衆も自身が人持組頭として管理する組に示しており、藩全体で共有しようとしている。そして、意見がある者は封物もしくは直接でも斉泰が聞こうとしているが、［史料四］同様、ここでも軍制などの具体的な話には言及していない。

・**文久二年九月二七日**

［史料四］［史料五］で士風引立を強調した藩主斉泰の意向を受け、八月に年寄奥村栄通は自身が組頭として管理する組に所属する人持の津田正邦・横山隆淑（代判として奥村慎猷）・石野氏桁・岡嶋一孝に対して心得方を申し渡している。また、勅使下向以降の幕政改革の進捗を視野に入れつつ藩軍事力の強化が図られるなか、斉泰は軍制に関する親翰を出している。

［史料六］

当今之形勢ニ而ハ、第一海岸守禦之備弥可厚に付、西洋新伝軽便之炮をも取用ひ、彼之利器を取て此方之軍備之一助与可致候得共、中ニ者悉皆西洋之陣制ニ相改候様ニ与之議論も有之といへ共、西洋ニ於て至当之軍制も此土ニ取てハ用ひ難き趣も可有之、戦勝之元ハ全ク軍制のミにも無之哉与存候得ハ、他国之義ハ如何様ニ有之候共、当家ニ於てハ本朝固有之勇武を本とし、皇国之兵法を以唯今ニも一戦快く可致覚悟ニ候条、兎角国内一致ニ心力を尽さすしてハ、堅を破り鋭を挫くの功も有之間敷、万般之軍法も其元一致に有之事与存候間、何れも此方之意を体し、一際忠憤を興起し、武勇を蓄へ、専ら皇国之御為を存候様有之度候、此段被相心得、家中一統江も申聞候様夫々可被申渡候ここで斉泰は、西洋兵器を採用して藩軍事力の一助にするところ、全てを西洋の軍制に改めるべきと主張する者がいると述べた上で、西洋の軍制が日本でも至当とは限らないと説き、他はどうであれ加賀藩では「皇国之兵法」、つまり日本で精錬された兵法を用いて戦う覚悟であると主張する。そして、どんな軍法であれ「一致」がなくてはならず、斉泰の意を汲んで「皇国之御為」に武勇を蓄えるように求めている。[*41]

管見の限り、この［史料六］は文久期において初めて藩主斉泰が軍制に言及した親翰である。内容も、嘉永～安政期とは異なり、西洋軍制の有効性に疑義を呈しながら、既存の軍制を基本に据えることを宣言したものであった。また、斉泰は藩内の「一致」を求めているが、異論があるなかで「皇国之御為」に「一致」を説く手法は、国事周旋の議論においてもみられるものである。[*42]

・文久三年四月五日

文久三年三月、将軍徳川家茂は三代家光以来となる上洛を果たしたが、この上洛に供奉する形で藩主斉泰は同年二月に上洛している。しかし、前年八月に発生した生麦事件をめぐる賠償金問題によって英国と戦闘する懸念が生じたため、[*43]領国に戻り「藩屏之任」を尽くすように朝廷から命じられ、三月上旬には金沢に戻っている。当時は、攘夷を主張する公家と結んだ長州が京都で勢力を強めており、上洛した将軍家茂も奉勅攘夷体制を遵奉し、五月一〇日を攘夷期限とする文久国是が確定している。[*44]攘夷論が強まる情勢のなかで、斉泰は再び軍制に関する親翰を出している。

［史料七］

先代被定置候軍制之義ハ、他国遠境江軍を出し候節之義、其基大坂之役ニよりて被定候義、是三州軍制之基本なれハ、是を根元と立置、減少之義ハ時之差略ニより候義ニ有之候、唯今右軍制を差略いたし候義ハ決而致間敷与存候、（中略）改作以来ハ諸士地方を離レ候義故、常々人馬持候義難相成、実ニ軍役ニハ難儀なる事ニ候先代が定めた軍制の基は大坂の陣であり、これが三州の軍制の基本である以上、これを根本として時勢に応じて変更することになるが、この段階での軍制の変更は決してしてはならないと強い表現を用いており、軍制の変更について明確に否定している。これは裏を返せば、この時期に軍制の変更を求める声が藩内にあったということであり、具体的には西洋軍制の導入を求める声であったことは間違いないだろう。

・文久三年七月一六日

文久三年六月に江戸から奉書が届き、世嗣慶寧に「御用召」が命じられると、その対応を巡って藩内は紛糾した。結局、この段階で慶寧が出府することはなかったが、国事に対して周旋するにせよ傍観するにせよ、「根元思召」を提示してほしいと家臣団が藩主斉泰に願い出るような状況となった。*45 そのような事情もあり、七月一二日に斉泰が御意を出し、「御前評議」をへて一三日には親翰が出され、「根元思召」となる藩是（藩の最高政治意思）が決定する。そして開鎖の問題については、一四日の親翰で「専勤王攘夷を本意与いたし、心力を尽し候様存候」と、文久国是に基づいた攘夷論が掲げられ、二日後の一六日には藩是確定にともない、軍制に関する親翰が出されている。

［史料八］

壮猶館建置候義ハ、彼之利器を熟察之上取捨いたし取用候為之義ニ候、左候へハ教諭方等、都而彼之法則ニ拘泥いたし候義ハ心得違ニ候間、彼カ法則ニ不拘、我国実用之宜敷所ニ活用セしめ候義専要与存候、是迄西洋法を相学候者、其本意を失ひ候族ハ、自然与夷狄之風習に染着いたし候、ヶ様ニ而ハ追々夷狄之俗ニ相成、不容易次第ニ付、身体動作等成限一変せしめ候而取用候様有之度存候

一、諸士小銃打方之義も、卑賤之者同様ニ而ハ有之間敷候得ハ、以来足並稽古抔ハ差止可申候、諸士足並稽古いたし、或ハ太鼓打習候ニ付、自然与武術之稽古方等閑ニ相成、士気を失候ニも到り候得ハ、士列以上之者彼方

之太鼓稽古いたし候義も差止可申候
一、銃卒之義ハ卑賤之者之義ニ候へハ、格別ニ候得共、是以一変せしめ可然候、併銃卒之義ハ、足並等指止候与申ニ而ハ無之候得共、可成丈夷風を省き度、此所ハ役人とも其心を得て工夫いたし候ハ、如何様ニも可相成義与存候
右之外ニも、猶又各心附之義有之候ハ、可被申聞候、兎角右ニ申入候通り、夷狄之風俗ニ習染いたし、皇国之美風を不害義本意与存候

冒頭で壮猶館に触れ、壮猶館はあくまでも西洋兵器を検討して取捨する目的で設立したと述べて、西洋の法則にすべて拘泥するのは心得違いであり、自分たちにとって実際に有効なものを活用することが専要であると論じながら、西洋の法則を学ぶ者で本意を失っている者は夷狄の風習に染まっていると批判する。また、稽古についても言及し、諸士は「卑賤之者」と同様であってはならないとして、西洋の足並稽古や太鼓稽古を禁じている。一方、百姓や町人を身分変更なく動員している銃卒については「卑賤之者」とし、諸士とは事情が異なるが、足並稽古はできる限り異風を排除したいと述べている。ここでは、士気の問題に触れながら、「夷狄之習俗」に浸ってしまうことを斉泰が批判しているように読みとれる。

この七月の親翰については先行研究でも言及されているが、[*46] いくつかの論点がある。まずは、これまでの親翰と同様に西洋軍制をそのまま導入するつもりはないとの考えを継続している点である。ただし、全否定というよりは実用に叶うかどうか分析した上で、身体動作などをできる限り変更して導入すべきと主張しているように読みとれる。次に、西洋式の足並および太鼓稽古に関して、身分制を考慮した発言をしている点である。士身分と他の身分を峻別し、夷狄の風習に該当する稽古を士身分に認めず、「卑賤之者」である銃卒には認めている点は（それでもできる限り夷風は省く）、日本型華夷秩序意識に基づいた藩主斉泰の夷狄観のあらわれともいえよう。[*47] 秩序外の存在を夷狄として

蔑視する対外観を斉泰も有しており、優れた技術があるものの野蛮であると見做し、兵器は採用するが風習や制度に浸ってはならないという判断は、斉泰にとっての妥協点だったのではないか。また、この親翰では「是迄西洋法を相学候者」、すなわち壮猶館関係者に対する批判を展開しているが、このことは後述する同年末の斉泰と年寄衆との相克に繋がっていくことになる。

以上、ここでは藩主親翰にみる前田斉泰の認識について分析を試みた。斉泰は士風惰弱を憂慮して奮起することを求めており、その傾向は文久期において強く出ているが、それは改革以前に根本となる士身分の風俗を正すことを重んじた故とおもわれる。また、斉泰の軍制改革に対する考え方が、嘉永〜安政期と文久期で変化していることがわかる。嘉永〜安政期は幕府の海防強化令や安政改革の影響もあり、斉泰は議論を前提としながらも軍制改革について踏み込んだ発言をしていたが、文久期では軍制改革を明確に否定し、「夷狄之風習」と批判している。この違いは、幕府が攘夷の実行を約束せざるを得ないほど、文久期に攘夷論が高揚したことが影響したのではないか。実際、藩内においても壮猶館廃止を訴える勢力が存在し、政局に対応すべく藩内の「一致」を志向していた斉泰にとって看過できない存在であったが、[*48]このような斉泰の認識に対して、文久三年末には年寄衆から異論が出されることになる。

2　文久三年末の藩主前田斉泰と年寄衆の相克

ここでは、藩主前田斉泰の考えが読みとれる「御親翰留」を前節同様に用いながら、当事者の一人である年寄奥村栄通が記した「御用方手留附録」を中心史料とし、時間軸に沿いながら検討してみたい。[*49]史料引用については、前節同様に部分抜粋とする。

・文久三年一二月二〇日

文久三年（一八六三）末には「西洋流」に対する考え方、とりわけ軍制の導入が注目されるようになる。当時、前田斉泰は藩主となってから四〇年以上が経過しており、年齢も五〇代であった。また、年寄衆（御用加判）は七名で、奥村栄通は五〇代と経験豊富であったが、奥村直温は三〇代前半、前田直信・本多政均・長連恭が二〇代、横山隆平・前田孝敬は一〇代後半であり、若年の者が多かった（村井長在は加判免除）。

このような藩上層部の構成において、藩主斉泰は当月の御用番であった奥村栄通を呼び、一二月二〇日に親翰を出している。

［史料九］

近年西洋学致流布候より、兵制等之異論を生し、海内共ニ一和無之体ニ付、当家ニ於ても心得之ため先達而軍制之大意申出候通りニ候、然処頭役等之内ニ茂、自己之好悪ニまかせ不致一致体ニも相聞、甚如何之義与存候、基本一致無之而ハ万事成功無之義ハ、今更申迄も無之義、各ニ於ても此所深被相含、弥先達而申出候趣意貫通いたし候様、所置有之度候、西洋之義ハ利器を取候迄ニ而、風習を慕ひ候様相成候而ハ、廉恥之気節を取失ひ、只利得ニ走り、自ら万般ニ其風押移り、士気振興之障りとも相成、彼是弊害不少様被存候、是等之趣猶又申出候条、何分趣意貫通いたし候様、各被申合候様有之度候[*50]

近年、西洋の学問が流布して以降、兵制などで異論が生じて国内が一和していないとし、当家の軍制については先だって述べた通りであるが、頭役などに個人の見解を主張する者がいるために「一致」できないと憂慮する。そして、「一致」がなければ万事成功は覚束ないと説き、西洋の件は兵器の採用までとし、その風習までも慕うようになっては、廉恥を失って利得に走り、士気の振興を妨げると斉泰は批判している。この親翰の内容自体はこれまでに出されたものと同様といえるが、この件を奥村栄通は次のように書き記している。

［史料一〇］

兎角西洋流盛ニ相成候貌ニ而、壮猶館向者別而頭も張込強、如何之義ニ被思召候、右頭之内西洋偏信之者も有之体ニ付、一両人御免可被仰付候哉与思召候へ共、此義者猶更追而可被仰出候、（中略）岡田助右衛門義、御馬廻頭帰役可被仰付哉之旨伺有之候、助右衛門義も西洋流執心之様ニも候へ共、元有沢家之兵学も心得罷在、全く西洋与片寄候義ハ無之体ニ付、助右衛門ハ伺之通可被仰付与思召候

壮猶館には「西洋偏心之者」がいると藩主斉泰が懸念を示し、数名を壮猶館から外すこと、つまり壮猶館の人事に介入することを考えていたことがわかる。そして、藩士岡田助右衛門の馬廻頭帰役については、「西洋流」に執心しながらも加賀藩固有の兵学である有沢兵学にも通じていることから、「西洋流」には偏っていないとし、斉泰は許可している。

以上から、藩主斉泰はこれまでと同様、「西洋流」のなかでも兵器とそれ以外を切り離して考えており、兵器の採用までを認めていた。一方、軍制についてはやはり懸念を示し、壮猶館から異論が出ていることで藩内が「一致」しないと判断して、人事に介入する姿勢を強めていたことがわかる。

・文久三年一二月二二日

二〇日の藩主斉泰の親翰をうけて、二二日には本多政均・長連恭・奥村直温の三名の年寄が、海防方御用主附の辞任を口頭で願い出ている。

［史料一一］

播磨守（本多政均）・大隅守（長連恭）・内膳（奥村直温）被罷出、退去之上自分（奥村栄通）江於別席、此間御親翰を以被仰出之趣、乍如何何分御趣意之処奉会得兼候ニ付、只今委曲思召相伺候処、大要之処ハ、西洋流、利器ハ御用ひ之儀ニ候へ共、其余先御取用無之

程之御趣意ニ而、（中略）壮猶館向ニ而ハ右様之取捨無之、不応思召旨等之被仰出故、左候而ハ外ニ可然御領国之御手当方見留も無之、兼而之心組与表裏故、何分海防方御用も相勤兼候ニ付御断申上候

親翰の内容が会得し難いとして、藩主斉泰の思召を直接伺ったところ、斉泰は「西洋流」について兵器の採用までを想定しているが、壮猶館の者たちはそのような取捨の意識もなく斉泰の思召に応じないなどと仰せになられ、これでは海防方の任務を全うできないとして辞任を願い出ている。海防方御用主附であった年寄は責任者の立場であったが、斉泰の思召では具体的な政策を担当する壮猶館の者たちとの連携が困難となる以上、職務を遂行できないと主張したのである。

これを受けて、藩主斉泰はひとまず書面に認めて同僚の奥村栄通まで提出するように命じ、この件を聞かされた栄通は「誠ニ不容易義、今一遍得与思慮有之義歟」と再考するように三名に伝えているが、「何分決心之体ニ而何れ相勤兼候間、右主付之義達而御断申上度旨等被申聞候」とあり、三名の意思の強さがうかがえる。[*51] また、壮猶館の人事についても栄通は複数の名を挙げて批判している。これらから「西洋流」の受容のあり方で議論となり、そこで壮猶館の人事の問題が発生するに及んで、海防方御用主附を担当している年寄らが辞任を願い出るような事態になったことがわかる。

・文久三年一二月二三日

翌二三日には、奥村栄通が辞任を願い出ている本多政均・長連恭に対して自身の考えを書状に認め、送っている。

[史料一二]

今度被仰出之御趣意ハ、先達而より被仰出候趣与被為替候義も有之間敷哉ニ候へ共、委曲御伺之趣故、右之通被仰出候義ニ而も有之間敷哉、然処右被仰出ニ而、不容易御時節各当職之海防方御用御断与申儀甚如何敷、（中略）

所詮御手当方西洋流主ニ相立候義不相成義与相心得候而、見留無之儀も精誠申合、海防御手当方之儀相伺可申筋ニ而有之間敷哉、何レ西洋流ニ而無之而ハ、海防御手当方ニ不相成与申義、取極ハ出来不申御趣意ニ候へハ、此処を何レ茂奉畏、指当見留無之儀ニ而も、於各ハ精誠示談遂相伺、幾重ニも御趣意貫通いたし候様可尽粉骨職分歟与存候間、「然処御決心ニ而海防方御用御断被仰上候而ハ、御前御手前ニ而も甚御面倒御心配可被為在与奉恐察義、其上各様御断有之候而ハ品重御用、下拙ハ不及申、誰迚も相泥勤兼可申、右様之処江至候而ハ誠ニ不御為不容易義歟与存候、」何分此処得与御勘考、海防方御用御断之義ハ無御座様、昨日御直ニ被仰上置候共其儀ハ取計可申、尤御前ニも御安心可被為在与奉恐察義ニ候間、呉々も御断無御座様いたし度、依而愚存之趣猶又及御演述候事

（「　」内は『加賀藩史料』藩末編上巻に未記載部分）

藩主斉泰の見解は以前と変更はないが、今回こちらが詳しく伺ったために仰せになられたと奥村栄通は推察している。そして、海防手当の目処は立たずとも示談を遂げて斉泰の趣意を貫徹できるように尽力し、面倒や心配をかけないようにと述べるとともに、この重き御用は他の誰も勤めることができないと説き、辞任しないように諫めている。しかし、本多・長の両名は奥村栄通に説得されつつも、海防方御用主附の辞任を願う書を提出した。そこでは、目処が立たないなかで海防方の任に就いていることは、かえって「御為」にならないとの論理であった。

・文久三年一二月二四〜二九日

そして、翌二四日の朝には、さらに本多政均・長連恭の両名から長文の書状が奥村に届けられるが、そこでは辞任を願う理由が書き記されている。

［史料一三］

今度被仰出之趣ハ、少与会得も仕兼候辺も御座候ニ付、御直ニ段々奉伺候処、西洋之義ハ利器を御取被遊度思召之処、近頃致流布候より、夫が為御国政にも御指障に相成候様之次第も御座候故、西洋流之義ハ全御取用不被遊程之思召之旨被仰出候、左候而ハ何を以御手当方仕候訳ニ御座候哉、（中略）大炮抔茂当世無御座而不叶品歟与奉存候、西洋之儀ハ新伝ニ而手広ニ御取建無御座而ハ、成功之処いかにも遅速利害も御座候段、兼々壮猶館主付頭ゟ承居申候、既ニ武部《(安達)》幸之助抔も、西洋法を活用仕候義ハ全壮猶館御取建被遊候故与奉存候、其元を御穿さく無御座而ハ、所詮活用之儀ハ難出来事歟与奉存候、西洋流与申候而も、万端法則ニ拘り、身体動作迄も御取用被遊候様ニ申上候訳ニ而ハ聊も無御座候、いつれ利器迄御用ひ被遊候様願度心組ニ御座候へ共、利器を御用ひ之時ハ御手広ニ不被仰付候而ハ開ケ不申品故、弥利器之御極も六ケ敷儀与奉存候、私共兼々心組之処荒増如斯御座候故、全御取用無御座而者何分不御為様ニ奉存候、御親翰等之趣ニ而者、是等之処如何相心得可宜哉、何分致様も無御座、只恐入候次第ニ御座候、西洋を学ひ候者ハ御役義御免ニも可被仰付候程之場合江も可到候哉

本多らが藩主斉泰に直接伺ったところ、西洋の件は兵器を採用したいと考えていたものの、近年流布したことで藩政に影響が出る懸念があることから、「西洋流」については全く採用しないほどの考えであるとの仰せであり、それでは何をもって海防手当とすればよいのかと本多らは疑問を呈している。[*52] また、この件は新伝であり広範に導入しなければならないと壮猶館の者たちから聞かされていると述べ、「西洋法」を活用するのは壮猶館を設置したためだとの見解も提示する。さらに、「西洋流」といっても万端に拘って受容すべきとは言っていないとした上で、兵器を用いる際には幅広く柔軟に命じてもらわなければ見通しが開けないと嘆き、全く採用しないのでは「御為」にならないと述べる。そして、西洋を学んでいる者＝役義御免とする可能性もあるのかと疑問を投げかけている。

この書状からは、海防方御用主附として責任がある以上、西洋兵器を採用して活用するには、西洋軍制の採用が必要であると本多らが考えていたことがわかる。また、彼らの意見の背景には、壮猶館の者たちの意思が反映されてい

たことは間違いないとおもわれるが、そもそも壮猶館を設立したのは西洋の兵器や軍制といった「西洋流」を研究・調査し、活用するためであったはずであり、設立した藩主斉泰が何故西洋軍制の導入に反対するのかとの不満も透けてみえる。また、斉泰の側も兵器の採用すら認めないほどの発言をするなど、承服しない年寄衆に対して強硬な姿勢を示している。

そして、この本多らの書状を受けて奥村栄通が再度考えたところ、自身が全くの心得違いであったとして、「今度猶又厳重被仰出方御座候共、却而御趣意も貫通不仕、何廉不御為儀ニ相成可申哉与奉存候義等、都而御同存之心得ニ相成申候」と述べて、本多らの意見に同調してしまった。そのため、翌二五日に栄通は藩主斉泰に対して自身の進退を伺う書面を提出している。

[史料一四]

播磨守(本多政均)等ゟ猶又委曲之御趣意奉伺候処、被為仰聞候趣有之、兼而之心組与茂表裏仕、跡々見留も無御座、海防方御用御断申上候由ニ而、先私江口達ニ而相達、跡ゟ紙面も可差出旨申聞、則其節申上置候通ニ御座候、(中略)
私義今度之御趣意通ニ相成候而ハ、却而跡々不御為義ニ可相成与申程之儀ニ而も有之間敷与奉存罷在候へ共、播磨守等別紙之趣ニ而打返思慮仕候処、右ハ心得違ニ而、当時御家中等之模様ニ而ハ、今度猶又厳重ニ被仰出方御座候共、却而御趣意も貫通不仕、何廉不御為義ニ相成可申哉与奉存、左候而ハ思召とも相違可仕哉与、誠以奉恐入候義、播磨守等同存ニ御座候

斉泰の発言が兼ねての心積もりと表裏しているため、今後の見込みが立たないとして本多らが辞任を願い出たとあり、斉泰の考えが変化したと本多らが捉えていたことがわかる。そして奥村栄通は、これまでの自身の考えを心得違いであったと述べ、現在の藩内の状況では斉泰の趣意を厳しく仰せになったとしても、却って趣意が貫徹されず、「御為」にならないのではないかと嘆くとともに、自身の考えが斉泰の思召と相違してしまうと憂いている。つまり、

本多らの意見を熟考した栄通が、斉泰寄りではなく本多らに同調して進退伺いを提出したのであるが、この件については翌二六日、斉泰が進退を伺うには及ばないとの内容を伝えており、それに栄通は謝意を示している。

このように、二六日までの段階で年寄衆のうち四名が海防方に関して辞任を求めるような状況となっていたが、二九日に藩主斉泰は奥村栄通を御前に呼び出して親翰を渡し、他の者たちにも披露するように命じている。

[史料一五]

今度書取を以申出候義ニ付、跡々見留茂無之旨等にて、各海防方用被及断度旨被申聞候趣相弁兼候得とも、猶得与致思慮、追而申出候品も可有之、先ツ是迄之通可被相勤候*[53]

十分に考慮した上で今後申し述べることもあるだろうとして、まずはこれまで通り海防方を勤めるようにとの内容であるが、奥村栄通が本多らに伝えた際、「奉畏候旨御請」と返答していることから、ひとまず受諾したことがわかり、一二月二〇日以降の動きについては、ここで一旦収束をみせたことになる。

・文久四年一月二九日～二月四日

前年末、藩主斉泰が話を一旦引き取るような形でひとまず収束をみせていたが、翌年の一月二九日に奥村栄通を呼び出した斉泰は、次の親翰を渡している。

[史料一六]

播磨守《(本多政均)》義、才気も有之候得共、兎角我意を張、各示談一和不致体ニ付、今度月番等免許申渡候、右者此方不徳を衆ニ示シ候貌ニ而、心外ニハ候得共国政ニ者難替、不得止事申出候事ニ候、元来各用向之義ハ、政事之根元ニ候得ハ、少も無隔意加判之面々互ニ打解、聊習俗ケ間敷義無之、如何ニ茂公平実意を以被遂示談候様有之度候、是迄度々申出置、油断も無之筈ニ候得共、当時勢ニ候得者、別而各一和無之而ハ、惣様仕向方ニ茂指障候様可相成、

左候へハ不容易義ニ付、猶又重而申出候、此所得与勘弁有之義肝要存候、此書面家老共江茂披見被申談、重々可被申合候、以上[*54]

本多政均は才能に優れているが、我意を通そうとして「一和」（「一致」）にならないために月番加判を免除するとあり、これはやむを得ない措置であると述べる。また、加判の面々は隔意もなく公平実意に議論すべきところ、現在の情勢ではとりわけ「一和」でなくては差し障りが生じるとも述べていることから、本多が「一和」を乱す存在だと斉泰が主張したことがわかる。

この親翰を拝領した奥村栄通は驚いたようで、すぐに面会して「今一篇御思慮も被為在被下間敷哉」と再考を願い出るとともに、親翰に対する御請は、前田直信・奥村直温の両年寄が登城出席していないことから、彼らと相談してからにしてほしいと藩主斉泰に訴えたが、十分に思慮した上での決断であり、本日中に申し渡すとして、家老にも親翰を示すように斉泰から命じられている。栄通は退去後、登城していた年寄の長連恭・横山隆平・前田孝敬の三名に親翰の内容を伝えると、本多と従兄弟の間柄である長を除いた、横山・前田の両名が斉泰に面会し、本日中の申渡を猶予してもらえるよう願い出たが、斉泰に却下されてしまう。そして同日、年寄・家老ら加判の者たちが列座するなかで、本多に対して免除が命じられたが、一連の経緯をみても、年寄衆が動揺し猶予を願い出るなかで斉泰が本多の免除を強行したことがわかる。

そして翌二月四日、藩主斉泰は「西洋流」に関する自身の考えを盛り込んだ親翰を再び出している。

［史料一七］

近来西洋学流行致し、夫〻して軍制之義異論を生し、其枝葉ニ拘泥いたし、大本気節をも失ひ候所へ可到体ニ付、先年来此方心得之所申出候得とも、兎角一致之義相聞不申ニ付、各々ハ国政万般之基本ニ候得ハ、尚又心得之義旧冬申出候処、其節此方心組之処被相伺候ニ付、西洋流ハ先ツ不取用程ニ心得所置有之度旨申聞候所、左候而者末々見留も無之事故、海防之用向被相勤兼候間、各断之義被申聞候、是ハ甚不得其意義ニ候、全体国政与海防与両様ニ被心得候義ニ而ハ有之間敷、当節海防之義者政事向之急務不可過之義ニ候、右用向常事与入交り、調理方果敢取不申ニ付、海防方与振分被主附候義ニ有之候、然るを海防方を一種之主附用向抔同様被心得候而、相断候抔と被申聞候義ニハ有之間敷、見留無之義ハ誰とても同然ニ有之候へハ、何処までも尽力可有之義、各之身を不離大任ニ有之候、又西洋流を不取用程ニと申聞候義ハ、心根江付強く申候事ニ而、彼之利器を取て此方之軍備之助ケニ可致義ハ、兼々申出候通りニ候へハ、尤一切不取用と申心組ニハ無之候、近来追々彼流尊信之者多く、其害甚敷ニ至てハ、家中分裂之機なきにしもあらず、且軍制ニも指響可申勢ひ、畢竟其本堅固一致ニ無之而ハ、弥右様之所江可押移義ニ付、各心得方申出候義ニ候、西洋取用候ニも、人々之心得ニ有之事ニ而、彼ニ心を被奪と、我ニ心定相立、彼之利器を取て助とするとの違ニ候へハ、其貌ハ同敷様ニ而も、其心根ニ至り候てハ懸隔之違ニ有之候、依之猶又申出候条、此方之意を体し各被示合、先達而ゟ申出候趣を以精誠尽力有之度候[*55]

近年、西洋学の流行により軍制に異論が生じ、細部にこだわることで根本が失われて藩内が「一致」していないことを憂い、海防方の件については、藩政と海防を切り離して一種の用向きと捉えて辞任を願い出ることを批判している。そして今回問題となっている「西洋流」については、心根に関わるために強く述べているが、一切取り入れないとの心積もりではないと述べている。また、「西洋流」を尊信する弊害により藩内が分裂している様相で、軍制にも影響する勢いであるために「堅固一致」の必要性を説いている。そして「西洋流」を取り入れる場合でも、心を奪われてしまうのと、自身の心得を定めた上で取り入れるのでは、見た目は同様でも全く異なると論じている。

この親翰では、「西洋流」に対する自身の考えを掘り下げて論じているのが特徴といえるが、やはり「西洋流」に執着することで藩内が乱れてしまうことを危惧し、現段階では取り入れずに「一致」を重んじていたことがわかる。一方で、「西洋流」を取り入れること自体には含みを持たせており、以前のような強硬な表現を用いずに、丁寧な説明がなされている。この親翰を拝領した奥村栄通は藩主斉泰に同意する姿勢を示し、親翰の内容を徹底するならば、壮猶館の人事で複数名を免除してはどうかと述べ、当初から本多と同調していた長に対しては、「見留無之儀ハ誰迚も同然ニ候得者、何処迄も尽力可有之義、各之大任与之被仰出も有之、其上西洋流一切御取用無之御心組ニハ不被為在旨等之義も被仰出置候」と、「西洋流」を取り入れる可能性にも触れながら、斉泰の考えに従うように求める書を送っている。

・文久四年二月七日〜三月一四日

本多政均の免除により大きく動揺したものの、藩主斉泰が自身の考えを掘り下げて論じたことでこの問題は収束したかにみえたが、長連恭は従来の姿勢を崩さず、海防方の辞任を継続して求めたため、斉泰は二月七日に奥村栄通を呼び、長を説得するように命じている。その際、自身の考えが変わることはないとし、他の年寄や家老らが説得しても承服しないようならば、申し述べることもあると処分を匂わせる発言をしている。この斉泰の発言を受け、奥村栄通は長に書を送り、「西洋流」を全く取り入れないわけではないと伝え、「何分先達而以来再三被仰出候御趣意ニ候得者、今更幾重ニ申上候共、思召之被為替候儀ハ有之間敷哉ニ存候」と、斉泰の考えは変わらないと述べて、長に再考を求めているが、長は斉泰と面会して自身の考えを主張し、同月一七日に書を提出している。

〔史料一八〕

今度西洋流御取用方等ニ付、重而以御親翰被仰出之趣奉畏候、右御主意者、西洋之利器を御取用被遊候へ共、彼ニ被奪候様ニ相成候而ハ不可然与申処ハ、乍恐御尤至極之御義与奉存候、元来旧冬私共ゟ申上候処も同様ニ御座候、乍併西洋之義ハ新伝之事故、如何ニも御手広ニ不被成置候而ハ、追々発明之利器も相知れ兼可申哉、左候時ハ、何れ是迄之手続ニ無御座而ハ不相成義与奉存候、又壮猶館稽古方等も、専去七月段々被仰出候御主意を以、

其以来折角僉議中之由ニ御座候へハ、此上如何相心得候而可宜哉、更ニ見留も無御座候ニ付、夫等之趣も奉申上、猶又思召も奉伺候処、是迄彼ニ被奪候与迄被仰出、被奪候場合者不被仰出、幾重ニも御主意之処思慮仕候様被仰出候付而者、打返御主意段々思慮仕候へ共、何分会得も仕兼、畢竟不才不行届故与誠以奉恐入候、今一往も御諭御座候様相願度候へ共、余り度々ニ相成、重々奉恐入候ニ付、都而御断も申上度奉存候へ共、是迄段々厚被仰出も有之、当節柄何成共御用立申度義ニ候故、其義ハ差扣申候、乍去御主意得与会得も仕兼候而者、海防方月々主附相勤候義ハ何分無覚束、却而不御為義与奉恐入候間、此儀者当分御指除之様仕度奉存候

藩主斉泰が説くような、心を奪われてはならないことは以前から同意しているが、西洋の件は新伝であるために幅広い対応をしなければならないと再度主張し、壮猶館の稽古についても昨年七月の親翰（[史料八]）を踏まえた議論が進んでいると訴えている。その上で、心を奪われるとは述べるが、奪われる場合について斉泰が言及していない点などを挙げ、やはり会得しかねると述べており、辞任を求める姿勢を崩していない。

しかしながら、政務経験が浅い者が多い年寄衆のなかで既に二名が免除されていたこともあり、長の説得は重要であったとおもわれる。奥村栄通以外にも前田直信・奥村直温といった他の年寄も説得に動くなか、三月一四日には世嗣前田慶寧が長を呼び出して説得している。

[史料一九]

筑前守様（前田慶寧）ゟ御尋被遊候間、存寄之趣可申上旨御意有之ニ付、大隅守（長連恭）ゟ「尤深き存寄も無御座候へ共」、西洋流之義ハ利器を御取用ニ御座候へハ、新伝之義故御手広ニ不被仰付而ハ、其処も知れ兼可申、稽古方之義も当時之処取捨も有之故、此上致方茂有御座間敷哉与奉存候旨等被申上候処、敢而西洋流を御捨被遊候思召ニ而無之候へ共、御手広ニ被仰付候而ハ御軍制等之指障ニも相成候義、程能不被仰付而ハ不相成、「兎角剣鎗抔与違、楽な業故盛ニ成候義、銃卒抔も先遠方之防禦方ニ可宜哉ニ候へ共、往古ゟ一揆国之義ニも有之、軽き者ニ任セ置、急度防禦

も出来候者与心得候而ハ存外成義茂可有之、先ハ其時々臨ミ候ヘハ鉄炮も打捨逃去候歟、又ハ却而此方江打立候哉も相知レ不申、何レ御趣意之通ニ彼ニ心を被奪候様之儀ニ而ハ不相成、是等之処得与相考可申、当時之処学校向御賞美方より壮猶館向御賞美方等勝り、頭並抔も相増候体、必竟学校向ハ人多故、其処江も行届兼可申哉ニハ候ヘ共、壮猶館向者張込等も強候故之儀ニ而茂可有之、是等之処ハ各ニ而程能僉義可相伺義与思召候、佐野鼎抔格別之者与存込候ニ而可有之哉ニ候ヘ共、先達而於江戸表稽古方指引いたし候義御覧も被遊、如何敷被思召候義共も有之候、且公辺ニ而ハ西洋流御取用之御様子ニ候得共、何分未然之事ニ而、慥ニ可宜与取極候義ニ而も有之間敷、御国ニ而ハ前々ゟ之御軍制等御改之義ハ不被為成、日本固有之剣鎗等を以防禦之心得無之而ハ相成間敷、大砲抔も筒先を目当ニいたし候共、存外急ニ脇ゟ寄来候様ニ而ハ致方も有之間敷、小筒ニ而ハ却而勝利を得候義も可有之哉」何れ一概ニ心得候而ハ相成間敷与思召候間、是等之処得与思慮いたし、此上奉会得兼候義も有之候ハヽ、幾重ニも可奉伺、金谷御殿江罷出候而も宜候旨等、委曲段々被仰諭候

（「　」内は『加賀藩史料』藩末編下巻に未記載部分）

長の訴えを聞いた上で世嗣慶寧は、「西洋流」をあえて捨てることは考えていないが、幅広く柔軟に命じることは軍制などに影響を与えるため、程よく命じなければならないとし、いずれにしても強情に心得てはならないと諭している。その上で、会得できないならば何度でも伺い出てよく、慶寧が居住する金谷御殿まで来てもよいと伝えている。ここで慶寧は、「西洋流」を適度に取り入れることの難しさを伝えながら長を説得しているが、この［史料一九］には『加賀藩史料』では大きく削除された箇所があり（史料一九「　」内）、示唆に富む記述がみられる。

まずは、西洋の兵器が日本の剣や鎗よりも「楽な業」とする点である。容易く扱えるが故に百姓や町人で構成される銃卒には適しているとする一方で、加賀藩領は「往古ゟ一揆国」であることから、彼らに任せて防禦できると考えてはならないと述べる。事に及んで百姓らが逃げ出したり、こちらに発砲するかもしれず、これらを十分に検討する

ように説いている。そして、壮猶館については学校よりも優遇されており強情であると述べ、壮猶館の詮議については程よく聞き入れるべきだとしている。さらに、幕府の「西洋流」採用についても従来なかったことであり、確実に良いものと判断してのことではないだろうと推測し、加賀藩では軍制の変更はしないと述べながら、剣鎗などの防禦の心得をもつように諭している。この箇所では、世嗣慶寧が藩主斉泰の意見を汲み取りながら説明しているが、藩組織における壮猶館の評価、「西洋流」受容における幕府の対応、そして「一揆国」を統治する加賀藩の特質について具体的に言及しているのが特徴である。

この世嗣慶寧の説得を受けて、面会後の長は「只今筑前守様《（前田慶寧）》於御前段々被仰出之趣、御尤之被仰出、此上存寄も無御座」と奥村栄通に話しており、栄通も「下拙も安心いたし候」と述べ、他の年寄に伝えている。そして、藩主斉泰が事態の推移を危惧していたことから、栄通は「此上尤彼是奉申上儀も有御座間敷」と斉泰に申し上げており、ここに至ってようやく鎮静化したといえよう。

以上から、文久末期に藩主斉泰以下、藩上層部においてみられた相克は、攘夷論が全国的に高揚する段階において、「西洋流」の理解や評価による齟齬から発生し、藩内が「一致」していないと考えた斉泰が、壮猶館人事に関わる親翰を出したことで表面化したといえる。具体的には、「西洋流」から兵器の採用に限って認めようとする斉泰と、より幅広く「西洋流」を受容すべきと主張する壮猶館と連携した年寄衆とが対立する構図であらわれ、西洋軍制の導入や壮猶館人事の問題が焦点となりつつ、両者の対立が先鋭化し、複数名に及ぶ海防方御用主附の辞任願いや、年寄本多政均の月番加判免除を強行する事態に展開していった。ただし、年寄衆も皆が同意見であった訳ではない。この相克が表面化する直前の一二月上旬、年寄前田土佐守家の家老南保大六が奥向の女性を通じて奥村栄通に送った書状には、「此頃御同席様《（年寄衆）》之内、西洋流専御信用ニ而御用御勤無之御方、伊予守様《（奥村栄通）》を御目指御毒殺之御工夫有之、其次ハ此方様《（前田直信）》を御目懸被成候由、極密風評承」*56と、「西洋流」に傾倒する年寄によって奥村栄通と前田直信が毒殺の対象として狙われているとの風評が記されている。真偽はともかく、当時は年寄衆の内部でも「西洋流」をめぐる見解の相違などから、猜疑心が渦巻くような状況でもあったといえよう。

そして、藩政における意思決定の観点から今回の事例を考えてみると、「一致」を重んじた藩主斉泰は自身の親翰だけでなく、年寄奥村栄通を通じて何度も説得を試みており、さらに世嗣慶寧も説得に加わっている。一方、年寄衆の面々も自分たちが納得しかねる内容であれば、幾度も面会を求めて自分たちの考えを主張し、ときには処分されることを厭わない姿勢すらみせている。最終的には藩主である斉泰が決断する構図となっているが、これは国事周旋における意思決定の過程と同様、個人の意見を藩上層部が共有することで、最終的には藩の政治意思へと昇華させるあり方であり[*57]、当該期の加賀藩を分析する上で重要な視角であろう。

おわりに

本章では、幕末期における海防と「西洋流」の受容について、藩主前田斉泰を中心として政治過程に即しながら検討した。海防について、加賀藩では決裁権は藩主にあり、藩主が海防方御用主附の年寄衆と意思の疎通を図ることによって政策が立案・決定・実施されている。また、年寄衆の背後には壮猶館に所属する藩士がおり、彼らの意見も年寄を介して政策に反映されていったと考えられる。

そして、加賀藩の海防の背景には幕府の政策があったことを踏まえる必要がある。嘉永二年（一八四九）の海防強化令は、全国諸藩の海防意識を確実に高め、幕府の安政改革は加賀藩にも「西洋流」の受容を強く意識させたと考えられる。その後、幕府は文久改革で西洋軍制による陸軍部隊を創設するが、これは兵賦制度によって人員を確保し、歩・騎・砲の三兵隊を既存の番方体制の外側に位置付けたものであった[*58]。つまり、幕府も文久期では既存の軍制を否定しておらず、この解体は慶応改革まで待つことになる。また、加賀藩では元治期に藩主斉泰の命令で大砲隊を創設するが、これは既存の体制へ新規に附属させており、人員については兵賦制度が議論されるなど、これも幕府と類似している。

さらに、政策の変化を考える場合には政治情勢の推移とその影響もみなければならない。加賀藩が海防を意識しはじめた文化期は、未確認の脅威に対する備えという観点から海防が模索されている。その後、嘉永〜安政期には現実的な脅威となるが、幕府が和親条約を結びながら改革路線を推進したことは、強硬な攘夷論が全国で展開する素地となっていく。とりわけ、通商条約締結後の国内の混乱によって尊攘運動が激しくなり、文久三年に上洛した将軍が征夷御職掌として攘夷決行を受け入れるような政治状況は[*59]、加賀藩に衝撃を与えたとおもわれる。実際、藩内でも攘夷を主張する者が発言力を強め、「西洋流」受容の議論にも関わってくることになる。

最後に、藩主斉泰の海防と「西洋流」の認識についてだが、その根底には斉泰の夷狄観が見受けられる。もともと西洋諸国の脅威に対抗すべく攘夷を掲げながら、その実現のために西洋の制度や兵器を導入すること自体、論理的整合性がとり難い。故に、どこまで許容できるか、その範囲については藩主である斉泰が決断することになるが、西洋諸国を日本型華夷秩序の外に位置付けて警戒・蔑視する夷狄観を斉泰も有していたために、士身分が「西洋流」に浸ってしまうことへの危惧に繋がっていく。また、それを「卑賤之者」である地域の銃卒にはある程度容認したことで、西洋軍制による部隊が藩直属の部隊に先駆けて地域で創設される状況となる。そのなかで［表1］［表2］にあるように、斉泰は一貫して高い海防意識を有しており、政治情勢や幕政改革を考慮しつつ軍事力強化に努め、軍事調練を見学している。親翰を度々出しながら、海防意識を藩内に浸透させようとしていたといえよう。

そして、藩主斉泰の「西洋流」に対する認識については、本章で指摘したように嘉永〜安政期と文久期では差異がみられる。前述のように、幕政改革の内容や攘夷論の展開を念頭に置いて政治判断をした結果と考えられるが、斉泰は一貫して藩内に「士風」と「一致」を説いている。「士風」については、斉泰は幾度も横目を呼び出して、藩士の素行調査を命じるなど憂慮しており、これは軍事力の強化以前に改善すべきものと捉えていたとおもわれる。そして「一致」については、斉泰が藩主として重視してきたものであり、斉泰の思考を探る上でキィワードとなる。[*60] 政局が混迷するにつれて藩内でも多様な意見が出されるなか、「言路」を開きながら「一致」を重んじた斉泰にとっては、藩政の舵取りが難しい状況にあった。とりわけ文久期は、「西洋流」の受容を積極的に主張する者もいれば、全否定する者もいるような状況であり、そこで藩内の「一致」を求めた斉泰が導き出した考えが、西洋兵器は採用するが、それ以上は導入しないとする見解であったといえる。また、軍制改革については既存の軍制が藩家臣団統制において機能していたが、西洋軍制を導入することで大幅な改編が避けられなくなること、さらには膨大な歩兵が創出されることで近世身分秩序に深刻な影響が出るという問題も想定される。この点は今回の斉泰の発言からは直接うかがえないが、今後検討していく上で顧慮しなければならないだろう。

以上、幕末期における海防と「西洋流」受容をめぐる問題については、軍事や学問といった特定の視角から理解されるべきではなく、政治過程に即しながら複合的に検討する必要がある。さらに、「西洋流」の受容を自明のこととせず、受容をめぐる過程で表出する葛藤や相克などを史料から読み取り分析することが求められる。[*61] そして、前田斉泰の人物評価については、従来語られてきた内容が叙述に都合が良いイメージ論に偏重したものであったことは本章から明らかである。「言路」を意識して多くに耳を傾けながらも、藩主として藩内の「一致」を目指すという斉泰の政治スタンスについては、史料を元に慎重に読みとく必要があり、当該期の加賀藩研究では再評価が求められる人物である。

その後、元治元年（一八六四）禁門の変における対応の不手際によって藩が窮地に追い込まれ挙藩体制が目指されたことで、本多・村井の両年寄が月番加判に復帰し、藩上層部の相克は概ね解消されていく。そして、慶応元年

（一八六五）に条約勅許が出されると、西洋諸国を追い払うために「西洋流」を受容するという論理的な矛盾は解消され、むしろ混迷する国内問題に対する軍事力強化のため、積極的に導入していくとの明快な図式が描かれるようになる。翌二年、斉泰に代わり藩主となった前田慶寧が上洛した際、慶応期の軍制改革で編制された幕府の銃隊演習を徳川慶喜と見学しているが、[*62] 西洋軍制の必要性を説く徳川慶喜の発言に感銘を受けた慶寧によって、加賀藩では大規模な軍制改革が実施され、同三年秋には洋式の大隊編制が実現した。そして、この部隊が戊辰戦争において北越戦線に投入され、長岡などで激しい戦闘を繰り広げることになる。

註

*1 「西洋流」は史料中の表記であり、本書では史料用語として使用しているが、西洋の慣習・学問・兵器・軍制など、多様なものを指す表現と解釈する。

*2 倉田守の一連の成果がある。「文化・文政期における加賀藩の海防政策」（『北陸史学』五〇号、二〇〇一年）、「ペリー来航時における加賀藩の海防政策」（『富山史壇』一三四号、二〇〇一年）のように、時期を区切って特徴を整理している。

*3 倉田守「幕末・維新期、加賀藩における海防政策の一側面（上・中・下）―銃卒制度の成立から廃止へ―」（『富山史壇』一二七・一二八・一二九号、一九九八・一九九九年）、明神博幸「藩政末期の加賀藩による農兵徴募―越中領内での実態調査―」（『軍事史学』三九巻二号、二〇〇三年）。

*4 加賀藩の銃卒制度については、本書第七章で分析している。

*5 水島茂『加賀藩・富山藩の社会経済史研究』（文献出版、一九八二年）、若林喜三郎『加賀藩農政史の研究』下巻（吉川弘文館、一九七二年）など。『石川県史』第二編（一九三九年、一九七四年再販）では、この問題はほとんど触れられず、『金沢市史』通史編二（二〇〇五年）でも、概要を簡潔に述べるのみである。

*6 水島は、「日和見主義的態度から、新政府の嫌疑をぬぐい去ることが出来ず、（中略）多くの難題を負わされた。百万石の大藩加賀の、このような終結は、領内商品経済を掌握し、藩財力を蓄積し得なかった経済政策の失敗に求められよう。」と述べるが、まさしくこの理解による評価といえよう（水島前掲『加賀藩・富山藩の社会経済史研究』）。

＊7　倉田守「幕末期における加賀藩の海防政策の変遷（二）―越中泊在番の分析から―」（『富山史壇』一二〇号、一九九六年）。

＊8　藩士大橋作之進が自宅に西洋砲術を研究する場を設置したことを契機とする。嘉永六年（一八五三）には藩主前田斉泰の意向によって火術方役所となり、翌安政元年（一八五四）に壮猶館と改称した。この経緯から、壮猶館は西洋砲術を中心とした「西洋流」を学ぶ研究所としてまず評価でき、さらに学校としての側面も見出せる施設といえる。

＊9　倉田守「加賀藩の軍制改革と壮猶館」（『北陸史学』五二号、二〇〇三年）。

＊10　蔵原清人「金沢における西洋流砲術の導入と壮猶館―洋学の受容と伝統の対応の一事例―」（幕末維新期漢学塾研究会・生馬寛信編『幕末維新期漢学塾の研究』溪水社、二〇〇三年）。

＊11　「同右」。また、藩内対立を「守旧派」「進取派」といった二項対立の図式で描くこと自体の是非も問わねばならない。この「守旧派」「進取派」の語は、「守旧派」＝旧来の遅れた思考に固守する、「進取派」＝進んだ思考を取り入れる、との概念を読み手に対して事前に与えてしまいかねない。その場合、前提的に評価付けがなされてしまい、政治過程を実証分析する場合の障害ともなり得ると考える。

＊12　眞壁仁『徳川後期の学問と政治―昌平坂学問所儒者と幕末外交変容―』（名古屋大学出版会、二〇〇七年）、松田宏一郎『江戸の知識から明治の政治へ』（ぺりかん社、二〇〇八年）、池田勇太『維新変革と儒教的理想主義』（山川出版社、二〇一三年）のように、朱子学および儒教的理念が幕末維新期の外交や国家形成に影響を与えていたこと、日本における洋学の受容が困難で複雑な過程であったことを示す研究が近年みられる。

＊13　亀掛川博正「幕末維新軍事史研究の回顧と展望」（『軍事史学』三五巻一号、一九九九年）、岸本覚「安政・文久期の政治改革と諸藩」（明治維新史学会編『講座明治維新二　幕末政治と社会変動』有志舎、二〇一一年）、神谷大介『幕末期軍事技術の基盤形成―砲術・海軍・地域―』（岩田書院、二〇一三年）、保谷徹「開国と幕末の幕制改革」（『岩波講座日本歴史』近世五、岩波書店、二〇一五年）。

＊14　白石烈「幕末肥後藩の政治活動とその背景―蒸気船購入問題を中心に―」（稲葉継陽・今村直樹編『日本近世の領国地域社会―熊本藩政の成立・改革・展開―』吉川弘文館、二〇一五年）。

＊15　奈良勝司『明治維新と世界認識体系―幕末の徳川政権 信義と征夷のあいだ―』（有志舎、二〇一〇年）、上白石実『幕末期対外関係の研究』（吉川弘文館、二〇一一年）、麓慎一『開国と条約締結』（吉川弘文館、二〇一四年）、鵜飼政志『明治維新の国際舞台』（有志舎、二〇一四年）、後藤敦史『開国期徳川幕府の政治と外交』（有志舎、二〇一五年）など、多様な視点での研究成果がある。

＊16　前掲の水島は、当該期の改革を「支離滅裂の混乱を来した」と評価するが、その主たる要因を「（藩内で）嘉永、安政期以来の感

情的派閥的対立が複雑に入り乱れていた」ことに求める（水島前掲『加賀藩・富山藩の社会経済史研究』）。また、若林も当該期加賀藩の失政に触れ、「所詮は藩士全般の間にみなぎっていた無自覚と無気力のなせるところ」と述べる（若林前掲『加賀藩農政史の研究』下巻）。いずれも、当該期の加賀藩の諸状況について藩レベルの視点で解決し得るような評価がなされている。

＊17　若林前掲著書『加賀藩農政史の研究』下巻。

＊18　倉田前掲「加賀藩の軍制改革と壮猶館」において、慶応期の軍制改革を論じる際、「斉泰の呪縛から解き放たれたように慶寧は立て続けに改革を行っていった」とあり、倉田も意図的ではないにせよ、若林や蔵原と同様に斉泰を「守旧派」に位置付け、論じていることがわかる。

＊19　これまでは特定の史料から斉泰の発言が評価される傾向が強かったが、藩主である斉泰は多くの親翰を残している以上、それらを総体的に分析して斉泰の考えを明らかにする必要がある。

＊20　他藩と比較しての藩政改革や人材登用のイメージから、ほとんど分析されることなく斉泰は評価されて「守旧派」のイメージが付与された一方、嫡男の前田慶寧は「勤王」の藩主として顕彰され、斉泰とは対照的な評価がなされていった。しかし、国事周旋における藩の政治意思決定過程を分析すると、藩主斉泰が決裁権を有する存在として重要な役割を果たしていたことがわかる（本書第一章）。

＊21　明治維新史学会編『明治維新史論集一　幕末維新の政治と人物』（有志舎、二〇一六年）。

＊22　先行研究のほとんどが、元治元年（一八六四）三月の斉泰の隠居表明について、藩内不和に原因を求めている。その点については、一つの要因として否定しないが、その一ヶ月前、斉泰は嫡男の慶寧に影響がないように国事周旋の責任と隠居を絡めた発言をしている（本書第一章）。自身の意見に家臣が同調しないために隠居を表明するという頑強偏屈なイメージが斉泰に付けられている事例ともいえるが、改めて史料に基づいた慎重な評価が求められる。

＊23　これは、「西洋流」受容を自明のこととし、その遅速が評価の基準になっていた当該期の研究傾向に対する疑義でもあり、巨大組織である加賀藩を分析対象とする意図もここにある。

＊24　年寄は、藩主を補佐する最高位の執政役とされ、本多家（五万石）、前田土佐守家［直之系］（一万一〇〇〇石）、長家（三万三〇〇〇石）、横山家（三万石）、前田対馬守家［長種系］（一万八〇〇〇石）、奥村家［本家］（一万七〇〇〇石）、奥村家［支家］（一万二〇〇〇石）、村井家（一万六五六九石余）の八家が年寄衆を独占的に構成した。当該期の年寄衆については本書第五章を参照。

＊25　本章で引用している史料は、『加賀藩史料』藩末編上下巻（前田育徳会、一九五八年）に所収されている。改めて『加賀藩史料』

の史料的価値がうかがえるが、史料によっては引用箇所の改竄が確認できる。よって、その箇所についてはその都度言及したい。

＊26　前掲『金沢市史』通史編二、八六七頁。

＊27　上白石前掲『幕末期対外関係の研究』。

＊28　幕領の実態については、茂木陽一「幕末期幕領農兵組織の成立と展開―多摩郡蔵敷組合農兵を例として―」（『歴史学研究』四六四号、一九七九年）、久留島浩「近世の軍役と百姓」（山口啓二ほか編『日本の社会史四　負担と贈与』岩波書店、一九八六年）。

＊29　金沢市立玉川図書館近世史料館所蔵「異国船并海防等書類」巻三。以下、とくに断らない史料は同館所蔵史料とする。

＊30　久留島前掲「近世の軍役と百姓」、および本書第七章。郷土防衛以外の目的で彼らを動員する場合、身分変更の手続きを逐次必要としたことは、彼らが単純に動員できる軍事力ではなかったことを示している。よって、士身分で構成された藩直属の軍事力とは分けて考えなければならないだろう。

＊31　幕府は兵賦・農兵の両制度を同時期に実施しているが、農兵はあくまでも郷土を防衛する存在であり、兵賦は幕府の軍制改革を直接的に支える傭兵的存在であったといえる。幕府の兵賦徴発のように、期限付きで身分変更を行い、給銀を支払って雇い入れるような対応を文久期の加賀藩の銃卒制度ではしておらず、郷土防衛意識を喚起して動員していることからも、幕府の農兵制度と類似したものと評価できる。

＊32　当該期に藩主が藩領内を巡見する事例は他藩でもみられるが、藩主の威光を示す目的もあったとの指摘もある。「御威光」の問題については、渡辺浩『東アジアの王権と思想』（東京大学出版会、一九九七年）。

＊33　註の煩雑を避けるため、本章で特に断らない引用については「御親翰留」とする。

＊34　「御用方手留、同附録」巻七四（奥村文庫）。

＊35　保谷前掲「開国と幕末の幕制改革」。

＊36　『加賀藩史料』藩末編上巻では一つの史料として掲載されているが、「御親翰留」では別々の親翰として掲載されているため、ここでは［史料二］［史料三］と分割して掲載した。

＊37　岸本前掲「安政・文久期の政治改革と諸藩」、保谷前掲「開国と幕末の幕制改革」。

＊38　「御親翰留」。

＊39　「文慶雑録」巻五。加賀藩が国事を本格的に意識する契機であり、本書第一章でも指摘している。

＊40　『加賀藩史料』藩末編上巻では文久二年九月としているが、「御親翰留」では同年六月としており、内容からも六月が妥当だと判

断した。

＊41 ［史料四］［史料五］と［史料六］を比較し、この三ヶ月間で藩主斉泰の論調が変化したとする評価がある。しかし、「風俗（［史料四］）」および「旧習（［史料五］）」を「一洗」し、文武に励んで士気を奮起させるように求めることと（意識）、西洋軍制よりも「皇国之兵法」を優先することは（軍制）、必ずしも相反するものではない。これをもって斉泰の意見が変わったと論じるのは妥当ではないと考える。

＊42 拙稿「加賀藩の政治過程と前田慶寧」（前掲『明治維新史論集一 幕末維新の政治と人物』）。

＊43 奈良前掲『明治維新と世界認識体系—幕末の徳川政権 信義と征夷のあいだ—』。

＊44 原口清「近代天皇制成立の政治的背景—幕末中央政局の基本的動向に関する一考察—」（遠山茂樹編『近代天皇制の成立』岩波書店、一九八七年。のち『原口清著作集一 幕末中央政局の動向』岩田書院、二〇〇七年所収）。

＊45 拙稿前掲「加賀藩の政治過程と前田慶寧」。

＊46 倉田前掲「加賀藩の軍制改革と壮猶館」。

＊47 幕末期の夷狄観については、青山忠正『明治維新と国家形成』（吉川弘文館、二〇〇〇年）、同『明治維新の言語と史料』（清文堂出版、二〇〇六年）。

＊48 藩主斉泰期における政治意思の一致の問題については、本書第一章で検討している。

＊49 金沢市立玉川図書館近世史料館所蔵。記主である奥村栄通の主観も考慮しなければならないが、過程を窺い知る上で極めて有用な史料である。註の煩雑を避けるため、前節の「御親翰留」と同様、本節においても特に断りのない引用については「御用方手留附録」巻五とする。なお、原本は同館所蔵奥村文庫「御用方手留、同附録」であるが、史料名の混同等を避けるため、ここでは加越能文庫本を使用している。

＊50 「御親翰留」。

＊51 ただし、栄通の甥である奥村直温に対しては栄通がさらに説得し、後に撤回させている。

＊52 奥村栄通も二三日付の箇所で、「西洋流利器を御用ひ之儀ニハ候得共、右法則ニ拘リ候儀等御厭、先御取用無之程之御趣意」との表現を用いており、藩主斉泰が軍制絡みの発言をかなり嫌がっていたことがうかがえる。

＊53 「御親翰留」。

＊54 「同右」。

＊55　「同右」。なお、史料中の「彼之利器を取て助とするとの違ニ候」について、「御親翰留」では「助」とあるが、「御用方手留附録」巻五は「眼」と表記している。
＊56　当時、月番加判を免除されていた年寄は村井長在一人で、その理由は村井が「西洋流」に偏信していたためであった。ここでは直接名が挙がってはいないものの、村井を想定していた可能性があろう。
＊57　拙稿前掲「加賀藩の政治過程と前田慶寧」。今回の場合、「何卒先達而相願置候通、御両殿様ゟ被仰諭御座候様仕度、御保養中御六ヶ敷義ニ候ハヽ、御親翰ニ而成共、又ハ筑前守様迄被為召候而成共、早ク被仰出候様仕度」と、年寄奥村栄通が述べていたことから、長連恭に対する世嗣前田慶寧の説得は年寄側からの願い出であったことがわかる。
＊58　保谷前掲「開国と幕末の幕制改革」。
＊59　奈良前掲『明治維新と世界認識体系―幕末の徳川政権　信義と征夷のあいだ―』。
＊60　長山直治「加賀藩天保改革の再検討―奥村栄実言上書の分析―」（加賀藩研究ネットワーク編『加賀藩武家社会と学問・情報』岩田書院、二〇一五年）。
＊61　「西洋流」の受容を自明とすることで、慎重であったり批判的であった者が「守旧派」と括られ、抵抗勢力として分析の対象外に追いやられてきたのではないか。
＊62　保谷徹『戊辰戦争』（吉川弘文館、二〇〇七年）。

第七章　加賀藩銃卒制度の成立・展開と動員の論理

――農兵・兵賦・新足軽並――

はじめに

幕末期、幕府や藩で実施された農兵制度に関する研究は戦前からの蓄積がある。古くは領主権力による農兵取立を近代徴兵制と結びつける研究があり、[*1]特権意識の注入による農兵取立の実施と国民皆兵的な傾向から、徴兵制の素地とする見解がみられる。[*2]また、農兵について四つに大別し、民衆の革命的武装行動の評価如何で農兵についての見解が分かれると述べて、賛否あらゆる農兵論議の背後に革命的民兵の萌芽という事実があったとする視座がある。[*3]これについては「世直し」状況論を反映した分析がなされ、階級矛盾の激化と徹底的対立のなかで組織されたものが農兵であり、豪農層の武力装置として機能したとの指摘もある。[*4]そのほかにも、領主権力や豪農層への利益奉仕と位置付けられて下層農民が激しく抵抗する構図で論じられるなど、マルクス主義歴史学の進展と、それにともなう豪農半プロ論の成果が盛り込まれ、農兵制度は幕藩制崩壊過程のなかで分析されてきた。[*5]

これに対して、近代徴兵制とも武力装置とも異なる歴史的位置を探るとして、農兵の郷土防衛意識に着目した分析がなされ、郷土防衛に自己機能を限定しながら存続・活動した農兵の姿が明らかにされたが、これはそれまでの階級闘争的な理解を意識しつつも、地域の実態解明に重きを置いた研究として示唆に富む。[*6]さらに、幕藩制国家論の潮流にあって、編制原理としての「役」と身分との対応関係に着目した成果が出され、役負担の視点から地域における徴発システムと動員論理が論じられたことは、[*7]農兵研究が階級闘争の視点からあらたな段階に入ったともいえよう。

そして、これらの農兵研究に加え、幕領で実施された兵賦徴発について軍事史の視点を盛り込んだ精緻な分析も進展する。[*8]兵賦は幕府による軍制改革の一環で実施されており、徴発された者たちは幕府直属の部隊を構成する兵卒となるため、地域の防衛を担う農兵とは一線を画す存在であり、実際に農兵は許容できるが兵賦には抵抗を示した村もみられる。[*9]とはいえ、地域からの徴発という点では農兵と兵賦は同様であり、[*10]さらに一時的な身分変更や、人宿を請負人に指定して日用層を徴発する「日本型傭兵」の視点が提示されたことは、成果として重要である。[*11]以降、農兵および兵賦研究は基本的にはこの手法の延長線上にあるといえ、[*12]近年では戊辰戦争まで見据えた分析による成果が出されている。[*13]

以上からは、時代毎に特徴ある分析視角によって研究が進展したことがうかがえる。そして、現在の傾向としては、先行研究を意識しながら制度全般を評価したものや、[*14]主に藩領を対象とし、政治過程を踏まえた政策分析による農兵研究がすすめられている。[*15]本章で分析する加賀藩においては、農兵設置の建議が進展するなかで銃卒制度として具体化し、実施されることになる。この加賀藩銃卒制度については、海防と経済構造を重視した視座から研究がすすめられ、[*16]石川県内の自治体史編纂過程で整理された史料を用いた農政史の視点からの分析もなされたが、経費に比しての実行の乏しさと、農業生産の停滞を恐れた地域の消極性から、銃卒は「大した戦力になったとも思えない」と評されている。[*17]その後、海防体制に力点を置きながら、より実態の解明を目指した研究成果も出されている。[*18]多くの自治体史を活用し、銃卒制度の成立から廃止までを対象範囲としたことで、制度の実態についてはかなりの部分で整理され、銃卒研究は大きく進展したが、先にみた研究史との関連ではほとんど論じられておらず、朝幕間で揺れ動いた大藩の生かしきれない政策との評価がなされるなど、分析・評価の面では課題がある。そのほか『金沢市史』では、これまでの銃卒制度の研究を踏まえながら、海防から内乱へと対応すべき主題が変容したことに触れ、北越戦争との関連や稽古場請地の問題に言及しているが、自治体史の性格上、あらたな知見の提示にとどまらざるを得ず、分析は今後の課題となっている。[*19]

本章では、これらを踏まえながら以下の分析をおこなう。一つは、政治史の視点から政策としての銃卒制度を分析し、実施の背景や制度の特質について、全国的な研究蓄積に関連付けながら評価していく。その際、銃卒を構成する人員が身分的にどう捉えられていたのかについて、役負担の論理も念頭に置きながら検討したい。もう一つは、軍事史の視点を盛り込むことで、部隊としての銃卒の位置付けを明らかにする。従来は、加賀藩の軍事力の一端を担ったとする見解がみられる程度で、軍事力編制の問題として十分な分析がなされていない。[*20]幕領を対象とした研究では、郷土防衛意識を喚起して地域の治安維持に特化した農兵制度と、西洋軍制に基づき幕府直属の兵卒として徴発した兵賦制度については別個の制度として論じられているが、加賀藩の銃卒については、農兵と兵賦のいずれに類する政策かを論じる水準には至らず、極めて曖昧な評価にとどまっている。銃卒が藩直属の軍事力を構成する存在であったのか、もしくは郷土防衛に専念する存在であったのかを解明することは、藩軍事力の解明は勿論のこと、当該期の政治過程分析においても不可欠であり、さらには身分制の問題にも密接に絡むものと考える。

1　加賀藩銃卒制度前夜

外国船が頻繁に日本沿海を来航するようになると、外国船の取扱方法と海防体制強化が焦眉の課題となるが、領内に長大な海岸線を有する加賀藩でも文化期以降、海防が重要な政策課題となっていく。幕府は嘉永二年（一八四九）に海防強化令を発令したが、老中阿部正弘の口達之覚では、領内が疲弊しない範囲で実用的かつ永久的な海防策をとるよう諸大名に命じた上で、百姓・町人を含む「日本闔国之力」＝挙国一致の動員体制を構築すべき旨が述べられている。この強化令は、打払令復活の是非を議論しつつも実際は屯田や農兵の採用を議論しており、各藩に対して身分制を否定しない程度の農兵の採用を促した老中阿部の意思が強く反映されたものであるとの指摘がある。[*21]

加賀藩においては、嘉永二年に藩兵学者有沢才右衛門（南涯）が海防を論じ、「十村ニ一組百姓三百人計」を出させて「一組へ古鉄砲五〇挺」程度を持たせること、[*22]その他の百姓にも「鎗印ヲ大キニシテ付ケ」て動員することなどを述べている。[*23]また、藩校明倫堂の国学講釈御用であった石黒千尋は、国家レベルの視点から農兵にも言及しており、「一郡より強壮の百姓百六〇人宛」の採用、「西洋剣附砲乃調練」を実施すること、代作人の雇料、食料などの雑費金として一日二匁五分の費用を支給することを提言している。[*24]文久二年（一八六二）七月には、定番御歩で明倫堂に出仕していた豊島安三郎が家中の士風振起について述べるなかで、人持組などの在番に加えて遠方の能州沿海においては百姓を動員することを求め、「農隙ニは壮年の百姓農民ニ小銃を教へ、平生武事を励ませ、壱人扶持宛其術勝れ申者ニ賜り」[*25]と、優秀な者には褒賞を与えながら有事に備えた体制の構築を唱えている。そのほか、年寄前田土佐守家の家老南保大六は、本末の関係になぞらえながら、「事アル時ハ農ハ士ヲ助クル事本ニシテ、耕作ハ末也」と論じ、その延長で銃卒も「末用」として捉えている。さらに、藩領で何かが発生した折には農業もいつものように勤められないのだから、耕作人が不足しても有事への対処は苦しからずとしつつ、現在のような強兵を望む段階では、士分土着や農兵も利があると述べている。[*26]そして、当時越中新浜在番として海岸を巡見するなど海防に携わっていた人持組大野木克親も、新浜から泊への在番変更後に同僚の成瀬正居・横山従英と連名で海防方へ上申している。[*27]そこでは、既存の体制に加えて「百姓」より「壮健之者」を兵卒として動員することを主張しているが、動員は高持の者に限定し、過重な負担とならないよう課役の減免も検討すべきと述べている。この大野木らの意見も具体的であり、現場レベルの視点から相応の危機感をもって百姓の動員を求めていたといえる。

このような上申がみられるなか、藩主前田斉泰は海防に関する意見を藩内で募り、文久二年九月に提出された家老不破為儀の意見書では、城跡などに陣屋を建てて年寄または馬廻組などが交替で詰め、これを根元として他の要地一ヶ所毎に二、三〇〇人の農兵を配置する案を出している。この農兵については、「全ク田間ゟ夫役取立候義ニ而ハ無御座、百姓ゟ撰挙仕、小御扶持方ニ而も被下置、御家人同様之者ニ仕置」[*28]とあることから、百姓夫役としてではなく奉公人のように仕立てる案であったことがわかる。不破は翌一〇月に従来年寄が任じられていた海防方御用主附に任命されるが、同月斉泰はこの不破に加え、海防方御用主附の家老青山悳次、海防方御用主附であり越中手当を担当していた年寄前田直信の三名に対して、不破の意見書をもとに更に詮議するよう命じている。その後、前田直信ら三名が藩主斉泰に実施案を提出すると、同月二八日に斉泰は親翰を出して、提出された実施案の内容と斉泰の意見を附した上で、更なる議論を求めている。

［史料一］

a

一、馬廻等を以、半年代り在番之義被申聞候得共、猶相考候所、左之通可申付候、当時人持七十人之内、家老・若老其外役懸相省、其余を以只今迄之在番共々能越ニ五ヶ所在番所申付、大抵知行高五千石以上之人々、夫ゟ以下ニ候へハ両三人も組合、猶不足ハ前田主馬（直温）等並も指加、繰々年番ニいたし、大凡二月ゟ十月迄為相詰可申候

b

一、三州之内江馬廻一組宛、二ヶ所ニ在番申付、組外ハ一組ニ頭両人有之候へハ、一組を二ツニ分、二ヶ所ニ在番所申付、是等之ヶ所も別紙ニ相調候間、可被致僉義候、此四ヶ所江ハ足軽も相添可申候、且又繰々年番相詰候期月共、人持在番可為同様候

c

一、領国中一村ゟ弐人宛、夫役之様ニ指出候へハ、三州ニ而六千九百人斗有之、是を以炮術稽古いたさせ、常ハ所方へ相返シ置可申旨等委曲僉義之趣尤之義ニハ存候得共、右之通申付候時ハ全農兵を指解候と申ものニ候、先代被定置候深意を相改候義ニ候へハ如何可有之哉、且又炮術為打習候上所方へ相返し、元之百姓ニ而腰刀をも帯不申候者ニ而、心入も薄く、其上何レ海辺ニ常々相集置不申而者急変之手当ニも相成間敷候、依而相考、最前彦三（不破為儀）心付之趣ニ而其数も相減、三州ニ而先千人斗、少扶持を以強壮之者小者格ニ召抱、三州十ヶ所之屯所を取立、壱ヶ所ニ先百人宛与相定、五十人宛二代りニいたし、一ヶ月宛常々右屯所ニ相詰、炮術稽古いたさせ、大炮打人も此内ニ而稽古致させ可然、非番之者ハ家へ相返し、事ある時ハ非番之五十人も馳付可申候、尤追々人数相増可然候得共、只今之所先ツ右之通召抱可申候、如此申付候へハ先ツ此度農兵を指解候義ニハ相成不申候、其上強壮之者相撰召抱候義ニ候得ハ、実用之所も格別ニ可有之哉と存候、右十ヶ所江、平士之内ゟ奉行壱人充可申付、炮術指南方ハ申聞之通、西洋流十組之足軽之内可遣候、屯所取立方等之義、早々僉義可有之候、右小者格ニ召抱候宛行之義、先ツ一人半扶持充ニ相定候而可宜哉、何れ下々相進ミ望候様致度義ニ存候、先此度ハ右之通申付、猶都合ニより致方も可有之候、入用之義ハ、被申聞候農兵ニいたし候而も六千九百人之者共稽古中食料相渡候得ハ、扶持方宛行候も同様ニ而、右小者格之者召抱候も同事と存候

d

元来海岸ニ立て異船を相防キ、大砲を以打払候様之心得のミニてハ、若異船炮先を侵し上陸抔いたし候時ハ、味方気を落し防戦之術を失ひ可申、其上海岸に大砲を賦候事も、何程ニ而全備と申限も無之事ニ候へハ、所詮渠を陸地へ上立、手段を以討取候心得肝要と存候、併機会ニよりてハ不為致上陸、大炮を以打払候義も勿論可有之候、且又百姓共手前ニおいても、若異人不意ニ上陸乱妨いたし、家財を奪ハれ妻子を害られ候様之義有之候てハ無念

之義ニ候間、左様之節ハ不取敢鉈鎌等を持て也とも、少も無泥身命を限り相防可申、其働之首尾により褒美をも可遣、此旨能相心得罷在候様、予而郡方江能々申含置候様可被致候[*29]

長文の史料を抜粋したが、まず重臣層である人持組のうち家老をはじめとした役職に就いていない無役の者を、既存の在番と同じように交替で詰めさせること、人数が足りなければ前田直温ら寄合組からも任命することが述べられる（a）[*30]。また、平士層の馬廻や組外の両組も人持組と同様に交替で詰めることも述べられている（b）。そして、農兵の件に言及しているが、一村より二名ずつ夫役のように出させて六九〇〇人程度を確保する案については、農兵を解禁することになり先代の「深意」を改めてしまうとして斉泰は疑問を呈している。その上で、自身の考えとしては先の不破の案を採用し、加越能三州で一〇〇〇人程度の強壮の者に少扶持を与えて小者格に召し抱え、砲術稽古を実施しながら交替で詰める案を出し、これならば農兵の解禁とはならないと述べている。費用に関しても、農兵を六九〇〇人動員して稽古中食料を与えるのは扶持を支給するようなものであり、それは小者格に召し抱えるのと同様であるとしている（c）。そして末尾では、百姓らにも自身の生活を守るため、有事の際の自助を求めることも述べている（d）。

以上の内容から、藩主斉泰としては重臣層を含めた多くの藩士の動員を想定するとともに、百姓らの動員も視野に入れていたことは間違いない。そして、農兵については大きく二つの案が出されていたことがわかる。一つは、「夫役」とあるように、百姓の労役として彼らを百姓身分のままで動員し、その動員期間の生活補償として食料などを提供するというものであり、もう一つは小者格、すなわち扶持を与えて奉公人格として必要な人員を確保するもので、動員の間は百姓身分とはいえない存在となるが、斉泰はこちらを支持していたように読みとれる。斉泰が費用に関しては「同様」と述べ、違いがあると捉えていないことからも、この二つの案では百姓を現状のまま動員するか否かが大きな差異であったといえる。つまり、斉泰は百姓に武器を提供して藩軍事力の一端を担わせることには慎重であり、身分制の枠内で動員するために、彼らを奉公人のように召し抱えることが望ましいと判断したと考えられるが、この背景には老中阿部正弘の口達があったのではないか。この斉泰の考えは、阿部が求める身分制を否定しない程度の動員にまさしく位置付けられるようにおもわれる。また、「先代被定置候深意」といった表現もみられるが、これは「西洋流」導入の折にもみられる表現である。先例を蔑ろにしない斉泰のあり方が看て取れるが、農兵の問題が藩の軍制改革と密接に連動する政策であったことがうかがえる。

そして、同年一二月には、当時壮猶館御用であった人持組の横山従英をはじめ、水原清五郎・小幡和平・岡田与一の四名が銃卒仕立奉行に任命されている。[*31] なかでも岡田は、加越能三州同時に政策を実施すべきこと、三州郡奉行・遠所町奉行も銃卒に関する詮議を行った上で銃卒方へ意見を上げれば、内容によって算用場奉行も詮議に加わることになろうと進言している。[*32] これにより、藩主斉泰を頂点に重臣層らで構成される海防方、銃卒仕立奉行を配置して具体案を練る壮猶館、実際に現地で実施・監督を担う三州郡奉行・遠所町奉行、そして財政面を担当する算用場奉行といった体制がみえてくる。

翌文久三年二月には、銃卒方主附（銃卒仕立奉行）から藩の算用場に対して「海防方御主付被仰渡候条、遠所町奉行并御郡奉行御申談可被成候事」と、銃卒制度の大綱が告げられている。[*33] ひとまずの設置箇所として三州で二二箇所が設定されているが、これは先の海防方の案よりも多く、先行する海防体制である在住や在番が置かれた地域でも銃卒取立が設定されている。徴発方法については、「年齢見斗強壮之者人撰、新流砲術稽古可被仰付筈に候」とあるのみで、「追々修行によって御賞美をも被下、小前之者江者御手当も可被下候」とあることから、優秀者への褒美や難渋の小前層に対する手当は考慮しているものの、扶持を支給して小者格として採用する案はみられない。

その後、算用場から三州郡奉行・遠所町奉行へ大綱が示され、さらに二月二四日には郡奉行から地域側の三州扶持人十村に対して、先の大綱に基づく銃卒取立が通達されている。

［史料二］

当時異国之模様等も不容易御時勢ニ付、於公義茂海岸御防禦等追々厳重可被仰付との御沙汰在之、御国ニおいても海岸向等御実備被遊度所ニ、人持等在番被仰付候得共、御領国広キ海岸之事故、全御警衛不被為行届、下々安堵之義深被為思召、先頃御親翰を以被仰出之趣茂在之候得共、鉈・鎌等を以相働候義者危事故、其身之護与して鉄砲稽古被仰付、銃卒御取立之義海防御主附被仰渡候段、御算用場ゟ別紙之通申来、因茲御郡方等年齢相応丈夫之者人撰之上、銃卒ニ申付候、銃卒与者、鉄炮を打致足並候事ニ而、尤稽古中小前之者江者仕法書之通御手当被下、上達之者ニ者訳而御褒美可被下、且成熟いたし候上者、日々不及稽古事ニ候間、銘々家業専出精いたし、臨時何れも海岸等江罷出相働候節者、妻子等迄も養育方可被仰付筈ニ候条、得与申諭、年来御恩沢為存付、御国恵之程奉恐察、少しも逡巡恐怖を抱き不申様、其元中ニおいて念頃ニ教解いたし、往々数万之銃卒ニ成立候様厚可致世話候、是全御国民安堵之御世話被仰付候義ニ而、御国力強大ニ相成候上者、自然有事時ニ而も農業稼方をも案事なく事ニ候、其上ヶ様之時節与相成候而者、町人百姓迄も鉄炮打試置候得者心丈夫ニ相成、事ニ臨ミ人気聊動揺無之様可相成候間、右様稽古被仰付候義者、如何ニも難在次第ニ候条、是等之趣得与為致会得、無失念稽古為相始可申、就而者莫太之御入費御警衛向も御広多ニ付、雑用可成丈ヶ其ヶ所々ニおいて可相弁手段も無之哉、飽迄精力を尽し、心付之趣在之候ハヽ、可申聞候、已上

亥二月廿四日

御郡奉行

三州御扶持人中[*34]

海防強化の命令が出るなか、領内の海岸を守るには既存の在番体制では不十分であることを藩が認め、銃卒取立を実施する旨を告げている。そして、銃卒とは鉄砲を打ち足並みを揃える者であり、年来の恩沢を感じ、十分に理解し

て銃卒を成り立たせ、国力が強大になれば農業稼方も案じることはないと説き、町人・百姓が鉄砲の扱いに慣れておけば事に及んでも動揺しないのだから稽古は有り難いとの論理からは、先にみた百姓夫役のように農兵を解禁することに慎重であった藩上層部が、結果的には身分変更をせずに実施に踏み切ったことがわかる。また、経費が莫大であり、雑用などはなるだけ稽古所毎に弁ずるように打診している点を鑑みれば、費用の問題が小者格としての取立を断念させた一因になったと考えられるが、ともかくもこの通達によって銃卒取立が三州で実施されていく。

以上、加賀藩では文久二年に入り銃卒取立についての本格的な議論がすすめられるが、前述した家老不破為儀の意見書において「弥攘夷之御沙汰ニ相成候へハ、外夷何時巨艦ニ乗、御領国海岸江襲来可仕茂難計」[*35]とあるように、攘夷の沙汰により懸念される外国船襲来に備えるための取立であることがわかる。当時、約二三〇年ぶりに将軍が上洛し参内することが決定しており、加賀藩にもその旨が伝えられていたが、この上洛は攘夷の勅旨に基づき攘夷体制の構築を確約することで大政委任を獲得し、政令二途の克服を目指すという幕府の政治的意図があったとされる。[*36]この影響は加賀藩にもおよび、藩主斉泰は将軍徳川家茂の上洛に供奉することを願い出て、文久三年二月に家茂に先がけて上洛している。しかし、英国が生麦事件の賠償を要求し、非常に不穏な状況となったことから、朝廷から「依之争端も相開キ候、夫ニ付御暇被下之間、藩屏不失様被尽粉骨候事」[*37]と、帰国して藩屏の任を尽くすよう命じられたため、将軍家茂の入京を待たず、わずか一〇日程の滞在で金沢に戻っている。このような時期に銃卒取立が本格化したことを鑑みれば、中央政局の対外方針の影響と、それに伴う海防の観点にかかる郷土防衛意識を主たる理由として銃卒取立が実現したと考えるべきであろう。また、当初は藩の人持組が任じられる在住・在番が置かれていない地域に銃卒を配置する案もみられたが、実際は在住・在番が置かれた地域にも取立が実施されている。そして、有事の際には彼らの下に組み込まれることを想定していることからも、[*38]銃卒制度は決して単体ではなく、既存の海防体制である在住・在番制度と連動する形で企図されていたことがわかる。

2　銃卒制度の実施

(1)　制度の概要

文久三年（一八六三）二月の大綱以降、地域の実施主体となった御扶持人十村らによる実施に向けた書状のやりとりがみられ、情報の収集・共有をおこなっていたことがわかる。口郡において「末々足軽ニ而も御取立無之而ハ稽古も余り不望様ニ申来候様子」であったために、能州郡奉行が「御時節柄右様なる手ぬるき詮議方ニ而者相成不申」と叱責した話を取り上げながら、奥郡では「ケ様之御時節柄、御手当方第一之義ニ而、手ぬるき事ニ被思召候而ハ恐入申事ニ候」と、御扶持人十村並であった下町野組裁許の島助九郎が、御扶持人十村で大屋組裁許の筒井源之丞に伝えている。[*39]また、藩としても「手ぬるき詮議方」と咎める一方、長期間続けて稽古に出て家業に支障が出る場合は稽古日数を考慮する姿勢を示すなど、地域への配慮もみられる。[*40]

そして同五月には、銃卒方御用主附から三州郡奉行・遠所町奉行に対して、「先規則相立置不申而者御用立兼候者も可有之候」と、銃卒撰方規則が出されている。[*41]「町在惣人数高を以、乃至五拾人より両三人宛与歟、其所柄に応じ取極、繰々稽古可為致事」とし、藩が彼らを雇用していないことから、先に指摘した通り、夫役のように取立を実施したといえる。また、奥郡では能州郡奉行から銃卒稽古の細則が出されている。稽古場の選定、稽古時間、稽古態度などの取り決めのほか、難渋の小前層には稽古賃として一日二匁を盆暮二度に分けて支給する図りであると述べている。ただし、そのような臨時手当である余荷銀目当ての稽古参加は趣意に障るとして、「身元可也之者」など、できる限り必要としない者を選抜するようにとも述べていることから、藩としては難渋の小前層の参加を想定しつつも、比較的安定した層から銃卒を構成しようとしたことがわかる。[*42]

また、この五月には高岡町奉行の杉江杢左衛門と不破判六が銃卒奉行兼帯となり、六月には銃卒奉行として新たに七名が追加任命されて担当地域の三州郡奉行・遠所町奉行加人、および在住・在番へ附属の旨が出されている。また、既に銃卒奉行であった六名も、このときに郡奉行・遠所町奉行加人、在住・在番附属となっており、地域支配・軍事指揮・稽古管理のそれぞれが弾力的に連携するための対応がなされている。[*43]

このように、文久三年六月頃には藩の体制はおおよそ整っていったとおもわれるが、地域の方でも具体的な稽古に関する取り決めが進んでいく。前述した奥郡のほか、能登の要所である所口では「先当分之定」として三月の段階で、所口町奉行の横山義門から町年寄に対して稽古規則が提示されている。稽古場や稽古時間のほか、町肝煎が稽古の出座帳や稽古銃の管理を行うこと、町年寄や横目肝煎が見廻ることが定められており、所口町奉行も時々見廻る体制であった。五月になると、稽古方主附棟取や勢子方が町人から任じられており、所口ではこの時期に稽古が進められたとおもわれる。[*44]そのほか、加賀では三月に宮腰で、[*45]越中でも杉木や放生津で稽古が実施されており、[*46]文久三年の半ばには各地で銃卒稽古が開始されていったと考えられる。

以上のような規則が定められるなかで、実際はどのような状況であったのか。まず、稽古の日数や時間については、前述した文久三年二月の大綱では、毎朝半日稽古で習熟すれば日々の稽古は必要ないとしている。しかし、口郡ではたとえ半日の稽古であっても五〇日も続けて出席することは、人々の家業に差し支えると訴えており、[*47]新川郡では実際に稽古希望者が集まらなかったことから、長期間の稽古が自身の仕事に差し支えるならば五日でも一〇日でもよいとの触が藩から出されている。[*48]また、奥郡では「数日稽古所江致出府、朝五つ時不遅稽古相初、夕七つ時相仕舞可申事」としており、[*49]所口でも「朝五ツ時ゟ九ツ時迄」と「昼九ツ時ゟ七ツ時」に銃卒を分けて稽古を実施していたようであることから、[*50]稽古時間や日数については藩の規定はあるものの、ある程度各稽古所に任されていたとおもわれる。

次に、稽古場については二月の大綱において「当分其所寺庵・宮地等広平之地相撰、藁葺抔之小屋懸に而可被相弁候事」[*51]とあり、所口では竹町浜を稽古場として「明小屋」を利用することとし、[*52]奥郡の輪島・宇出津・門前では木柱等を地域で調達して仮小屋を建てさせ、正院では同村の八幡宮を選定し、[*53]越中の高岡では旧御旅屋の林地内に稽古場を設置している。[*54]また、河北郡の津幡では加賀爪に稽古場を置くこととし、その土地が食用の作物を作る畑であったため、村肝煎が通常以上の補償を求め、さらに稽古場に至る道路の修繕費や稽古場を囲む植木に反対するなど、設置に関する村の主張もみられる。[*55]以上、地域によって多少の差異はあるものの、基本的には二月の大綱に沿った形で稽古場が選定されたといえる。

そして、難渋する小前層への手当銀も含めた稽古にかかる費用の捻出については、二月の大綱では具体案が出ておらず、その直後に御扶持人十村が連名で郡奉行に宛てた内容では、「身元軽者」への食料（賄料）の支給が必要であるとして「当年之処、一作御郡万雑ゟ相弁申度」と述べており、まずは地域で負担するつもりであったことがわかるが、[*56]その後三州郡奉行・遠所町奉行が連名で、「御郡方ゟ上ヶ金十分一御渡方ニ而取揃可申候」と述べていることから、[*57]藩としても地域からの調達銀によって費用を捻出しようとしている。

また、稽古課程については次のような教示が出されている。

［史料三］

銃卒教示之次第

壱部　壱教ゟ四教迄

弐部　壱教ゟ四教迄

三部　右同断

但三部ゟ調練ニ出候事

小隊壱教ゟ玉放出来之事（後略）[*58]

まず、稽古を実施する単位として「部」が設定されるが、「部」は一部から三部まであり、三部からは調練が実施されている。そして、小隊一教から実践的な射撃訓練を開始していることから、三部を修了した者が小隊入りすると考えられる。[*59]また、各部が一教から四教まで分けられているが、四教まで学んだ後に部撰を実施して次の部へ昇格すると考えられる。[*60]

そして、稽古に出席した者がどのような階層であったのかについては、御扶持人十村である井上組裁許の喜多市十郎、同じく御扶持人十村で小坂組裁許の木沢源五郎、そして御扶持人十村並で五ヶ庄組裁許の亀田余右衛門の連名で、五月に郡所に提出した河北郡の銃卒取立名簿によれば、[*61]「難渋ニ而御宛行相願候者」として一一六名、「御宛行相願不申者」として六四名の名が記されている。約六割の稽古人が手当銀を望むような状況であり、藩が「身元可也者」の動員を求めたにもかかわらず困難であったことがうかがえる。なかでも、「難渋ニ而御宛行相願候者」一一六名のうち五五名、「御宛行相願不申者」のうち六名が無高の頭振であることから、河北郡では稽古人の約四割が頭振で構成されていたことがわかる。これは河北郡の事例ではあるが、奥郡においても、稽古人である弟が脚気を患ったために兄が差し替えを願い出た際、我々は「小高難渋」であり柄になく、「何卒於村方高持子弟之内御指替被成下候」[*62]と述べていることからも、やはり他の領内においても難渋の小前層から動員されていたと考えてよいだろう。そして彼らは名簿によって管理されており、役人層が指導に来るときには、必ず稽古に出席するよう通達が回り、病気で欠席する場合は急ぎ届け出るよう申し伝えられている。[*63]

このように、加賀藩では難渋の者たちを銃卒に組み込んだことがわかるが、他地域の事例としては幕領の出羽村山地方で文久三年に三〇〇〇人におよぶ農兵取立を実施しており、その内容も下層農民を含む全農民的組織を意図したものであったが、豪農層を中心とする激しい反発を招き、結果として失敗に終わっている。[*64]また、川越藩でも文久二年七月に各村高一〇〇石につき一人の割合で農兵を選抜する旨を出しているが、取立が高率である故に難渋の者も対象となり、村入用増大による生活の圧迫を恐れたことが激しく抵抗する要因の一つとなって取立は失敗している。[*65]

一方、幕領江川代官所の管内では、そのほかの幕領に先駆けて取立が実施されているが、田無村組合の提出名簿の分析から「農兵のほとんどが村役人の子弟であり、石高も一定以上所持している」者が多いとされる。[*66] また蔵敷組合農兵では、五石以下の貧農層は除外されており、五石以上二〇石以下の自作の階層が圧倒的部分を占めていたことからも、[*67] 江川代官所管内における農兵取立では、難渋の者を対象としていなかったことがわかる。また、岡山藩でも慶応二年（一八六六）に農兵取立が実施されているが、「主に村役人層の子弟および上、中農層の子弟の中から農兵が出たものであろうことは容易に推測される」との指摘や、[*68] 「農兵が当初無給であったこと、定期の調練には手弁当で行っていた事を考えると初期には比較的上層の農民が多いと考えねばならない」との指摘があるように、[*69] 江川代官所管内と同様、岡山藩でも難渋の者は取立の対象にならなかったと考えられる。このように、比較的安定した階層から農兵を編制した地域では激しい抵抗がみられなかったことがわかる。

(2) 稽古の実態

他地域では激しい抵抗がみられた難渋の小前層からの動員を実施した加賀藩においては、どのような稽古の実態であったのか。まず、越中杉木では、文久三年五月より稽古が開始され、一一月には小隊入りした者が八十余名にのぼったといわれる。[*70] また、加賀の河北郡高松では稽古人・太鼓稽古人合わせて四十余名が名簿に記載されており、津幡においても稽古人・太鼓稽古人合わせて九十余名が記された名簿が加州郡所に提出されている。[*71] そして、越中では放生津での中隊調練、[*72] 東岩瀬での大隊調練の命令が出ていることからも、[*73] 調練が本格的に実施されていったことがわかる。

しかしながら、当初から必ずしも稽古が円滑に実施できていなかった地域もある。河北郡では先のように同年五月に銃卒名簿が作成されているものの、実際に調練規則が取り決められたのは一〇月に入ってからであり、調練に使用する銃や装束の管理、遠方からの稽古人の宿泊箇所、稽古日の見物人への対応など、稽古に関することが決められているが、「明後日調練ニ付、規則別紙之通漸今日治定仕候」というような急遽作成された状態であり、それまでに稽古が円滑に行われていたとは考え難い。[*74] また、正院では「銃卒稽古いたし候人々人別名前書出可申旨、去暮委細申渡置候処、今以何等書出不申、此節銃卒教師御役人中正院江出役有之候間、稽古人名前此書状届次第ニ急速書出可被申候、此廻状先々急々相廻シ、留ゟ相返申候」といった廻状が出るなど、元治元年に入っても名簿の作成がままならない状況であった。[*75] これらから、具体的な内容を決定して稽古を実施する過程においては、加越能三州内で地域差が生じていたことがわかる。

また、既に稽古を実施していた地域においても問題が生じている。越中東岩瀬において大隊調練を実施する際、長く稽古に出席しない者を出席させるようにと、八二名もの名前を挙げて郡奉行が出席を促している。[*76] また、砺波郡神嶋村領で大隊調練が実施される際、平十村で山見村組裁許の三清村与三之助に調練の請書が出されているが、「当時蚕種方並外用向等も有之、色々指支之義等も御座候共、厳重被仰渡之趣も御座候ニ付、如何共振替仕、右調練之御手当ニ相成候様可仕義ニ御座候」と、調練に参加する意思を示す一方、井波町与合頭五人連名で欠席者名簿も与三之助に提出されている。欠席理由は病気が最も多いが（二五名）、商用や奉公を理由に欠席する者もおり（一〇名）、合計四四名もの稽古人が欠席を申し出ていることから、稽古熱の低下が看て取れよう。[*77] ただし、稽古の欠席だけが問題ではなく、一一月に郡奉行所に対して提出した願書では、「銃卒之内難渋者江被下方、および稽古場ニ付候品々并利足銀共御渡方御願申上置候通ニ御座候間、早速御渡被下候様奉願上候」と、支給銀を早くもらえるように願い出ており、[*78] 藩による資金の融通にも問題があったことがわかる。

このような状況において、文久四年正月、無組御扶持人十村の得能覚兵衛など一三名が、郡奉行所に対して銃卒稽古停滞の報告、およびその改善を求めている。

［史料四］

去年来銃卒御取立之義被仰渡、猶又去暮内記（筒井）迄訳而被仰渡之趣有之、奉得其意申候、去年銃卒御取立方進出候者茂有之候得共、多分是迄見習不申事故相進不申、乍併被仰渡候義ニ付申諭稽古為仕罷在申候処、[a]才許々申渡ニ随ヒ無拠出候者与、[b]又ハ其者名前を以雇人致シ指出候者与迚も出方進不申、右様無拠出候者ハ稽古向出情不仕、被雇出候者ハ其日雇料ニ心懸日数勤候義専ニ心得、急ニ稽古向相進不申、[c]又ハ部教三部以上ニ相進一先つ調練ニ而も致候得者宜敷様ニ心得、其後曾而出席不仕、最早今少シ之稽古ニ而小隊入ニ茂可相成者ニ而も出席不仕而者跡戻リ致シ候義必定ニ而、其後之手続ニ而ハ最前為進候部教ハ不応様相見、[d]其上村々ニ寄先三十日も出調練ニ而も致候得者宜敷与存候者者、部教ニ不拘其日数相満候義相待、御用立之処江至リ不申義ニ而、[e]最初不進とも稽古ニ随ヒ次第出情仕候様之者も有之候得共、左様之向ハ其村方ニおゐて特数奇者抔与申触れ候ニ泥ミ、小隊入際ニ而も出座不仕様之向も有之、（中略）夫等歎聞ニ付、先つ[f]身元之者ゟ出方申渡候得共、子弟持不申者ハ所詮作方等ニ付出得不申、[g]先強壮之者繰々指出候様之仕向ニ御座候処、兎角通リ一扁之様ニ心得、いつ迄も熟練不仕、仮令小隊入仕候共、稽古所切リ之用ヒニ而家内養育方、且ハ[h]外見ニ相成申義も無御座、却而日ヲ潰し雑貨入増、何角見競候而一統進方ニ相成候様之義無御座ニ付、跡江下リ勝之為躰ニ而、別而去年ハ船稼等品々稼方宜敷年柄之事故、当春以来去年稽古仕居候者之内、船稼等品々他所稼願出、無余義詮義之上御願申上指遣候向々御座候、是等ハ十二月頃ニも至リ不申而者帰村不仕、右様稽（古脱カ）向中絶仕候而者跡戻リ仕際限無御座、右様之訳ニ而御入用御損費之義顕然ニ付、[i]何れ壱ヶ所銃卒何程与歟御取極被仰渡、[j]小隊入之上ハ御取扱も被仰付候事ニ被成下候ハヽ、強壮之内相撰、性質熟練仕得不申者ハ指除、稽古為仕申度奉存候

（後略）[*79]

（傍線部筆者）

まず、現状の稽古に出席している者たちについて、組裁許十村の命令に仕方なく参加する者（a）、自分の名で代人を雇い、稽古に向かわせる者（b）、三部以上になり調練でも参加すればよいと考え、その後稽古に出ない者（c）、三〇日でも出席すればよいと考える者（d）を挙げている。そして、その問題点として、aは仕方なく参加しているために稽古に精を出さない、bは雇われた者は日雇料目的で日数を勤めるために稽古も進まない、cではもう少しで小隊入りを果たすにも関わらず、稽古を欠席してしまうために技術が後退してしまう、dではただ日数が過ぎるのを待つことから用立可能な状態にならない、と述べている。また、eのように当初乗り気でなくとも後に熱心に励む者もいるが、そのような者は村において数奇者などと呼ばれるが故に稽古を欠席してしまうと嘆息している。さらに、難渋していない身元がよい者を選んでも、子弟がいない者は農作業を優先して出席しないとも述べる（f）。

以上の内容は、稽古が円滑に実施できていないことをはっきりと示しているが、この現状を打開するには、強壮の者を交替させながら稽古させている点を挙げ（g）、一ヶ所何人と人員を固定して銃卒を構成することを望んでおり（i）、何とかして稽古の円滑化を図ろうとする十村の考えがうかがえる。加えて、現状が稽古所単位での取扱に留まっており、外に披露する機会もないために、稽古人同士が見競って稽古に打込むような状況にならないとも述べ（h）、小隊入りを果たした後の取扱についても願い出ている（j）。これは、小隊入り後の処遇を明確にすることで、小隊入りが名誉であること、他とは扱いが異なることを意識させることで、稽古の動機付けを図ったものといえよう。後に改作所に宛てた詮議書において、「銃卒之者人夫ニ御召仕有之候而者、気請方不宜奉存候」として、人夫は日用格の者を召し抱えて欲しいと藩へ願い出ていることからも、銃卒稽古人が一般とは異なるという特権意識が確認できる。[*80]

このような稽古の改善が求められる状況のなかで、文久三年一一月に三州郡奉行と遠所町奉行が、入費に関して藩に意見書を提出している。[*81]「何分御手初之義ニ御座候故、右ニ付稽古所并着束曁調練用等、都而御入用高、年中如何程とも難斗御座候間、いまた御賞美方等之取極も不仕」と述べており、初年度ということで総入用高がわからないために一一月の段階でも稽古人への褒賞などがはっきりと決まっていなかったことがわかる。そして、小隊入りした者への褒賞や難渋の小前層への手当銀については、「大勢之儀ニ付、年中余程之御入用嵩」である上に、「却而不足ケ間敷稼心ニ相成」ことから、褒賞については小隊入り以上の者でも「格別出情上達之者」に限ること、手当銀についても「壱日壱匁・弐匁与定り候義茂不可然、半年出座度数七月・十二月取しらへ、度数ニ寄相応見斗両度ニ遣候ハヽ、可然哉ニ被存候」と、出席回数を踏まえた上で稽古実績を勘案し、支給すべきだと述べている。そして、「冥加銀拾分一を以、年中之御入用与相心得、私共手前江請取置、来春ニ至り決算仕御達、不足銀ニ相成候ハ、御償被下候様仕度」と、冥加銀から年中の入用分を確保し、それを三州郡奉行や遠所町奉行に先に渡しておき、不足分を追加支給する案を出している。[*82] これらの内容から、稽古に関してはとりわけ資金面の調達・運用について、議論が十分でないままに実行されていたことがわかる。

以上、加賀藩では文久三年二月に銃卒方主附から出された大綱をもとに、三州郡奉行と遠所町奉行が各地域の実情を踏まえながら稽古細則を策定し、御扶持人十村以下、中間層がそれを元に名簿を作成して実施に向けて動き出している。そして文久三年の半ばには、おおよその体制が整えられていったが、稽古の参加状況や開始時期などで藩内に地域差が生じており、加越能三州において稽古が十分に実施できていなかったことがわかる。その理由の一つとしては、地域差を考慮したためか、具体的な細則を三州郡奉行と遠所町奉行に任せる形で銃卒取立を見切り発車したことが挙げられる。それにより、迅速に対応できた地域は、同五月の銃卒選方規則を待たずに三月頃から稽古を実施したが、一方で奥郡のように設置箇所が多い上に他国稼ぎが盛んな地域では、名簿の作成に遅れが生じてしまったといえる。とりわけ稽古入費の見積や費用の捻出について具体性を欠いたことは、同一一月に三州郡奉行と遠所町奉行が連名で意見を上げたように、現場の混乱を招くことに繋がったとおもわれる。

また、稽古実施の過程で御扶持人十村らが藩にさまざまな意見を述べ、稽古人も家業や病気を理由に平然と欠席するなど、地域側の主張が目立つが、これは夫役のように取り立てたことに起因すると考える。異国船から海岸を守るという郷土防衛意識を喚起させ、小者格つまり奉公人格への身分変更をせずに百姓や町人身分のまま、彼らが本来的に負担すべき夫役のように銃卒を編制している以上は、この制度のために彼らが生活し得なくなることはあってはならず、存続することを保障する責務を藩が負っていることになる。[*83] そのため、それが十全でないときには、彼らは正当な行為として制度の改善を主張し、場合によっては稽古欠席という拒否の姿勢を明確にしたのである。

そして、この銃卒取立において十村ら指導者層は反対騒動を主導するようなことはなく、藩と連携して制度を実施しようとし続けており、藩組織における末端官僚としての面が看取し得るが、[*84] それはあくまでもこの制度が適切に実施されていることが前提であり、その限りにおいて十村らは協力していたと考えられる。[*85]

3　銃卒の動員と人員の供給

(1)　銃卒の動員事例

嘉永二年（一八四九）に出された幕府の海防強化令が一つの契機となり、その後政局が推移するなかで郷土防衛意識に基づいて実施された銃卒制度であったが、元治期には政局に対処すべく各地の銃卒が動員されている。

・京都警衛

元治元年（一八六四）七月一九日に禁門の変が発生すると、加賀藩は三州町方の銃卒から四七名を選抜して藩の割場に一時的に配属させた上で上京させ、御所の清和院御門や摂家の二条家の警備などに当たらせている。越中高岡では町人の鳥山敬二郎ら数名が選抜されて上京しているが、彼らは「銃卒高部之者」[*86]からの選抜として割場御雇御守衛御用に任じられていることから、彼らは銃卒として動員されたのではなく、動員中は銃卒稽古経験を有した割場御雇として藩領外に動員されたといえる。これは、「農兵を幕府・藩の基礎的な軍事力とする場合、あるいは領主間戦争に動員する場合には、百姓を「士」もしくは「士」に準ずる武家奉公人という身分にしてからでないと動員できなかった」[*87]との指摘に合致する事例といえよう。

・長州征討

禁門の変後、加賀藩は長州征討に年寄長連恭を派遣するが、それに従う藩士岡田助右衛門に奥郡門前から選抜された銃卒が附属している（実際は上京途上で水戸天狗党の西上に遭遇し、その対応に従事して帰藩）。

［史料五］

能州御郡奉行江

能州門前銃卒六七拾人斗

右岡田助右衛門等今般長州討手惣人数為鑑軍長大隅守《（連恭）》江被指添候ニ付、右銃卒勝而入情御用立候旨相聞候条、格別之趣ヲ以助右衛門等手合江附属被仰付、銃卒為縮方裁許権兵衛指添、迅速発足京都迄可相越候、然上者銃卒一刀御免被成候条可被申渡候、依而御筒等之義者於此表相渡筈ニ候条、壮猶館等示合請取可被相渡候事

右子十一月晦日　清水村権兵衛江御渡

（後略）[*88]

元治元年一一月に能州郡奉行に対して出された通達であるが、これにより藩内の他地域よりも優れているとの評価で門前の銃卒が選ばれたことがわかる。そして、選抜された者たちが帯刀を免除されていることから、彼らも百姓身

分の銃卒として動員されたというよりは、特権を付与された存在として藩直属の軍事力に組み込まれたといえる。

そして、翌一二月には長州征討に参加する馬廻頭岡田助右衛門らの隊に奥郡門前の銃卒九四名が正式に附属されるが、その際に心得方が申し渡されている。

[史料六]

其方共今般格別之趣を以、長州討手監軍岡田助右衛門等手合江附属被仰付、先以当様御時節御用ニ相立候義冥加至極難在奉存、御用向一際大切相心得可申事

一、当形勢ニ付、京着迄途中崎田小左衛門（兵士御使役）江引率被仰渡候ニ付、別而作法能相心得、万端為縮方指添候役人共江及示談可請指図事

一、酒を慎、猥ニ徘徊を禁シ、惣而高声我雑之振廻堅在之間敷事

一、御国事者不及申、他国之批判曽而致間敷事

一、戦争之節者取訳鎮リ居而、其方之頭奉行之指揮ニ順ひ潔ク遂戦死、聊御国□（恩）を可奉報□（悟）覚語尤ニ候、然上者夫々勤ニよって御賞美可被下事

右之条々急度相心得、若粗略聞え於在之者可為曲事候之条、権兵衛初念頃ニ可申諭置事

子十二月

別段申渡

今般長州為討手監軍助右衛門等手合江附属被仰付候義ニ付、一統心得方等之義別紙ヶ条書を以申渡候通ニ候、就而者出立後家内向之義、身元ニより不指支様手当方も可申付候条、聊心ニ懸申間敷候、万一戦死等致ニおいては、父母妻子等之者共江厚御賞美方も可有之候条、何れも難在奉存全可励忠勤者也

子十二月

酒や徘徊を慎むこと、他国批判をしないこと、潔く戦死を遂げて国恩に報いる覚悟が必要であることなどの内容は、正規の兵に対する申渡と同様であろうが、出立後の家業に対する補償や、万一戦死した場合の父母妻子への褒賞について述べている点を考慮すれば、この門前銃卒は士身分とはいえないことがわかる。

（後略[*89]）

それでは、何故このように門前銃卒が評価され、動員されることになったのか。この二ヶ月前の九月、平十村で稽古勢子方の清水村権兵衛が能州郡奉行に呼び出され、「強壮之内農民銃卒御取立被仰出、於三州数十ケ所稽古被仰付候処、門前銃卒三州随一御用立与及御聞」のため、褒美として白銀二枚を拝領している。さらに翌一〇月、能州郡奉行の見届けのもとで銃卒玉放訓練が実施された際、「銃卒業前勝レ迚御用立不申而者詮無キ次第、京・江戸何方江出張被仰渡共、速ニ御請申上ル之一致連判書」を郡奉行に示しており、それから程なくして長州征討に向かう岡田助右衛門への附属が命じられている。つまり、稽古のみでなく実際に動員されることを望む現場の声が、稽古実績の評価と相俟って藩に認められた事例といえるだろう。そして帰国後、功績があった者には扶持米、その他の者にも米俵を毎年支給する旨が藩から伝えられており、士身分に準じた扱いを受けている。[*90]

・水戸天狗党西上の警備

元治元年一二月、藤田小四郎や武田耕雲斎ら水戸天狗党の一行が西上してきた際に、河北郡銃卒が加州郡奉行金谷与十郎のもとで石川郡鶴来村へ、石川郡銃卒が同じく加州郡奉行丹羽織人のもとで能美郡寺井村へ出張している。『梅田日記[*91]』には、銃の配備などで金沢の役所が大混雑であったことや、出立当日に算用場の門から銃卒が足並にて奉行の金谷および丹羽の屋敷に向かったことが記されている。また、『石黒家文書[*92]』には丹羽織人隊の隊列が記されており、銃卒が一番隊から四番隊まで編制されていたことがわかる。この動員については、先にみるような一時的な身分変更にかかる手続きが見受けられないが、それはこの出張が藩直属の軍事力に附属させた藩領外への動員ではなく、銃卒の任務である郷土防衛の延長上にあるとの理解に立っているためではないかと推察される。[*93]

以上から、銃卒を動員する場合には、藩領か否かで大きく異なっていることがわかる。藩領外への動員である京都警衛、長州征討（実際は越前での水戸天狗党への対応）では、彼らは動員の前後において割場御雇といった奉公人格への身分変更などがなされており、厳密には銃卒として動員されたとはいえない。あくまでも銃卒から選抜された上で、一時的にせよ藩に雇用され、藩直属の軍事力を構成する存在であったといえる。一方で、水戸天狗党に対する藩領内の警備については、本来海岸に配置されて郷土防衛を担う存在であった銃卒を、郷土防衛の範疇で身分変更せずに動員したと考えられる。

(2) 藩直属の軍事力改編と銃卒経験者の採用

元治元年に禁門の変が発生したことは、内乱発生を憂慮し、その回避を望んでいた加賀藩にとって大きな出来事であった。その後は、諸外国に対する警戒以上に、不穏な国内情勢に対応できる藩直属の軍事力再編へと舵を切り、銃卒制度もその影響を受けることになる。[*94]

・大砲隊編制

元治元年一〇月、藩主前田斉泰は大砲隊を編制することを宣言し、翌月には具体的な内容の親翰を出している。[*95] ここでは大砲八四挺の導入を計画しているが、問題となったのは人員の不足である。大砲一挺につき打人平足軽八名、同小頭一名が割り当てられたことで平足軽六七二名、小頭八四名が必要となったことから、「当時家中一季居奉公人払底之様子ニ候間、一時多人数金沢ニ而召抱候様相成候而ハ、何茂家来ニ事欠指支ニ可相成候間、此足軽者郡方ゟ召抱候義を主と可致候」と、藩は主として郡方からの徴発を想定している。また、「三州ニ而大凡高弐千石之地ゟ壱人宛、強壮可然者撰出し召抱、初ゟ大筒打方等稽古致させ、足軽ニ仕立候而可然候、尤当時之銃卒之内ゟも可撰出候、又足軽共子弟ゟハ一円不召抱と云義ニ而ハ無之候得共、足軽子弟多引揚ケ候様相成候而ハ不可然候、尤小者之内ゟも申付候者も可有之候」とあり、強壮の者を選抜して採用した上で、当初から大砲訓練を実施して足軽に仕立てるとし、足軽子弟や小者とともに、各地の銃卒も採用の対象としていた（傍線部）。そして、足軽であるため小頭は二五俵、平足軽一五俵と定められ、「此足軽之義ハ禄も軽く候間、平生割場勤向も緩く申付候而可然哉」と、割場に附属させることを想定していたことがわかる。また、「公辺ニも近年兵賦役御取立之義も有之候」と、幕府の兵賦制度に触れ、家中に人員確保分の役米を差し出させれば、「三州海辺手当方、銃卒ハ郡方ゟ仕立、大筒打人ハ家中ゟ仕立候義与相成候」と述べている。この点からも、藩主斉泰は銃卒を兵賦とは認識していないことがわかる。

・銃隊編制

文久末期に「西洋流」の受容をめぐって藩主斉泰と年寄衆で意見が分かれるなど、藩上層部では相克がみられ[*96]、この段階での西洋軍制の採用は見送られていたが、前述の大砲隊編制と連動する形で西洋軍制を採用した銃隊編制が動きはじめる。

元治二年三月、藩の割場奉行栂貞次郎と斎田千万太郎の連名で、三州の郡奉行に対して割場附小遣小者募集の通達が出されている。「割場附小遣小者御用候条、御郡方之者召抱可申旨被仰渡候間、年齢十七八才以上之者ニ而壮健成者百人、御支配之内可成新流砲術心得相望候者、御詮義之上、名書歳付并砲術等級御書記、早速御指越之様いたし度[*97]」と、身体が壮健で新流砲術の稽古を希望する者とあることから、この募集が銃隊の動員を目的としていたことは明らかである。また、名前や年齢のほか砲術等級を書き記すようにとあることから、この募集では銃卒稽古の経験者を意識していたことがわかり、既に訓練を一定程度受けている稽古経験者を優先的に動員しようとしたと考えられる。

　明治初年に藩に対して提出された由緒書では、提出者本人が割場附新足軽並で、父親が百姓もしくは町人の者がおり、彼らは右の事例に該当する蓋然性が高い。[*98] 実際、慶応四年に北越戦線へ出兵した銃隊長春日於菟男の部隊では、由緒帳が現存する兵卒三五名のうち一六名が百姓身分から新規に割場附小遣小者として採用された者たちであり、内田伊三郎は「私儀、石川郡大豆田村百姓吉右衛門三男御座候処、慶応元年御郡方之者御撰之節、割場場(附)小遣小者ニ被召抱、（中略）明治元年砲術稽古小隊入仕候」とあり、田納幸之助は「私儀、能美郡二口村百姓七三郎せかれニ御座候処、慶応元年新規小遣小者ニ被召抱、（中略）砲術稽古小隊入仕候」とある。内田・田納はともに百姓であり、いずれも慶応初年に新規の小遣小者に採用されていることから、先の募集に沿った例といえる。その後、彼らは稽古小隊入りすると割場附小者に繰り上げとなり、最終的には銃隊の春日隊に編制されて割場附新足軽並として戦地に向かっている。

　この内田・田納の両名については、採用以前に銃の稽古を受けていた様子はみられないが、藩が望んでいた銃卒稽古の経験者も採用されている。金田甚四郎は、「私儀、能美郡金剛寺村百姓小右衛門弟ニ而所方銃卒ニ御取立ニ付、砲術稽古仕罷在候処、明治元年二月割場附新足軽並ニ被召抱、（中略）於御郡所被仰渡、苗字金田与相名乗、御支配方御引送之旨被仰渡相勤罷在候」とあり、能美郡で銃卒稽古をしていた金田は、明治元年に割場附新足軽並となって支配の引き送りがなされている。この春日隊では、金田を含めた五名が百姓出身の銃卒稽古の経験者であったことが確認できる。また、町人から採用された者も四名確認できるが、能登輪島の町人であった松岡周助は、町方銃卒として砲術稽古を受けて大隊四部まで進んだ後に割場附となり、割場附新足軽並として春日隊に配属している。

　以上、国内情勢の緊迫化に対応するため、藩直属の軍事力強化を志向した藩は、まずは大砲隊の創設と藩主旗本部隊の銃隊化を検討する。そして、必要となった新たな人員を地域に求めたことで、身体強壮の者が新規に召し抱えられたが、銃卒稽古の経験者からも採用されている。これは、稽古熱の低下や資金面など、銃卒制度の問題が浮き彫りになったことに加え、慶応元年一〇月に条約勅許が下りたことで、諸外国に対するリスクが減り、海岸警備よりも国内情勢への対応に課題がシフトしていったことも理由として考えられる。この一連の経緯からも、藩は夫役のように取り立てた銃卒について藩直属の軍事力とは認識していないことがわかる。故に、彼らを金沢の割場に附属させ、新足軽並に逐次採用した上で銃隊に配属させる手続きを踏んだと考えられる。

4 戊辰戦争における銃卒改編

慶応四年正月の鳥羽・伏見での戦闘からはじまる戊辰戦争に加賀藩も大規模な派兵を展開するなかで[*99]、五月には銃卒制度の大幅な改編を実施している[*100]。

能登奥郡では、能州郡奉行が奥郡の十村中に銃卒の改編に関する通達を出している。

［史料七］

銃卒稽古方之義者、此間申渡置候通ニ候、然所今度越後筋ニおいて既戦争与相成、賊兵敗走いたし候義、粗承知之通ニ候、能州之義者彼筋ゟ船路自由之所柄ニ而、其日ニ着岸出来候ヶ所ニ付、自然浮浪之徒覬覦《(カ)》可致上陸も難斗、就而者出張所江臨時銃卒相集、拙者共引卒出張いたし候間、手配方不指支様可致候、右様致出張候義者、全下々難渋を防、御郡取締之為めニ候条、一統得其意農業暇稽古相励、協力無之而者不相成義ニ候、於其元中一際可致勢子候、則別紙及御達置候所ヶ条書通り可相心得之旨被仰渡候条、得其意、是迄致稽古候ものハ不及申、其外強壮之者共相撰名書可指出候、以上

辰五月
能州御郡奉行
奥郡十村中

越後筋における戦闘の影響で、浮浪の者が船によって能登に進入する危険性を述べ、臨時で銃卒を招集する旨を伝えている。そして、郡奉行が彼らを率いて出張することが想定されているが、それは下々の難渋を防ぎ、郡内を取り締まるためと説いている。この点については、加州郡奉行が加州三郡の十村中に宛てた通達でも確認できる。

［史料八］

銃卒稽古方之義、予而被仰出之趣茂有之候処、其方中承知之通、昨今不容易形成ニ至、其上越後路戦争ニ付御人数御繰出ニ相成候処、賊兵既ニ及敗走候義、粗承知之通り候、御隣国之義ニ付、夫々御手当も被仰付義候得者、一統安堵罷在、家業可致出情義者勿論ニ候得共、小銃稽古之義者予而被仰付置候義ニ而、尤他所江出張等可致義ニ而者無之、全所方警衛之ためニ候間、有事之節者御恩沢を存込、御国威相立候様、一統協力不致而者不相成義ニ候間、於其許中も往々銃卒致精熟、一廉之御用ニ相立候様、厚相心得一際可致勢子候、且別紙及御達候処、ヶ条書通相心得候様被仰渡候条、得其意、是迄致稽古候者者申ニ不及、其外強壮之者共致人撰可相達候、以上

辰五月
沢崎半三郎
加賀三郡
御扶持人中
同断
十村中

やはり越後筋からの侵入に対する手当を目的としており、この手当によって皆が安堵することができ、家業に精が出せると述べていることも奥郡と同様である。また、他所に出張させるつもりはないこと、所方の警衛のためとして

いることから、文久期と同様、藩領内に活動を限定していることがわかる。
また、改編による稽古所の基本的な構成については、次のとおりである。

［史料九］

覚

一、五拾人　　　　四捨歳迄格別強壮之者
　　　　　　　　　小隊入以上銃卒
　　　　　　　　　拾五歳以上
　但、壱人扶持被下之、稽古方月六度之事

一、三拾人　　　　生兵太鼓共
　但、近村之者ハ出座毎ニ壱人玄米壱升宛、遠村之者江ハ同壱升五合宛被下之、稽古方月拾度之事

一、銀拾枚充　　　教授手伝壱ヶ所両人

一、銀五枚充　　　世話役壱ヶ所五人

一、鳥目拾貫文充　太鼓世話役壱ヶ所壱両人

これは奥郡の場合であるが、加賀の各郡も内容は同様である。過去、小隊以上に進んだ者から選抜した銃卒の精鋭部隊と、その下に位置する生兵によって構成されている。生兵については、稽古毎に一升から一升五合の手当を与えられ、加州御扶持人十村が組裁許に宛てたものには、「今度被仰渡候御趣意を以、是迄稽古ニ罷出居候者之内、三部已下之内に而人撰」とあり、藩と扶持人とのやりとりでは「生兵之者者致小隊入候得者帰農申付候」とあることから、三部以下の小隊入りに満たない稽古人によって現役の生兵を編制し、小隊入りした場合は帰農させたことがわかる。精鋭部隊に欠員が生じた場合には「生兵并帰農之者之内ゟ人撰申付候」とあり、現役の生兵もしくは帰農させた

者のうちから選抜することが定められている。
そして、文久期の取立で大きな問題となった銃卒稽古にかかる費用については、この段階で既に定められている。

[史料一〇]

覚

一、三百弐拾七貫八百七拾三文　宇出津銃卒稽古所諸入用巨細帳之表
一、三拾二貫七百拾四文　宇出津銃卒教授手伝門前村覚五郎御雇賃三十三日分并往来人足賃共
一、弐拾三貫百四十六文　同断世話役六人料銭、月割壱人弐貫四百七拾五文充、同断太鼓世話役料壱人分月割壱貫三百八十四文、同断帳番六人分料銭、月割壱人壱貫百五拾弐文充
一、弐千弐拾七貫六百弐十五文　銃卒四拾人分五月廿八日ゟ十二月廿九日迄御扶持米、壱人壱石四升四合充、同拾人分六月十二日ゟ十二月廿九日迄同断、壱人九斗七升五合充、外生兵弐十九人当月二日迄之出数被下米共、都合五拾四石七升代、但宇出津・中居・氷見払立平均値段、石ニ付三百七拾五匁替

〆

弐千四百拾壱貫三百五拾八文　丁銭

右銃卒諸入用等前段之通指懸申候間、夫々御渡、受取書取立御指越可被成候、且銃卒被下米御印、所々ニ不相渡候ニ付、不残払立、右之通代銭ニ而指懸之申候間、此段主附等江御申渡置候様存候、已上

辰七月　井上勘右衛門

宇出津出張所

奥郡宇出津稽古所での費用について、能州郡奉行井上勘右衛門の名で書き上げられているが、ここでは大きく人件

費と雑費に分かれており、なかでも稽古人の人件費が突出していることがわかる。また、この経費は藩が支払うこととし、受取書を取りまとめて提出するように求めるなど、費用面は文久期の経験を踏まえていることが看取し得るが、やはり動員に関する費用が十分であったとは言い難く、十村が連名で郡所に意見書を提出している。

[史料一二]

銃卒生兵者、稽古場遠所ニ寄一日米壱升ゟ壱升五合宛御渡被下候所、右被下方迄ニ而者迷惑仕候旨ニ而、増方之義歎聞候ニ付、尚詮義仕候所、外稼之雇料等与引競候得者歎之趣無拠相聞申候、就夫近年銃卒御取立之節一日弐匁宛御渡之処、右被下方迄ニ而者迷惑仕候段歎聞候ニ付、弐匁之外ニ遠近ニゟ壱匁ゟ五匁相渡、右余荷銀者奥郡村々男子拾五歳ゟ六拾歳迄之者ゟ取立申候、近年銃卒御取立之節も門前等四ヶ所、其最寄ニ而多分御取立ニ相成、手遠之村々ハ御取立無御座事故、右様余荷取立候ニ付而ハ、外人々不信服之義も無御座候、（中略）此度生兵歎申趣無拠義ニ御座候間、近年之振を以余荷銭取立可申与奉存候、且銃卒之義ハ壱人扶持被下置候処、右人々之内ニも稽古場隔居候村方之者、春冬等ハ泊懸ならて出座出来不申処、宿賃多相懸迷惑仕、歎之趣無拠相聞え申候間、右宿賃ニ相当候丈ハ、是又右之振を以余荷相渡可申与奉存候、右私共示談之趣御達申上候、宜敷御聞置可被下候、以上

辰九月

筒井内記　真清田三右衛門

狩野恒方　明千寺村愛三郎

鵜川村六蔵　鈴屋村茂八郎

能州御郡所

奥郡ではやはり外稼ぎが盛んであり、その雇料に比べて生兵の手当が少ないと不満が出ていることから、臨時負担である余荷銀を徴収して追加で支給したいと願い出ている。この余荷銀については、文久期の取立でも実施しており、

一日二匁のところを一匁から五匁追加で支給していたと主張し、取立の状況を鑑みても、今回実施したところで不信服にはならないだろうと述べている。そのほか、選抜された銃卒についても、遠方の場合の宿賃程度を余荷銀で賄いたいと願い出ている。これらの要望が実際に実施されたかは判然としないが、いずれにせよ藩は文久期とは異なり、費用については早い段階で取り決めていたことがわかる。ただし、その費用では足りずに稽古人から不満が出たことで、現場を管理する十村が制度の遂行を目指して自主的な負担（余荷銀）を願い出たと考えられる。そして、この余荷銀については文久期の段階でも行われていたことであり、地域では既に経験済みの対応であった。

稽古人への支給については、米支給としながらも実際には銀で支払われたため、換銀レートの問題で不満が生じてしまい（石につき一二五匁の収入減）、奥郡十村が「私共手前ニおいて重々申諭頂戴為仕」と、稽古人をなだめており、今後は難しくとも米による現物支給を求めている。また、稽古の欠席や交替についても、「病気又ハ非常無拠趣有之出座難致者ハ、其日中ニ村役人を以宇出津出張所江可及届候、且少々之痛所出来手続稽古難致程之者ハ、運動まて稽古為致候条、精誠押而出座可致候」との藩の強い指示に従って十村側が対応している。そして、稽古の日程については、「銃卒・生兵同日稽古被仰付候得者、生兵之者共見学之一端ニも相成」として、「来春ゟ御改被下、銃卒・生兵共打込、二七稽古ニ被仰付被下度奉存候」と、藩に対して稽古日の変更を提言するなど、先の余荷銀の件も踏まえると制度の運用に対する十村の協力姿勢がうかがえる。

このように、戊辰戦争によって銃卒制度は大きな改編がなされているが、とりわけ注目できるのは精鋭部隊の銃卒に扶持米が支給される点であろう。［史料九］では、月に六度の稽古を実施して一人扶持が与えられるとし、［史料一〇］でも扶持米支給の予算が計上されている。［史料一一］においても、遠方の銃卒には一人扶持では足りないとして余荷銀から拠出する要望が出されており、精鋭の銃卒には一人扶持が与えられたことは間違いないが、一方で彼らを小者などの奉公人格にするような対応はみられない。つまり、この段階の銃卒は百姓身分のまま、藩領外に動員されない郷土防衛を目的に扶持米で雇用された存在だといえる。ならば何故、藩はこの段階において文久期とは異なり、扶持米によって彼らを雇用する形態をとったのだろうか。それは、戊辰戦争という現実に発生した戦争に対する迅速な対応が求められ、且つ失敗が許されない状況であったことも要因であろう。加えて、幕府の兵賦制度を踏まえ、加賀藩でも慶応三年に兵賦制度を実施したことは[*101]、傭兵的な概念による雇用の実績となり、このことが影響した可能性も考えられる。つまり、文久期には郷土防衛意識を喚起し、夫役のように担うべき責務だと説いて動員した加賀藩の銃卒制度は、慶応末期の改編においては兵賦のような形態ともなり、目的遂行のために雇用された傭兵的な側面が見出せるのである。[*102]

さらに、もう一つの特徴としては、加州御扶持人十村から組裁許十村に宛てたなかで、「今度之規則ニ者無之候得共、新足軽ニ御召抱相願度与歟、又者他国出張御召連相願度志之者ハ、才許等手前江承置、主附等示談之上御郡所江も御内達申上置可然事」とあることから、稽古人のうち希望者には新足軽採用への途が拓けていた可能性がある。慶応元年にも銃隊編制を意図した割場附小遣小者の募集をおこなっていたことは既に触れたが、その段階ではあくまでも奉公人格であって新足軽までは言及しておらず、そもそも個人の希望が反映されるものではなかった。そして、この慶応四年の内容は、個人が希望すれば百姓が足軽身分になれる可能性があるという、身分制を揺るがしかねないものであったが、裏を返せば、それだけのリスクを含み込んでも彼らを獲得して兵卒に仕立て上げ、藩直属の軍事力強化を図ろうとしたにほかならない。当時の加賀藩にとっては、戊辰戦争において北越戦線に投入可能な兵卒の確保が、何より重要であったということになる。[*103]

以上、慶応四年に発生した戊辰戦争によって越後筋から藩領内への賊徒侵入を懸念した加賀藩では、大幅な銃卒制度の改編がおこなわれたが、それはまさしく有事における郷土防衛の観点からなされたものであった。郷土の防衛に特化した存在という意味においては文久期と同様であるが、課題となった費用の問題には、それなりに対応しているといえる。一方、動員については夫役のように動員した文久期とは大きく異なり、扶持米によって雇用するいわば傭兵的な側面が見出せる動員を実施している。これは、幕府を参考に実施した加賀藩の兵賦制度が一つの実績になっていたのではないかとおもわれる。兵賦制度自体は、藩直属の軍事力強化を目指したものであったが、その実績が銃卒制度の大幅改編と連動した可能性がある。藩直属の軍事力の西洋化と地域の銃卒制度との連動については、大砲隊や銃隊編制に必要な兵卒を確保する際、銃卒稽古の経験者からも集めようとしていたことからもうかがえる。とりわけ希望すれば新足軽に採用されるような仕組みについては、近世身分制を強く意識し、西洋軍制などの「西洋流」導入に慎重であった文久期には考えられないものといえよう。

おわりに

本章では、幕末維新期に実施された加賀藩銃卒制度について、実施に至る過程から制度の実態、そして戊辰戦争期の大幅改編について、主に政策の視点から分析した。この制度の背景にあるのは、近世後期以降に顕著となる諸外国の脅威であり、長い海岸を有する藩として海防体制の強化を図ることが実施の目的であったといえる。これは、社会不安による地域の治安維持を目的とした関東幕領の農兵取立とは異なるが、郷士防衛意識が喚起され、それが動機付けになっていたことは共通している。

そして、文久末期に開始された加賀藩銃卒制度では、当初は百姓らを夫役のように動員することには、藩主斉泰が「農兵を指解」と懸念を示すなど慎重であり、稽古人に扶持を与えた上で小者格に召し抱えることが主張される。しかし、実際には召し抱えられることなく従来の身分のまま動員されており、困窮者には手当銀が支給されている。これは、斉泰が懸念した夫役としての動員であり、いわゆる農兵の範疇といえるが、そもそも何故農兵を解禁することに慎重であったのか。それは、武力を行使する存在としての士身分のアイデンティティを「卑賤之者」である百姓らに揺るがされかねないとの認識があり、身分制を基礎とする体制の維持が念頭にあったことは容易に推察されるが、加えて藩領、とりわけ加賀が「一揆国」であるとの認識も、彼らに武器を持たせることを警戒させた可能性がある。[*104]また、銃卒を海防以外で動員する場合には、その期間に限って身分変更の手続きをしていることからも、銃卒自体は藩直属の軍事力として認識されていたとはいえない。

その一方で、士身分ではない彼らを「卑賤之者」と捉えるが故に、「夷狄」の慣習と見做された西洋軍制を模範とした銃卒稽古が許容され、藩直属の軍事力に先駆けて地域で銃隊が編制される状況となる。そしてそれは、大砲隊創設や銃隊編制といった藩直属の軍事力を西洋化する段階では貴重な実績となり、多くの兵卒が求められると、銃卒稽古の経験者が金沢に引き送られて新足軽並（割場附新足軽並）に採用される事例がみられるようになる。あくまでも、藩直属の部隊で兵卒を構成するのは足軽クラスではあるものの、地域の銃卒稽古所が人材を藩に供給する機関にも位置付けられるようになり、百姓や町人出身の足軽が大量に創出されていく。

さらに、戊辰戦争がはじまると銃卒制度も大きく改編されることになる。現実的な脅威に向き合うため、稽古経験者で既に銃卒のスキルを備えた者たちによる精鋭部隊が編制されたが、この部隊に所属する銃卒は、軍事貢献の対価として扶持米を支給される存在であり、夫役としてではなく傭兵的な面が看取し得る。この点において、文久期の銃卒のあり方とは大きく異なっているが、この相違は前年に藩が家中に対して実施した兵賦制度の経験によるものと考えることができる。

以上にみる加賀藩の銃卒制度は、文久末期から慶応末期にかけて農兵から兵賦のように、そのあり方を変化させていったと評価できるが、制度が維持し得たのは、実施主体である藩とそれに応える地域との間で、硬軟織り交ぜたやりとりがなされたことが大きいと考える。勿論、両者はけっして対等ではなく、近世に構築されたシステムの枠内での関係性であるが、そのなかで制度の遂行に向けて一定の方向性を共有し得たことが功を奏したといえる。

本章では、政策の視点による分析を意識したが、地域で指導的立場にあった十村層がこの制度をどのように捉え、評価していたのかなど、地域の視点による分析もさらに進めていかねばならない。また、藩軍事力を総体的に捉えるならば銃卒はその範疇に含まれるが、藩や地域の指導層が容易に軍事動員できるような存在ではなく、領主権力や地域の暴力装置として単純に論じられるものではないことがわかる。さらに、近世身分制を前提としてこの制度が成り立っている以上、近代徴兵制と単線的に結ばれるような性格のものとはいえないだろう。そして、藩が意図的に武家奉公人を創出し、のちに新足軽に採用して藩直属の銃隊を構成する兵卒に編制していったことも指摘したが、この政策によって明治初年には膨大な卒族を生むことになった。この問題は、明治初年の藩政を考える上でも重要なテーマの一つであり、今後の課題としたい。

註

＊1 大山敷太郎『農兵論』(東洋堂、一九四二年)、E・H・ノーマン『日本における兵士と農民―日本徴兵制度の諸起源―』(白日書院、一九四七年)。

＊2 谷口澄夫「備前藩の農兵制度」(『瀬戸内海研究』七号、一九五五年)、吉田恵子「幕末農兵制度採用の必要性について―岡山藩の場合―」(『軍事史学』八(四)号、一九七三年)は、ともに岡山を事例にしている。

＊3 井上清『日本の軍国主義一―天皇制軍隊と軍部―』(東京大学出版会、一九五三年)。

＊4 青木美智男「幕末における農民闘争と農兵制―とくに出羽国村山地方の農兵組織の展開を中心に―」(『日本史研究』九七号、一九六八年)。

＊5 「同右」、および福島正義「幕藩制の崩壊と川越藩の農兵反対一揆」(『地方史研究』一〇九号、一九七一年)。

＊6 茂木陽一「幕末期幕領農兵組織の成立と展開―多摩郡蔵敷組合農兵を例として―」(『歴史学研究』四六四号、一九七九年)。

＊7　久留島浩「近世の軍役と百姓」（山口啓二ほか編『日本の社会史四　負担と贈与』岩波書店、一九八六年）。
＊8　熊沢徹による一連の研究が挙げられる。同「幕末の軍制改革と兵賦徴発」（『歴史評論』四九九号、一九九一年）、同「幕末維新期の軍事と徴兵」（『歴史学研究』六五一号、一九九三年）、同「幕府軍制改革の展開と挫折」（坂野潤治ほか編『日本近現代史一　維新変革と近代日本』岩波書店、一九九三年。のち家近良樹編『幕末維新論集三　幕政改革』吉川弘文館、二〇〇一年所収）。
＊9　熊沢徹「幕末維新の動乱と田無―民衆の軍事動員との関わりで―」（『たなしの歴史』市史研究二号、一九九〇年）。
＊10　平川新「中間層論からみる浪士組と新撰組」（平川新・谷山正道編『近世地域史フォーラム三　地域社会とリーダーたち』吉川弘文館、二〇〇六年）では、諸隊の問題に触れている。諸隊では農兵や兵賦と同様、地域の者が多く関わる一方、さまざまな身分階層が入り交じることが特徴である。本章との関連性については、今後の課題としたい。
＊11　「日本型傭兵」については吉田伸之が指摘し（吉田伸之「日本近世におけるプロレタリア的要素について」『歴史学研究』五四八号、一九八五年）、先の熊沢がこれを肯定的に論じている（熊沢前掲「幕末維新期の軍事と徴兵」）。
＊12　飯島章「文久の軍制改革と旗本知行所徴発兵賦」（『千葉史学』二八号、一九九六年）、大嶽浩良「兵賦・農兵・軍夫―幕末期軍制改革と下野農村―」（『歴史と文化』八号、一九九九年）、亀掛川博正「幕末の兵賦徴募について―村方の対応を中心として―」（『軍事史学』一三七号、一九九九年）など。
＊13　保谷徹『戊辰戦争』（吉川弘文館、二〇〇七年）。
＊14　デビッド・ハウエル「農兵の歴史的意義―暴力の連続体への位置づけをめぐって―」（『市大日本史』一六号、二〇一三年）、樋口雄彦『幕末の農兵』（現代書館、二〇一七年）。
＊15　長屋隆幸『近世の軍事・軍団と郷士たち』（清文堂出版、二〇一五年）、笹部昌利「幕末維新期の「農兵」と軍事動員―鳥取藩領の事例を素材に―」（『京都産業大学日本文化研究所紀要』二一号、二〇一六年）。また、農兵と草莽隊の違いを明確に示しながら、尾張藩草莽隊を中心に分析したものとして、秦達之『尾張藩草莽隊―戊辰戦争と尾張藩の明治維新―』（風媒社、二〇一八年）。
＊16　坂井誠一「加賀藩の海防と庶民の動員―越中新川郡の場合―」（『越中史壇』二〇号、一九六〇年）、水島茂「明治維新と加賀藩の防衛」（『越中史壇』三〇号、一九六五年。のち『加賀藩・富山藩の社会経済史研究』文献出版、一九八二年所収）。
＊17　若林喜三郎『加賀藩農政史の研究』下巻（吉川弘文館、一九七二年）。
＊18　倉田守「幕末・維新期、加賀藩における海防政策の一側面（上・中・下）―銃卒制度の成立から廃止へ―」（『富山史壇』一二七・一二八・一二九号、一九九八・一九九九年）。

＊19　『金沢市史』通史編二近世（金沢市、二〇〇五年）六七一頁。

＊20　明神博幸「藩政末期の加賀藩による農兵徴募―越中領内での実態調査―」（『軍事史学』三九（二）号、二〇〇三年）では、慶応末期の銃卒再編を藩の正規兵力の改編とし、銃卒は維新後も藩兵力の中心であり続けたとするが、この点は検討すべきである。

＊21　児玉幸多・佐々木潤之介編『新版　史料による日本の歩み　近世編』（吉川弘文館、一九九六年）。阿部政権の海防強化令の意義については、上白石実「農兵をめぐる議論と海防強化令」（『日本歴史』七一九号、二〇〇八年。のち『幕末期対外関係の研究』吉川弘文館、二〇一一年所収）。ただし、農兵採用を目指す阿部の考えは、農兵採用が幕藩制国家の存在そのものに悪影響を与えるとして、激しい反対にあっている。

＊22　十村は他藩の大庄屋に該当する加賀藩特有の職名とされ、当初は十ヶ村を裁許したので十村と称したという。在地支配機構中における農民の最高職であり、無組御扶持人十村・組持（組裁許）御扶持人十村・平十村がいたが、それぞれに列と並があり、九つの階層に分類される。

＊23　金沢市立玉川図書館近世史料館所蔵「軍役応時論」のうち「来船私考」。なお、特に断りのない史料は同館所蔵とする。また、「文慶雑録」巻一七および「異国船渡来始末附」の「来船私考」には「十村三組百姓三百人計」とあり、記述が異なっている。本章では、ひとまず「軍役応時論」を採用した。

＊24　「来船神旨」。

＊25　「豊島毅建白草稾」。

＊26　「無識卑論」。南保は、西洋兵器の導入については「只夷賊ノ難ニ依テ海防策ノ一事ノミ御調兼ニ可有之カ、恃ムト云ニハ非ストモ、海岸守禦ノ常ナレハ、舟砲等ハ彼ガ利器ヲ執リ新流ヲモ助ケトセラル、義ハ当然ノ理」と、海防の観点において導入することは当然と論じる一方で、「末々自張ノ念止マズ、私心ヲ以テ評ヲ立、風俗衣装モ夷風ヲ慕フガ如キハ何事ゾ、国家ノ逆賊共云ヘキ也」と、西洋流に染まることを厳しく批判し、加賀藩には有沢流という兵法があること、藩主前田斉泰の仰せを守り上下一和の強兵となるべきと主張している。なお、南保大六本人に焦点を当てたものとして、拙稿「幕末の加賀藩陪臣―前田直信の義父南保大六―」（『地域社会の歴史と人物』加能地域史研究会、二〇〇八年）。

＊27　「越中新川郡新浜泊両地在番中留」。

＊28　「御親翰帳之内書抜」巻七（全一一冊）。

＊29　「異国船并海防等書類」巻三。なお、引用史料は長文であることから部分引用とし、「前略」「後略」の表記は省いている。

＊30　前田直温らは、『加賀藩組分侍帳』（金沢文化協会、一九三七年）では「寄合組」とされる。この組は、一旦人持組に入ったあと、「人持組から外れ、寺社奉行に支配されていた」家であり、「人持組に入れないが、その一つ下の身分階層である平士にも入れることができないような家をグループ化したもの」とされる（林亮太「加賀藩人持組の構成に関する基礎的検討―元禄一四年以降を対象に―」『金沢大学日本史学研究室紀要』三号、二〇一七年）。同年一一月には実際に配備される人物の名が挙げられるが、そこでは仙石や志村ら、「寄合組」の者も選任されている。

＊31　「本藩雑記」。壮猶館は、西洋式の砲術を専門的に研究する施設であり、嘉永六年（一八五六）に設置された西洋流火術方役所をへて安政元年（一八五九）に設置された。

＊32　「壮猶館へ稽古ニ罷出候人々届方等」。

＊33　『加賀藩史料』藩末編上巻（前田育徳会、一九五八年）一三五七頁。なお、銃卒方主附は銃卒仕立奉行を指すとここでは判断した。

＊34　『輪島市史』資料編一巻（輪島市、一九七一年）五八一頁。

＊35　「御親翰帳之内書抜」巻七。

＊36　奈良勝司『明治維新と世界認識体系―幕末の徳川政権 信義と征夷のあいだ―』（有志舎、二〇一〇年）。

＊37　「近藤集書」巻一七。京都所司代からも「速ニ兵端開候哉も難計、仍而ハ銘々藩屏之任有之候」と伝えられている（「同上」巻一七）。

＊38　「先一ヶ所ニ而五六拾人与御申渡置ニ候得共、畢竟之処御在番様・御在住様一御手合ニ而三百人程つヽ御入用之旨」と述べられている（前掲『輪島市史』資料編一巻、五八三頁）。

＊39　『同右』資料編一巻、五八三頁。島や筒井の肩書などは、小田吉之丞著、若林喜三郎校訂『加賀藩農政史考』（図書刊行会、一九七七年）、および田川捷一編『加越能近世史研究必携』（北国新聞社、一九九五年）。以降の十村の肩書も同様とする。

＊40　『魚津市史』上巻（魚津市、一九六八年）九四四頁。

＊41　前掲『加賀藩史料』藩末編上巻、一三九六―一三九七頁。前掲『輪島市史』資料編一巻、および「所口町奉行御用書類」にも掲載されていることから、ほぼ同時期に藩領内で通達されたと考えられる。

＊42　前掲『輪島市史』資料編一巻、五九一頁。

＊43　所口では町奉行の横山義門が、所口町銃卒奉行并奉行加りとなった松平熊次郎にも自分と同様の職務を担わせるべきか否かを問い合わせており、現場においては相応の混乱も見受けられる（「所口町奉行御用書類」）。

＊44　「同右」。五月の世話人任命については、『七尾市史』資料編一巻（七尾市、一九六八年）。
＊45　倉田前掲「幕末・維新期、加賀藩における海防政策の一側面（上）―銃卒制度の成立から廃止へ―」。
＊46　『砺波市史』（砺波市、一九六五年。一九八四年復刻）六三二頁、『高岡市史』中巻（高岡市、一九六三年）一一四六頁。
＊47　倉田前掲「幕末・維新期、加賀藩における海防政策の一側面（上）―銃卒制度の成立から廃止へ―」。
＊48　前掲『魚津市史』上巻、九四四頁。
＊49　前掲『輪島市史』資料編一巻、五九〇頁。
＊50　「所口町奉行御用書類」。
＊51　「加藤氏日記」巻三一。
＊52　「所口町奉行御用書類」。
＊53　前掲『輪島市史』資料編一巻、五八四頁。
＊54　『高岡市料』下巻（高岡市役所、一九〇九年）三頁。
＊55　石川県立歴史博物館所蔵新田家文書「銃卒稽古被仰付候義ニ付御達書」。
＊56　前掲『輪島市史』資料編一巻、五八二頁。また、口郡の羽咋稽古所でも同様の記述がみられる（「加藤氏日記」巻三一）。
＊57　「所口町奉行御用書類」。
＊58　前掲『輪島市史』資料編一巻、五八二頁。
＊59　元治元年正月の十村らの上申内容や、慶応四年五月の銃卒再編の内容からも、「部」を経た後に小隊入りすることがわかる。
＊60　明神前掲「藩政末期の加賀藩による農兵徴募―越中領内での実態調査―」によれば、「習熟度別に一教（級のこと）から四教に分けられ」ていたとする。
＊61　前掲新田家文書「銃卒御取立者之内難渋ニ而御宛行願候者名前年附調理書上帳」、同「銃卒御取立可相成者之内御宛相願不申者共名書年附書上帳」。
＊62　『柳田村史』（柳田村、一九七五年）四六三頁。
＊63　『珠洲市史』三巻（珠洲市、一九七八年）五一〇・五一一頁。
＊64　青木前掲「幕末における農民闘争と農兵制―とくに出羽国村山地方の農兵組織の展開を中心に―」。
＊65　福島前掲「幕藩制の崩壊と川越藩の農兵反対一揆」。

＊66　熊沢前掲「幕末維新の動乱と田無―民衆の軍事動員との関わりで―」。
＊67　茂木前掲「幕末期幕領農兵組織の成立と展開―多摩郡蔵敷組合農兵を例として―」。
＊68　谷口前掲「備前藩の農兵制度」。
＊69　吉田前掲「幕末農兵制度採用の必要性について―岡山藩の場合―」。
＊70　前掲『砺波市史』六三三頁。
＊71　前掲新田家文書「高松江龍出候銃卒名前年附書上申帳」、同「津幡江龍出候銃卒名前年附書上申帳」。
＊72　富山県公文書館所蔵海内家文書「中隊調練銃卒名前帳」。三小隊九六名が記されている。
＊73　富山県立図書館所蔵伊東文書「御用留帳」。
＊74　前掲新田家文書「調練規則」。
＊75　前掲『珠洲市史』三巻、五一二頁。「去暮」とは文久三年末のことである。
＊76　富山県立図書館所蔵伊東文書「御用留帳」。
＊77　『井波町史』下巻（井波町、一九七〇年）六三八―六四一頁。
＊78　前掲『輪島市史』資料編一巻、五九三頁。
＊79　『同右』資料編一巻、五九六頁。
＊80　富山県立図書館所蔵伊東文書「御触留帳」。吉田前掲「幕末農兵制度採用の必要性について―岡山藩の場合―」では、岡山藩の農兵には特権意識の注入がみられ、「農兵を勤めることができるのは、非常に名誉なことであった」と論じ、茂木前掲「幕末期幕領農兵組織の成立と展開―多摩郡蔵敷組合農兵を例として―」では、「領主支配を維持するための組織として設置された農兵組織において、自分が村内の重立として選抜された農兵人であるという意識」がみられたことを指摘している。
＊81　「所口町奉行御用書類」。
＊82　特に奥郡は辺鄙であるために、入費は他郡よりも嵩むと述べている（「同右」）。
＊83　深谷克己『百姓成立』（塙書房、一九九三年）、および久留島前掲「近世の軍役と百姓」。
＊84　青木前掲「幕末における農民闘争と農兵制―とくに出羽国村山地方の農兵組織の展開を中心に―」、福島前掲「幕藩制の崩壊と川越藩の農兵反対一揆」。両地域では、指導者層が反対騒動の側に立って抵抗している。
＊85　稽古優秀者への褒賞や難渋する小前層への手当銀は、報酬としての金額の有無だけではなく、「百姓成立」の観点からも大きな意

味を有したといえる。

＊86　前掲『高岡史料』下巻、三頁。

＊87　久留島前掲「近世の軍役と百姓」。

＊88　『新修門前町史』資料編三（門前町、二〇〇五年）二八二頁。

＊89　『同右』資料編三、二八四頁。

＊90　『同右』二八八頁。実際に動員されないとモチベーションが保てず、制度が維持できないという面があったといえよう。

＊91　長山直治・中野節子監修『梅田日記―ある庶民がみた幕末金沢―』（能登印刷出版部、二〇〇九年）六四頁。

＊92　『加賀藩十村役石黒家文書』中編（石川県図書館協会、一九七四年）四二三―四二六頁。

＊93　史料の制約もあり検討が十分ではないため、この事例は今後の課題である。

＊94　加賀藩の大砲隊および銃隊編制については本書第八章で検討したため、ここでは端的に提示するにとどめる。

＊95　「御親翰留」。

＊96　「西洋流」をめぐる加賀藩上層部の相克については、本書第六章で検討している。

＊97　「加藤氏日記」巻三二。

＊98　拙稿「「先祖由緒并一類附帳」データベースを用いた加賀藩政治過程の検討」（平成二一年度～平成二三年度科学研究費補助金基盤研究（C）研究成果報告書『由緒帳データベースによる藩政組織構造の解明に関する提案』（代表堀井洋）二〇一二年）。なお、内田・田納・金田については、「先祖由緒并一類附帳」のうち、「内田伊三郎」「田納幸次郎」「金田正良」。

＊99　戊辰戦争への加賀藩の派兵については、本書第八章で検討している。

＊100　註の乱雑を避けるため、以降の能州奥郡の事例は、『能都町史』三巻歴史編（能都町、一九八二年）、加賀の事例は、石川県立歴史博物館所蔵新田家文書「銃卒取立方ニ付改而被仰渡一件」。

＊101　加賀藩では、慶応三年一一月に「諸士ノ普請役銀ヲ廃シ、更ニ兵賦ヲ出サシム、是ニ依テ普請奉行ヲ廃ス」（「恭敏公御家乗草稿」巻二（全三冊））とあり、兵賦制度が実施されていたことがわかるが、これは慶応末期の藩主旗本部隊の銃隊編制と連動した政策であったと考えられる。

＊102　彼らは、稽古の進捗によっては一刀を免除されるなど、特権の付与も想定されている。

＊103　人員不足は喫緊の課題であり、割場附の兵卒だけでは足りず、実際には重臣本多家や長家の家臣団を単位とした部隊が編制され

て現地に出兵するような状況であった。この問題についても本書第八章を参照のこと。

＊104 百姓を「卑賤之者」と捉え、加賀を「一揆国」と述べることについては、本書第六章にて言及している。

第八章　幕末期加賀藩軍制改革と戊辰戦争への動員

はじめに

近世後期に外国船が日本沿海にあらわれるようになると、幕府にとどまらず諸藩も海防体制の強化を意識することになる。特に蝦夷地、長崎などは他にひらかれた「口」であり、フォヴォストフ事件やフェートン号事件が発生するなど緊張が高まると、警備を担当する諸藩の負担も重いものになっていった。嘉永期以降、海防の問題は幕府外交と密接に絡み、政治情勢に大きな影響を与えていくことになる。[*1] 日米和親条約締結後、現実的な脅威となった諸外国に対抗すべく、幕府では開明的官僚の登用、台場の建設や洋式銃の導入、さらに銃隊訓練や洋式海軍の創設などを目指した改革がおこなわれており、幕府の軍制改革については多くの研究があるが、軍制改革の意義についての分析、文久・慶応期の軍制改革の実態とそれにともない実施された兵賦制度、幕領の治安維持に関わる農兵制度など、多様な分析がなされている。[*2] また、諸藩においても海防が一つの契機となって軍事力強化が目指され、薩摩・長州・佐賀・岡山・福井などの軍制改革に関する成果がある。[*3] これらは薩長を中心とした従来の研究関心によって対象となり得た藩でもあったが、そのほか多くの藩でも当然ながら軍制改革は実施されており、ほとんどの藩にとってはその軍事力を実践の場に投入したのが戊辰戦争であった。

戊辰戦争研究については、問題関心が近代国家形成の分析にあったことから戦前から豊富な研究蓄積があり、とりわけ戦争の性格規定に関する成果がみられるが、とくに原口清・石井孝を中心とした戊辰戦争論争によって大きく研究が進展したことは言うまでもない。また、端緒となった鳥羽・伏見戦争については、その評価如何によって新政府・旧幕府双方が目指した国家体制のあり方などが変容するため、多くの研究者がさまざまな見解を提示している。[*4]さらに、奥羽越列藩同盟の性格についての研究も進展しており、近年では同盟側の視点による研究成果も出されている。[*5]そして近年の傾向としては、個別の藩に焦点を当てた研究成果が多くみられる。近代に形成された「勤王秋田藩」像からの脱却を目指した研究、[*6]従来の戊辰戦争研究にみられる新政府対旧幕府といった二項対立による理解の克服を掲げた伊予松山藩の研究など、[*7]多様な問題関心による分析が特徴といえるが、これら藩の視点による研究においては、幕末期に編制された部隊がどのようにして戊辰戦争に動員されたかなどの過程分析については検討の余地があるようにおもわれる。藩にとっての戊辰戦争の意味を問うことは、近世から近代への連続性を射程に入れることにも繋がり、明治初年の藩の政治過程を分析する上でも有効と考える。

以上により、本章では加賀藩を対象に、幕末期に実施された軍制改革の実態と、あらたに編制された部隊の戊辰戦争への動員について検討・評価を試みる。まずは軍制改革として重視された西洋式の銃隊・砲隊の編制について、なかでも元治期の大砲隊、慶応期の大隊創出について整理するとともに、この改革に地域がいかに関わっていたのか分析する。次に、加賀藩が戊辰戦争にどのように関与したのかについて、北越戦争とも表現される北越戦線への動員の実態を明らかにする。新政府と藩の見解の相違にも注目し、さらに戦地で戦闘に参加した部隊の構成員の特徴から、近世身分制と藩軍事力の関連も検討していく。

1　幕末期加賀藩における軍制改革

(1)「西洋流」受容をめぐる藩主前田斉泰と年寄衆

文久二年（一八六二）四月、無位無官であった薩摩藩国父の島津久光が上洛し、その後勅使大原重徳と共に江戸へ下向して幕政改革を要求したことにより、幕府では人事改編や制度改革が実施されたが、とりわけ莫大な費用がかかる参勤交代の緩和は、その負担を減らすことで諸藩に海防体制の強化を促す意味合いがあったとの指摘がある。[*8] 実際に、文久期以降になると諸藩では軍事力の強化が急速にすすめられており、長大な海岸線を有する加賀藩でも同様であった。

加賀藩では、外国船の渡来を想定し、発見した際の情報伝達の仕組みを整えるなど文化期から対応をしていたが、嘉永二年（一八四九）に幕府が出した海防強化令によって、本格的に海防強化を図ることになる。文久三年には、百姓や町人を動員した銃卒制度を実施して海防強化に努めているが、[*9] 城下集住体制をとる加賀藩にとって海防は喫緊の課題であった。百姓や町人を夫役同様に動員することは、農兵を解禁するものであるとして、当初は扶持を支給して奉公人格で採用しようとしたが、結局は百姓・町人身分のまま彼らに稽古を受けさせ、その地域を防衛する目的で動員された。[*10] 彼らはあくまでも郷士を防衛する存在であり、藩が彼らを藩領外へ軍事動員させる場合には小者などへの身分変更が必要であったことから、[*11] この制度では彼らは従来の身分のまま、本来的に担うべき責務として動員されていたといえる。[*12] 藩直属の軍事力とはいえないながらも、文久末期にまず地域で銃隊が編制されたことは、藩が慶応末期に西洋軍制を導入し、藩直属の軍事力を再編制する際に影響を与えることになる。[*13] そのほか、加賀藩では新たな施設として壮猶館を安政元年（一八五四）に設立している。[*14] 砲術訓練には給禄の有無に関係なく参加できたために身分の低い者も多く参加していたが、全国的に攘夷気運が高揚した文久末期には、藩内が一和とならない原因が壮猶館にあるとして、所属藩士を糾弾して壮猶館廃止を主張する者があらわれるなど、厳しい状況にあった。[*15]

当時の藩主前田斉泰は、嘉永六年（一八五三）には二〇日間にわたって藩領の能登を巡見したほか、[*16]前述した壮猶館の設立、軍艦発機丸の購入、[*17]弾薬所・鋳造場・調練場といった諸施設の設立、領内の台場建設などを推進するとともに、西洋式銃砲の開発にも取り組み、金沢や江戸下屋敷での大砲調練も精力的に見学している。そして、安政二年（一八五五）八月に出された親翰では、「先代ゟ被定置候軍製（制）、容易ニ相改候も如何と致猶予置候得共、公辺ニおゐても御改革之御詮議有之由ニ候間、衆評承り候上相改候品も可有之」[*18]と、幕府の改革に言及しつつ、衆評を聞いた上で軍制の改正もあり得ると述べている。しかし、攘夷論が高揚した文久期に入ると、同三年末には西洋兵器の採用や軍制などの導入をめぐって藩上層部において相克がみられ、最終的に西洋兵器の採用までにとどめようとする斉泰と、幅広い受容を望む年寄衆とが対立する構図で表面化したが、[*19]年寄衆の背後には軍制の改正も視野に入れた壮猶館関係者がいたと考えられる。結果として、複数名の年寄が海防方御用主附の辞任を願い出、斉泰も年寄本多政均の処分を強行するなど、藩上層部が大きく動揺する事態となった。[*20]

この「西洋流」受容における藩主斉泰の認識については、その根底に夷狄観が垣間みえる。[*21]西洋諸国の脅威に対抗すべく攘夷を掲げながら、その実現のために西洋の制度や兵器を採用することは論理的整合性がとり難く、それ故に藩主として斉泰が許容し得る範囲で決断したことになるが、自身が出す親翰において「夷狄之風習」などの表現をたびたび使用していることから、[*22]斉泰が西洋諸国を日本型華夷秩序の外に位置付けて警戒・蔑視する夷狄観を有しており、それが西洋兵器は採用するも軍制は導入しないとの判断に繋がっていったと考えられる。そのため、藩士が「夷狄之風習」に浸ってしまうことを斉泰は警戒しており、藩士の小銃訓練についても、前述の銃卒は「卑賤之者」であり、彼らと同様の稽古をしてはならないと述べて西洋の足並稽古や太鼓稽古を禁止している。一方、地域の銃卒については、「卑賤之者」であるために「夷狄之風習」をある程度許容するとの判断がなされたとおもわれ、できる限り「夷風」を省くことを条件に足並稽古などを容認している。[*23]

以上、嘉永二年の海防強化令以降、加賀藩では西洋兵器の採用を推進し、安政期には軍制の改正をも視野に入れていたが、文久期に入ると藩主斉泰が西洋兵器の採用までに留めて軍制は改正しないとの親翰を出すなどの変化がみられた。幕府は文久期の改革において歩・騎・砲の三兵隊を創設しているが、これはあくまで従来の編制の外側に位置置けており、既存の軍制を解体するものではなかったといえる。[*24] このような幕府の動きは加賀藩の判断にも影響したとおもわれるが、前述した西洋諸国に対する夷狄観なども攘夷論の高揚と相俟って影響を与えたと考えられる。また、軍制の改正は藩家臣団の統制にも関係するため、慎重を期するものであったことは間違いないだろう。[*25]

(2) 大砲隊創設と銃隊訓練の実施

文久三年(一八六三)七月、加賀藩では「御前評議」が開催され、藩の最高政治意思である藩是が確定すると、翌元治元年(一八六四)二月には藩是の実現を目指した政策・理論としての「藩論」が策定され、四月末には世嗣前田慶寧が上洛することになる。当初は朝覲目的とされたが、上洛後に将軍徳川家茂帰東後の京都警衛を正式に命じられ、それを受諾したことで加賀藩も中央政局に関与することとなる。そして、同年七月一九日に禁門の変が発生すると、京都警衛の任にあった慶寧は「跡届」の形で承諾のないままに退京し、朝幕双方から強く非難された。藩存続にもかかわる厳しい状況となるなか、藩主斉泰は藩組織の再編・強化を図り、本多・村井両年寄を加判に復帰させて家老を新規に任命する一方、退京した慶寧の謹慎、在京していた年寄・家老の引責、さらには挙藩体制創出のために組み込んでいた藩士の処分を敢行したが、この四〇名余にもおよぶ一斉処分は、藩内尊攘派の一掃といった藩内イデオロギーの淘汰ではなく、藩存続の危機に際して冷徹かつ極めて現実的な政治判断(藩存続を第一義とする政治的リアリズム）によって引きおこされたものであったといえる。[*26]

そして同年一〇月、藩主斉泰は「大筒野戦炮之義、当時専要之品ニ付、旗本を初メ諸手江も可指添与存候」[*27]と、大砲隊を創設して既存の部隊に附属させる旨を宣言しており、翌月には具体的な内容を示した親翰を家中に提示している。

［史料二］

大筒八拾四挺打人之事

一、大筒一挺ニ平足軽八人、小頭壱人宛之事

一、大筒八拾四挺、此打人平足軽六百七拾弐人、壱人拾五俵宛

一、同小頭八拾四人、壱人弐拾五俵宛

但、右ハ越中引米を以相渡可然哉

一、当時家中一季居奉公人払底之様子ニ候間、一時多人数金沢ニ而召抱候様相成候而ハ、何茂家来ニ事欠指支ニ可相成候間、此足軽者郡方ゟ召抱候義を主と可致候

一、郡方之義ハ広く有之事、桛（稼）いたし候者不足障与相成候義も有間敷候間、三州ニ而大凡高弐千石之地ゟ壱人宛、強壮可然者撰出し召抱、初ゟ大筒打方等稽古致させ、足軽ニ仕立候而可然候、尤当時之銃卒之内ゟも可撰出候、又足軽共子弟ゟハ一円不召抱と云義ニ而ハ無之候得共、足軽子弟多引揚ケ候様相成候而ハ不可然候、尤小者之内ゟも申付候者も可有之候、小頭之義ハ当時割場足軽之内、并当時之大筒足軽之内ゟ茂相撰可申付候、最筒も揃不申義ニ候間、足軽茂連々ニ召抱候様致候而可然、此足軽之義ハ禄も軽く候間、平生割場勤向も緩く申付候而可然哉

一、右足軽組屋敷、犀川之上下、或ハ野町之裏等ニ而相渡可然哉

一、右切米出方之義、算用場奉行江詮儀（議）可有之候

一、若右米高指出方詮義方も無之候ハヽ、家中一統へ大筒役ニ申付候義如何可有之哉、公辺ニも近年兵賦役御取立之義も有之候、家中惣知行八拾万石と見て、百石ニ付草高壱石七斗申付候へハ壱万三千六百石ニ相成候、左候得ハ三州海辺手当方、銃卒ハ郡方ゟ仕立、大筒打人ハ家中ゟ仕立候義与相成候、併当時借知申付置候上相増候義、何茂可為難渋候間、如何可有之哉、心組之趣先ツ各迄申達候義ニ候間、尚存寄承度候、此義者先ツ算用場奉行江ハ不被申渡、前条之趣迄僉議可有之候[*28]

この斉泰の親翰では大砲八四挺の導入を想定し、一挺につき打人小頭一名、打人平足軽八名を割り当て、合計で小頭八四名、平足軽六七二名が必要と算出している。そして、その人員については武家奉公人が「払底」していることから、主として郡方より召し抱えるとする。また、最初から砲術訓練を実施して足軽に採用する旨を述べているが（打人足軽は禄一五俵）、ここでは銃卒稽古経験者や足軽子弟からの採用も考慮されている。末尾には、幕府が兵賦制度を実施していることを挙げ、加賀藩でも役米として兵賦を導入した場合について言及している。さらに、翌二年一月には再度親翰が出され、そこでは鎗・旗の数を減らして銃砲に切り替えるよう命じている[*29]。

また、この時期には文久期に導入が見送られた西洋軍制を基礎とした銃隊稽古が壮猶館でも実施されるようになったとおもわれる。元治二年三月、藩の割場奉行から三州の郡奉行に対して割場附小遣小者の募集が通達されている。

［史料二］

割場附小遣小者御用候条、御郡方之者召抱可申旨被仰渡候間、年齢十七、八才以上之者ニ而壮健成者百人、御支配之内可成新流砲術心得相望候者御詮義之上、名書歳附、砲術等級御書記、早速御指越之様いたし度、且御宛行年中御給銀八十目外壱人扶持被下之候、此段得御意如此御座候、以上

丑三月十一日　　栂貞次郎

斎田千万太郎

加州・新川・砺波・射水・能州

御郡奉行中様[30]

加賀藩には国許および江戸藩邸に割場という機関があり、管理している割場附足軽や割場附小者などを、藩内各役所からの求めに応じて配分する機能を有していた。[31] この通達では、割場奉行が加越能三州の郡奉行に対して、割場に附属させる小遣小者を郡方から召し抱えるため、一〇代後半で新流砲術の訓練を希望する者の名前や年齢、砲術等級などを書き記して提出するように求めている。この内容から、地域において砲術訓練を受けた者を金沢の割場に集約し、さらに訓練する意図が読みとれる。元百姓であった内田伊三郎は、「私儀石川郡大豆田村百姓吉右衛門三男御座候処、慶応元年御郡方之者御撰之節、割場場（附）小遣小者ニ被召抱、御宛行壱人半扶持年中御給銀八拾目被下、明治元年砲術稽古小隊入仕候ニ付、割場附小者ニ繰上被仰渡、御宛行壱人半扶持年中御給銀百目被下相勤罷在候処、尚又砲術出情心得方宜由を以、同年割場新足軽並被仰付」[32] とあり、慶応元年に郡方で選抜されて割場附小遣小者として召し抱えられ、その後稽古小隊入りにより割場附小者になると、稽古が評価されて割場附新足軽並に採用されている。また、元金沢町人の山田余所次郎も「私儀金沢小立野土取場ニ罷在候町人山屋故余所松四男ニ御座候処、文久四年新規為御用御割場附小遣小者ニ被召抱、御宛行壱人扶持年中御給銀八拾目被下之、元治元年砲術稽古小隊入仕候ニ付、御割場附小者ニ操上被仰渡、御宛行壱人半扶持年中御給銀百目被下之、慶応三年猶又砲術稽古出情仕、心掛宜由を以割場附新足軽並ニ被仰付」[33] と、文久四年に割場附小遣小者に採用されると、砲術稽古を受けた後に内田と同様、割場附新足軽並に採用されている。内田や山田の場合は、地域で銃卒稽古を積んでいないが、採用されて金沢に集められた後に銃隊の訓練を受けている。そして、彼らのように百姓・町人出身で割場附小遣小者に採用された者は、元治元年から慶応元年にかけて多くみられるが、[34] 先の通達やその後の経歴をみれば、その目的が来るべき藩直属の銃隊の創出にあったことがわかる。

以上のように、禁門の変後の加賀藩では、大砲八四挺からなる大砲隊の創設とともに、銃卒稽古の実施経験に基づいた藩直属の銃隊の創出を目指していた。そして、大幅増員となる大砲や銃隊の構成員については、百姓・町人をまず小遣小者といった奉公人格で召し抱え、割場に配属させながら訓練していた。このような銃砲隊創設の動きは、禁門の変における対応の不手際により加賀藩が存続の危機に晒されていたことや、禁門の変から長州征討へと続く国内情勢の緊迫化が相俟ってもたらされたものであり、軍事力強化による藩体制維持が当時の藩にとって重要な指標であったことを示しているが、このような軍事力の多寡を重視した現実主義的な姿勢は、近世的支配体系が機能し得なくなってきていることのあらわれともいえる。ただし、この段階においても藩は既存の軍制にはメスを入れておらず、取り立てた百姓や町人については、まずは奉公人格とすることで藩内の身分秩序に影響が出ないよう配慮がなされている。

(3) 慶応期軍制改革と藩主前田慶寧

慶応二年(一八六六)四月に藩主斉泰が隠居して世嗣慶寧が家督を相続したが、九月には将軍徳川家茂薨去および一橋慶喜の宗家相続の報が届き、朝廷からは諸侯衆議を目的とした上洛命令が出されている。この衆議は新たな国是を決定することが目的であったが、徳川慶喜を将軍に推戴する側面が強く、多くの藩が上洛を見合わせるような状況であった。そのなかで、藩主となった慶寧は上洛し、伝奏に対して「何分早々先格之通任職宣下被仰出、猶其上奉固辞候共御許容無御座、強而被仰付候様達而奉願候」[*35]と、慶喜への速やかな将軍職宣下と慶喜が固辞しても認めないよう建白するとともに、二条城で徳川慶喜に謁見して所見を申し述べている。また、この上洛中に藩主慶寧は徳川慶喜に招かれて幕府の銃隊演習を見学しており、慶喜から軍制改革の必要性を説諭されている。当時、幕府では長州征討後に大幅な軍制改革を実施しており、軍事組織の一元化を推進して大規模な西洋式の軍隊を編制していた。慶寧は帰国後、「当家軍制之儀者、先代より之規則茂有之事に候得共、方今之形勢可致差略存寄に候、就而者広く議論茂承度候間、内外大小事件無泥可被申聞候、此段被相心得、三組頭等江茂可被申聞候」[*36]と、軍制改革に対する意見を広く求め、翌三年三月には銃隊を中心とした部隊の編制を目指す旨の親翰を出している。

［史料三］

近世不容易形ニ相臨候ニ付而者、其以来中納言様《(前田斉泰)》段々被仰出之趣茂有之、就中西洋新伝之利器取用方之儀ニ付、文久度被仰出趣茂有之候処、其後亦々時勢変遷、種々御熟考之趣、家督之砌厚被仰含候御次第茂有之、方今火術盛之世与相成候ニ付而者、昨年諸士一同筋入銃相用候義申出候、其後上京之節上様御親諭致拝聴候処、斯ク不容易世態与相成候義、其故全外夷神州ヲ覬覦いたし夷狄之軽蔑ヲ招キ、彼ニ致さるゝ所有之候ヨリ人心之向背、天下之動揺ニ茂及候義ニ候、於当今者皇国之武威ヲ御振起、宇内之強国与被成、外国ヲ茂被制候処江致候得者、御国内之人心、自カラ居合可申与之御深慮、誠以御至当之御儀、方今之急務此外ニ有間敷与存候、就夫猶又勘考之上、於当家茂今般軍制令差略、銃陣編制之儀申出候、然処重大之事業ニ而、急ニ取調候場合江茂至兼候、先ツ当座之処置申出候義茂有之候、此段被相心得、家中一同江茂可被申聞候[*37]

ここで慶寧は、前藩主斉泰の対応に言及しながら、現在は火器の充実が必須の時代であると述べ、前年秋の徳川慶喜の発言に感服して加賀藩でも西洋軍制を導入すると明確に主張している。この慶寧の発言は、加賀藩で本格的に西洋軍制を導入する契機として重要であるが[*38]、「竊ニ批判いたし、此方江不申聞様之義有之候而者、畢竟疑惑ヲ生シ候基ニ而甚不本意之事ニ候」[*39]と述べて、家中に対して透明性のある意見を求めていることからも、上意下達にとどまらない、藩内が一致した体制での軍制改革を望んでいたことがうかがえる。[*40]

そして、同年一〇月に大規模な軍制改革が実施されたが、当該期の軍制改革について整理したものが［図1］である。まず、三組頭（定番頭・馬廻頭・小将頭）のうち馬廻頭が銃隊馬廻頭となって一二名から六名に集約され、配下の馬廻組も銃隊馬廻組に変更された（そのほか定番組・射手・組外も順次解体して銃隊馬廻組に組込）。また、人持組頭が率いる七手組に附属していた先手物頭を廃止して銃隊物頭・砲隊物頭を新たに任命し、その下に銃隊物頭組と砲隊物頭組が創設された。[*41] そして、翌一一月には新たな軍制を基礎とした大隊編制の親翰が出されている。

［史料四］

此度軍制令差略、馬廻組立等相改銃隊馬廻六組ニ申付、銃隊物頭四組、砲隊物頭一組指添、一大隊ニ令編成、組士ハ其基礎隊ニ候、猶此後組士之内ヨリ騎兵をも可取立筈ニ候、銃隊馬廻頭、右大隊惣司タル事ニ候条、其旨可相心得候

一、銃隊物頭四組、砲隊物頭一組ハ、馬廻士隊之前後左右、戦略之様子ニヨリ馬廻頭心次第ニ可相備、先ニ備フル銃隊物頭、臨時撒戦之業ヲモ可成、又一組ハ小荷駄之締并弾薬運送之締方ヲモ可相兼、右銃隊物頭四組前後繰々可相勤候

一、時ニ臨ミ大砲別手働ニ用ユル時ハ、銃隊物頭之内一組衛護トシテ相添可分之

一、銃隊馬廻六大隊之義者、是迄之通旗本前脇備本務ト相心得、出動之節前左右繰々タルヘシ、時ニ臨ミ別手働之節、馬廻一組或半組指遣候義モ可有之、銃隊物頭モ二組或ハ三組、砲隊モ半隊相添ユル義モアルヘク候

一、一大隊臨機変化備之図、別紙相渡之候、戦略ニヨリ変化可有之義ニ而、必ス一概之形ハ有ましく候、此旨得与可相心得候

一、軍役之義ハ、追而軍役帳相改候上可相渡候

十一月　御印

銃隊馬廻頭中

[図 1] 慶応末期加賀藩軍制改革モデル図

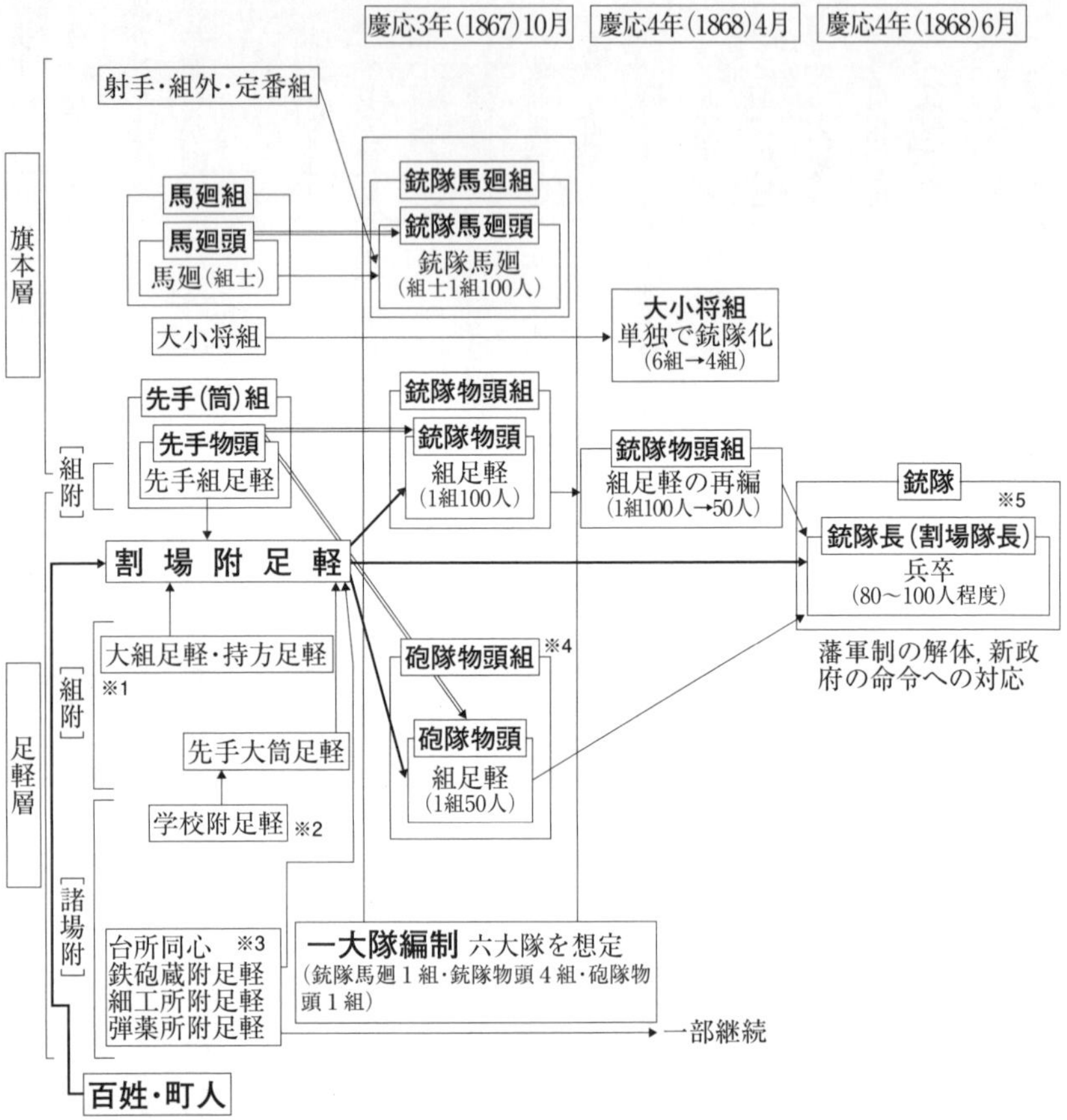

※1　組附の足軽は解体され，割場附足軽に編制した上で銃隊組に配属.

※2　学校附足軽は先手大筒足軽に改編後，さらに割場附足軽となる.

※3　諸場附の足軽の場合，一部を割場附足軽に分配し，残りは諸役所廃止まで存続（分配しない諸場附も存在）.

※4　砲隊物頭の各組は戦地である越後において砲門毎に解体され，各銃隊に附属.

※5　銃隊長は銃隊物頭や砲隊物頭とは異なり，大小将組など頭層ではない組士から選任されている.

（後略）[*42]

これは、銃隊馬廻頭に対して出された親翰だが、同様に銃隊物頭・砲隊物頭にも出されている。ここでは、銃隊馬廻頭が率いる一組に対して銃隊物頭の隊を四組（基礎隊となる銃隊馬廻組の前後左右に配置）、砲隊物頭の隊を一組配置して一大隊とし、合計で六大隊を構想しており、さらに大隊を臨機応変に分隊して展開する場合なども想定している。実際、京都向の兵力増員として一一月に銃隊馬廻頭の原七郎左衛門が上洛したが、その際には、「組士百人、番頭二人、使役三人、銃隊物頭四人組足軽百人、砲隊物頭一人組足軽五十人、司令役二十六人ヲ率テ京師ニ往カシム」[*43]とあり、まさにこの一大隊を引率して上京していることから、慶応末期には西洋軍制に基づいた藩軍事力がひととおり構成されていたことがわかる。また、当該期には銃隊編制に不可欠である足軽を確保するために、組附の足軽、諸場附の足軽を随時廃止・縮小して割場附足軽を大幅に増員している（[図1]）。例を挙げると、土田太左衛門は父の跡を継いで持筒大組足軽に召し抱えられ、慶応三年七月から京都守衛御用として在京していたが、帰藩した一二月に「軍制御差略、組建御指止」により割場附足軽となっている[*44]。また、高木蟻之助は先手大筒組足軽であったが、同様に「軍制御指略、組建御指止」によって割場附足軽となっている[*45]。そのほか、足軽子弟や若党からの増員、家中の普請役廃止にともなう兵賦徴発も企図されている[*46]。そして、元治から慶応期にかけて百姓・町人を割場に附属させて奉公人格で訓練していた者たちを、この時期に割場附新足軽並へと繰り上げて採用しており（禄一五俵、苗字許可）、前述した内田伊三郎や山田余所次郎も割場附小者から割場附新足軽並へと格上げされている。さらに、このように大幅に増員された割場附足軽や割場附新足軽並のなかから、銃隊物頭および砲隊物頭配下の組足軽が編制され、ここで取り上げた土田・高木・内田・山田はいずれも組足軽として編制されている。なかでも、高木は砲隊物頭岡田助三郎配下として慶応四年正月には藩領である江州海津への出張を命じられており、内田は銃隊の春日於菟男隊に配属されて北越戦争に参加している。

以上みてきたように、加賀藩では藩主斉泰のもとで諸外国の脅威に対する備えとして、嘉永期以降藩軍事力の増強が図られている。そのなかで、西洋軍制の導入に関しては、当時の政治情勢や幕府の動向、夷狄観などにより斉泰が慎重な姿勢を示したことで、文久末期には斉泰と年寄衆が対立するような状況となっていった。また、藩直属の軍事力に先駆けて百姓・町人によって構成された三州各地の銃卒が「卑賤之者」とされながらも西洋軍制に適応していくという状況も生じている。そして、慶応二年に家督を相続した前田慶寧が同年秋に上洛して以降、本格的な軍制改革が加賀藩で企図され、同三年秋には大隊が編制されている。この一連の改革については、加越能三州沿岸で実施された銃卒制度や大砲隊の創設といった、前藩主斉泰による政策の延長上にあると評価できよう。[*47] そして、銃砲隊を構成する組足軽の確保については、藩の割場が重要な役割を果たしていた。旧来の組織に属していた足軽を割場に集約するとともに、百姓および町人出身で、小遣小者や小者として既に割場に配属させていた者を新足軽並として採用し、数千人規模となる人員を創出している。このような農兵ではなく新足軽並として新規に編制する藩の姿勢については、形式的な身分変更にすぎなかったとしても近世身分秩序の維持を図ろうとしたものにほかならず、禁門の変以降は近世的支配体系を維持しながら藩軍事力の強化を可能な限り推進していくことが、藩の主要な課題となっていたことがうかがえる。

2　戊辰戦争の展開と加賀藩

(1)　戊辰戦争における北越戦線への動員

天皇の叡慮のもと、徳川家への政権委任を基本とした公武一和体制の構築を藩是とした加賀藩は、その実現に向けて徳川家を政治的・軍事的に支援することを「藩論」としていた。そして、慶応三年（一八六七）一二月上旬には藩主慶寧が周施のために上洛したが、王政復古の混乱によってすぐさま帰国している。その後、鳥羽・伏見戦争の直前に出された徳川慶喜の直書に呼応し、徳川家支援を鮮明にして派兵を試みたが、七日に徳川慶喜討伐令が出されて徳川家が朝敵と見做されると周旋を断念し、以降は新政府への恭順を「勤王」のあり方として受容していく。[*48]

新政府は、九日に高倉永祜を北陸道鎮撫総督（のち先鋒総督兼鎮撫使）、四条隆平を副総督に任命して、北陸諸藩の制圧に向かわせている。まず、一五日付で各藩の去就を糾問する書が出されると、加賀藩では二月六日に年寄奥村栄通が藩主名代として誓約書を提出しており、[*49]高倉一行が三月二日に金沢に到着して大号令・制札・農商布告・天皇元服の大赦令・窮民救恤の通達が示された際も、[*50]奥村が名代となり五日に請書を提出している。さらに、藩主上洛も含めた内容の達書が出されたことから、前藩主の斉泰が病の藩主慶寧に代わって二月下旬に上洛している。[*51]このように加賀藩は恭順の姿勢を示していくことになるが、新政府の「錦旗」に象徴される政治的優位性や最新兵器の威力を背景とした軍事的優位性が、諸藩に反論を許さずに帰順させていく大きな要因となったと考えられる。[*52]

そして、北陸道への親征については二月の段階で京都詰家老前田孝錫が先鋒を願い出たが、動員する藩は決定済であるとして却下されている。しかし、越後方面の情勢が緊迫化したことから、四月一五日に薩摩・長州に加えて加賀にも北国筋を鎮圧するようにとの朝命が出されたため、藩は在京の銃隊物頭小川仙之助・箕輪知大夫に部隊を整えて出兵するよう命じている。[*53]この小川・箕輪の両名は、配下の組足軽を有していなかったため、官軍として動員されるべく、帰国後に自身の部隊編制に取りかかっている。[*54]当初は在京の段階で選抜しようと試みたが京都では二八人しか集まらず、残りの人員を金沢で確保するために編制済の部隊から強壮の者を選抜して歩兵名簿を作成し、小川・箕輪両隊の小隊司令役が鬮を引いて奇数を小川隊、偶数を箕輪隊に割り振って部隊を編制している。[*55]

また同時期、金沢では越後筋より藩領内を通行して上洛を目指す浮浪の輩がいるとの風聞があり、加賀藩は銃隊馬廻頭斎藤与兵衛以下、各部隊を越中境付近まで派遣している。[*56]これら部隊は斎藤に加え、銃隊物頭高畠猪大夫・杉本美和介・近藤新左衛門・金子篤太郎、砲隊物頭水上喜八郎の各組で構成されていたことから、銃隊馬廻頭斎藤与兵衛を惣司とした一大隊であったことがわかる。ただし、この一大隊は先の朝命に対応した小川・箕輪の部隊とは異なり、あくまでも藩領境の警備を目的として藩が独自に派遣した部隊であったことから、在京の聞番里見亥三郎は出兵した旨を新政府に届け出ている。[*57] 新政府が二月に出した戊辰戦争の動員規程では、各藩独自の軍制に基づいた動員を認めておらず、統一した軍事動員を企図していることから、加賀藩独自の軍制で動いていた斎藤らの部隊はこの段階では官軍ではなかったことがわかる。

以上のように、斎藤ら一大隊は小川・箕輪の部隊とは異なる理由で出兵していたが、越後高田藩主榊原政敬から有事の際の援軍要請が届いたことから状況が一変する。当時、高田藩は態度が不明確であると見做されており、[*58] 特に旧幕府歩兵が侵入した件への対応をめぐり、信州諸藩との関係が緊迫化したことで加賀藩に救援を依頼している。その結果、越中泊に滞在していた斎藤らに対して、高田藩から要請があれば出兵するようにとの命令が国許から出されたことで、斎藤らは藩領の警備に加え、越後方面への対応も意識することになった。[*59]

そして閏四月八日、斎藤ら一大隊は新政府から官軍への附属を正式に命じられ、一二日と一三日に分けて越後高田へ向かっている。[*60] 斎藤与兵衛の由緒帳には「組共并附属之鉄砲物頭等出張被仰付、泊駅ニ守衛仕、同月同所出立、下越後筋江右組共附属之物頭等為官軍出陣被仰付」[*61] とあり、斎藤隊の小隊司令役であった阿部甚十郎の由緒帳では、「閏四月朔日泊駅江着陣罷在候内、官軍出兵被仰渡、同十三日同所発軍、越後地江繰出候」[*62] とある。ただ、この官軍への附属命令が高田周辺の情勢を踏まえた内容であること、越後柿崎で参謀と面会した際に、はじめて軍令状と海陸軍諸法度が示されていることなどから鑑みると、斉藤らの官軍附属は急遽決定した蓋然性が高い。[*63]

しかしながら、このような経緯で官軍となった斎藤ら一大隊は、加賀藩の軍制に基づいた一大隊として動員されることなく、分散・解体されて小隊（もしくは半隊）として動員された（砲隊水上喜八郎隊は砲門毎に解体され、他の小隊に附属)。これは、新政府が各藩独自の軍制による動員を認めず、薩摩・長州と同様に小隊を基本単位として動員したためと考えられる。しかし、このような動員のあり方は一大隊を派遣している加賀藩としては本意ではなかったとおもわれ、五月には惣司の斎藤与兵衛に対して藩主慶寧が親翰を出している。

[史料五]

其方組并鉄砲物頭等越中境迄出張申付候之処、参謀申立候趣有之、重而越後米山迄出張、鉄砲物頭等者鯨波まて出陣、既ニ及戦争候得共、元来境迄出張申付候処、不得止事次第ニ付右ケ所迄致出張候而已ならす、参謀乍指図一軍之内物頭等離散働致し候義、勝利ニ不拘一同心外之筋ニ可有之哉与察入候、其方共事者取扱振茂有之、一ト手之働茂予而致委任置候事ニ候得者、今度官軍附属として割場兵隊差向候条、右着次第其方組曁物頭等一手之者引纏可有帰陣候、乍併敵之模様ニ有之義ニ候へハ、臨機之処置者其方可任了簡候、横目・使番江此旨為申聞帰陣いたし候様演述可有之、猶委細之義ハ六左衛門江申入置候間、其旨可相心得候、以上

五月七日　(前田慶寧)御朱印

斎藤与兵衛殿[64]

本来、越中境までの出張であった斎藤ら一大隊が参謀の意向によって越後まで動員されたこと、参謀の指示で一大隊が分散・解体されて戦闘に参加していることに触れ、以降は官軍への附属を想定した部隊を改めて編制して派遣するので交替するように命じている。この交替の理由として、本来の扱いを受けていない斎藤らが「勝利ニ不拘一同心外」であろうと藩主慶寧が察した故とあるが、必ずしも官軍への附属を想定していない部隊をひとまず金沢に戻し、対応すべく構成された部隊を重点的に派遣して成果を上げようとする藩側の意図もあったのではないか。

ともあれ、金沢では早い段階から官軍への附属を想定した部隊編制に着手していた。官軍附属を命じられた小川仙之助・箕輪知大夫が帰国し、金沢で部隊を編制する際、「今度銃隊編制方改革ニテ一隊ヲ五十人ト定メ[65]」とあり、こ

の頃に銃隊編制の改編が実施され、加賀藩が設定していた銃隊一隊一〇〇人から五〇人に変更されている。実際、前年の慶応三年秋に編制されていた銃隊物頭の各組がこの時期に解体されており、その配下の足軽が割場附足軽として一旦藩の割場に戻された上で、再度新しい部隊に配属している（[図1]）。例えば、割場附足軽の古田直之丞は、同四年四月に銃隊物頭中西太郎左衛門組へ配属となったが、すぐさま「銃隊組不残割場附ニ御改」につき割場附足軽に戻され、翌月には再び中西太郎左衛門の下に編制されて越後に向かっている。[*66] また、土田幾久尾は銃隊物頭奥村条助組に配属後、やはり「銃隊組建御指止」によって割場附足軽となり、同四年六月に銃隊馬廻頭津田権五郎組に配属されて越後に赴いている。[*67]

その後、新規に編制された部隊については、一組八〇人程度で構成することが伝えられているが、[*68] この時期に新設された銃隊長が部隊長として任命されるようになる（[図1]）。この銃隊長については、以前の銃隊物頭・砲隊物頭が物頭や番頭など頭役の者から任じられていたのに対し、その配下であった組士の中から任じられているのが特徴といえる。また、既に越後に入っていた組に対しては、「物頭役隊長出張指止」の親翰が出されている。[*69] 閏四月末から現地に入っていた銃隊物頭中西太郎左衛門は、「今度物頭出張御指止ニ付、兵隊之儀隊長今井久太郎・春日於菟男江引渡可申旨被仰下」たため、配下の足軽を今井・春日の両名に引き渡し、自身は一旦本営詰となっている。[*70]

(2) 戦線に動員された部隊の構成

このように加賀藩ではわずか半年で部隊の編制を大幅に変更しているが、戊辰戦争に参加した部隊長を一覧にしたものが[表1]である。斎藤ら一大隊（表1No.3・5〜8・16）や小川・箕輪の部隊（No.9・10）が早い段階から越後に入るなか、五月下旬から六月にかけて[史料五]で藩主慶寧が述べていた追加の部隊が投入されている。この追加部隊は、杉浦善左衛門（No.11）、太田小又助（No.12）といった銃隊物頭を隊長とする部隊と、木村実之助（No.21）、春日於菟男（№22）のような新規に任命された銃隊長が率いる部隊とが混在している。そして銃隊長についても、春日ら金沢で任命された後に戦地へ向かった者と、木村のように当初は他の部隊の構成員として現地入りし、現地で銃隊長に任命された者に大きく分かれている。

これらの部隊が閏四月末の越後鯨波での戦闘を皮切りに戦闘を繰り返しながら北上し、五月と七月の二度にわたる長岡城攻めなどに参加している。なかでも、小川仙之助隊は長州の報国隊、薩摩の三番徴兵隊とともに「抜群強兵」と称えられたとされ、[*71]津田正邦（№1）の部隊は七月の長岡城再攻撃において、城内突入の際に戸板に乗せられて退却する河井継之助を目撃、討ち漏らしたことが後日談として記されている。[*72]その後、加賀藩の部隊は会津方面と庄内方面に分かれて進んでいるが、七月の長岡での戦闘以降は主に後方支援と守備兵である戍兵として活動し、占領した城の警備や会津藩降伏人を護送する任務に就いている。また、［表1］では四〇名を超える部隊長が確認できるが、「加賀藩北越軍事輯録」によれば、原余所太郎（№26）までが先発隊で、戦闘にも多く関与したとして藩による戦後の褒賞も大きい。また、山村甚之助（№27）から半井全吉（№30）までは後発隊とされ、彼らは長岡制圧以降に出張している。そして姉崎石之助（№31）以降は戍兵（守備兵）とされ、制圧城下の警備や降伏人の護送に従事している。このように多くの部隊が北越戦線に投入されたが、必ずしも藩の割場から兵卒を供給できたわけではない。人持組から派遣された津田正邦（№1）、今枝直応（№2）は自身の家臣による部隊であり、銃隊長山村甚之助は年寄本多政均の家臣から、横地秀之進（№28）は年寄長連恭および人持組の山崎範淑・伊藤正道・深美秀宣・富田貞固の各家臣から、半井全吉は年寄横山隆平、人持組横山政和の各家臣によって部隊を編制している。つまり、先発隊は戦闘が想定される部隊として割場で訓練を受けた者たちであり、後発隊は重臣家が個々に訓練した者たちを兵卒として供出させて編制したと考えられる。[*73]

では、実際に派遣された部隊はどのような構成であったのか。ここでは、六月に出発して越後で戦闘に加わった春

	出発（金沢）	帰着（金沢）	備考※1
中高岡まで出張，越後筋の状況が不穏なため前線で戦う	4月（6月越後筋出張）	10月27日	自身の家中を率いて参加，戦功により佩刀，鞍馬，3000両拝領
警備，その後長州征討に参加，明治元年4月手が不穏なため北越戦争に参加	4月（6月越後筋出張）	11月3日	自身の家中を率いて参加，戦功により刀，時服，3000両拝領
帯，また先手物頭から小将頭，新兵頭をへてに一大隊の惣司として出張，滞在中に官軍附	4月24日（閏4月8日越後筋出張）	8月	越中境滞在中に出張命令
争で羽州鶴岡まで出張	6月24日	11月1日	戦功により200両拝領
物頭，先手物頭を歴任し，**銃隊物頭**任命後に斎参加	4月24日（閏4月8日越後筋出張）	6月下旬	越中境滞在中に出張命令，戦功により時服，300両拝領
る一大隊の一隊として北越戦争に参加	4月24日（閏4月8日越後筋出張）	8月25日	越中境滞在中に出張命令，戦功により200両拝領
制差略により寄合馬廻番頭をへて**銃隊物頭**，に参加	4月24日（閏4月8日越後筋出張）	8月17日	越中境滞在中に出張命令
松任町奉行を歴任，一旦免除後，頭並，高岡町任，**銃隊物頭**となり斎藤率いる一大隊の一隊	4月24日（閏4月8日越後筋出張）	8月17日	越中境滞在中に出張命令
京都にて官軍として出兵するよう命じられ，月の長岡城攻めなど激戦に参加	閏4月18日	7月中旬	4/15京都にて任命，戦功により150石加増
に砲隊物頭，その後**銃隊物頭**となり官軍としを編制し北越戦争に参加	閏4月18日	8月21日	4/15京都にて任命，戦功により時服，300両拝領
頭，持弓頭となるが一旦全て免除，その後別宮行の護衛の任務後，北越戦争に参加	6月15日	11月1日	
目，先手物頭となるが役儀免除，その後河原山争に参加	6月15日※2	11月3日	
番頭，先手物頭となるが軍制差略により物頭参加	6月15日	11月1日	戦功により100両拝領
水郡奉行，高岡町奉行を歴任し，その後頭並，省かれるが再度編制して北越戦争に参加	7月※2	10月27日	戦功により100両拝領
馬廻番頭をへて**銃隊物頭**，北越戦争参加後にを解体するが，怪我をした高畠猪大夫の代わ	閏4月28日	10月5日	6/1に現地で隊を解体後，更に高畠隊を率いる，戦功により70両拝領
頭，先手物頭を歴任し，軍制差略後に物頭並，に参加	4月24日（閏4月8日越後筋出張）	7月18日	越中境滞在中に出張命令，戦功により100両拝領
り）北越戦争に参加，その後頭並として越後本	4月※2	7月※2	戦功により100石加増
加）	4月※2	死亡	参謀附属の長州の者を誤射したとして自刃
	4月※2	死亡	堀死亡後に隊を率いたが6/25の戦で死亡，戦功により時服，300両拝領
として上京を2度経験するが，新兵組指止により富山藩加勢として北越戦争に参加	7月	11月14日	戦功により100両拝領
奉行を歴任し，筒運送方御用として北越戦争藩加勢	6月1日	11月14日	7/5現地にて銃隊長
なり北越戦争に参加	5月23日	10月22日	6月現地にて中西半隊を引き受け，戦功により時服，300両拝領
組半隊司令役となり定役は免除，その後に割場附属して北越戦争に参加，現地にて**銃隊長**	閏4月28日	9月23日	元料理人，6/1現地にて銃隊長，戦功により70両拝領
妙法寺にて**銃隊長**	4月24日	10月13日	5/13現地にて銃隊長，6/1部隊引受，戦功により100両拝領
隊派遣につき**銃隊長**となり北越戦争に参加	5月22日	10月23日	戦功により100両拝領

[表1] 北越戦争に出兵した加賀藩隊長一覧

No	職名(就任日)	前職 ( )内は元職	名	禄高	経歴
1	人持組 (文久元年7月)	–	津田正邦 (玄蕃)	10000石	慶応4年2月に**家老役**,4月に手当として越 北越戦争に参加,7月の長岡城攻めでは最
2	人持組 (文久3年2月)	–	今枝直応 (民部)	14000石	禁門の変後に京都へ出張し仙洞御所など 当として越中境まで出張,越後筋の状況
3	銃隊馬廻頭 (慶応4年2月)	新兵頭	斎藤与兵衛	450石	能州郡奉行,加州郡奉行,宮腰町奉行を兼 **銃隊馬廻頭**,慶応年4月越中境警固のため 属として北越戦争に参加
4	銃隊馬廻頭 (慶応4年4月)	小将頭	津田権五郎	500石	新兵頭,小将頭をへて**銃隊馬廻頭**,北越戦
5	銃隊物頭 (慶応3年10月)	(先手物頭)	高畠猪大夫	150石	大小将組から馬廻番頭,組外番頭,慶寧附 藤率いる一大隊の一隊として北越戦争に
6	銃隊物頭 (慶応3年11月)	(慶寧附物頭)	杉本美和介	200石	慶寧附物頭免除後に**銃隊物頭**,斎藤率い
7	銃隊物頭 (慶応3年12月)	寄合馬廻番頭	近藤新左衛門	1400石	大小将番頭,組外番頭,慶応3年10月の軍 斎藤率いる一大隊の一隊として北越戦争
8	銃隊物頭 (慶応3年12月)	頭並	金子篤太郎	350石	大小将組,砺波射水郡奉行,加州郡奉行, 奉行,砺波射水郡奉行,金石町奉行を歴 として北越戦争に参加
9	銃隊物頭 (慶応4年1月)	新兵番頭	小川仙之助	310石	新兵番頭から**銃隊物頭**(在京中は組省), 帰藩後に部隊を編制し北越戦争に参加,5
10	銃隊物頭 (慶応4年4月)	砲隊物頭	箕輪知大夫	350石	大小将組から組横目および横目,上京中 て出兵するよう命じられ,帰藩後に部隊
11	銃隊物頭 (慶応3年11月)	(持弓頭)	杉浦善左衛門	800石	大小将組から組横目および横目,先手物 留所在番をへて**銃隊物頭**,慶応4年勅使通
12	銃隊物頭 (慶応4年2月)	(先手物頭)	太田小又助	300石	大小将組から組横目および横目,富山横 口留所在番をへて**銃隊物頭**となり北越戦
13	銃隊物頭 (慶応4年4月)	物頭並	田辺仙三郎	300石	馬廻組から小松馬廻番頭,慶寧附大小将 並,慶応4年に**銃隊物頭**となり北越戦争に
14	銃隊物頭 (慶応4年3月)	銃隊馬廻番頭	青地半四郎	400石	馬廻組から大小将組,加州郡奉行,砺波射 銃隊馬廻番頭をへて**銃隊物頭**,一旦組を
15	銃隊物頭 (慶応4年4月)	銃隊馬廻番頭	中西太郎左衛門	180石	兵士使役から頭並,会所奉行となり銃隊 現地で「物頭役隊長出張差止」をうけて隊 りとして隊を率いる
16	砲隊物頭 (慶応4年4月)	物頭並	水上喜八郎	200石	馬廻組から大小将組,大小将番頭,組外番 近習御用をへて**砲隊物頭**となり北越戦争
17	銃隊物頭代 (未詳)	未詳	宮崎久兵衛	450石	馬廻組,割場奉行の後,(銃隊物頭代とな 営詰
18	未詳	未詳	堀丈之助	150石	大小将組,割場奉行(その後北越戦争に参
19	未詳	未詳	水野徳三郎	未詳	未詳
20	銃隊物頭代 (慶応4年7月)	大小将組	多田権太郎	100石	馬廻組,京都御守衛兵士指引役,新兵棟取 り大小将組に加わると,**銃隊物頭代**とな
21	銃隊長 (慶応4年7月)	大小将組	木村実之助	200石	馬廻組から大小将組となり割場奉行,筒 に参加,現地において**銃隊長**となり富山
22	銃隊長 (慶応4年5月)	大小将組	春日於菟男	250石	慶寧附大小将組から大小将組,**銃隊長**と
23	銃隊長 (慶応4年6月)	割場小銃方教授 臨時半隊司令役	雪野順太郎	7人扶持	料理人,二御丸御広式御膳所定役となるが, 小銃方教授臨時半隊司令役となり中西隊に
24	銃隊長 (慶応4年5月13日)	未詳	津田十之進	400石	斎藤与兵衛組にて北越戦争に参加,越後
25	銃隊長 (慶応4年5月5日)	大小将組	今井久太郎	300石	大小将組,割場奉行のち壮猶館教授役,銃

	出発 （金沢）	帰着 （金沢）	備考
	5月23日	8月28日	6/5に元浅井和大夫組を引受，戦功により100両拝領
隊長となり北越戦争に参加	8月 （7月29日任命）	（明治2年） 2月5日	本多政均家家臣により隊を構成
	8月※2	（明治2年） 2月5日	長連恭，山崎範淑，伊藤正道，深美秀宣，富田貞固の各家家臣で隊を構成，戦功により金5000疋拝領
	8月※2	（明治2年） 2月14日	戦功により金1500疋拝領
た後に戍兵，会津降伏人を東京へ護送	8月3日	（明治2年） 2月14日	横山隆平，横山政和各家の家臣により隊を構成
用となり，御歩頭，小将頭，馬廻頭をへて**銃隊**	9月※2	未詳	
となり北越戦争に参加，会津降伏人を高田まで	9月	（明治2年） 2月6日	
なり北越戦争に参加，戍兵および会津降伏人	9月23日	（明治2年） 2月6日	
戍兵および会津降伏人護送	9月	（明治2年） 1月17日	
	未詳	未詳	
銃隊長，北越戦争に参加し戍兵および降伏人	9月27日	（明治2年） 1月17日	
は未詳）	未詳	（明治2年） 3月13日	
争への出陣命令が出るが後に取消し	出陣せず		
組，銃隊物頭近藤新左衛門組の小隊司令役，慶 役儀を免除されるが復帰，**銃隊長**となった後 戍兵および会津降伏人を護送	12月10日	（明治2年） 3月13日	
上に対応，**銃隊長**となり銃隊馬廻頭姉崎石之	9月29日	10月25日	
上に対応，慶応4年の前藩主前田斉泰上洛御 て北越戦争への出陣命令が出るが後に取消し	出陣せず		
羽・伏見の戦が発生，物頭代となり富山加勢と し，さらに**銃隊長**となり戍兵として北越戦争	12月	（明治2年） 2月3日	

備兵）として派遣されている（金沢市立玉川図書館近世史料館所蔵「加賀藩北越軍事輯録」巻4）.
「先祖由緒并一類附帳」を中心に「諸頭系譜」「知行高現石人員調帳」「北越戦記」「越後より凱陣

を頂戴した者もいる.

No	職名(就任日)	前職 ( )内は元職	名	禄高	経歴
26	砲隊長	大小将組	原余所太郎	150石	未詳
27	銃隊長 (慶応4年7月)	大小将組	山村甚之助	500石	御附(慶寧か)大小将組から大小将組,**銃**
28	銃隊長	未詳	横地秀之進	300石	未詳
29	銃隊長	未詳	堀悌四郎	450石	未詳
30	銃隊長 (慶応4年7月)	大小将組	半井全吉	250石	大小将組から**銃隊長**,北越戦争に参加し
31	銃隊馬廻頭 (慶応3年10月)	馬廻頭	姉崎石之助	300石	大小将組,物頭並聞番や富山藩財用方御 **馬廻頭**として北越戦争に参加
32	銃隊長 (慶応4年8月)	大小将組	駒井清二郎	700石	慶寧附御附大小将組から大小将組,**銃隊長** 護送
33	銃隊長 (明治元年9月)	大小将組	津田新五郎	650石	慶寧附大小将組から大小将組,**銃隊長**と 護送
34	銃隊長 (明治元年9月)	大小将組	中村主膳	800石	大小将組,**銃隊長**となり北越戦争に参加,
35	銃隊長	未詳	山本鹿之助	200石	未詳
36	銃隊長 (明治元年9月)	大小将組	寺西梅之助	170石	大小将組,組外,馬廻組,大小将組となり を護送
37	銃隊長	未詳	井上醒次郎	250石	馬廻組,割場奉行および武具奉行 (以降
38	銃隊長 (明治元年9月)	銃隊馬廻組	田辺菊馬	200石	馬廻組,銃隊馬廻組をへて**銃隊長**,北越戦
39	銃隊長 (明治元年8月)	銃隊馬廻組	柳源之丞	150石	組外,馬廻組,軍制差略により銃隊馬廻 応4年4月の銃隊足軽の組人数改正により に待機命令が出るが,北越戦争に参加し
40	銃隊長 (明治元年8月)	銃隊馬廻組	後藤国介	230石	馬廻組,越中東岩瀬在番詰や水戸浪士西 助に附属して北越戦争に参加
41	銃隊長 (明治元年9月)	馬廻組※3 (銃隊馬廻組)	中村逸平	500石	馬廻組,越中東岩瀬在番詰や水戸浪士西 供,帰藩後に**銃隊長**となり,富山加勢とし
42	銃隊長 (明治元年11月)	馬廻組※3 (銃隊馬廻組)	野尻余所蔵	150石	組外,馬廻組,京都詰の際に王政復古,為 して北越戦争への出陣命令が出るが取消 に参加

(注) 原余所太郎までは先発隊, 山村甚之助から半井全吉までは後発隊, 姉崎石之助以降は戍兵 (守
隊長については上記「加賀藩北越軍事輯録」の名簿順とし, 禄高や経歴, 出発・帰着については,
之面々へ御意等調一巻」などで作成した (すべて同館蔵).
※1 備考欄には戦争参加の経緯や褒賞についてまとめたが, そのほかに藩主から御意を蒙り料理
※2 具体的な日付が未詳であるが, 複数の史料によりおおよその時期が判明したものを挙げた.
※3 馬廻組とあるが, 時期から考えると銃隊馬廻組とおもわれる.

日於菟男隊について整理してみたい。春日隊について「北越出兵諸調理并記録」[*74]では隊長以下、司令役や合図役、伍長などを含めると総勢一一〇名で、そのうち五四名の「先祖由緒并一類附帳」が確認できるが、それをまとめたものが［表2］である。隊長の春日於菟男は大小将組から銃隊長になった人物であり、司令役はいずれも過去に稽古世話役など銃砲の指導経験がある割場奉行支配の御歩並である。また、伍長は割場附足軽小頭・同小頭代・同足軽から幅広く選任されている。そして、兵卒については由緒帳が現存する三五名中七名は、父親が割場支配御歩並や、割場附足軽・持筒足軽といった足軽身分で、そのうち四名は藩に採用された段階から割場附足軽である（二〇俵）。残りの二八名については、八名は父親が割場附小者や割場附小遣小者（元百姓・元町人含む）といった身分で、自身も父と同様の身分で藩に採用されていた者である。そして一六名が百姓身分から新規に割場附小遣小者として採用された者で、河北郡や能美郡といった地域で銃卒稽古を経験し、その後金沢引き送りとなって採用された者が五名確認できる。また、町人身分から採用された者も四名いるが、うち一名は輪島での銃卒稽古経験者である。彼らは、割場附として銃隊訓練を経験したのちに春日隊（および中西隊で後に春日隊へ合流）に配属となるが、配属の際には割場附新足軽並に採用されている（一五俵）。

これら現存する由緒帳によれば、隊長の春日於菟男以外は藩の割場に所属する者で構成されていたことがわかるが、兵卒の八〇％がもともと足軽身分ではなく、さらに五七％が百姓・町人出身であったことが傾向として読みとれる。なかには、山村仁左衛門（No.28）のような元陪臣の足軽が割場に附属となった例や、[*75]縄村庄兵衛（No.54）のように頭振百姓から重臣家の小者となり、その後割場に附属となった例もあるなど、実に多様である。今回は春日隊の分析のみではあるが、他の部隊も概ねこのような構成であると推定され、元治期以降に郡方・町方から採用された者の多くが割場附となり訓練を受け、その後兵卒として実戦に投入された過程がみえてくる。

そして、長岡制圧後の加賀藩の部隊は、主に後方の警備や降伏人の護送に従事し、明治二年三月までに金沢に帰着しているが、参加した人員は総勢で約七七〇〇人、死傷者も二六〇人（戦死者七二人）にのぼるなど、藩にとって大きな戦争であった。[*76] 戦後には戦功書を新政府へ提出するとともに藩内でも賞功慰労がおこなわれ、功績があった者はその功績に応じて優等・上等・中等・下等の四段階に区分され、さらに上等以下は一級から四級の分類により計一三等級で評価されている。[*77] 優等は秩禄加賜もしくは昇任し、上等以下には賞金が支給されている（五両〜七〇両）。[*78] 賞金支給の者は一四〇〇人余が該当したが、最も多いのは下等四級（五両）の三〇七人で、以下、下等二級（一五両）二五〇人、下等三級（一〇両）一二四人と続き、下等全体では七九五人にのぼる。ちなみに、最も功績があった優等には前述の小川仙之助やその部下高畠全三郎など九人が選ばれている。そして、この賞功は総額二万二三二〇両余りにも及んでおり、結果として藩財政にのしかかる形となった。

以上、加賀藩では慶応四年四月一五日に出された官軍附属の朝命により、在京藩士小川仙之助・箕輪知大夫に出兵を命じたことが北越戦争参加の契機となったことがわかる。一方、別の目的で越中境に出張していた藩士斎藤与兵衛以下一大隊も閏四月八日に官軍附属を命じられ、以降は加賀藩の部隊が本格的に戦地へ投入されることになる。しかし、慶応三年秋の軍制改革で編制された加賀藩の大隊編制は、政府参謀の意向により分散・解体の上で動員されてしまい、有効に機能させることが困難であったため、金沢では銃隊物頭による組建を一旦解体して割場へ足軽を集約し、新政府の動員に沿った部隊を再度割場から編制し直して派遣している。また、それを率いる部隊長も銃砲隊物頭から銃砲隊長へと切り替えられている。また藩の割場についても、元治期以降は銃砲隊の訓練を受ける者が附属する機関に位置付けられ、その役割は拡大していったが、今回分析した春日隊を構成する人員の多くは百姓・町人出身であり、割場は戊辰戦争において加賀藩が北越戦線に派遣する人員の供給装置としての役割を果たしたといえるだろう。

	父親
	馬廻組
	未詳
	割場奉行支配御歩並
	割場附足軽
	割場附足軽
割場附新足軽並	百姓
	割場附足軽小頭
	割場附足軽
	割場附足軽
	割場附足軽
	割場附足軽
	組足軽
軽→割場砲術方世話役手伝→割場附足軽小頭代	町人
	先弓足軽
	組足軽
	割場附足軽
	割場附足軽
	割場附足軽
	割場附足軽
	持筒足軽
	割場附足軽
	割場支配御歩並
	割場附足軽小頭
	割場附足軽
	割場附小遣小者
	百姓
	百姓
割場附新足軽並	杖突足軽（陪臣）
	割場附小遣小者
	百姓
	百姓
	百姓
	百姓
	百姓→割場附小遣小者
	町人→割場附小遣小者
	町人
	百姓
	町人
	町人
	割場附小遣小者
	割場附小遣小者
	百姓
	百姓
	町人→割場附小者
	百姓
	百姓
	百姓
	百姓
	百姓
	町人
	百姓
配属）→解隊後、割場附足軽小頭	百姓→割場附足軽
	百姓→割場附小者
→割場附小者→割場附新足軽並	百姓（頭振）

同館所蔵「先祖由緒并一類附帳」が現存する（もしくは蓋然性が高い）54名にて表を作成.

［表 2］ 加賀藩春日於菟男隊一覧

	階級	名	禄高	入隊までの経歴
1	隊長	春日於菟男	250 石	大小将組→銃隊長
2	司令役	佐久間兵右衛門	40 俵	割場附足軽→御歩並
3	司令役	中野佐吉郎	30 俵	割場附足軽→御歩並（一代切）
4	司令役	白江紋平	30 俵	割場附足軽→足軽小頭（銃隊組配属）→御歩並（一代切）
5	合図役	土田七之助	20 俵	割場附足軽
6	合図役	上島義一郎	15 俵	百姓（扶持人山廻役次男）→（太鼓并小銃稽古宜しきにて）
7	合図役	三谷清之助	15 俵	割場附新足軽並
8	伍長	古田直之丞	30 俵	割場附足軽→割場附足軽小頭
9	伍長	杉山庄助	20 俵	割場附足軽→割場附足軽小頭
10	伍長	三谷井之助	20 俵	割場附足軽→割場附足軽小頭
11	伍長	吉村兵三郎	25 俵	割場附足軽→割場附足軽小頭
12	伍長	森儀三郎	25 俵	江戸御広式御用足軽→割場附足軽→割場附足軽小頭
13	伍長	中村八三郎	15 俵	町人→若党（陪臣）→（砲術稽古宜しきにより）大筒組足
14	伍長	淵村清三郎	20 俵	先弓足軽→先筒足軽→割場附足軽→割場附足軽小頭代
15	伍長	松本新作	20 俵	先手足軽→割場附足軽
16	伍長	釣部和三郎	20 俵	割場附足軽
17	伍長	落合誠作	20 俵	割場附足軽
18	伍長	吉崎宗作	20 俵	割場附足軽→銃隊組足軽→割場附足軽
19	兵卒	伊藤清十郎	20 俵	割場附足軽
20	兵卒	中村房之助	25 俵	持筒足軽→割場附足軽
21	兵卒	村幸大夫	20 俵	割場附足軽
22	兵卒	中西文蔵	20 俵	割場附足軽
23	兵卒	山村政之丞	20 俵	割場附足軽
24	兵卒	村沢吉之助	15 俵	割場附御雇→割場附足軽並
25	兵卒	野口徳蔵	15 俵	割場附小遣小者→割場附小者→割場附新足軽並
26	兵卒	中西文次郎	15 俵	百姓→割場附小遣小者→割場附小者→割場附新足軽並
27	兵卒	中谷徳右衛門	15 俵	百姓（河北郡銃卒）→割場附新足軽並
28	兵卒	山田仁左衛門	15 俵	杖突足軽（陪臣）→※普請役廃止で藩の足軽（兵賦か）→
29	兵卒	中村三松	15 俵	割場附小遣小者→割場附小者→割場附新足軽並
30	兵卒	江川作次郎	15 俵	百姓（河北郡銃卒）→割場附新足軽並
31	兵卒	森十次郎	15 俵	百姓→割場附小遣小者→割場附小者→割場附新足軽並
32	兵卒	田納幸之助	15 俵	百姓→割場附小遣小者→割場附小者→割場附新足軽並
33	兵卒	内田伊三郎	15 俵	百姓→割場附小遣小者→割場附小者→割場附新足軽並
34	兵卒	若林三郎平	15 俵	割場附小者→割場附新足軽並
35	兵卒	矢木清吉	15 俵	割場附小者→割場附新足軽並
36	兵卒	二木庄次郎	15 俵	町人→割場附小遣小者→割場附小者→割場附新足軽並
37	兵卒	沢田宇右衛門	15 俵	百姓（羽咋郡銃卒）→割場附新足軽並
38	兵卒	松岡周助	15 俵	町人（輪島銃卒）→割場附新足軽並
39	兵卒	松村喜兵衛	15 俵	町人→割場附小遣小者→割場附小者→割場附新足軽並
40	兵卒	中川由次郎	15 俵	割場附小遣小者→割場附小者→割場附新足軽並
41	兵卒	福野源四郎	15 俵	割場附小遣小者→割場附小者→割場附新足軽並
42	兵卒	竹島平助	15 俵	百姓（能美郡銃卒）→割場附新足軽並
43	兵卒	金田甚四郎	15 俵	百姓（能美郡銃卒）→割場附新足軽並 ※御郡所で任命後、支配方金沢へ引き送り
44	兵卒	野岸半蔵	15 俵	割場附小者→割場附新足軽並
45	兵卒	田辺文吉	15 俵	百姓→割場附小遣小者→割場附小者→割場附新足軽並
46	兵卒	宮村二十郎	15 俵	百姓→割場附小遣小者→割場附小者→割場附新足軽並
47	兵卒	田辺栄次郎	15 俵	百姓→割場附小遣小者→割場附小者→割場附新足軽並
48	兵卒	藤村佐吉郎	15 俵	百姓→割場附小遣小者→割場附小者→割場附新足軽並
49	兵卒	村田与兵衛	15 俵	百姓→割場附小遣小者→割場附小者→割場附新足軽並
50	兵卒	野崎竹次郎	15 俵	町人→割場附小遣小者→割場附小者→割場附新足軽並
51	兵卒	藤本清八	15 俵	百姓→割場附小遣小者→割場附小者→割場附新足軽並
52	戦死人伍長	村田弥左衛門	20 俵	割場附足軽加人→割場附足軽→割場附足軽小頭（銃隊組
53	戦死人兵卒	沢原礒五郎	15 俵	割場附小遣小者→割場附小者→割場附新足軽並
54	戦死人兵卒	縄村庄兵衛	15 俵	百姓（頭振）→重臣村井又兵衛家小者→割場附小遣小者

金沢市立玉川図書館近世史料館所蔵「北越出兵諸調理并記録」の春日隊名簿に記された 110 名のうち，

おわりに

幕末期の藩軍事力を検討する上で問題となるのは「西洋流」の導入、とりわけ西洋軍制の採用をめぐる対応である。文久末期にみられた加賀藩上層部の相克については第六章で検討したが、その後元治元年に発生した禁門の変などの国内情勢の変容に対応すべく、藩主前田斉泰は西洋軍制導入の志向を強めている。百姓や町人を小者などの身分で雇用して藩の割場に集め、大砲隊や銃小隊の兵卒にするために訓練を開始していくが、これは慶応元年（一八六五）一〇月に天皇が条約勅許を与えた影響も大きかったとおもわれる。これにより外国と戦闘に及ぶ蓋然性が低くなるとともに、強硬な攘夷論を主張することもみられなくなり、諸藩が西洋軍制を本格導入していく動機付けになったと考えられる。実際、加賀藩では「西洋流」導入に慎重であった家老横山政和が、藩内で導入の鍵を握る人物でもあった藩士佐野鼎とのやりとりで、「三港交易、勅許ノ世トナリテ鎖国ヲ唱ヘント欲ストモ得ヘカラス」[*79]と述べており、勅許の影響力を感じさせる。

ともかくも、慶応期には混迷する国内問題に対する軍事力強化のため、西洋軍制を積極的に導入するとの明快な図式が描かれたのであり、当該期に幕府が大幅な軍制改革を実施したことも、諸藩にとって西洋軍制導入のハードルを下げる要因になったと考えられる。ただし、その導入については家臣団編制の基本となっている既存の体制をどの程度解体し、改編するのかといった難題と向き合わざるを得ず、けっして容易ではなかったはずである。加賀藩でも重臣層で構成される七手には手を加えず、あくまでも藩主直属の旗本部隊に絞った改編を目指しており[*80]、そのなかで大量に必要となった兵卒については、①大組足軽・学校附足軽といった既存の足軽が所属する組織の解体、②足軽・小者ら子弟の採用、③地域の百姓・町人からの徴発、により確保している。そして、藩の人材供給を担う機関である割場に所属させて訓練を積ませ、②③については小隊の兵卒となった段階で新足軽並に採用したが、これらの部隊が基本となり、慶応末期に加賀藩では西洋式の大隊編制が実現している。

そして、戊辰戦争においてこの部隊は北越戦線に動員されるが、この動員過程を軍制改革の延長線上に捉えることで、個別藩における軍制改革の意義や、時代の連続性を射程に入れることになると考える。また、戊辰戦争については、藩からすれば「勤王」の姿勢を示すための舞台となり、加賀藩では新政府の命令に従いながら部隊の組織を改編し、部隊を戦地に派遣し続けている。一方で、新政府からすれば諸藩を新政府の体制に組み込んでいく上で重要な戦争であり、とりわけ各藩独自の軍制にメスが入り画一的な軍事動員がなされたことは、軍事面における藩の独自性を新政府が認めずに動員し得たということになる。そして本章で触れることはできなかったが、加賀藩は多額の軍費を正金で拠出するよう命じられるなど、財政面においても新政府の意向を容易に拒否できない体制が出来上がりつつあったことは、廃藩に至る明治初年の藩体制改編を考える上でも重要である。つまり、戊辰戦争は新政府による近世的な個別領主権への介入過程としても捉えるべき戦争であるといえよう。

註

＊1　幕府外交および海防体制については、近年めざましい成果がみられる。上白石実『幕末期対外関係の研究』（吉川弘文館、二〇一一年）、鵜飼政志『明治維新の国際舞台』（有志舎、二〇一四年）、後藤敦史『開国期徳川幕府の政治と外交』（有志舎、二〇一五年）をはじめ、多くの研究成果がある。

＊2　幕府軍制改革については、三谷博『明治維新とナショナリズム―幕末の外交と政治変動―』（山川出版社、一九九七年）、神谷大介『幕末期軍事技術の基盤形成―砲術・海軍・地域―』（岩田書院、二〇一三年）、保谷徹「開国と幕末の幕制改革」（『岩波講座日本歴史』近世五、岩波書店、二〇一五年）など豊富な成果が出され、幕領における兵賦や農兵についても、茂木陽一「幕末期幕領農兵組織の成立と展開―多摩郡蔵敷組合農兵を例として―」（『歴史学研究』四六四号、一九七九年）、久留島浩「近世の軍役と百姓」（朝尾直弘ほか編『日本の社会史四　負担と贈与』岩波書店、一九八六年）、熊沢徹「幕末の軍制改革と兵賦徴発」（『歴史評論』四

九九号、一九九一年）、同「幕末維新期の軍事と徴兵」（『歴史学研究』六五一号、一九九三年）、飯島章「文久の軍制改革と旗本知行所徴発兵賦」（『千葉史学』二八号、一九九六年）、亀掛川博正「幕末の兵賦徴募について―村方の対応を中心として―」（『軍事史学』一三七号、一九九九年）、中西崇「武力を担う百姓の意識―江川農兵の農兵人を事例として―」（『人民の歴史学』一八二号、二〇〇九年）など、研究蓄積は豊富である。

＊3　ごく一部だが、三上一夫「越前藩の軍制改革」（『軍事史学』二七号、一九七一年）、谷口澄夫『岡山藩』新装版（吉川弘文館、一九九五年）、木原溥幸『幕末期佐賀藩の藩政史研究』（九州大学出版会、一九九七年）、原口泉「薩摩藩軍事力の基本的性格」、田中彰「長州藩における慶応軍政改革」（ともに、三宅紹宣編『幕末維新論集四　幕末の変動と諸藩』吉川弘文館、二〇〇一年）。

＊4　原口清『戊辰戦争』（塙書房、一九六三年）、石井孝『維新の内乱』（至誠堂、一九六八年）に代表される論争は研究水準を大幅に引き上げ、佐々木克『戊辰戦争―敗者の明治維新―』（中公新書、一九七七年）などの成果もあり、王政復古以降の政治過程を論じる上で戊辰戦争は不可欠の研究対象となった。近年では、軍事的な視点による保谷徹の一連の研究や（同『戊辰戦争』吉川弘文館、二〇〇七年ほか）、奥田晴樹「戊辰戦争論ノート」（『京浜歴科研会報』三二一号、二〇一一年）があり、水谷憲二『戊辰戦争と「朝敵」藩―敗者の維新史―』（八木書店、二〇一一年）は、戊辰戦争期の諸藩の動きを網羅的に分析している。

＊5　工藤威『奥羽列藩同盟の基礎的研究』（岩田書院、二〇〇二年）、栗原伸一郎『戊辰戦争と「奥羽越」列藩同盟』（清文堂出版、二〇一七年）。

＊6　畑中康博「戊辰戦争時の秋田藩」（『秋大史学』五五号、二〇〇九年）。

＊7　宮間純一「戊辰戦争期における「朝敵」藩の動向―伊予松山藩を事例として―」（『中央大学大学院研究年報』文学研究科篇三九号、二〇〇九年。のち『戊辰内乱期の社会―佐幕と勤王のあいだ―』思文閣出版、二〇一五年所収）。

＊8　岸本覚「安政・文久期の政治改革と諸藩」（明治維新史学会編『講座明治維新二　幕末政治と社会変動』有志舎、二〇一一年）。

＊9　銃卒制度については本書第七章にて検討している。制度の概要は、倉田守「幕末・維新期、加賀藩における海防政策の一側面（上・中・下）―銃卒制度の成立から廃止へ―」（『富山史壇』一二七・一二八・一二九号、一九九八・一九九九年）が詳しい。

＊10　加賀藩銃卒制度の特徴は、茂木前掲「幕末期幕領農兵組織の成立と展開―多摩郡蔵敷組合農兵を例として―」、久留島前掲「近世の軍役と百姓」など、先行研究の分析と合致している。

＊11　郷土防衛以外の目的で彼らを動員する場合、小者などへの身分変更の手続きを逐次必要としたことは、彼らが単純に動員できる軍事力ではなかったことを示している。よって、士身分で構成された藩直属の軍事力とは切り分けて考えるべきであろう。

＊12　幕府は兵賦・農兵の両制度を同時期に実施しているが、農兵はあくまでも郷土を防衛する存在であり、兵賦は幕府の軍制改革を直接的に支える傭兵的存在であったといえる。幕府の兵賦徴発のように、期限付きで身分変更を行い、且つ給銀を支払って雇い入れるような対応を文久期段階での加賀藩の銃卒制度では採用せず、郷土防衛意識を喚起して夫役のように動員していることからも、やはり幕府の農兵制度と類似したものと評価できる。

＊13　藩の優先課題が海防から国内情勢に対応し得る藩軍事力の強化へと移行したことで、各地の銃卒稽古所は藩の軍事力を担う人材の養成機関としての側面が強まっていった。また、北越戦争が発生すると地域の銃卒は再編制され、夫役としてではなく藩から扶持を支給される存在となるが、あくまでもその目的は郷土防衛であり続けている（本書第七章を参照）。

＊14　藩士大橋作之進が自宅に西洋式砲術を研究する場を設置したことを契機とする。嘉永六年（一八五三）には藩主前田斉泰の意向により藩の施設として火術方役所となり、翌安政元年（一八六四）に壮猶館と改称した。壮猶館は西洋式砲術を中心とした「西洋流」を学ぶ研究所で、かつ学校としての側面も見出せる施設である。

＊15　壮猶館については、倉田守「加賀藩の軍制改革と壮猶館」（『北陸史学』五二号、二〇〇三年）。

＊16　能登巡見における第一の目的は、外国船に対処するための海岸視察であったとおもわれるが、数百人規模の動員や銀一〇〇貫目に及ぶ経費、巡見を受け入れる村々の対応などを鑑みると、加賀・越中とは異なり参勤交代で通行しない能登に対し、藩主前田家の威光を示す目的もあったのではないか。当該期に藩主が藩領内を巡見する事例は他藩でもみられる。

＊17　安政元年には江戸の懸塚権七という人物に軍艦雛形の作成を命じており、翌年には藩士が品川沖に停泊する薩摩の軍艦を見学している。そして、文久二年には将軍徳川家茂の上洛が伝えられると、供奉のためにも軍艦が必要であると藩主斉泰は述べており、同年末の横浜での軍艦購入に繋がっていった。

＊18　金沢市立玉川図書館近世史料館所蔵「御親翰留」。以下、特に断らない史料については同館所蔵史料とする。

＊19　家臣団最上位の年寄衆も皆が同意見であったわけはなく、同席間で毒殺の風評が出るなど、年寄衆内部でも猜疑心が渦巻くような状況であった。

＊20　本多政均の免除は、「才気も有之候得共、兎角我意を張、各示談一和不致体ニ付、今度月番等免許申渡候」（「御親翰留」）とあり、示談が「一和」にならないことが理由に挙げられている。文久末期における藩上層部の相克については本書第六章を参照。

＊21　「西洋流」は史料中の表記であり、西洋の慣習・学問・兵器・軍制など多様なものを指す表現として捉えている。

＊22　「御親翰留」。

＊23　この点については、本書第六章を参照。
＊24　高橋典幸・山田邦明・保谷徹・一ノ瀬俊也『日本軍事史』（吉川弘文館、二〇〇六年）。
＊25　藩組織は軍団編制が基礎になって構成されているため、軍制の改正によって藩家臣団の統制に影響が出てしまう懸念がある。さらに西洋軍制を導入する場合、膨大な歩兵が創出されるが、その人員として百姓や町人から動員する場合は、近世身分秩序に深刻な影響が出る危険性もあるため、この点も踏まえる必要があろう。
＊26　拙稿「加賀藩の政治過程と前田慶寧」（明治維新史学会編『明治維新史論集一　幕末維新の政治と人物』有志舎、二〇一六年）。
＊27　「御親翰留」。
＊28　「同右」。
＊29　ただし、全ての鎗を廃止する訳ではなく、「旗本之義ハ、専ラ勢ひを主といたし候故、長柄鎗・持鎗共都而是迄之通為持可申と存候」（「御親翰留」）と斉泰は述べている。
＊30　「加藤氏日記」巻三二。
＊31　加賀藩の割場については、森下徹「加賀藩割場と足軽・小者」（『史学雑誌』九九編三号、一九九〇年）、同「加賀藩の藩庁機構における足軽の役割」（『地方史研究』二三六号、一九九二年）。
＊32　「先祖由緒并一類附帳」「内田伊三郎」。
＊33　「同右」「山田余所次郎」。山田はのちに砲隊の高田省吾隊に所属し、北越戦争では人持組津田正邦の部隊で参戦している。
＊34　当該期の割場附に関する分析については、拙稿「「先祖由緒并一類附帳」データベースを用いた加賀藩政治過程の検討」（平成二一年度〜平成二三年度科学研究費補助金基盤研究（C）研究成果報告書『由緒帳データベースによる藩政組織構造の解明に関する提案』〈代表堀井洋〉二〇一二年）。
＊35　『加賀藩史料』藩末編下巻（前田育徳会編、一九五八年）五三八頁。
＊36　前掲『加賀藩史料』藩末編下巻、五四七頁。
＊37　「触留帳」。
＊38　その一方で、「新流之砲術迫立候ニヨリ、鎗剣之修行ハ自然ニ相弛ミ候様成行候而者以之外之事ニ候、鎗剣之義ハ本朝之重器ニ候得者、猶一際勉励致修行候様有之度、殊ニ文学之義ハ人道之大本ニ候得者、須臾茂不怠可致修行義ハ今更申迄も無之、別而方今和漢西洋之兵書を茂博ク研究有之度存候」（「同右」）とも発言しており、単純な「西洋流」への傾倒でなかったことがわかる。

＊39 「同右」。
＊40 慶応三年（一八六七）一一月、加賀藩が藩士三名の銃隊伝習を英式で希望したところ、幕府の意向を受けて仏式に変更となった一件がある。この一件について、加賀藩が仏式ではなく英式を望んだことから幕府と距離を置こうとした事例とする指摘もある。しかし、「御家録方調書」によれば、幕府老中小笠原長行は英式伝習を許可しており、その上で幕府が仏式を採用しているので仏式伝習はどうかと尋ねたのであり、加賀藩もそれを受けて、外国人に直接学べる機会として、できれば幕府の仏式伝習に加賀藩の者を混ぜて欲しいと願い出、了承されている。加賀藩が幕府と距離を置こうとした様子はみられず、ここでは軍制改革における加賀藩の選択の問題として捉えるべきと考える。
＊41 「恭敏公御家乗草稿」巻二（全三冊）。
＊42 「御親翰留」。
＊43 「恭敏公御家乗草稿」巻二（全三冊）。
＊44 「先祖由緒并一類附帳」「土田太平次」。
＊45 「先祖由緒并一類附帳」「高木与吉郎」。
＊46 前掲「恭敏公御家乗草稿」巻二（全三冊）によれば、慶応三年一一月二三日に「諸士ノ普請役銀ヲ廃シ、更ニ兵賦ヲ出サシム」とあり、加賀藩では慶応末期に兵賦制度が実施されたことがわかる。
＊47 慶寧期の軍制改革については、慶寧個人の資質を評価する向きもあるが、斉泰期の改革への配慮や家中に意見を求める姿勢など、斉泰期からの問題として慶寧が軍制改革を捉え、家中の了解を得ながら実施した政策としても評価すべきである。
＊48 当該期加賀藩の藩是および「藩論」については、本書第二章で検討している。
＊49 「御用方手留」巻三一。
＊50 「同右」。総督の呼び出しに応じて年寄の奥村栄通・横山隆平の両名が面会し、通達を受け取っている。
＊51 水谷前掲『戊辰戦争と「朝敵」藩―敗者の維新史―』。
＊52 保谷前掲『戊辰戦争』。
＊53 「北越出師書類抄録」巻一。
＊54 「先祖由緒并一類附帳」「箕輪多仲」によれば、箕輪知大夫は慶応三年に横目として上京し、在京中に砲隊物頭、ついで銃隊物頭を命じられている。このような経歴故に自身の組を所有していなかったと考えられる。

＊55 「北越出師書類抄録」巻一。小川仙之助の部隊は慶応四年閏四月一八日に金沢を出発したが、当日は小川の居宅前に一同が集合し、馬上の小川が采配を振るい出発、太鼓・喇叭を奏しながら行軍したという。
＊56 「北越戦記」。水戸藩士市川三右衛門らが西上する噂や、旧幕府歩兵の古屋作左衛門らの越後高田藩領侵入の情報を受けて出兵している。
＊57 「北越戦争軍事御届書」。
＊58 剣持利夫「高田藩と戊辰戦争」(『新潟大学教育学部高田分校研究紀要』一五号、一九七一年)。
＊59 「越後出兵書類抜萃」巻一。
＊60 「同右」巻一。また、金沢美術工芸大学所蔵阿部甚十郎旧蔵史料「懐草」には、官軍附属の経緯が詳細に記されている。
＊61 「先祖由緒并一類附帳」「斎藤誠一」。
＊62 「先祖由緒并一類附帳」「阿部甚十郎」。
＊63 金沢美術工芸大学所蔵阿部甚十郎旧蔵史料「懐草」。
＊64 「御親翰留」。
＊65 「北越出師書類抄録」巻一。このとき、小川・箕輪の両名は京都において一〇〇名で編制するように命じられていると主張し、京都から戻った監軍関沢安左衛門や、越後判事安井和介も交えて検討した結果、一〇〇名で編制することが決定した。
＊66 「先祖由緒并一類附帳」「古田直一郎」。
＊67 「同右」「土田幾久尾」。
＊68 金沢美術工芸大学所蔵「懐草」。彼らは史料によって「臨時小隊司令役」「臨時隊長」「割場隊長」など複数の呼称がみられるが、動員された兵卒の由緒帳では、九月以降は概ね「銃隊長」で表記が統一されている。
＊69 「北越出師書類抄録」巻二。
＊70 「北越出陣中戦争概況」巻二〇。「物頭役隊長出張指止」により本営詰となった中西だが、その後負傷した高畠猪大夫に代わり部隊を率いることを命じられ、転戦している。
＊71 「北越出師書類抄録」巻三。
＊72 「同右」巻四。
＊73 戍兵(守備兵)に該当する部隊については史料が確認できないが、おそらくは藩の割場に所属する者で構成されていたのではな

いか。ただし、先発隊や後発隊に選ばれていないことから考えても、訓練が足りず戦闘に動員するには至らない者たちなど、優先度の低い者が編制されていた可能性がある。

＊74 金沢市立玉川図書館近世史料館蔵。

＊75 山田は「御普請役御免被仰出候に付、慶応三年割場附新足軽並被召抱」（「先祖由緒并一類附帳」「山田金次」）と、陪臣足軽から慶応三年の普請役廃止により割場附新足軽並となっていることから、兵賦徴発の事例と評価できる。

＊76 「加賀藩北越軍事輯録」巻四。

＊77 「同右」巻五。

＊78 特に功績が認められなかった者へも三両が支給されている。

＊79 「客窓雑記」。慶応二年一〇月、加賀藩家老横山政和と藩士佐野鼎とが江戸でおこなった問答が書き記されている。

＊80 ただし、重臣層により構成される部隊が西洋式の訓練をしていないという意味ではなく、独自に訓練を実施した家もある。本論で指摘した本多家でも訓練が意識されており、家臣矢島弥四郎は慶応二年に壮猶館で稽古を開始、同四年七月に「兵卒ニ御指出」となった後、翌月に山村甚之助隊に編制されて越後筋へ出張している（「先祖由緒并一類附帳」「矢島弥四郎」）。

終章　藩研究の可能性

本書では、分析対象とした加賀藩における政治過程や政策について、二部八章にわたり検討をすすめてきたが、最後に本書を通じて得られたことを整理し、そこから考えられることを述べていきたい。

1　藩における政治意思決定の構造・プロセス分析

(1) 藩是―「藩論」―具体的行動の政治意思決定・循環モデル

文久二年（一八六二）半ばから加賀藩は本格的に国事を意識するが、本書ではこの国事における加賀藩の政治過程について、藩にとって根本の政治指標となる最高政治意思＝藩是、藩是に基づいて策定された具体的な計画や主張といった政策や理論＝「藩論」と定義した上で、藩是―「藩論」―具体的行動の政治意思決定・循環モデルを提示して分析を試みた（序章［図6］）。加賀藩の場合、国事にかかる政治意思決定の場は、藩主・世嗣（もしくは前藩主）のほか、年寄衆（「御用加判」）・家老（「年寄中席御用加判」）といった藩上層部によって基本的に構成されていたが[*1]、これは陪臣叙爵や御用加判、それにともなう序列といった近世における藩上層部の体制であり（第五章）、加賀藩では国事と藩治を職制で区分していない。つまり、近世の合議制に倣った体制であり、このことは近世大名家における身分階層毎の「持分」意識にも通じるものであった[*2]。加賀藩の家臣団編制はかなり体系的な面がみられたが[*3]、それが幕末期にあっても機能していたことで国事への対応が可能であったとおもわれる。加えて、「言路」がある程度保障されていたことは、たとえ不穏分子の監視・統制の意味合いを含んでいたとしても、藩の政治意思決定に直接関与することができない中下級層が間接的に参加可能な体制であったことを示している。

以上のような体制で藩是や「藩論」が決定することになるが、文久三年七月の藩是確定の過程はまさしくその典型といえる。藩主の政治意思に対して年寄・家老ら加判が再考を願い出、それを受け入れた藩主のもとに一同が集まる。そして、各々の政治意思が提示されるなかで最終的に藩主の決断を加判が受け入れたことによって藩是が確定し、その内容がさらに藩主親翰で念押しされているが、この過程では政治意思の拡大―集約―同調圧力の過程がはっきりと読みとれる（第一章）。また、鳥羽・伏見戦争に際しては、発生が伝えられると年寄衆の要望によって一堂に会し、そこであらたな藩是を確定させて徳川家支援の軍事出兵が実行される。その後、徳川家が「朝敵」であるとの情報が京都からもたらされたことで再び評議が開かれると、徳川家支援を断念し、朝廷尊崇の一点に藩是が収斂されていくが、これはフィードバックによる修正がなされた例といえる（第二章）。これらについては、政治意思決定のあり方があたかもシステムのように機能した例として評価できる。

一方、元治元年（一八六四）禁門の変前後の過程では、天皇の叡慮のもと徳川家への政権委任を基本とした公武一和体制の構築を藩是とし、長州擁護と横浜鎖港を柱とした「藩論」を掲げて世嗣前田慶寧が上洛したが、京都の情勢が変容したことで断念せざるを得ず、迅速な修正が求められる状況となった。しかし、決断を担うべき藩主前田斉泰が在京していなかったこと、本来であれば政治意思決定に直接関与できない藩士らが在京したことで発言を強めたこと、国許と京都とのタイムラグがあり国許からの藩主親翰が機能しなかったことなどが相俟って混乱し、決断の経験がない在京の慶寧に決断を迫る状況が作り上げられていった。結果、慶寧は長州擁護を重んじて半ば京都警衛を放棄するかたちで退京し、藩は慶寧をはじめ多くの藩士を処分するに至ったが、これはこのかたちでの政治意思決定の限界を示した例といえる（第一章）。また、前述の鳥羽・伏見戦争においても、京都詰家老らの独断といえる動きが最高政治意思である藩是を修正させることに繋がっているが、これも独断という要素を含む以上、政治意思決定の一つの限界を示していよう。これらはいずれも国許と京都に場が分化した状況で発生しており、距離やタイムラグといった問題が関係しているが、このような決定・循環モデルを用いた場合、機能した例のみでなく、その限界についても分析が求められる。また、いかなる場で決定がなされたのか、空間論も射程に入れるべきであろう。

(2) 藩主の決断のあり方――御意・親翰・「御前評議」――

本書では、政治意思決定における最も重要な存在として藩主を位置付け、自身の政治意思を藩内に表明する方法である御意・親翰・「御前評議」を取り上げて、これらがどのように駆使されたのかを分析した。まず、前述した文久三年七月の藩是や元治元年二月の「藩論」の過程では「御前評議」を開催し、その場で決断がなされた後に親翰を用いており、「御前評議」を重んじる傾向がみられる（第一章）。また、斉泰から家督を相続した前田慶寧は、鳥羽・伏見戦争後には年寄衆の求めに応じて「御前評議」を開催しているが、大政奉還や王政復古の後には「御前評議」ではなく御意や親翰を用いて自身の政治意思を浸透させようとしており（第二章）、斉泰と慶寧では差異がみられる。これは藩主個人のパーソナリティによるものといえ、その恣意性を排除していないことからも、政治意思決定についてはシステム化していたとまではいえない。一方、この両藩主の決断は、藩内の政治意思が暴走して藩組織が崩壊することを防ぎ、藩の政治運動を可能にさせていることから、「決断の君主」としての一側面を看取することも可能である。徳川家支持＝保守的で遅れているといった見解や、近代に要請された「勤王」顕彰による藩主像はもはや払拭すべきである。

そして、この視点は組織（構造）と個（主体）の関係にも連なってくるものである。変革主体の分析が非常に盛んであった際には個に焦点が当てられやすかった一方で、マルクス主義歴史学の退潮や国民国家（批判）論の展開などにより主体分析は確実に衰退していった。[*4] 以降、当該期の政治史研究では英雄史観を忌避する傾向もあって個の分析が豊富ではないが、[*5] 少なくとも本書で対象とした加賀藩では、個の主体性が組織を凌駕するわけでもなければ、組織によって個のすべてが規定されているわけでもない。やはり、組織における個の存在を評価する視点は政治過程分析における要点の一つになろう。

また、そこには組織と個を媒介する何かがあるはずである。つまり、組織に対して個が帰属意識を有し、組織と個の関係性が良好に維持されるならば、そこに何が見出せるのかということであるが、加賀藩の場合は藩祖前田利家の存在がまず挙げられよう。藩祖顕彰として藩祖の御恩を強調し、それを藩の政策に結びつけて家臣団の掌握や領内統治に利用する傾向は近世後期から全国的にみられるが、[*6] 加賀藩の場合でも史料に「御祖宗」「御元祖様」などとあることから、[*7] この藩祖顕彰についても藩の政治過程分析において留意すべきである。[*8]

(3) 衆議・至当性とその一致

序章で言及した「藩公議」については、加賀藩の政治意思決定の過程でみえてくるが、元治元年四月の世嗣慶寧の上洛をめぐる一連の動きでは、その構図が明快にあらわれている。前年の文久三年七月に藩是が確定し、この年の二月に「藩論」を策定した加賀藩は、いつ具体的に行動するか探るような状況にあったが、この段階では慶寧の即時上洛が藩上層部では多数意見となっていた。また、「言路」による下級藩士の上申でも「御両殿様（斉泰・慶寧）、御老職方等御合体之御議論御評決」を求めるなど、一致への気運が藩内で強まるなか、上洛に慎重であった藩主前田斉泰が承認したことで慶寧の即時上洛が決定している（第一章）。つまり、慶寧の即時上洛が必要との家臣団の衆議と藩主による至当の見解が一致したことにより、「藩公議」としての世嗣慶寧上洛という具体的行動が導かれたと評価できよう。

この例からも「藩公議」の視点は藩の政治意思決定を考えるにおいて有効といえるが、ではなぜ藩主は至当性を体現するような存在と見做し得るのか。それは、やはり藩主が近世を通じて藩の「公儀」を象徴する存在であったことによるのではないか。[*9] 久住真也は幕末期の徳川将軍について、溢れるような権威を身にまとっていた「権威の将軍」が、決断による「国事の将軍」に変化したことを論じているが、[*10] ご威光をまとい人格をそなえた「公儀」の将軍こそ藩にとっては藩主であり、「藩公議」が模索される段階に至って、そこで求められる至当性を藩の「公儀」たる藩主が担ったのである。ただし、藩主の「公儀」性だけでは容易に一致には至らなかったことは本書で論じたとおりであり、そこには衆議と至当性を一致に導くような、組織全体として共有もしくは納得できる何か、つまり核となるものがあったと想定され、加賀藩ではその核に相当するものが「大政委任」→「正義」→「列藩之標的」と、文久末期から明治初年にかけて推移していったことが本書の検討によりみえてくる。当該期、徳川将軍が天皇から政権を委任された存在であることは広く認知されており、加賀藩内では幕府を厳しく批判したとしても否定にまで至らないのは、その政治意思の回路に「大政委任」が前提的に組み込まれていたことが要因として考えられる（第一章）。そして王政復古後には、意義を喪失した「大政委任」ではなく、天皇の叡慮を貫徹する政治権力として正当であることを示す「正義」が浮上してくるが、藩主慶寧は「正義」と見做した徳川家を支持することによって、藩是の再検討を迫られていた藩内を一致に導いていく（第二章）。さらに明治二年（一八六九）に知藩事となった慶寧は、天皇から勅諚を賜るとともに詔勅を拝領したが、そこには「列藩之標的」（理想的藩モデル）への勉励が示されており、直後に発生した藩執政の暗殺後には藩内の動揺を鎮めるために「列藩之標的」を強く主張している（第三章）。藩内をまとめる方向に導く作用をもつ、組織全体として共有される核なるものは、「藩公議」を論じる上で看過できない。

　一方で、衆議に関係する明治初年の藩の議事については、本書でわずかに言及するにとどまった。明治元年秋から加賀藩では会議所の設置に向けて動き出しており、同年九月に会議所の開設が通達されると、一二月の目安箱設置、同二年三月の会議局（のち集議局）設置、さらに同三年二月の集議局の改編、同四年二月の規則通達へとすすんでいく（第四章）。現段階では史料的制約もあり分析できていないが、矢継ぎ早ともいえる一連の動きは、「議事ノ制」を求める新政府の命令を受け入れながらも議事が円滑に運営されていない実態がうかがえる。この制度については、同時期に藩の議事制度が機能した他藩の事例と比較しながら検討していかねばならないだろう。

2　政策分析の有効性と藩研究の位置

(1)　国事周旋と藩政の関係および政策領域

本書では、当該期の藩研究がさまざまな言説にまとわりつかれてきたことを踏まえ、史料に基づいた分析の徹底を掲げてきたが、ここでは藩内で実施された政策に焦点を当て、その分析から得られた要点を二点提示したい。

まずは、藩内で実施された政策の効果が、国事にかかる藩の政治意思決定に与えた影響である。文久末期に京都警衛への対応を契機に成立した京都詰体制が、藩の政治意思決定に深く関わったことは既に指摘したが、文久三年末に発生した「西洋流」導入をめぐる相克については、同年七月に確定していた藩是と、その後に策定されることになる「藩論」との関連が見出される。すなわち、加賀藩が藩是に掲げた、大政委任による幕府主導の公武一和体制の構築は、当時幕府が推進した横浜鎖港の支持に繋がることから、全面的に「西洋流」を導入する思考にはなりにくく、その許容範囲と夷狄観が絡み合って藩主前田斉泰の考えが変化すると、その変化に戸惑った藩上層部との対立が顕然化していく。ここで斉泰が意見の異なる重臣を処分して排除による一致を目指したことは、「西洋流」導入が単なる藩内の政策にとどまらず、国事周旋にも繋がる重要な案件であり、斉泰が藩内の一致を強く望んだためといえる（第六章）。また、「西洋流」の導入自体に反対した者たちは、強硬な攘夷姿勢を示しながら長州支持を訴えていくが、このような状況で加賀藩の「藩論」が策定されたのであり、その内容が横浜鎖港と長州支持であったことは、この「藩論」に挙藩体制創出の側面もあったことを示しているのではないか。また軍制改革についても、慶応末期に西洋式の大隊編制を実現していたことが王政復古後の藩是や「藩論」に影響を与え、徳川家軍事支援に繋がっていったことは間違いなく、国事周旋と藩内の政策の相互性が看て取れる。

そしてもう一つは、政治史としての政策と他の領域との関係である。先に述べた「西洋流」導入については、単に海防という政策の問題として捉えるだけではなく、日本と諸外国との外交の視点から「攘夷」の内容や夷狄観の問題を踏まえることが必要となる。また、加賀藩で実施された銃卒制度は、海防を目的として百姓・町人を動員した政策であるが、そこには近世身分制をはじめ、さまざまな要因が関連している。この銃卒制度では郷土防衛意識を喚起させながら夫役のように彼らを動員しているが、あくまでも地域の防衛に特化した存在として藩直属の軍事力とは切り分けられ、どうしても藩直属として動員せざるを得ない場合はその期間にかぎって奉公人格とするなど、身分制の維持を意識した対応をとっている。そして、地域の負担が大きい制度である以上、地域社会の秩序が維持されることを前提に地域は協力し、さらに「卑賤之者」である彼らには夷狄の風習を採用することはある程度許容できるという認識から、結果として藩直属の軍事力に先駆けて地域で西洋軍制に基づいた部隊が編制されていく(第七章)。この銃卒制度については、藩の命令が発端ではあるものの、その実態は藩が強圧的に動員したわけでもなければ、藩に対する地域側の暴力装置でもない、藩と地域が連携することによって実施可能な政策であったが、それは、政治史的な視点のみでは明らかにできないものである。

(2) 通史と藩研究の繋がり

本書の検討から明治維新史における藩研究の位置について改めて考えた場合、序章で取り上げた宮地正人の指摘は極めて重要である。「当該時期の多くの地域史は旧態依然、戦前レヴェルの儘に停滞している」との文言は、藩研究においても受け止めなければならない。[*11] しかし、これまで論じてきた戦前のラベリングが残存するかぎりは、宮地の指摘を乗り越えるような藩研究の成果とはならない。本書は加賀藩を分析対象としており、他藩を分析の射程に入れてはいないが、研究者各々が分析の視角や手法を共有することは可能である。これまでの藩研究では、あらたな分析視角や手法が提示されたとしても、それらを有機的に関連付けたり積極的に共有してきたとはいい難いが、本書で分析視角とした政治意思決定の構造とプロセスについては、序章で整理したように近年の藩研究では主流になりつつあり、「公議」の視点は明治維新史において今後の分析が大いに期待されるものである。ここに、本書であらたに提示した、藩是―「藩論」―具体的行動の段階的な分析や、御意・親翰・「御前評議」を用いた藩主の決断にかかるアプローチがどう結びつくことになるのか。この点を念頭に置きながら、分析の視角や手法を鍛え、それらの関連付けや共有を目指しつつ成果を出していくことが、あらたな藩研究の地平を切り拓くことになると考える。

また、先の宮地の指摘では地域史について、「通史との関連で組み立て直さねばならず、更に地域史の実証的研究の中から通史を逆照射し通史の内容をよりダイナミックにしていかなければならない」とあるが、[*12] これは地域史が通史に従属するのではなく、相互的連関のなかで地域史が描かれることであらたな通史が紡がれていくということであり、政治史研究においては政局の推移と藩の動静との関係が想定される。たとえば、王政復古後の政局における藩の判断、徳川慶喜の檄文への対応、鳥羽・伏見戦争から「勤王」を誓約するまでの過程などは、政局の推移が藩に対応を迫り、その藩の動静が政局に影響を与えるという相互作用がはっきりとみえてくる。こうした相互作用を明らかにすることで、明治維新のダイナミズムがより豊かに描かれることになろう。

3　今後の展望

(1)　ラベリングからの解放

藩研究におけるラベリングからの解放と、あらたな分析軸の構築を追究することを本書の意義としているが、今回取り上げた「日和見」のような、わかりやすいことで強固となったラベリングは、ときに通説化して広く浸透することになる。この問題に研究者は自覚的に対峙しなければならないが、ラベリングからの解放とは「日和見」や「雄藩」、そして「勤王」や「佐幕」といった枠組み自体を問い直す作業でもあり、それは現在でも国民の間に意識的・無意識的に浸透していると指摘される王政復古史観の克服にも確実に繋がっていくだろう。[*13]

本書で分析した鳥羽・伏見戦争後の加賀藩の政治判断については、新政府か徳川家かといった「日和見」的な二択の発想ではなく、朝廷尊崇の貫徹と徳川家支援の挫折としてまずは理解されるべきであり、二択の発想は藩のなかで構築された論理ではなく、新政府が意図的に創出したものであることを指摘した。さらに、藩にとっては徳川家が「朝敵」となり「正義」と見做せなくなることと、新政府に「正義」が見出せることは同義ではなく、ゆえに新政府が天皇権威を背景に、諸藩に対して「勤王」の誓約をはじめとした一連の手続きを半ば強制的に要求し、諸藩が掲げた「勤王」貫徹の政治意思を新政府への恭順にすり替えて吸い上げていったことを明らかにしたが（第二章）、このような新政府の行動こそが「日和見」のラベリングをさらに強固なものにしていったといえる。このような問題を克服していくには、「日和見」をはじめとしたラベリングが、あくまでも当時の人々の認識によって構築されたものにすぎないことを理解し、それに依拠しない徹底した史料分析をおこなうことに尽きると考える。

(2) 言葉の用いられ方

本書で分析した政治意思決定については、前節で組織全体として共有し得る核なるものに言及したが、そのほかに藩主の御意や親翰、家臣の意見上申にみられる特徴的なフレーズの用法について、著者の見解を提示したい。

・「皇国之御為」

当該期に多く使用された語である「皇国」を用いた「皇国之御為」というフレーズについて、本書で引用した箇所を取り上げたい。まずは、文久三年(一八六三)七月一四日付の藩主前田斉泰の親翰である(第一章[史料三])。二日前に「御前評議」が開催されて藩是が確定し、その内容を藩内に周知させることを目的として出された親翰であり、藩内に同調圧力をかけるものであったが、この親翰の末尾に「各異見も可有之候得共、畢竟ハ皇国之御為を存候一事ニ決し可申」とある。藩内に異論があるなかで、確定した藩是を実現するために斉泰が説いた箇所において「皇国之御為」が使用されている。次に、慶応三年(一八六七)一二月二六日の藩主前田慶寧の御意である(第二章[史料一一])。家老二名を呼び出して政局への対応を説明するなか、慶寧は「何く迄も皇国之御為御尽力、天下太平ニ相成候様被遊度思召ニ候」と述べ、「尤徳川家正義ニ候へ者、御たすけ合御尽力可被遊義ハ申迄も無之」と続く。王政復古により藩是の再検討を余儀なくされて藩内の意見が割れるなか、藩主慶寧が徳川家を「正義」と見做し、はっきりと政治意思を主張した箇所で用いられている。そして、同四年正月六日には慶寧の御意を書き認めた御意書が出されている(第二章[史料一二])。同日早朝に使者が金沢に到着して鳥羽・伏見戦争の発生が報告され、年寄衆の要請による「御前評議」の開催後に出された慶寧の御意をまとめたものであるが、藩主自らの出陣が想定されるなかで「此方様ニおゐても皇国之御為速ニ御人数御指出」とあり、「御前評議」で決定した徳川家への軍事支援を藩内に宣言する箇所にて使用されている。

以上は、藩是の確定、王政復古後および鳥羽・伏見戦争発生後における藩是の再検討という極めて重要なタイミングで使用された例であるが、いずれも藩内に異論が存在し、藩主が至当性を体現して藩内をまとめなければならない状況において使用されている。つまり、「皇国之御為」とのフレーズは濫用されるものではなく、強く主張すべきときに意図的に使用されたフレーズであったといえる。[*14]「藩公議」の創出が求められる状況において、自身の政治意思を補完し、これこそが正しいと藩内に認めさせるために使用されたものといえるが、裏を返せば、藩主の存在や発言自体がそのまま至当性を体現するわけではないということでもある。

では、なぜ「皇国之御為」がこのような効果をもたらすことになるのだろうか。これについては、鶴見俊輔による分析が示唆を与えてくれる。鶴見は「言葉のお守り的使用法」について、「人が住んでいる社会が権力者によって正統と認められている価値体系を代表する言葉を、特に自分の社会的・政治的立場を守るために、自分の上にかぶせたり、自分のする仕事の上にかぶせたりすること」と定義し、また「言葉の煽動的使用法の一種である」とも述べる。そして、例として「国体」「皇道」「八紘一宇」などを挙げているが、[*15]当該期に多用された「皇国」も、まさに、「言葉のお守り的使用法」に該当するのではないか。つまり、お守り言葉である「皇国」を用いた「皇国之御為」とのフレーズを自身の政治意思にかぶせて使用することで、他者の心を揺り動かしながら納得・同調させようとしたと考えられる。その後の藩の政治過程をみるかぎりは、このフレーズは一定の効果があったと評価できるが、一方でこの「皇国之御為」は、朝敵とされた徳川家を支持する文脈では当然ながら使用することはできず、逆に天皇権威を背景とした新政府に対しては用いやすいものとなる。幕末期にこのフレーズで藩内を一致へと導いてきた以上、これを放棄してしまうと一致が困難になると考えられることからも、鳥羽・伏見戦争後においては藩主の決断や藩の政治意思決定にこのフレーズが与えた影響は少なくなかったと考えられる。

・「皇国之者」

そして同じく、「皇国」を用いたフレーズである「皇国之者」に注目しなければならない。これは、慶応三年一二月二五日に「割拠」論に反対する年寄奥村栄通の意見上申のなかに出てくる（第二章［史料一〇］）。ここで奥村は、「厚皇国之御為御心力を被為尽候御趣意不被為替、朝廷御尊崇を第一ニ御心定」「何卒唯今ニ而者公辺之義ハ次ニ被為附候御心定ニ被為成候様仕度奉存候」と、朝廷尊崇を第一として徳川家への助力を再考するように願っているが、ここでも「皇国之御為」が用いられている。その上で、「三州を御守り御割拠之御覚悟ニ被為在候之旨申聞、弥右様之御心定ニ御座候而ハ誠以不容易義、左候而ハ皇国之者不残敵方与相成可申」と述べ、「右様之御心定ニ而可御宜儀与者聊以不奉存」と、「割拠」論に対する批判を展開している。奥村は、この「割拠」論では天皇や徳川家よりも前田家の存続が第一義と宣言することになりかねず、極めてリスクの高い選択肢であるが故に、このような批判を展開したと考えられるが、注目すべきは奥村が「皇国之者」という表現を用いて、「割拠」を選択すれば「皇国之者」が残らず敵に回ると述べている点である。ここで奥村は加賀藩が「皇国」に属していると捉えており、「割拠」という自己の利益を優先する選択をすれば、「皇国」から逸脱してしまい、逆に「皇国之者」が一斉に敵に回ると反対している。つまり、自分たちが「皇国之者」ではないと認識されることを怖れていることがわかるが、この「皇国之者」という認識を奥村がどのようにして自身に取り込んでいったのかが要点となるだろう。

幕末期に「お守り言葉」化した「皇国」については、近世後期に外圧が顕在化して近世的な自他認識が揺り動かされるなか、大政委任の概念が浸透するにしたがって爆発的に広まったと考えられるが、それを促進したのが学問をはじめとした書物による「知」の展開や、[*16] 印刷技術の進化などにみる政治文化の成熟にあったといえる。奥村栄通については、当該期に国学を学んでいたことが明らかにされているが、年齢は五〇代で政務経験も長く、その知識と経験がこのような意識を醸成したものと推察される。[*17]

つまり、この「皇国之者」という認識は、権力の側から強制された法や規則といったものではなく、学問や情報ネットワークによって得られた知識やそこから構築された心性、さらには地域信仰との結びつきなどによって自発的に構築されたイメージであると捉えられ、[*18]またそうであるならば、「国民とはイメージとして心に描かれた想像の政治共同体」とする「国民」概念を次に用意することにもなり得る。[*19]このことは近代国民国家の形成を考える上でも示唆的であり、「国民」概念が近代国家権力によって創出される以前からその共同体としてのイメージが萌芽していたともいえよう。今回事例とした奥村栄通は、加賀藩家臣団のなかでも最上位の階層であり、あくまでも特権的立場の知識人であろうが、この事例は近代を展望する上で重要な論点を提示しているのではないか。

(3) 時代を架橋する当該期藩研究

そして、藩研究においても幕末維新期が近世近代移行期であることをやはり射程に入れるべきであろう。本書は、文久期から廃藩までの時期を分析しているが、第五章では藩上層部の構成とその序列を解明するため近世中期まで時期をさかのぼり、陪臣叙爵の特質などを検討した。近世史研究における藩主と藩家臣団、重臣層における合議制といった問題は、組織と個の関係性を問う本書のアプローチと繋がるものであり、[*20]序章で触れた総合的藩研究に加え、藩主家およびその家中の研究なども踏まえることが求められよう。[*21]そして、このような大名家中の問題は、近世初期に制度として確立したわけではなく、御家騒動や主君押込などのさまざまな事情を抱えながら段階的に確立していったと考えられるが、[*22]「主君の側も彼らの累代に亙る忠勤に対して、最大限の恩顧をもって報いなければならない。そのような道義的制約が主君に課せられている」[*23]とするならば、当然ながら当該期の藩主にもその制約が課せられていたはずである。このように段階的に確立した藩体制のあり方が、当該期の藩主と家臣団の関係性や政治意思決定の構造にどう作用したのかについて考えなければならない。

一方、近代への連続性についても同様に考えていく必要がある。幕末維新期の藩は「旧藩」の記憶として近代においてさかんに消費され、地域における統合のツールに利用されていった。[*24]石川県でも加越能維新勤王紀念標の建設や「勤王」喧伝を目的とする編纂物の刊行といった「勤王」顕彰がおこなわれ、[*25]「おらが藩史観」とでもいうべき地域顕彰がみられたが、[*26]このような「旧藩」や「旧藩主」をめぐる表象に対して、史料をもとに向き合っていくことが当該期の藩研究には求められよう。[*27]また、近代における地域の発展には旧藩主家の存在が不可欠であったことが、先学により指摘されている。[*28]加賀前田家も士族授産や鉄道敷設のような石川県政や地域発展に関与しており、その資産と投資の実態についての研究成果が出されている。[*29]廃藩後の前田家は藩政期から引き継いだ資金が少なく、家禄賞典や金禄公債の運用によって華族の大資産家になったこと、その資産運用は「御家の安泰」を意識した運用であったことが明らかにされており、さらに意思決定のシステムについては、旧重臣層を家政評議員に充て、実務能力がある優秀な人材を家職に採用するなど、藩政期との連続性が指摘されている。無論、近世と近代では意思決定を取りまく背景が異なる以上、単線的には結ばれないが、旧藩主家と旧家臣団との関係性や、法や慣行も含めた近世のシステムが近代にどう継承されたのかについて考えていく必要があるだろう。[*30]以上、近世と近代との連続性について展望したが、当該期の藩研究こそ時代を架橋する可能性を有しているとの視座に立った分析をすすめていかなければならない。

最後に、本書では分析の視角と手法を提示して幕末維新期の加賀藩について検討してきたが、分家である富山・大聖寺について有機的に組み込むことができなかった。[*31]実は、慶応末期には前加賀藩主前田斉泰の子が加賀・富山・大聖寺の藩主となっており、[*32]寛永一六年(一六三九)の分家創出段階と同じ体制になっていたが、当該期の加賀藩では両分家に関わる役職が設置されていた。[*33]このことは、分家に対して本家が関与していたことを示しているが、本家の側も王政復古後の政治情報をすぐさま両分家に伝えるなど、本家・分家の連携が確認できる（第二章）。つまり、北陸を拠点として成立した加賀前田家としての政治的一体性がみられるような状況となっており、[*34]これを踏まえるならば、史料にみる加賀・越中・能登を示す「加越能」の文言については、加賀藩にとっての「加越能」でありながら、加賀前田家としての「加越能」でもあり、このような視点もあらたな分析の可能性としてみえてくる。

また、明治初年の加賀藩が「勤王」貫徹のあり方として新政府への恭順をやむなく選択した一方で、明治二〇年代頃の地域では、明治維新において主体的に行動したと主張するために新政府との関係性を強調し、近代において求められた「勤王」観を積極的に受容していたことは既に指摘したとおりである。これは、明治維新における藩の主体性を主張しようとするほど無自覚的に地域が国家に絡めとられていく構図ともいえるが、当該期の藩研究はこのような地域の主体性をめぐる議論も射程とすべきである。

そしてもう一点、本書で注目した藩の最高政治意思である藩是について展望するならば、文久末期と慶応末期における加賀藩の藩是は、いずれも天皇の叡慮のもとで政治的正当性をそなえた政治権力を支持するという性格をもっており、そこでは国家をいかに構築して諸外国と対峙していくかとの国家レベルの理念や構想は見出せず、むしろ支持した政治権力に依拠していた。これについて、変革主体論や近代化論では大なり小なり国家構想を掲げて主体的に近代を切り拓こうと行動した藩が評価され、加賀藩のような政治姿勢はその限界性が強調されてきた。[*35]しかし、そのような評価にとどまってよいのだろうか。近世における「持分」意識が大政奉還や王政復古によって一挙に霧散したとは考えにくく、その「持分」意識が残っていたならば、本書で示した加賀藩の藩是はむしろ一般的なものであり、多くの藩も同様であったといえよう。一方で、この視点に立てば独自の国家構想を主張して主体的に国家を牽引しようとした藩は異質とも見做されることになるが、変革主体論や近代化論においてはこの異質な藩こそが評価の中心に据えられたのであり、それによって大多数の藩が評価の枠組みからはずれてしまった。このような評価が長らく藩研究の可能性に枷をかけてきたのだとするならば、現在の藩研究はそれとは異なる分析軸を追究していくべきであろう。

本書で指摘してきたラベリングについては、戦後において強固になることはあってもそこから解放されることはなかったのであり、故に史実とは異なる叙述があたかも通説であるかのように用いられてきた。このような問題に対しては、そもそも歴史叙述という営為が本質的に恣意性を排除することができないものであることを研究者が常に自覚し、自身の叙述を鍛え上げていくほかないと考える。また、現在の明治維新史研究が抱える課題に対して、ともすれば個別の藩研究は分析の意義が見出しにくくもみえるが、けっしてそのようなことはない。本書では分析軸の構築を掲げたが、明治維新史の全体像を構成する藩という政治主体について多くの分析と成果が紡がれることで、明治維新史研究は豊かになるはずであり、その可能性ははるかに広がっているのである。

註

＊1　場合によっては、侍読や近習も関与していたことは本書第一章で言及したとおりである。侍読であった千秋順之助については若干指摘したが、近習が果たした役割については今後検討しなければならない。

＊2　笠谷和比古は、藩の意思決定のあり方にこそ当該集団の政治秩序や権力構造が端的に示されるとして、意思決定の類型化や階層毎の「持分」に着目した意思決定構造を分析している（同『近世武家社会の政治構造』吉川弘文館、一九九三年）。また、近世社会は各々の身分や職掌に根ざす「持分」に応じた緩やかな全体性のもとに運営された社会であり、幕府と諸大名との関係にも「持分」があったと奈良勝司は指摘し、加賀藩が政事総裁職就任を忌避した論理には、幕府と藩のあいだに「持分」政治による意識の溝があったと論じる（同「幕末政治と〈決断〉の制度化―江戸幕閣の動向からみる―」『ヒストリア』二二三号、二〇一〇年）。

＊3　石野友康「加賀藩における貞享の職制改革について」（『加能地域史』三二号、二〇〇〇年）、林亮太「加賀藩上級家臣団の職掌と職名の変化について―貞享三年の職制改革後を対象として―」（『地方史研究』三六二号、二〇一三年）、同「加賀藩人持組の構成に関する基礎的検討―元禄一四年以降を対象に―」（『金沢大学日本史学研究室紀要』三号、二〇一七年）、小西昌志「加賀藩における平士頭分と役料」（『北陸史学』六五号、二〇一六年）。および本書第五章も参照。

＊4　三村昌司は当該期の「主体」をめぐる研究史を分析するなかで、「いま求められることは、「革命的主体」のようなあるべき「主体」を過去に探り当てようとするのではなく、近代社会における構成物としての「主体」の成り立ちを、人々の行為と外在的な制度との関係から探」ることだと主張する（同「「主体」をめぐる日本近世近代移行期研究」『東京未来大学研究紀要』八号、二〇一五年）。

＊5　ただし二〇〇〇年代に入り、吉川弘文館の「幕末維新の個性」シリーズや、笹部昌利編『幕末維新人物新論―時代をよみとく一六のまなざし―』（昭和堂、二〇〇九年）など、英雄史観を打破し得る成果が出されている。

＊6　岸本覚「長州藩の藩祖顕彰と藩政改革」（『日本史研究』四六四号、二〇〇一年）、同「近世後期における歴史編纂事業と祖先顕彰」（『歴史学研究』九五九号、二〇一七年）。また、友田昌宏によれば米沢では藩政期に顕彰された「家祖」上杉謙信と「中興の祖」上杉鷹山は、近代になると「勤王家」として顕彰されるように変化を遂げたとする（同「近世・近代移行期における藩主像の変容と君臣関係―米沢藩を事例として―」『歴史評論』八〇三号、二〇一七年）。

＊7　例として、『加賀藩史料』藩末編下巻（前田育徳会、一九五八年）。本書第二章で引用した元治元年（一八六四）四月の藩士福岡文平の上申書に出てくる文言である。

＊8　一九世紀に描かれたと推定される桶狭間合戦での前田利家の肖像画が、前田家ゆかりの寺社をはじめ数多く現存している（図録『肖像画にみる加賀藩の人々』石川県立歴史博物館、二〇〇九年）。これは、前田利家の武功を強調するのみでなく、藩士の士気を高め、藩の一体性を作り上げる装置であったと推察されるが、この点については大坂城天守閣の岡嶋大峰氏による教示を得た。

＊9　奈良勝司は、「公儀」は人的結合や身分制に強く規定された概念であり、「公議」は個々人の言説や行動様式に依拠するものと端的に整理している（同「小笠原長行と「公議」―唐津統治期を中心に―」『立命館大学人文科学研究所紀要』一〇五号、二〇一五年）。

＊10　久住真也『幕末の将軍』（講談社選書メチエ、二〇〇九年）。

＊11　宮地正人『地域の視座から通史を撃て！』（校倉書房、二〇一六年）。

＊12　『同右』。

＊13　鵜飼政志「明治維新の理想像」（鵜飼政志・川口暁弘編『きのうの日本―近代社会と忘却された未来―』有志舎、二〇一二年）。

＊14　使用頻度を明確にはできないが、本書で分析してきた史料をみるかぎり、「皇国之御為」はそこまで頻出するようなフレーズではない。また、慶応四年（一八六九）正月一九日の藩主前田慶寧親翰では、「兼而心得可有義ハ勿論ニ候得共、皇国之御大事此秋ニ候」と記されているが（第二章［史料一七］）、これは「皇国之御為」と同じ意味で使用されているとおもわれる。

＊15　鶴見俊輔は昭和初期に焦点を当てて分析しているが、本来は幕末維新期から考えるべきと論じている（同「言葉のお守り的使用

法について」『鶴見俊輔著作集三』筑摩書房、一九七五年。初出は『思想の科学』創刊号、一九四六年)。

*16 羽賀祥二は、「皇国」をとりまく地理的情報と歴史の知識が交差し蓄積されることによって、空想的に肥大化した国家イメージが想像されたことを指摘する。そして、渡辺崋山や佐藤信淵の著作などを例に、そうした膨張性と国家の歴史的遡及性が相乗的になって「皇国」という国家像が組み立てられたと論じている(同「膨張する皇国・開化する皇国」『岩波講座近代日本の文化史一 近代世界の形成』岩波書店、二〇〇二年)。地理的要因も含めた自他認識によって「皇国」という国家像が構築され、その後膨張し続けるとの視点については、本書でも継承するところである。

*17 鷲沢淑子「加賀藩明倫堂における「国学」の導入について」(『加賀藩研究』二号、二〇一二年)。この奥村栄通は「官事拙筆」「御用方手留」など、数多くの史料を書き残しており、それらは金沢市立玉川図書館近世史料館に所蔵されている。これらの史料分析が、奥村の思考傾向を読み取ることに繋がるはずである。

*18 城下町金沢の事例を中心に、神功皇后伝説の地域的展開とその背景にある八幡信仰のあり方、および地域における「皇国」意識を考察したものとして、本康宏史「神功皇后伝説の地域的展開と「皇国」意識—金沢の八幡信仰とその表象—」(高木博志編『近代天皇制と社会』思文閣出版、二〇一八年)。

*19 ベネディクト・アンダーソン『定本 想像の共同体—ナショナリズムの起源と流行—』(白石隆・白石さや訳、書籍工房早山、二〇〇七年)。また、アンダーソンはこの「想像の共同体」について、共通の言語で同じ情報を共有することが想像世界を作り上げて共同体への確信を生むとして、出版資本主義をその条件としている。近世後期の日本における豊穣な政治文化が、全国に均一の情報をもたらしていくことと繋がっていくようにおもわれる。

*20 高木不二は、「近世研究で進みつつある「藩社会」の研究、「藩国家」論研究を、いかに幕末あるいは明治維新論に結びつけるかが大きな課題であろう」と述べ、幕府・朝廷との関係、藩同士の横の繋がりの追究が課題とする(同「幕末政治史の研究史から—私的総括と見えてくる課題—」明治維新史学会編『明治維新史研究の今を問う—新たな歴史像を求めて—』有志舎、二〇一一年)。

*21 高野信治『近世大名家臣団と領主制』(吉川弘文館、一九九七年)、同『大名の相貌—時代性とイメージ化—』(清文堂出版、二〇一四年)、幕末期については、同「幕末期における佐賀藩家臣団の構造—藩政改革と明治維新—」(『九州文化史研究所紀要』三一号、一九八六年)。加賀藩では、林亮太「加賀前田家の纂目役と奥村家」(加賀藩研究ネットワーク編『加賀藩武家社会と学問・情報』岩田書院、二〇一五年)など。

*22 笠谷和比古『主君「押込」の構造—近世大名と家臣団—』(平凡社選書、一九八八年)、福田千鶴『御家騒動—大名家を揺るがし

た権力闘争―』(中公新書、二〇〇五年)、同『新選御家騒動』上下(新人物往来社、二〇〇七年)、同『近世武家社会の奥向構造―江戸城・大名武家屋敷の女性と職制―』(吉川弘文館、二〇一八年)。

＊23 笠谷前掲著書『近世武家社会の政治構造』。

＊24 「旧藩」にかかわる史蹟や紀念祭による顕彰、歴史意識については、羽賀祥二『史蹟論―19世紀日本の地域社会と歴史意識―』(名古屋大学出版会、一九九八年)、高木博志「「郷土愛」と「愛国心」をつなぐもの―近代における「旧藩」の顕彰―」(『歴史評論』六五九号、二〇〇五年)など。

＊25 本康宏史「「加賀百万石」の記憶―前田家の表象と地域の近代―」(『日本史研究』五二五号、二〇〇六年)。

＊26 日比野利信は、「旧藩」の藩主と志士の顕彰は「我が藩」が明治維新でいかに功績があったかを強調し、薩長の後塵を拝したというコンプレックスを解消する「物語」であったとし、それを「旧藩史観」と定義している(同「維新の記憶―福岡藩を中心として―」明治維新史学会編『明治維新史研究七　明治維新と歴史意識』吉川弘文館、二〇〇五年、同「「旧藩史観」再考」『九州歴史科学』四五号、二〇一七年)。そのほか、前田結城「〈旧藩勤王派中心史観〉の成立と展開―姫路を事例に―」(『神戸大学史学年報』二六号、二〇一一年)など。

＊27 近代における「旧藩」の維新史像については、畑中康博「明治時代における秋田藩維新史像の形成」(『日本歴史』七七四号、二〇一二年)、平良聡弘「旧紀州藩の明治維新観―『南紀徳川史』を中心に―」(『和歌山県立文書館紀要』一七号、二〇一五年)などがある。また、「旧藩」における君臣関係の有り様や、旧重臣層と他の旧藩士層との考え方の相違などを論じたものとして、真辺将之「明治期「旧藩士」の意識と社会的結合―旧下総佐倉藩士を中心に―」(『史学雑誌』一一四編一号、二〇〇五年)、友田前掲「近世・近代移行期における藩主像の変容と君臣関係―米沢藩を事例として―」。

＊28 旧藩主家と地域の発展については、内山一幸『明治期の旧藩主家と社会―華士族と地方の近代化―』(吉川弘文館、二〇一五年)、同「旧誼と朝臣―明治零年代における天皇・華族・士族―」(『日本史研究』六五五号、二〇一七年)。旧大名家を含めた華族制度については、久保正明『明治国家形成と華族』(吉川弘文館、二〇一五年)。また、旧藩主家の資本に着目した、寺尾美保「大名華族資本の誕生―明治前・中期の島津家の株式投資を通じて―」(『史学雑誌』一二四巻一二号、二〇一五年)がある。

＊29 松村敏「明治前期における旧加賀藩主前田家の資産と投資意思決定過程―藩政から華族家政へ―」(『商経論叢』五三―一・二合併号、二〇一八年)。また、松村は近代において士族がいかなる職業に就いたのかについて、金沢藩士族の全体的な傾向を明らかにするとともに、身分階層毎の特徴にも言及しており、とりわけ男爵となった旧家臣一〇家について、明治期の動静を丁寧に整理

している（同「武士の近代―一八九〇年代を中心とした金沢士族―」『商経論叢』四五―四号、二〇一〇年）。
＊30　奥田晴樹『地租改正と割地慣行』（岩田書院、二〇一二年）。
＊31　大名家の本分家関係については、野口朋隆『近世分家大名論―佐賀藩の政治構造と幕藩関係―』（吉川弘文館、二〇一一年）。
＊32　加賀は前田斉泰嫡男の慶寧が慶応二年（一八六六）、富山は斉泰一一男利同が安政六年（一八五九）、大聖寺は斉泰七男の利鬯が安政二年にそれぞれ家督を相続している。
＊33　富山については、極度の財政難や藩主父子の対立などで安政三年（一八五六）から加賀藩による教諭が開始され、文久二年（一八六二）まで加賀藩の家老や十村が常駐して富山藩政に介入した。ただし、その後も加賀藩の家老が富山御用主附に任命され、富山財用方御用や富山御横目主附に任じられた藩士も確認できることから、慶応末期まで加賀藩の関与が続いていたことがわかる。また、大聖寺についても慶応末期に飛弾守様（利鬯）御勝手方御用に就いた藩士が確認できる。これらの事例は、本家が分家に関与していたことを示すものであるが、近世を通じておこなわれたとは考えられず、当該期の体制強化としてみるべきである。
＊34　前田斉泰の庶子が富山・大聖寺の家督を相続したことについて、石野友康は「加賀藩内のみならず、前田領国全体の問題として本藩・両支藩関係を考えていく必要があり、斉泰を頂点とした支配体制について更に検討していかなくてはならない」と指摘する（石野友康「加賀藩前田家の庶子と重臣層」加賀藩研究ネットワーク編『加賀藩武家社会と学問・情報』岩田書院、二〇一五年）。
＊35　評価の一つとして限界性を指摘すること自体は否定しない。著者も以前、政局に対して受動的な対応をせざるを得なくなったことについては「加賀藩における政治運動の限界」と評した（拙稿「加賀藩の政治過程と前田慶寧」明治維新史学会編『明治維新史論集一　幕末維新の政治と人物』有志舎、二〇一六年）。ただし、この評価だけで完結するのかという疑問がやはり残る。

あとがき

本書は、金沢大学へ提出した博士学位論文「幕末維新期における加賀藩の政治史的研究」（二〇〇七年三月）をもとに、その後の研究成果などを踏まえて大幅に加筆・修正したものである。個別論文を解体して再構成したものや、原型をとどめないほど改稿しもはや新稿のようなものもあるが、論旨自体について大きな変更はしていない。既発表論文と各章の関係は次のとおりである。

序章　書き下ろし

第一部

第一章　「文久、元治期における加賀藩の意思決定システムと政治運動」（『加賀藩研究』三号、二〇一三年）

第二章　「幕末期加賀藩における藩是と「藩論」―個別藩の分析視角―」（『明治維新史研究』七号、二〇一一年）

第三章　「明治初年加賀藩政における職制改革の特質」（地方史研究協議会編『〝伝統〟の礎―加賀・能登・金沢の地域史―』（雄山閣、二〇一四年）

第四章　「明治初年加賀藩の政治過程と人材登用」（加賀藩研究ネットワーク編『加賀藩武家社会と学問・情報』岩田書院、二〇一五年）

第二部

第五章　「幕末期における加賀藩京都詰の実態とその意義」（『日本歴史』六九六号、二〇〇六年）

第六章　「幕末期加賀藩における藩上層部の相克―「西洋流」受容をめぐる論議―」（『加賀藩研究』七号、二〇一七年）
第七章　「幕末期加賀藩銃卒制度の成立・展開と動員論理」（『加能地域史研究』五四号、二〇一二年）
第八章　書き下ろし
終章　　書き下ろし
なお、「加賀藩の政治過程と前田慶寧」（明治維新史学会編『明治維新史論集一　幕末維新の政治と人物』有志舎、二〇一六年）は、第一部全体に関わるものとなる。

明治維新という大変革期、藩は何を矜恃としていかなる決断をしたのか。また、それは明治維新史上どう位置付けられ評価できるのか。その問いを、薩長以外の藩で追究したいというのが研究動機であったと思う。そして加賀藩を対象に研究しはじめたところ、とある大学院修士課程の入試面接で面接官に「加賀藩なんて研究する意味がある？」と問われ、当時知識が全く不足していた私は、とにかく戸惑ってしまったことを覚えている。その大学院とは残念ながらご縁がなかったが、今にして思えばこれが研究上のキィフレーズになり、加賀藩の分析を二〇年以上続けられたモチベーションになったかもしれない。ちなみに、博士課程の入試面接でも全く同じことを問われたが、そのときは必死に返答した記憶がある（このときはなんとか進学することができた）。

博士学位論文提出後、その全面的な改訂を掲げて取り組んできたつもりではあったが、日常に泥んでしまう性分がなかなかに厄介で、まとめるまでに一二年もかかってしまった。その性分は昔から発揮されており、そもそも歴史を学ぶために埼玉大学教養学部に入りながら、アルバイトが楽しかったが故に、ほとんど大学に行かないような困った学生だった。同期の叱咤やサポートがなければ大学卒業はおぼつかなかっただろうし、同期からはそれについて今でもあれやこれや言われる始末である。また、簡単に体調を崩してしまうので、西洋史の岡崎勝世先生はいつも心配してくださった。そして、見放されても仕方がないような私に対して指導教員の西坂靖先生は優しくご指導くださり、大学院浪人でふらふらしている私を研究室に呼び、月一回ほど加賀藩京都詰の手留を一緒に読んでくださった。これが本書第五章の内容となるのだが、ここで挫折していたら私は研究を続けていなかっただろう。感謝の思いで一杯である。

その後、金沢大学大学院に進学することができたが、環境に左右されやすい私にはとても良かったと思う。院生の人数が少なく、院生よりも先生方が多いという年度さえあったが、先生方の丁寧なご指導により、隙あらば停滞する私の研究を着実に前へと進めていただいた。そして、指導教員の中野節子先生との出会いは私の研究人生に大きな影響を与え続けている。先生からいただいた学恩はここでは書き尽くせないが、日々の生活を楽しみ泥んでしまう私が博士学位論文を提出できたことは勿論、本書についても、しびれを切らした先生の後押しがなければとても刊行できなかった。結婚式でウィットに富んだスピーチをいただいたことも良い思い出であり、深く感謝申し上げるとともに、今後もいろいろな形でご恩返しができたらと願っている。また、この金沢大学では同輩と呼べるような人がおらず、日本史研究室では多くの後輩に囲まれて過ごしてきた。夜になると研究室に出没するような先輩だったが、たくさんの後輩たちとさんざんに飲み、歌い、風呂に入ったり遊んだことは忘れられない記憶である。自分が関係していない卒業旅行に幾度も行った人間もそうはいないだろう。幸せで大切な思い出であり、後輩の皆さんにも感謝したい。

二〇一〇年には幸運にも学芸員として金沢市に採用され、現在に至るまで金沢市立玉川図書館近世史料館に勤務しているが、業務と研究が連動していることを日々実感しており、それが本書にも反映されていることは疑いない。職場の上司であり研究の大先輩でもある袖吉正樹、小西昌志の両氏には、現在進行形でご迷惑をおかけしている。感謝とともに、今後は少しでも役立てるよう努力していきたい。また、今回は職場の後輩である鎌田康平氏に文献の校正でたいへんお世話になった。また、一人一人お名前をあげることができず心苦しいが、加賀藩研究ネットワークや北陸史学会、加能地域史研究会といった地域の学会・研究会では、多くの方々に支えられ鍛えられている。地域研究をとりまく環境が厳しくなるなかで、私が果たすべき役割を模索していきたい。さらに、加賀藩に埋没しがちな思考に多くの刺激を与えてくれる明治維新史学会にほぼ毎年参加して、学ばせていただいていることも大きい。とくに同世代の方々の目覚ましい研究成果は、多くの知見とさらなる意欲をもたらしてくれている。

そして、明治維新史をはじめとする近現代史の研究成果を発信し続けている有志舎から、現在の出版事情のなかで本書を上梓できたことは幸甚であり、永滝稔氏に深く感謝申し上げたい。ご無理ばかり申し上げてしまい恐縮する限りだが、本書が刊行に至ったのは、丁寧かつ真摯にご意見をくださる永滝氏のおかげである。また、永滝氏をご紹介くださった奥田晴樹先生にも厚く御礼申し上げたい。二〇〇五年の明治維新史学会金沢大会で報告することができたのは何より先生のおかげであり、博士学位論文の審査では副査をつとめていただき、たいへんお世話になった。本書をはじめ、今後も研究成果を発信していくことが、幾ばくかのご恩返しになればと願っている。

最後に、両親にはずっと心配と迷惑をかけてきた。親元を離れてからは、体調を崩したときくらいしか連絡せず、まったく就職の意思を示さない息子には愛想が尽きていたかもしれないが（博士課程進学のときに「まぁいいわ」という気持ちになったと聞いた気がする）、本書がささやかでも孝行になるのであれば嬉しい限りであり、健康でいてほしいと願う。また、東京での学会のときによく泊めてもらっている弟にも感謝したい。そして、傍にいてくれる妻の宮下祥子の鋭い指摘や研究姿勢からは大いに刺激を受けている。大げさではなく、彼女がいなければ本書もこのような形でまとまることはなかった。次は、私が彼女に刺激を与えられる存在になりたいと思う。

二〇歳過ぎに加賀藩京都詰の手留を読んで以来、史料を読み、そこから何が見えてくるのかを追究してきたつもりだが、それは研究だけではなく日々の仕事にも繋がっている。尊敬する先生からいただいた、「史料に人の息遣いを」との言葉を、今後も大切にしていきたい。私は能登の生まれで、大学に進学するまで冬の気候といえば大荒れで曇天、やたらと雷が落ちるのが当然だった。それが、浦和に五年間住んだことで当然ではないことに気づいてしまった。そのため、今は金沢で毎年冬を越すのが辛いけれども、それに気づけたことで冬の捉え方や過ごし方が変わったと思う。いろいろなことを知ることは大事で、視野を広げて柔軟に物事を捉えていけるように、今後も取り組んでいきたいと考える次第である。

宮下和幸

二〇一九年二月

索　引

〈事　項〉

あ 行

か 行

さ 行

た 行

な　行

は　行

ま　行

や　行

ら　行

わ　行

〈人　名〉

あ　行

か 行

さ 行

た 行

な 行

は 行

ま 行

や　行

宮下　和幸（みやした　かずゆき）
1975年生まれ。金沢大学大学院社会環境科学研究科博士課程修了、博士（文学）。
現在、金沢市立玉川図書館近世史料館学芸員。
主要論文：「幕末期加賀藩における藩是と「藩論」―個別藩の分析視角―」（『明治維新史研究』7号、2011年）
「明治初年加賀藩の政治過程と人材登用」（加賀藩研究ネットワーク編『加賀藩武家社会と学問・情報』岩田書院、2015年）
「加賀藩の政治過程と前田慶寧」（明治維新史学会編『明治維新史論集1 幕末維新の政治と人物』（有志舎、2016年）

加賀藩の明治維新
――新しい藩研究の視座　政治意思決定と「藩公議」――

2019年6月30日　第1刷発行

著　者　宮下和幸
発行者　永滝　稔
発行所　有限会社　有　志　舎
〒166-0003　東京都杉並区高円寺南4-19-2、クラブハウスビル1階
電話　03-5929-7350　　FAX　03-5929-7352
http://yushisha.sakura.ne.jp
振替口座　00110-2-666491
DTP　言海書房
装　幀　折原カズヒロ
印　刷　モリモト印刷株式会社
製　本　モリモト印刷株式会社

ISBN978-4-908672-31-6